SERVING VICTORIA

Life in the Royal Household

ヴィクトリア女王の王室

側近と使用人が語る
大英帝国の象徴の真実

Kate Hubbard
ケイト・ハバード
橋本光彦
訳

原書房

目次

ヴィクトリア女王の王室　側近と使用人が語る大英帝国の象徴の真実

本文注の《　》内は手紙、日記からの引用を指す

はじめに

一八四一年、ジョージアナ（ジョージー）・リデルはヴィクトリア女王の女王付きの未婚の女官《メイド・オブ・オナー》に指名されたとき、母親のレディ・レイヴンズワースから手紙を受けとった。そこには《覚悟を決めておかなくてはなりません。空想以外は何の退屈しのぎもなく、何時間もただひたすらじっと待機しているだけの状態が続くのですから》と書かれていた。《自分自身をしっかり持って、空いた時間をうまく使いなさい。決してあなたの才能をナプキンに包んで隠してしまわないように》さらに母親は娘のジョージーに《つまらない醜聞に関心を持ってはいけません》と忠告し、そのあとで、宮廷の男性と親密な関係にならないこと、気を持たせるそぶりも見せないこと、給金は上手に使うことと続けたあと、最後は娘の新たな義務について書き記し、手紙を結んでいる。《あなたが忠実であるべきはまず神に対して、つぎに主君に対して、そのつぎがあなた自身に対してです。心しておきなさい》

この手紙は、ヴィクトリア朝の宮廷の様子をよく表している。責任感、慎み、道徳的な公正さ、そして独立の精神。そうしたものがヴィクトリア女王の宮廷でうまく立ちまわるには必要だった。いずれもヴィクトリアの治世以前にはさして必要とも思われていなかった性質だ。ヴィクトリア朝に先立つハノーヴァー朝の時代まで、宮廷内部は道徳的に柔軟で、恋愛や不義やそのほかのさまざまな不合理に対してずっと寛容だった。無秩序で管理が行き届かない宮廷では自然と悪弊がはびこった。地位はえこひいきで決まり、職務上の役得が当然とされ、その一方で不正に対する調査などが行われることはなかった。一八三七年に即位した当時、ヴィクトリアはまだ一八歳だったが、すでにおのれの意志を持ち、自分の宮廷がどうあるべきかということについて明確なイメージができていたようだ。何よりも彼女は新しい宮廷に〝尊厳〟を求めていた。結局、悪弊は完全には根絶されず、一八三九年には屈辱的な醜聞がつぎつぎと公になってしまったものの、少なくともそれ以降、同じような醜聞が繰り返されることはなかった。

ヴィクトリアと夫のアルバートは自分たちの家庭生活を国の美徳の象徴にしようとし、宮廷の人々にも同様の行動を求めた。宮廷の人員が完全に入れ替わったわけではない。しかし、新たな人員を迎える場合には綿密な情報収集が行われ、悪評のある者は徹底的に排除された。みずからの近くで仕える男女を任命するに際して、女王はあえて階級の低い貴族を選ぶことが多かった。裕福で流行に左右されがちな上流階級の貴族たちよりも道徳的に清廉で、宮廷で働く名誉を重んじると考えたためだ（上流階級の貴族たちが支配する社交界では、女王とその夫を軽んじて冗談の種にする風潮があった）。この結果、男性はたいていの場合、元軍人が指名された。彼らにとっては職場が軍から宮廷に変わっただけの話で、元軍人たちは厳格に職務に励んだ。また女性はそれなりの給金をもらえるということで感謝する者が多く、自然と贅沢をする習慣が薄れていった。家族のある者にとって長い《拘束時間》が苦痛となるのはやむを得なかったが、独身の者に対しては宮廷もある種の譲歩をし、慎みを守った男女の接触を認めて女王付きの未婚の女官たちが結婚相手を見つけられるようにするなどの配慮をした。

このヴィクトリアの時代、宮廷では終わりのないお祭り騒ぎと寄宿学校さながらの厳格さ、そして野放図さと統制が奇妙な具合に混在していた。ヴィクトリアの息子で彼女のあとに即位したエドワード七世は、母親が忌み嫌っていた社交界を愛し、ハノーヴァー朝とそれ以前の時代にならった宮廷の運営を目指した。しかし、そのつぎに王位を継いだジョージ五世は、先王は行き過ぎだったとして宮廷をふたたびヴィクトリア時代の状態に立ち戻らせようと試みた。そうしたさまざまな変遷を経て、現在では王室への奉仕は言うまでもなく、奉仕自体の考え方が当時とは比較の対象にならないほど変わってしまった。それでも、ヴィクトリア女王の宮廷の謎めいた雰囲気や静謐《せいひつ》さは、いまなおどこかに残っているふうにも感じられる。王室に仕える仕事は世襲となることも多く、ヴィクトリアに仕えた人々と同じ名前――アディーン、ラッセルズ、フィッツロイなど――が現在のエリザベス二世のスタッフにも散見される（もっとも、ポール・バレル〔故ダイアナ妃の執事で、暴露本を出版した〕のような者はヴィクトリア朝の宮廷では居場所がなかったに違いない）。結局のところ、根源的な部分ではヴィクトリアの時代も現在も、それほど大きくは変わっていないのかもしれない。

そもそもヴィクトリアに仕えた女官《レディ・イン・ウェイティング》や未婚の女官たちの手紙を調べはじめたのは、子ども向けに女王の伝記を書こうとしたからだ。ところが不思議なことに、私はいつしか幾晩も続く堅苦しい夜や、じめじめした馬車に乗っての移動、《命令》を待つ終わりのない待機といった、日常の平凡な記録に魅せられていった。彼女たちの退屈そのものが非常に興味深かったのだ。頭ごなしの命令を受け入れるしかなく、義務にがんじがらめにされる。そんな王室への奉仕という道を、女性たちはなぜみずから選んだのか。彼女たちが公に示している女王への忠誠心は本物なのか。王室での仕事は名誉よりも苦行と呼ぶにふさわしいのではないのかといった、さまざまなことが気になりだした。実際に書かれた言葉以外に彼女たちが何を考えていたのかも知りたくなり、さらに多くの手紙を調べ、王室に仕えた人々を新たに探した。そうするうちに、いつの間にかヴィクトリア女王をこれまでにない新しい視線で見ている自分に気づいた。おそらくは家族よりも女王をよく知っていたであろう、直接仕えた人々の目を通して彼女を見るようになっていたのだ。

しかしながら、仕えた人々を探すにあたっては条件もあった。まず、女王のさまざまな面にスポットをあてるため、できるかぎり異なった立場の人物であること、さらに宮廷生活は静かな温室にも似ていたが、その枠を超えたものの見方ができる知性を備えた人物であること。そして何より重要だったのが、女王の権威に対して必要以上に委縮してしまわない人物であることが必要だった。ヴィクトリアは――特に老境に入ってからは――周囲から恐れられる威厳を身につけていた。短期間ながらも自由党政権の首相を務めたローズベリー卿は、対面して恐怖を感じたことのある人物はビスマルク〔ドイツ帝国最初の宰相〕と女王のふたりだけだったと回顧している。そしてそのビスマルクでさえ、初めて女王に謁見した際は冷や汗が止まらなかったという。こうした恐怖は、女王の子どもたちをはじめ、ほとんどの王室に仕える人々が感じていたものだった。しかし、全員がそうだったわけではない。ヴィクトリアの侍医だったジェームズ・リードと、以前女王付きの未婚の女官としてヴィクトリアに仕えた彼の妻は、夫婦のあいだだけで女王をひそかに《ビップス》と呼んでいた。私が必要としていたのはこうした人々――あだ名をつけるほど女王に近づき、親しみを見いだせる人々だった。

そうして探していくなかで見つけたのが、寝室付きの女官《レディ・オブ・ザ・ベッドチェインバー》から育児担当の責任者に出世したサラ・リトルトンと、同じく寝室付きの女官のシャーロット・カニング、女王付きの未婚の女官のメアリー・ポンソンビーと秘書官《プライヴェート・セクレタリー》のヘンリー・ポンソンビー、宮殿付き牧師のランドール・デイヴィッドソンと侍医のジェームズ・リードの六人だ。六人のうちの何人かは職務を通じた友人どうしであるが、互いに顔を合わせたことがない者たちもおり、このうちのふたりは夫婦関係にあった。ある者たちにとっては王室への奉仕は生きがいとなり、人生を決定づける大きな出来事となった。また、別の者たちにとってはただの人生の一部であり、さらに大きな出来事への序章にすぎなかった。それでも六人全員に共通していたものもある。堅苦しい宮廷生活を送るあいだにときおり訪れるいらだちだ。そうしたいらだちや思いどおりにならないストレス、かなうことのない自分自身の願望がふくれあがったとき、彼らは女王を冗談の種にすることもあった（ただし、あくまでも冗談であって、公の非難とはまったく性質が異なる）。六人はさまざまな葛藤を抱えつつ、サラ・リトルトンが宮廷に入った一八三八年、女王が即位した翌年から、ジェームズ・リードが一九〇一年にヴィクトリアがオズボーンハウスで亡くなったのを見送るまで、合計で六〇年以上にわたって王室に仕えた。こうした人々の手紙を調べていくうち、私の頭のなかでは人と人をつなぐ生きたバトンの役割を果たしたヴィクトリアの姿が徐々に鮮明に浮かびあがってきた。

本書は、王室に仕えた六人についての記録だ。彼らの宮廷での経験や、それぞれの女王との関係で構成されている。ヴィクトリアは王室に仕える者たちに対して完全に心を開こうとはしなかったものの、本書に登場する六人の証言からはかなり打ち解けた女王の姿が見てとれる。女王には噂話を口にして不平不満をもらす一面もあったし、急にくすくす笑ったり、怒ったり、泣きだしたりする癖もあった。また、食事をむさぼるようにして食べる悪癖もあったし、人との対立をなるべく避けようとした。それでいて、すべてを厳格に統制しようという衝動を内に秘めた姿も浮かびあがってくる。また、ほかの誰の望みよりもみずからの希望が優先される立場にありながら、女王は仕える者たちに対して絶えず見せかけではない本物の関心を払っていたようにも見える。結婚や誕生、それに死に対して（とりわけ死に対して）感情もあらわに祝福や哀悼の言葉を贈るヴィクトリアの姿からは、彼女のなかに深い愛情と強い憤りが混在していた様子がうかがえる。

組織として全体を見た場合、王室の奉仕者たちはとても人数が多く、複雑な階層が存在していて――アルバートが改革に着手するまでは――絶望的なまでに野放図な運営がなされていた。貴族階級の男女の下に貴族ではない医師や秘書官、家庭教師や図書係がおり、その下のピラミッドの最下層にあたる階層には多くの使用人が存在していて、そのなかでもさらに階級が分かれていた。本書で注目したのは貴族階級だ。ひとつには記録が豊富なためであるが——貴族階級は生活自体が記録として残されている場合が多い——もうひとつには、（ヴィクトリア個人に仕える使用人を別にすれば）距離的に女王ともっとも近いためでもある。女王と食事や食後の遊びをともにし、ヨーロッパ大陸への休暇旅行にも同行し、深夜に差し向かいで秘密の会話を交わすのはこの階級の人々だった。しかしながら、使用人のなかにも、女王の格別の寵愛を受けていた者たちがいて、ジョン・ブラウンやムンシー（アブドゥル・カリム）、そして酒好きの従僕たちなど、例外的に貴族階級に似た役割を果たしていた人々も存在したことは付け加えておく。

手紙と日記によって構成される本書は、必然的に部分的で偏った内容となっている。女王が中心に鎮座するヴィクトリア朝の宮廷における生活風景は、いきおい閉ざされたものとならざるを得ないためだ。当時の宮廷は——特にバルモラル城で過ごす数カ月に顕著だが——時代と切り離された不思議な場所であり、王室の視点で見れば《外の世界》にあたる世間からは隔絶していた。政治における大きな動きやクリミア戦争、ボーア戦争など、ときおり外の世界に直面することはあっても（ヴィクトリアは国内よりも国外の問題に関心を示す場合が多かった）、そうした問題は宮廷社会全体の関心事となるまでは広がらず、内輪で行う文化的な行事にはほとんど影響がなかった。

手紙が消失したり破棄されたりして記録に穴があくのは避けがたい運命だとしても（シャーロット・カニングが夫に送った手紙や、メアリー・ポンソンビーがヘンリーに送った手紙、さらにヴィクトリアから送られたものを含むサラ・リトルトンの手紙は多くが消失している）、残された資料は豊富だった。手書きの書簡が全盛の時代だけあって、女王自身もこまめに手紙を記している。本書の執筆にあたって調べた資料では、シャーロット・カニング、サラ・リトルトン、メアリー・ポンソンビー、そしてジェームズ・リードの手紙や日記、メモなどはすべてそれぞれの家で保管されていた。ランドール・デイヴィッドソンの日記――残念ながら保存状態はよくない――や、数多くの手紙はランベス宮殿図書館に現存していた。ウィンザー城王室文書館にはヘンリー・ポンソンビーが妻に送った数百にのぼる手紙や、女王が王室に仕える面々と交わした手紙やメモも数えきれないほど残っている。こうした資料のなかには――王室文書館にあった女王からランドール・デイヴィッドソンに宛てて書かれた手紙やメモ、サラ・リトルトンの手紙の大半など――本書によって初めて公開されるものも数多くあった。メアリー・ポンソンビーの日記はシュールブリード修道院（現在はヘンリーとメアリーの子孫が暮らしている）に残っていたが、一八六一年に書かれたその日記のなかに一五〇年以上も誰にも知られることなくひっそりと眠りつづけた秘密の手紙が挟まっていたなど、心躍る発見も多かった。

一八六一年に王配殿下アルバート〔王配＝女王の配偶者をさす〕が亡くなるまでを記した本書の前半部は女性の記述が多く、それ以降の後半部は男性の記述が大半を占めるが、これは偶然ではない。ヴィクトリアが若かった頃、サラ・リトルトンやシャーロット・カニングの視点からすると、女王は自らの意思は決まっていたものの、まだそれを明確に表してはいないようだった。夫の存在に束縛され、おのれの立ち位置を探っている段階だったのだろう。自分に仕える人々との関係は良好だったが、まだよそよそしさが残っていた。しかし、アルバートの死による絶望を経て、未亡人となった女王はついに自分自身を表現しはじめ、それと同時に、仕事の負担を軽減するためのみならず、精神的にも男性の共感と支持を必要とし、実際にその助けを探し求めはじめた。この時期、ヘンリー・ポンソンビーは、それまでよりも女王の集中力が増し、より高圧的に、より繊細になったようだという印象を書き残している。しかしその一方、女王とジェームズ・リードやランドール・デイヴィッドソンとの接触は厳重に隠されるようになり、女性たちとの接し方と比較したとき、彼らとの関係における女王の態度がはるかに無防備なものになっていたことをうかがわせる。

こうした変化と同様、ヴィクトリアの治世が初期から後期へと移り、無邪気な若き女王が憂鬱な未亡人となっていくにつれ、宮廷の方向性とあり方も変化していった。ヴィクトリアの治世が始まった当初は、宮廷も摂政《リージェンシー》時代から続くどこか放任主義的、ホイッグ主義的な雰囲気が残る貴族中心の場所だった。一八六〇年代から七〇年代にかけて宮廷の主導権を握っていたポンソンビー家がまとっていた雰囲気もこれにあたる。だが、八〇年代に入ると宮廷は新しいタイプの、より職業意識を持った廷臣たちによって先導されるようになった。中流階級出身のこうした廷臣たちは宮廷の仕事を名誉と地位の象徴として受け入れ、驚くべき熱心さで職務に励んだのである。その熱心さを生み、持続させたのは義務感だ。グラッドストン〔英国の首相を四度務めた政治家〕が強調した〝義務の精神〟が王室への奉仕と深く結びついて、この流れを生みだしていった。

ただし、義務感だけですべての物事が動いていたわけではない。一八七六年に書かれたアンソニー・トロロープの小説『宰相』では、妻のレディ・グレンコーラが宮廷の女官長《ミストレス・オブ・ザ・ローブズ》になりたいと告白したときに主人公プランタジネット・パリサーが感じた驚きが明らかにされている。彼には妻が進んで《がんじがらめの宮廷生活》を送りたいと望むのが信じられず、《面倒な隷属を強いられる、尊大で退屈な宮廷》に彼女がどうやって耐えていくつもりなのか、まったく理解できなかったのだ。もしあなた自身がグレンコーラだったら？　独立独歩の欲求が強い性格か、あるいは反対に生来控えめな性格だったとしたら？　《がんじがらめの宮廷生活》で生きていくのは、生まれつきの廷臣でもないかぎり、大きな困難がともなう。本書は、性格がまったく違う六人の人々がいかにしてその問題に対処したのかという記録でもある。

第一部　「女王はとても幸せな女性なのです」

第1章　一八三八年、ウィンザー城

一八三八年一〇月三日、レディ・サラ・リトルトンはウィンザー城にある自室の居間の机の前に座り、娘のキャロライン宛に手紙を書いた。ヴィクトリア女王の寝室付きの女官として過ごした最初の二四時間について記したものだ。新たに背負った義務は不安どころか恐怖をもたらすものでさえあったが――そもそも彼女は宮廷に入りたいと望んだことすらなかった――前日に到着した際には女男爵《バロネス》のレーツェンがあたたかく迎えてくれた。かつては女王の家庭教師を務め、いまは宮廷で重要な地位についているレーツェンに案内してもらい、サラはヴィクトリアタワーの《曲がりくねった長い階段》をのぼって女王の部屋の上階に位置する《自室》へと通された。居間や寝室などがそろったひと続きの空間だ。寝室付きの女官には、仕事に従事しているあいだ、ウィンザー城内にこうした部屋が与えられる。サラの《とても高いところにある大きな寝室》とその隣にある居間は、木製の上等な家具とピアノが備えつけられた整然とした空間だった。女王に仕える女官たちは、寄宿学校の新入生と同じように、家から持ってきた花や装飾品（数年後には写真も加わる）で自室を飾ることが許されている。サラもいずれはリトルトン家の邸宅であるハグリーホールから、私物を持ちこむつもりだった。

女王の城は恐ろしく寒い場所で、サラは喜びをこめて《素敵な火》にやっとありついたと手紙に記している。部屋の両側にある窓から見えるみごとな眺望も大いに気に入った。《城の庭園と銃眼のある低い城壁、それに本物の大砲まで見えます。大きな花壇や彫刻や甕、大きな丸い噴水も》と自室のはるか下の景色を説明し、遠方にはウィンザーグレートパークとテムズヴァレーの森が広がっていると続けている（花壇や池や大砲は現在もほぼ変わらず残っているが、テムズヴァレーの森は都市化の進行でずいぶん前に失われた）。さらに《古い灰色の壁に風があたる音が響き、明るい日差しがたくさん降り注いでいます。本当に美しいところです》と記し、ずっと壁のなかに閉じこめられていないのであればという条件をつけたうえで、城が醸しだす抒情は元気の源になってくれそうだと娘に伝えた。

一八三八年一〇月の時点で、ヴィクトリアが王位についてから一年あまりが過ぎていた。女王にとっては、ほぼ満足できる一年だったと言えるだろう。ハノーヴァー朝の統治者たちの放蕩ぶりやおふざけのすぎた姿にうんざりしていたイングランドの民衆は、若き女王を心から受け入れた。純粋さと品格と尊厳に満ち、義務を果たす決意にあふれた女王のけなげな姿は感動的ですらあり、ふだんは皮肉ばかりを言いたてる大衆の心をしっかりとつかんでいた。《ふつうならまだボンネットを選ぶ目も持てない年頃だ》とトマス・カーライル〔英国の歴史家・評論家〕は一九歳の新女王について書いた。《しかし彼女は女王となり、その前途には大天使でさえも震えあがるに違いない難題が山積している》

当時、弱体化しつつあったホイッグ党の政権で一八三五年から首相を務めていたメルバーン卿は、女王の周囲をホイッグ党の女官たちで固めて党勢を盛り返そうとした。後日もめごとを引き起こすことになるこの決断を、彼はのちに悔いたかもしれないが、この時点では知る由もない。何にせよ、ホイッグ党員の家に生まれ、ホイッグ党員の貴族のもとに嫁いだサラ・リトルトンは生粋のホイッグ主義者だった。さらに、彼女にはいとこのキャロライン・ポンソンビーがメルバーンと結婚しているという個人的なつながりもあった。キャロラインは不貞騒動の末にメルバーンと離婚した問題の多い女性だったが、サラがメルバーンの推薦を受けて女官に指名されたのはほぼ間違いないと思われる。

ウィンザー城での初日、サラは二時の昼食を同僚の女官たちととるために自室を出てらせん階段をおり、コリドールと名づけられたジェフリー・ワイアットヴィル（改名前はただのワイアット）がジョージ五世のために設計した薄暗い、およそ一七〇メートルの長さがある幅広の廊下を歩いていった。コリドールは城の南側にある個人の居住区画と北側にある公用の区画をつなぐ役割も果たしている。サラは金色のアーチ装飾の下を急いで歩き、厚い真紅のカーテンがかけられ、カナレットやゲインズバラの風景画や、ゾファニーの肖像画などが壁に並ぶ廊下を進んでいった。銅や赤い斑岩でつくられた像を据えた大理石の台座、陶器がたくさんおさめられた戸棚、金箔を施された台に置かれたランプ、そして植物が植わった鉢をいくつも通り過ぎていく。右手に連なる女王の私室や客間、そして白の間、緑の間、赤の間といった豪華な居間や、さまざまな行事が行われる大きな食堂を通過し、やっとのことでブランズウィックタワーのノーステラスを見渡せる、王室に仕える人々専用の食堂にたどり着いた。

サラは食堂でレーツェンの隣に座り、ミス・リスターとミス・パジェット（ともに女王付きの未婚の女官）、ミス・デイヴィス（住み込みの寝室付きの女官で、女王の家庭教師だったジョージ・デイヴィス牧師の娘。自分を取り巻く女官たちのなかでも容貌の優れた女性たちを好んだ女王は、彼女を《気立てはいいが美しくはない》と評していた）と女王の侍従《ロード・イン・ウェイティング》に会った。女王の侍従は王室に仕える男性がつく役職のなかで、城を訪れる客たちや女王の女官たちと、朝と昼の食事をともにすることを許された唯一の地位だ。ほかの男性たちは、中庭を囲む建物の北東に位置する来客用の入り口に近い、侍従武官《エクワリー》の部屋と隣りあった食堂で食事をとることになっていた。この性差による分離は、それぞれに割りあてられる部屋の配置にも厳密に適用されている。女性たちの部屋は城の南側にあり、男性たちの部屋は女性たちから充分に離れた北側にあった。

新たにレディ・リトルトンがついた寝室付きの女官という地位は、王室に仕える非常勤の人員にあたる。既婚者や未亡人の寝室付きの女官、未婚の寝室付きの女官《ウーマン・オブ・ザ・ベッドチェインバー》、未婚の女官、侍従や宮内官《グルーム・イン・ウェイティング》、そして侍従武官といった仕事についた者たちは、職種ごとにくじ引きで八つのグループに分けられ、輪番制で女王に仕える仕組みになっていた。サラの場合、年五〇〇ポンドの給金で一年のうちの三カ月を女王に仕えて過ごすことになる。当番を務めるあいだ、城に住まなくてもいいとされていたのは未婚の寝室付きの女官たちだけで（ただし未婚でも、常駐の場合は住み込み）、その場合の給金は既婚者や未亡人たちよりも低い年三〇〇ポンドと定められていた。女官長は常勤ではなかったものの、新しい人員の指名にかかわったり、輪番表を作成したり、さらには女王に付き従って公式行事に参加したりするきわめて重要な地位で、一八三八年には三一歳のサザーランド公爵夫人が務めていた。こうした非常勤の者たちとともに王室の奉仕者たちの核をなすのが、家政事務官《マスター・オブ・ザ・ハウスホールド》や王室出納長官《キーパー・オブ・ザ・プリヴィー・パース》、そして秘書官（一八六六年までは非公式の役職だった）といった常勤の人々だ。王室に仕える人員の構成をピラミッドでたとえると、こうした人々は上部のエリート層にあたる。そしてその下層にいるのが、医師や家庭教師、秘書や図書係たちだ。この層については、貴族階級よりも中産階級から選ばれることが多かった。

ウィンザー城のディナーは、王室に仕える人々が根源的に備えている厳格な階級制を強化する役割を果たした。身分が高い紳士淑女はそれぞれの居住区画にある食堂で朝と昼の食事をとることが許され、互いに顔を合わせるのはディナーのとき——通常は女王も同席する——とされていた。一方で身分の低い人々は、朝食と昼食にかぎって許された場合のみ上位の人々の食事に同席し、ディナーは同じ身分の者どうしでとるとされていた。こうした身分による差別意識は使用人たちのあいだにも広がり、上級使用人は執事の部屋で（たっぷりと）食べ、下級使用人は使用人部屋で（ふつうに）食べるという習慣ができていった。さらに、外部から訪れる軍楽隊や芸術家、室内装飾業者や美容師、女王の衣装に関連する業者たちのため、実にさまざまな食事が用意されるならわしになっていた。

ローストチキンとローストマトンという昼食を終えると、サラ・リトルトンは初めて女王に紹介された。ヴィクトリアはサラの娘たちと同じようにまだ少女の面影を残していた。小柄な体にはすでに肥満の兆候が見られ、かすかに突きでた淡い青の目と丸い顎は、疑いなくハノーヴァー朝の血統を受け継いでいることをうかがわせた。しかし外見からは想像もつかない、音楽を思わせる涼やかな声を発する女王は、若さからくる愛嬌と陽気さに満ちていた。サラはヴィクトリアからあたたかい歓迎の言葉と抱擁を受け、バグショットにいる女王の年老いた叔母、グロスター公爵夫人のもとを訪れるのに同行するよう求められた――その日の午後、女官たちは女王とともに出かける予定になっていたのだ。

女王とケント公爵夫人〔ヴィクトリアの母〕、そして夫人付きの女官のレディ・メアリー・ストップフォード《小柄で感じがいい赤毛の女性》とともに馬車に乗ったサラはこのちょっとした旅について、《いろいろなものを持っていかなくてはならないうえに慣れないことばかりで、失敗もし、驚きもしました。ただし、わたしにとってはいつものことですけれど》と書き残している。新鮮な空気が体にいいと信じている女王は無蓋馬車を好んだので、同行する者はショールやら膝掛けやらをたくさん用意する必要がある。サラも身分は女官であっても、実際には小間使いがするような仕事に慣れる必要があるという現実にいきなり直面した。ウィンザー城への帰途、サラがいささか驚いたことに、女王は居眠りをするケント公爵夫人をよそに、意外にもウィリアム・コークス〔イングランドの歴史家〕が書いた『レッスン・ブック――サー・ロバート・ウォルポール〔英国の首相を務めた政治家〕の伝記』という本を熱心に読みふけっていた。

その晩、サラはディナーのために着替えをすませたあと、コリドールでジョージ三世がデザインした《ウィンザーの制服》――膝丈のズボンにストッキング、真紅の襟と袖口がついた濃紺の燕尾服――を着た紳士たちを含めた、残りの王室に仕える人々やディナーの客たちと八時前に対面した。一同は食堂に入る前にここでヴィクトリアの登場を待ち、現れた女王とレディたちを紳士たちが先導して歩き、いちばんうしろにケント公爵夫人が続く手はずになっていた。その日のディナーは大がかりなもので、メルバーン卿（週に三回から四回は女王とディナーをともにし、常に左隣に座る）、ケント公爵夫人とレーツェン（どちらも常に同席する）、オルデンブルク〔ドイツ北西部の旧公国〕公子夫妻（女王の客）とその随行員たち、パーマストン卿（外務大臣）、アクスブリッジ卿とトリントン卿（侍従）、サー・ヘンリー・ウィートリー（王室出納長官）、レディ・メアリー・ストップフォードとミス・リスターとミス・パジェット、ミスター・チャールズ・マレー（家政事務官）、キャヴェンディッシュ大佐（侍従武官）とサー・リチャード・オトウェイ（宮内官）がいた。ディナーのあいだは軍楽隊――近衛騎兵連隊や近衛歩兵第一連隊――が隣室で朗々と音楽を奏で、食事を終えると女王をはじめレディたちは紳士たちがポートワインを楽しむ時間をつくるために席をはずした。といっても、それほど長い時間ではない。新しいヴィクトリア女王の治世においては、ワインに長い時間を費やすのは好ましからざることだと考えられていたためだ。

夜は、日記をつけていた枢密顧問官《プリヴィー・カウンセラー》のチャールズ・グレヴィルの言葉を借りると、それは《上流階級の人々にとってつらいもの》だった。この見解はサラ・リトルトンの見方と完全に一致する。グレヴィルはウィンザー城への招待を大歓迎していたわけではなかった。女王みずからが細部に至るまで取り仕切っていたにもかかわらず、である。ヴィクトリアは誰がどの部屋に泊まるのか、誰が馬に乗って誰が馬車に乗るのか、さらには食堂に入るときにつくる列の順番まで決めていた――つまり、訪れる者たちのあらゆる行動を管理していた。《社交》や《楽しみ》といった観念はそこにはなく（他方でそれをいいことだと考える人々も、もちろん存在した)、ビリヤード室は建物の東の隅に追いやられて実質的には使用禁止となったのも同然だったほか、図書室もろくな家具がないうえに恐ろしく寒い状態で放置されていた。つまり、人々がつぎに集まる機会は《つぎの食事のときだけ》だったということだ。しかし、本当の試練はディナーのあとに待ち構えている。食事を終えて居間に入ると、参加者たちは立ったまま、女王が室内を回って全員に《礼儀正しく心のこもった態度で、これ以上ないほど平凡な言葉かける》のを終えるまで待たなければならなかった(この習慣には《巡回》という名がひそかにつけられていた)。グレヴィルは一八三八年三月に招待されたディナーの際、女王と交わした言葉を記録している。

女王「今日は乗馬には行きましたか、ミスター・グレヴィル?」
グレヴィル「いいえ、陛下。行っておりません」
女王「天気はいかがでした?」
グレヴィル「よかったです、陛下。よく晴れておりました」
女王「少し寒かった気がしますね」
グレヴィル (ポローニアス〔『ハムレット』の登場人物でおしゃべりな宮廷人〕風に「はい、とても寒かったです、陛下」
女王「あなたの妹のリー・フランシス・エジャートンは乗馬をするのでしょうか?」
グレヴィル「はい、ときおりしております、陛下」
(ここでしばらく沈黙。わたしが会話の主導権を握るが、話題を変えるのは厳禁だ)
グレヴィル「女王陛下はよい馬をお持ちですか?」
女王「ええ、とてもよい馬を持っています」

――女王陛下が優雅に微笑んでうなずき、わたしは深く一礼。

こうしたやりとりを終えると、女王と女官たちは円形のテーブルを囲んで腰をおろし、ケント公爵夫人はホイスト〔四人で行うカードゲーム〕をするために別のテーブルの準備をするのが常だった。その一方で、男性たちは部屋の反対側に集まり、グレヴィルが言うところの《道徳的な二時間》を《必要最小限の会話》でやり過ごすのである。唯一の気晴らしといえば子どもがするようなゲームか、女王や女官たちがピアノを弾いたり歌ったりするのを聴くくらいのものだ。これがウィンザー城で繰り返される典型的な夜なのだという現実に、サラ・リトルトンもじきに気づくことになる。

午後一一時になると女王がようやく寝室に引きあげ、男性たちは葉巻を吸うために我先にとビリヤード室へ急いだ。女王の城で過ごす時間はとても《健康的とは言えない》と感じたサラは、快適な聖域である自室へと飛んで戻った。彼女が娘のサラに書き送ったところでは、その自室は《寝室に必要なものはすべて》そろっていた。マホガニー材の天蓋がついたベッドに衣装簞笥、引き出しのついた整理簞笥に化粧台、姿見、洗面台、化粧椅子、暖炉前の火よけのついたて、ボンネットを入れるかご――《まさに完璧》だった。不安や心配の種はたくさんあったものの、どうにか初日を乗りきれた。しかし、すさまじい束縛に適応できたわけではなく、これから慣れていくのは容易ではなさそうだった。《女王陛下はとてもやさしくて礼儀正しく、気立てのよい方です。最初こそ、ここの堅苦しくて奇妙な社会はわたしのような者にとってなじみにくいものかとも思いましたが、どうやら堅苦しさのなかでも落ち着きを保っていられたようです》

《堅苦しさ》は王室に仕えるなかでサラが絶えず不満の対象にしていたもので、彼女のそれまでの人生ではさほど縁がなかった。一七八七年にホイッグ党の貴族社会のなかに生を受けたサラは一八世紀の申し子であり、その長い人生においては世俗的な楽観主義が一九世紀的な献身の姿勢とほどよく調和して混在していた。《可能なかぎり正直で自然な手紙を書くにはそれなりの義務感が必要で、それはわたしたちの人生や会話にも通じるものです》というのがサラの手紙を書くうえでの信条で、事実、彼女の手紙は構文も柔軟であり、《喉が詰まる（throat lumpy）》や《驚く（boggled）》といった癖のある言葉や《子ども（quiz）》《憂鬱（bathing）》といった、彼女の実家であるスペンサー家の人々にしか通じないスラングが随所に登場する。控えめでユーモアに富み、臨場感にあふれた手紙は、サラ自身の声がはっきりと聞こえてくるようで堅苦しさとは無縁だ。

サラはスペンサー卿夫妻の二番目の子にあたる長女として生まれた。いとこにデヴォンシャー公爵夫人で社交界の花形だったジョージアナがおり、オールソープやウィンブルドンパーク、ロンドンのスペンサーハウスなどスペンサー家の邸宅を転々として幼少期を過ごした。本人の記憶によると、オールソープの邸宅で遊んでいたときに歴史家のエドワード・ギボンと掛け算をして遊んだこともあったらしい。母親のレディ・ラヴィニア・スペンサーはレイノルズの肖像画に描かれたように涼やかな美貌の持ち主で、子どもたちをかわいがりはしたが、それほど子育てに熱心ではなかった。美貌の麗人でありつづけなければならないという義務感が母性本能にまさっていたのかもしれない。自然とサラがきょうだいたちの世話をすることになり、弟たちの勉強も見てやっていた。《自分が家庭教師になるよう生まれついたのはよくわかっていました》とサラは書き記している。子どもの養育と仕事に対する義務感は、人生の初期段階から彼女に根づいた習慣だったのだ。

母親の美貌を受け継ぐこともなく——自身の言葉によると——よく言っても《家庭的》な顔立ちのサラは運にも恵まれず、結婚にさしたる希望を抱いていなかったため、独身生活が長かった。そんな彼女がウィリアム・リトルトンを紹介されたのは二五歳のときだ。リトルトン家はスペンサー家と同じくホイッグ党を支持していて、公務と高教会派〔英国国教会のなかで、教会の権威や礼典を重視する立場〕への熱心な信仰、そして奇行と陰気さで知られていた。恋愛というものに希望を失ったあと、ウィリアムは信頼していたサー・サミュエル・フッド提督の妻でスペンサー家の友人でもあるレディ・フッドによってサラを紹介された。《サラはあなたを気に入っています、かならずや結婚を承諾するでしょう》というレディ・フッドのいかにも現実的な主張が、ウィリアムが求婚を決めた理由だった。サラもその気になっており、彼女の両親もあたたかくふたりの結婚を受け入れた。ウィリアムは次男で裕福でもなかったが、半分血がつながった爵位を持つ兄がおり、その継承順位の上位に名を連ねていた。この兄が精神的に不安定なことから、彼が爵位を継ぐのはほぼ間違いないと見られていた。

《わたしは幸福に包まれています。不安定で、危なっかしくて、分別を失ってしまいそうなほどの幸せです》とサラは婚約にあたって記している。容姿端麗で精力的なウィリアム・リトルトンのような男性と結婚できるという事実が信じられなかったらしい。一方のウィリアムは、愛情深くて温厚な妻を迎えられるこの結婚を大いに喜んでいた。おだやかで気立てのいいサラであれば、自分の移り気な性格を落ち着かせてくれると考えていたためだ。こうしてふたりは一八一三年三月にウィンブルドンパークで結婚式を挙げた。姉であるミセス・ポール・カルーは、並んでソファに腰をおろした新郎新婦が見せる、いかにも愛らしい情景を書き残している。《ひとりがパンを頬張っているかたわらで、もうひとりがクッキーをうれしそうにかじっています。愛情と喜びで輝いているような光景です》

一八二八年に兄が亡くなり、ウィリアムはリトルトン卿となった。この頃までにキャロライン、ジョージ、スペンサー、ビリー、そしてラヴィニアの五人の子どもに恵まれていたふたりは、ウスターシャーにあるリトルトン家の主邸宅、ハグリーホールへと引っ越した。ハグリーは簡素でどこか人を寄せつけない雰囲気のあるパラディオ様式の邸宅で、遠くのウェールズの丘陵地帯まで続いていく、人の手で景観を整えた鹿の生息地の風景が最大の魅力だった。近所に教会とクリケット場があるのは、リトルトン家が宗教とクリケットの双方に情熱を燃やしていたことを考えれば当然とも言えただろう。ハグリーでのウィリアムはホイッグ党に関する政治的なことはすべて忘れ、慈善行為と家庭生活に集中した。しかし、一八三七年、若きヴィクトリア女王が王位につく直前に、何年かの闘病生活の末、ウィリアムが亡くなり、サラは五〇歳で未亡人となったのだった。

それから数カ月して兄のスペンサー卿から受けとった手紙で、女王が自分を寝室付きの女官として迎えたいと望んでいると知り、サラは大いに驚いた。《残念なことに、この申し出をいただいて悲しみに圧倒されたと言わなくてはなりません。自分が孤独であることを改めて思い知らされました》と告白している。宮廷での生活という新しい人生について考えてみたところで、失ってしまったものへの切望がつのるだけだった。それに何より、サラは自分自身について、《そんな仕事をするには、性格といい能力といい、著しく不適格》だと感じていた。

多くの長所があるにもかかわらず、サラは常に自信の欠如とおのれに対する疑念に悩みつづけていた（批評好きな母親の置き土産と言ってもいい）。《頭のてっぺんにあるつむじから自尊心が飛びでて見えるくらいになってみたいものです》とは彼女自身の言葉だ。そんな性格だけに、女王の申し出に対しても躊躇した。古い友人のペンブルック伯爵夫人に宛てた手紙には《わたしは誰よりも遅く考える才能に恵まれているようです。いい考えが浮かぶまでに時間がかかりすぎて、肝心の決断のときを逃してしまいます。決断の必要性自体を見逃してしまうことさえあるのです。もしこれから宮廷でうまくやっていけたら、自分自身の分別のない言葉や優柔不断による過ちのせいでさいなまれる絶え間ない後悔と無縁でいられたら、そしてまずまずの良心を保ったままウィンザーから静かなハグリーに戻れたら、わたしは驚き、感謝するでしょう（できないかもしれないと思うと恐ろしくて震えてしまうのですが）》と書いている。

そして、サラ自身の欠点を置いておくとしても、王室に仕える仕事との相性の悪さという問題もあった。お辞儀を繰り返したり立ちっぱなしだったり、さらには人目にさらされる無蓋馬車で出かけたり、そうしたすべてに耐えていけるのかどうか不安だった。この地位が政治的な野心を持っている息子のジョージの将来に悪影響を及ぼさないだろうか？　家を留守にしているあいだ、ふたりの娘たち、キャロラインとラヴィニアはどうなってしまうのだろうか？　しかしその一方で、母親の地位が独身の娘たちにとっていい方向に働く可能性もある。金銭的にも不安があったし、そう遠くない将来にジョージが結婚することを考えれば、どのみちハグリーの女主人という立場もいずれは譲り渡さなければならない。サラは王室に仕える仕事に賛成だというスペンサー卿の勧めに従う決断を下し、女王からの申し出を受けることにした。

サラが仕事でウィンザー城に詰めているあいだ、キャロラインとラヴィニアは兄と一緒にハグリーホールで暮らすことになり、女王が家族に会えない女官たちのために開く、夫や子どもたちを招待するディナーの際など、特別な機会に短時間であれば城を訪れられるよう取り計らわれた。

王室に仕える最初のひと月の生活で、サラが事前に感じていた恐れのうちあるものは改めて痛感させられ、あるものはやわらげられた。ジョージへの手紙で彼女は警戒心をにじませつつ書いている。《別の星と呼んでもいいほどまったく違う環境です……女王陛下にはとてもやさしく接していただき、同僚たちにも親切にしてもらっています。ウィンザーへの感嘆の念は尽きることがありません……最初に感じていた怯えもようやく消え、いまは自分の置かれた環境に慣れようとしているところです。数カ月の出仕期間が終わればもちろんうれしいでしょうけれど、だからといっていま、この仕事に苦しみを感じているわけではありません》ただしサラはウィンザー城そのものは大いに気に入っており、《重厚な壁に気持ちのいい風、水まわりも素晴らしく整えられていて、すべてがそろった最高の住居です》と記している。王室の本拠地とも言えるウィンザー城に満足していたサラだったが、じきにバッキンガム宮殿に移らなければならなかった。一八三八年にはすっかり荒れて破損も進んでいたバッキンガムには、五月から七月までの社交シーズンのあいだとどまることになっている。そのほかにも国の行事や舞踏会、公式謁見会（午後に開かれる歓迎の会で、女王に女性たちを紹介する。一年に四回実施）、接見（午前中に開かれ、こちらは男性が対象）などを含めると、王室の人々は年に数回バッキンガム宮殿で過ごすしきたりになっていた。このほかにも王室の人々が過ごす場所は何箇所かあり、海の空気が好きな女王は、ジョン・ナッシュがジョージ四世のために設計したブライトンのロイヤルパヴィリオンもときおり訪れていたほか、サリーには叔父のレオポルドが所有しているクレアモントもあり、田舎に隠遁したいときに利用していた。

ウィンザーに来てから最初の日曜、サラは二度セント・ジョージ礼拝堂を訪れたあとで夜の散歩に出て、噴水の近くで楽団が音楽を奏でるなか、イーストテラスと広い庭園を歩いた。日曜にはホームパークは一般に開放されていて、地元の人々やイートン校の生徒たちが女王を囲んでしまい、王室に仕える者が《お仕置き》をする必要もときにはあった。《この光景といったら！》サラは手紙でキャロラインに熱く語りかけている。《片方に城が見え、その反対には絶景が広がっています。わたしたちを取り囲む庭園には大きな噴水があり、そうした素敵な光景に軍楽隊の素晴らしい演奏が花を添えるのです。わたしにとってとりわけ楽しかったのは、マダム・レーツェンの青白い顔でした……ふだんと同じように不安まじりの笑みを浮かべて、城の窓から女王をじっと見つめていらっしゃるのに気づいてしまったのです》また、ウィンザーグレートパークのなかを馬車で走る際の興奮も、サラは大いに気に入ったようだ。女王の馬車を引く四頭の白馬が《二時間から二時間半のあいだずっと走りつづけたあと、汗をかき大きく息をしていました》と綴り、真紅のお仕着せを着た馬番たちや馬の背に乗った紳士たちに囲まれた様子を伝えている。

オルデンブルク殿下とともに《食器》の検分をした際、サラは下級使用人たちの世界を見て驚き、手紙に記している。《厨房には二四人の料理人がいて、一七人分の肉料理と菓子をつくっていました。まさにゼリーとジャムの世界でした》厨房のかたわらにはふたつの大きな暖炉があり、真鍮製の脚のあいだに蒸気を通して食事の温度を保つ台もあった。そのほかにも野菜を準備するための部屋があり、菓子類全般をつくる専用の厨房まであった。サラが言う二四人のなかには料理長がひとりとその下に料理主任が三人いて、さらに料理人がふたりとロースト担当の料理人がふたり、見習いが四人、食料品貯蔵室の担当がふたりとその上役の貯蔵室の責任者がひとり、野菜の準備をする担当がふたり、厨房付きの女中が三人、スチーム器具の担当がふたり、菓子職人は一番手と二番手のふたり、そしてその下に女性の補佐が三人いた。

女官として、レディ・リトルトンは自分のことを《古風》で《警戒すべき》と感じている未婚の女官たちに目を光らせておくよう求められていた。姉妹のひとりが亡くなったミス・リスターは唐突に泣きだしては女王を動揺させていたし、恐らくまだ新参の部類に入る（サラとしてはそう望まずにはいられなかった）ミス・パジェットは王室に仕える者の決まりに慣れておらず、何かと言えばすぐサラに近づいてきて、《甘え、ねだるように》懇願した。《レディ・L〔リトルトン〕、一度だけでかまいませんから、スロープをひとりで歩いてきてもいいですか？　決まりに反するのはわかっています。でも、別に害はないでしょう？　前はよかったんですよ。それなのに、メルバーン卿が禁止してしまったんです。どうせ誰と行きあうわけでもないし……（ここでレディ・Lが「ノー」を繰り返す）お願いします、レディ・L、せめて外に出るくらいならいいでしょう？　午前中ずっと部屋のなかにいたせいで、足がすっかり冷えきってしまったんです！　テラスからは離れませんし、誰の目にも触れないようにおとなしくしていますから。どうかお願いします（レディ・Lが「イエス」と言う）》といった具合だ。

〝スロープ〟として知られる城の北側から北西に延びる森に挟まれた急な勾配は、未婚の女官がひとりで歩くことを禁じられていた。不意に何者かに襲われないためなのだが、未婚の女官たちは、絶えずこの禁止を解くよう哀願を繰り返していた。サラとしては同情を覚えないわけではなかったが、《女官たちに例外なく秩序を守らせるという王室全体の方針があります。彼女たちがよからぬことをしたがるというわけではなく、先代の王室がしてきたことの記憶がまだ残っているからです。そのせいで、全員が過剰に用心深くなっているふうに感じられます》と綴ったような事情がある以上、できることは何もなかった。

以前の王室がしてきた《よからぬこと》、すなわち女王の伯父たちがしてきた残念な行為が自分たちの名を汚すのではないかという不安が、ヴィクトリアの新しい王室のなかには強く残っていた。ハノーヴァー朝の治世において女官たちは、ホラス・ウォルポール〔英国の政治家〕の言葉を借りれば。《男と出会う最初の機会を見つけるや、立ち止まって相手になびいてしまう》傾向が強すぎた。ジョージ四世は愛人のレディ・ジャージーを女官のひとりに指名するのに、日頃から軽く見ている妻のキャロライン・オブ・ブランズウィックに対して罪悪感をいっさい覚えない人物だったし、広く尊敬を集めた王室を率い、さまざまな意味で恐妻家とされたウィリアム四世ですら、ミセス・ジョーダンとのあいだになした一〇人もの庶子をウィンザーにある家に住まわせるありさまだった（そのうちのひとり、レディ・メアリー・フォックスはウィンザー城で働いていた）。ヴィクトリアはその庶子たちに気を配って親切に接していたものの、同じ屋根の下で暮らすよう迎え入れはしなかった。乱行や愛人たち、庶子たちといったハノーヴァー朝の放蕩の痕跡は、サラがやってきた当時すでに過去のものとなっていた。ヴィクトリアは王位を継いですぐ、サザーランド公爵夫人を通じて宮内長官《ロード・チェインバレン》のカニンガム卿に、《新しい王室の尊厳と道徳を守る》ために彼を頼りにしているとの言葉を贈った。だが女王はこのとき、カニンガムが愛人をバッキンガム宮殿に家政婦として送りこんでいた事実を知らなかった（さらに言えば、彼と愛人が宮殿でいかがわしい行為にふけっているのを目撃されたのは一度や二度ではない）。こうした例にあるように、古い習慣が一夜にして消滅したわけではなかったけれども、少なくとも風紀をただそうという動きはすでに始まっていたのである。

生まれつき内気で引っ込み思案のサラ・リトルトンは、来訪する王族や名家をもてなす余興などの社交的な義務はそれほど楽しめなかったようだ。《お祈りの儀式に参加して、毎朝顔ぶれが変わる無数の人々と握手をするのは……とても息が詰まるものです》と書いている。また、木曜には土曜まで滞在する客たちを招待し、特別列車で役者たちを連れてきてルーベンスルームで演劇を催すことも多かった。サラはしだいにこの《毎週、大勢でやってきて城を埋めつくし、群れをなしてディナーをとり、可能なかぎりの大騒ぎをし、土曜には煙のごとく消えてしまう人々》に対して恐怖を感じるようになった。

出会った人々のなかにはおもしろい人もいれば気をつけなくてはならない人もおり、むろん退屈な人もいた。サラはホイッグ党の政権で首相を務めたクラレンドン卿を聡明で《とても話が上手》と評価していたものの、彼の《嚙みつくかと思ってしまうほど皮肉屋で鋭い舌鋒》を嫌っていた。また、ザクセン・コーブルク家のオーガスタス公子（女王のいとこ）とは、会話をするのにも苦労した。サラがハンガリーでの熊狩りに話題を変えると狩猟好きな公子もようやく多弁になり、そこからは気に入っていた鳥が亡くなったという知らせを受けて心痛を覚えたと告白するに至った。また、サラは気取り屋で自信過剰のベルギー国王レオポルド一世を《とてつもなく王族らしい方》と評し、女王の叔父でケンブリッジ公爵でもある国王に《小さなテーブルで女王から座席ふたつと離れていない位置から、「どうしてこんなところにやってきたのかね？　退屈そのものだろう？」》と尋ねられて閉口したうえ、彼が居間の中央で耳の遠いウェリントン公爵に対して《ひたすら大声でわめきたて、わめき返される》という独演会を演じている姿を目にしたことから、あまりにも機転がきかないと驚いたことを記録に残している。

同僚たちについては、サラは《みな親切で、なかにはとても楽しい人たちがいます》と記している。とりわけレーツェンを慕い、《何が起きているのか完全に理解していると思わせてくれる唯一の顔》と書いているが、彼女は《身分が高貴》なため、めったに会うこともかなわなかった。もうひとり、サラを安心させていたのがサザーランド公爵夫人（女官長）で、《率直な常識家》である彼女とは話ができると感じていたけれども、公爵夫人もたまにしか王室に顔を出さなかったため、サラは自然と孤独感を深めて思い悩むこととなった。社会からはじきだされたわけではなく、共感の不足から来る種類の孤独だ。《ディナーが堅苦しくて耐えがたいので、夜は苦痛でしかありません。そして、わたしは悲しくもたったひとり、頭を抱えて高い場所にこもっているのです！》と彼女は訴えている。

女王はすぐに新しい女官を受け入れてサラを《やさしい人》と認め、コリドールでのバトルドー・アンド・シャトルコック〔バドミントンの原型〕に招き入れた。それ以上にサラが喜んだのは、女王からメルバーン卿を通じて願いでていた宮廷内での眼鏡の着用が認められたことだ。それまでは《宮廷内で公式に眼鏡の着用が認められた例はなかった》ところ、サラは適切な手順を踏んだとされ、女王に《礼儀を心得ている》と評価されたようだ。以前、ジョージ三世の妻であるシャーロット王妃の衣装担当の補佐を務めていたファニー・バーニーという女性が宮廷内での眼鏡の着用を公式に拒否されたので、これは画期的な出来事であった。

一方、サラ・リトルトンは、自分が仕える女王を明るい《子》ととらえ、母のような寛大な視線で見ていた。当時のヴィクトリアは自然体で女の子らしく、かつ衝動的なところがあり、コリドールで客の子どもと一緒にボール遊びをするのを好むといった一面もあった。足湯から飛びだして濡れた足のまま手紙を取りに走ってそれを女官に見せたり、寝巻きの上に化粧着を着てサラの寝室にいきなり現れ、虹を見ようと誘ったりすることもあった。事実をありのままに書いた作家で、のちにヴィクトリアの人格を誰よりもうまくとらえた伝記を著したリットン・ストレイチーは、女王のこうした面を《独特の率直さ》と呼んだが、サラもまたあけすけな女王の姿に衝撃を受けた者のひとりだった。《女王陛下には驚くほど透明なところがおありです》とサラは書き残している。《みずからの感情や事実を言い表すのに、まったく誇張をなさいません。わたしが知る人々のなかではきわめて珍しいことです。正直な人は多いですが、それでも多少の裏はあるものです。ところが、女王陛下のお言葉は本当にあるがままで、それ以上でもそれ以下でもないという言い方をなさります》

《陛下にとっては、すべてが新しく、喜びに満ちているのだろう》持ち前の辛辣さを脇に置いて、チャールズ・グレヴィルは書き残している。《いまの陛下は刺激的で興味深い楽しみに囲まれている。地位、娯楽、公務、王室、何もかもが絶え間なく満足を与えてくれるのだ。生まれついての分別と洞察力に加えて若いこともあり、地位がもたらすまったく新しい環境に、子どものような情熱と好奇心で取り組んでいらっしゃる》と彼は好意的に評した。周囲からあたたかい支持を得て、若きヴィクトリア女王は公文書を処理し、閣僚たちと会い、乗馬をし、そしてよく笑った。事実、この時期の女王は声をあげ、歯茎を見せて笑うこともしばしばあったようだ。それまで社会に触れる経験が少なかった少女にしてみれば、人々から賞賛され、崇拝され、圧倒的な注目を一身に浴びるのは心が浮きたつ経験であったに違いない。

常に外見に敏感だったヴィクトリアは、サザーランド公爵夫人のような美しい女性に感嘆し、アルフレッド・パジェット卿のような美形で若い侍従武官から捧げられる尊敬の念を楽しんだ。パジェット卿は飼っているゴールデンレトリバーのミセス・バンプスとともに小さな女王の肖像画をロケットに入れて首からさげており、女王も自然と彼と飼い犬の双方を慕うようになった。また、聡明で視野の広い外務大臣のパーマストン卿もヴィクトリアを支えた。パーマストンは彼女に外交に関する知識を惜しみなく教え、チェスの教師役も務めた。ウィンザーでは朝食の二、三時間前に、テムズ川でボートをこいだり泳いだりするのを好み、コリドールをうろつくのも好きで（もちろん彼が《キューピッド》の愛称で知られていたこととは関係ない）よく出かけていたものの、パーマストンのこの趣味については女王もまだあずかり知らぬところだった。

そして、もちろんメルバーン卿もヴィクトリアを支えていた。《M卿》は毎朝その日の公務について女王と話しあい、午後にはウィンザーグレートパークをともに回り、夜もほぼ毎晩と言っていいほどかたわらにいて、ときには父親のように振る舞い、ときには女王を案じ、そしてごくまれに少しばかり叱責したりした。まだ女学生じみていて、それも誤って教育された女学生のようなものだったヴィクトリアは、洗練されて機知に富み、何でも知っているメルバーンのような大人との会話に酔いしれた。サザーランド公爵夫人から聞いたメルバーンとキャロライン・ポンソンビーの不幸な結婚話すら、彼の魅力にロマンティックな哀愁という新たな味付けを加えただけだった。五八歳のメルバーンはまだ充分にハンサムだったし、ウィンザー城のコリドールで女官を追う覇気もあった。しかし、しだいにふくらみつつある腹部が優れた外見を損ないはじめているのは事実で、サラ・リトルトンは、毎日《コンソメにトリュフ、洋梨にアイスクリームやアンチョビなど》ばかり食べている彼の《不健康な食生活》を心配した。

だが、一八三八年の秋になると、即位一年目の幸福な日々も先細りの兆しが見えはじめ、やがて先行きに暗雲が立ちこめてきた。女王と母親の関係が悪化したのである。母であるケント公爵夫人に借金の疑惑が持ちあがるとともに、夫人の邸宅に入り浸って公爵家を取り仕切っていたサー・ジョン・コンロイの存在が問題となりはじめた。公爵夫人は日頃から疎外、迫害されていると感じていて、ヴィクトリアの一九歳の誕生日に『リア王』の本を彼女に突きつけたのだった。母と娘の互いに対する敵意と緊張はそれぞれの周囲にまで広がり、公爵夫人は自分の女官のレディ・メアリー・ストップフォードが女王の女官と親しくしたために憤慨し、やはり公爵夫人の女官だったレディ・フローラ・ヘイスティングスは必要もないのにレーツェンをからかって状況を悪化させた。一方、ヴィクトリアはというと、増えつつある体重（一八三八年一二月時点で五五キロを超えていた）を気に病んで無気力状態に陥り、急にふさぎこんだり、些細なことでも不機嫌な顔を見せるようになった。メルバーン卿はもっと歩くようにと忠告したものの、女王は歩くと疲れるし気分が悪くなると言って取りあおうとしなかった。

第2章　醜聞と危機

一八三九年の春、サラ・リトルトンが女官の仕事に戻ってきたとき、宮殿内はその年頭に発生した醜聞でごった返していた。《街全体が何日も王室の醜聞に夢中になっていた》とチャールズ・グレヴィルが三月二日に書いている。《当初はささやかれていた程度だった噂話が、少しずつ声高に語られるようになり、ついには攻撃の形を取るようになった。誰が噂を流しはじめたのかは不明だ……王室は下世話な関心にさらされて恥辱と屈辱にまみれてしまった……宮殿の内部は口論と妬みが渦巻き、すべてが大衆によって監視されている。まったく、下品で気分が悪くなる事態だ》

サラは自分自身を《軽率な性格》だと評しているが、彼女の行動は自己分析とはまったく異なっており、《争いや嫉妬》とは断固として距離を置きつづけた。しかし、こうした態度を取る者はきわめて少数派で、王室という息苦しい閉鎖空間――少人数で互いを思いやる必要がそれほどなく、暇を持て余しぎみで、しかも家族や友人といった《外の世界》と切り離されている――においては、ほんのわずかな醜聞の種にも飛びつき、むさぼる者が大多数だった。フローラ・ヘイスティングスにまつわる問題は大きな醜聞となり、一八三九年の春から夏にかけて宮殿の内外での話題となった。

レディ・フローラ・ヘイスティングスは敬虔な信仰心を持った美しい女性でこの年三二歳。辛辣なユーモアとどこか冷然とした高慢さの持ち主でもあり、一八三四年からケント公爵夫人の女官を務めていた。サー・

ジョン・コンロイの友人で親しいつきあいをしていたことから女王に嫌われ――《非常に不愉快なレディ・フローラ》とヴィクトリアは書いている――王室に仕える女官たちの受けも悪かったが、彼女は自分から取り入ろうとはしない性格だった。このコンロイに対する女王の敵意は、世話をする人々を奪われ、ウィリアム四世の宮廷や社会から引き離されてケンジントン宮殿で物寂しい少女時代を過ごしていた当時に端を発している。《ケンジントン制度》と呼ばれたこの隔離状況は、ケント公爵夫人によってつくられたものだったが、さらに正確を期すならば、ヴィクトリアが女王となったときに備えて依存心を植えつけ、自分と公爵夫人の将来的な地位と財産をたしかなものにしようと考えたジョン・コンロイが生みだしたものであった。

コンロイは上昇志向の強い魅力的な男性で、ケント公爵の侍従武官として貴族社会での経歴をスタートさせた。公爵の死後は夫人の家政管理人となり、その過程で大変な額の財産を横領した。公爵夫人は温厚だがそれほど利発ではなく――サラ・リトルトンは彼女を《賢くはないけれど、やさしさと人当たりのよさが印象的》と好意をこめて評している――娘を愛していたものの、管理人に対して信頼を置きすぎる向きがあった。ふたりが愛人関係にあったという説が真実だったかどうかはさておき、公爵夫人が完全にコンロイの言いなりだったのは事実だ。しかし、公爵夫人の娘に取り入ろうとするコンロイの試みを断固として退けたレーツェンに支えられたヴィクトリアは、母親と同じ轍を踏まずにすんだ。レーツェンは一貫して忠実であり、周囲に渦巻く野望のなかでヴィクトリアに仕えるという確固たる立ち位置を崩さなかった。

女王は独立心の権化とも言える存在だった。彼女が下す判断は本能的かつ断定的で、自分が愛する人々に対しては熱狂的に、ときには盲信的なまでに忠実だった。その一方、自分が気に入らないと感じるか、それ以下の感情を抱いた相手に対しては、徹頭徹尾、冷ややかに接した。ヴィクトリア自身の回想によると、幼少期は陰鬱な環境で孤独に育ち、敵であるコンロイの裏切りから守ってくれるのは、唯一レーツェンだけだったという。女王となってからの彼女は、独立の権利を行使することに大きな満足を感じていたようだ。ケント公爵夫人はヴィクトリア女王の王室において、宮殿では娘と離れた、それまでよりも格がさがる部屋をあてがわれ、コンロイもまた罰を与えられた。彼は要求していた年金と準男爵の位を認められたものの、王室での職を与えられることはなかった（しかし、公爵家での地位はそのままとされ、その措置の是非が議論の対象となった）。新しい女王は誇りや寛大さや誠心といった美徳を有し、それが柔和な外見にも現れていたとはいえ、その下には——サラ・リトルトンいわく——《鉄の血管》が走っていたのである。

一方で、レーツェンの献身は報われた。鼻が長く、切れ長の目をしていて、いつも噛んでいるキャラウェイの種の匂いをかすかに漂わせているルイーゼ・レーツェンは、ハノーヴァー〔ドイツ北西部の旧王国〕からやってきたルター派の聖職者の娘で、女王の異母姉にあたるフェオドラの家庭教師を務めたあと、当時五歳だったヴィクトリアを教えることになった。新しい王室の時代になってもなお、レーツェンは女王の乳母のような存在で、変わらずヴィクトリアのことを気にかけつづけた。ときにおぼつかない英語で最新の噂話を聞かせ、女官の不謹慎な言動を報告し、ビールの危険性を警告し、少量のカモミールティーと一緒にルバーブからつくったチンキ剤をのむよう懇願し、女官たちのスロープを歩きたいという願いをあいだに立って伝達し（《女王が留守のときにという話だったので、それは考えることすらはばかられると忠告しました》とレーツェンは書いている）、侍従武官のひとりが仰向けに寝転び、新しい万年筆が《逆さまになる状態で》文字を書いてもインクが垂れないのを実演するのに説明を加えるなど、彼女の仕事は多岐に及んだ。

本人の願いもあってレーツェンは王室の奉仕者としての正式な役職にはついていなかったものの、漠然と《世話役》と呼ばれていた。女王の衣装と宝石を選択・管理し、女王の私的な支出を管理する非公式の秘書といった役割だ。彼女の署名がなければ、請求書の代金が女王の懐から支払われることもなかったし、バッキンガム宮殿では女王の寝室にたどり着くには彼女の寝室を通らなければならなかった。そして決定的だったのは、ヴィクトリアが完全な信頼を置いてレーツェンの話にだけは耳を傾けたことで、情報を伝える役割を担っているのはレーツェンであるというのが既成事実として王室に仕える者たちのあいだに浸透していった。

一八三九年一月、フローラ・ヘイスティングスはクリスマスを母親と一緒に過ごしたスコットランドのラウドン城から、女官の仕事が待つウィンザー城へと戻る際にジョン・コンロイと同じ馬車に乗り、これが王室に仕える者たちのあいだに好色な疑惑を引き起こす原因となった。戻ってからしばらくして腹痛を覚え、ケント公爵夫人の主治医で女王の侍医も務めていたサー・ジェームズ・クラークの診断を仰いだのがはじまりだ。クラークは若い頃にローマで医学を学んでベルギーのレオポルド王の侍医となり、王の推薦を受けて公爵夫人の主治医となった。著名な患者を抱えているにもかかわらず、医師としての能力は疑わしいもので、クラレンドン卿などは《病気の猫を診せる気にもならない》と書き残すほど彼を信頼していなかった。そのクラークはフローラを診察し、下剤と嘔吐剤を兼ねた薬と、樟脳と阿片でつくった塗り薬を与えた。これと同時に女王の女官たちが――このときはレディ・チャールモント（女官）、ミセス・キャンベル（寝室付きの女官）、ミス・スプリング・ライスにミス・パジェット（ともに女官）が、レーツェンとミス・デイヴィスとともに勤務についていた――フローラの腹部が疑わしげにふくらんで見えることに気づいた。そして、誰からともなく噂がささやかれだした。

寝室付きの女官の責任者だったレディ・タヴィストックが一月の終わりに勤務に入ると、すぐに興奮した女官たちが《破廉恥な行いから王室を守る》よう彼女に訴えた。レディ・タヴィストックとしては、この時点でレディ・フローラの言動に責任を持つべき立場であるケント公爵夫人に相談するのが筋だったはずだ。しかし、公爵夫人と女王はその頃までにはほとんど口もきかない関係になっていたし、ふたりに仕える者たちのあいだの交流も皆無に近かった。そこで口の悪さで知られたレディ・タヴィストックは自分で事態を解決しようと試み、メルバーン卿に報告した。基本的に物事には無頓着だが強い猜疑心の持ち主でもあるメルバーンはしばらく静観すべきだと答え、後日になってサー・ジェームズ・クラークに相談したところ、そうした疑惑を持たれても仕方がないと思えるだけの根拠はあるとの回答を得たのだった。

二月二日、女王は興奮を隠せない様子で、日記にレディ・フローラに対する自分とレーツェンの確信を記している。《簡単に言ってしまえば――子供ができている！　クラークは疑惑を否定できませんでした。この恐ろしい所業をなしたのは、怪物か悪魔が人間の形をして現れたあの男に違いありません。改めて名前を書くことすらはばかられますが、このページの二行目の冒頭にある名です》その名前とは《ジョン・コンロイ》だった。世間知らずで信じやすい一九歳の女王は、コンロイと彼を取り巻くすべてに対して激怒した。それまでに蓄積していたコンロイへの鬱屈とした感情が、ヴィクトリアを最悪の結論に飛びつかせたのだろう。

サー・ジェームズ・クラークとメルバーンも疑惑を事実と認めたような形となり、ヴィクトリアと女官たちがひっきりなしに話しあっていたせいで、やがて妊娠の噂が大きく広がっていった。二月の中旬にレディ・タヴィストックに代わって勤務に入ったレディ・ポートマンは、クラークから《レディ・フローラが内密に結婚した疑いがある》と聞かされていた。レディ・フローラが頑として服を脱いでの診察を受け入れなかった理由の裏付けとも取れる疑惑だ。クラークはレディ・ポートマンの言葉を信じてレディ・フローラのもとを訪れ、レーツェンが使いはじめた遠まわしながらもあからさまな《内密の結婚》という言葉を使い、噂についで告げた。レディ・フローラは、具合はいささか回復して腹部もほぼもとに戻ったと告げ、《つまらない用事でお越しいただいた》ことに対して礼を言った。さらに、疑いを晴らすためにドレスを引っ張って腹部を見せもした。しかし、クラークは《そうは思えません》と言って信じようとせず、彼の目にはレディ・フローラの腹部が日に日に大きくなっているふうに見え、女官たちもそう思っていると主張し、改めて受診するよう申し入れた。もちろんレディ・フローラは激怒し、クラークの申し入れを拒絶した。

この出来事のあと、レディ・ポートマンはケント公爵夫人に訴えた。《悪意のある動機》からではないと前置きし、《サー・ジェームズ・クラークが強い疑いを抱いているのです。いささかの疑いも、あるいはこれ以上事態が長引くのも、王室とレディ双方の名誉からして望ましくありません。……医師の意見を求めるしかないのではないでしょうか。……疑いが晴れるまで、女王陛下は公爵夫人ともお会いになれないそうです》と事情を説明した。レディ・フローラは追いつめられ、クラークと、ヘイスティングス家の主治医として知られ、産科を専門にしているサー・チャールズ・クラークのふたりによる診察を受けることになった。診察はすすり泣くレディ・フローラの女中と両手で顔を覆ったレディ・ポートマンの立ち会いのもとで行われ（女中の証言によればこれは真実ではなく、彼女はむしろベッドのすぐ脇までみずから近寄って診察の様子を見ていた）、明白な結論が下された。《現在あるいは過去においても、妊娠の兆候はない》との診断だ。

その日の夜、レディ・ポートマンが泣きながら《ほんのわずかな夕食》をとっているレディ・フローラのもとを訪れて全面的に謝罪し、《この件について、女王陛下のご意向を確信したうえで、何度か話しあった》ことを認めた。エリザベスは一週間後、レディ・フローラの心の準備ができたところで彼女のもとを訪れて遺憾の意を伝えた。フローラは寛大にも、ケント公爵夫人のために今回の件を許し、すべてを忘れたほうがいいという女王側の提案に合意した。

以上が三月にサラ・リトルトンが仕事に戻ったときまでに起きた流れだったが、サラはすぐに、この一件が合意どおりに忘れられたわけではないと気づかされた。あいかわらず噂は盛んに流れ、レディ・フローラには男性経験すらないことが明らかになったにもかかわらず、医師たちがまだ妊娠の可能性についてまことしやかにささやきあっていたことがその噂に拍車をかけた。ふたつの勢力間にひそかに流れていた相手への敵意は、いまや公の場での争いに発展していた。女王はメルバーンに母親の存在が《身内に敵を抱えているも同然》と告げ、レディ・タヴィストックはレディ・フローラに和解の握手を申しでて論外と拒絶されるなど、対立はエスカレートしていった。ケント公爵夫人はレディ・ポートマンと顔を合わせるのも、レディ・タヴィストックと夜の行事で同じテーブルにつくのも拒否した。四月には緊張に耐えかねたレディ・ポートマンが居間へ出るのを控えさせてくれと女王に懇願し、さらに流産するという事件まで起きた。

傷をこれ以上広げないため、危機の際に年老いた賢者として登場することが多かったウェリントン公爵が担ぎだされてヘイスティングス家、コンロイ、そしてケント公爵夫人をなだめにかかったものの、すでに時機を逸していた。レディ・フローラのおじのハミルトン・フィッツジェラルドが、フローラから受けとった赤裸々な手紙――《こんなことを書き送るなんて、恥ずかしいかぎりです》と書かれた、フローラ側の事情を綴った手紙――を『エグザミナー』に載せたのである（トーリー派のヘイスティングス家は、同派の週刊誌の支持を期待できる立場にあった）。これで、事態はついに世間にも明らかとなった。レディ・フローラは手紙のなかで《恐ろしい陰謀》の犠牲にされたと主張し、《公爵夫人を憎んでいる外国人の女性が陰謀の糸を操っているのは明らか》だとレーツェンを批判した。この手紙では、ほかにもレディ・タヴィストックとレディ・ポートマンが《もっとも積極的に動いた》と名指しされていたものの、女王については《礼儀にのっとって遺憾の意を示された》として批判の対象とはなっていなかった。

ここに至ってレディ・フローラの兄と母も争いに参加し、怒りに満ちた手紙を書き送ったり、決闘を口にしたりした。ふたりは、最初に中傷をはじめたのは誰かという点を筆頭に、さまざまな疑問を抱いていた。ことの発端はレーツェンなのか、サー・ジェームズ・クラークなのか、女王の女官たちなのか、はたまた女王自身なのか？　なぜメルバーンは深刻な状況になるまで事態を放置したのか？　どうして女王はケント公爵夫人がクラークを主治医からはずしたように、クラークの職を解かないのか？　三月九日、レディ・フローラの母、レディ・ヘイスティングスは女王に宛てて八枚にも及ぶ長文の手紙を書いた。この手紙はへりくだりつつも脅迫的な内容で、《娘に対するむごい中傷と恥知らずの虚言》に対する賠償を要求し、《とてもなかったことにはできません。このうえは一刻も早く、責任の所在を明らかにし、罰することが何にも増して重要です》と書かれている。さらに、彼女はメルバーンにも手紙を書き、サー・ジェームズ・クラークの解任を要求した。メルバーンの不愛想な返信を受けて要求が無視されたのを知ったレディ・ヘイスティングスは、自分が女王とメルバーンに宛てて送った手紙の内容を『モーニング・ポスト』で公開したが、この行為は女王の怒りを買った。そうしたなか、レディ・フローラの兄のヘイスティングス卿は《王室に仕える者たちのあいだにはびこる腐敗した空気》を公然と批判し、ポートマン卿に対し、彼の妻のレディ・ポートマンが疑惑を抱くように仕向けたのはレーツェンだったのではないかと問う手紙を送ったが、ポートマン卿からきっぱり否定された。

この事件に対する大衆の関心は大きかった。レディ・フローラに対しては同情が集まり、一方の女王に対しては冷たく、残酷な対応だと批判する意見が一般的だった。《かわいそうなレディ・フローラ》と詩人のエリザベス・バレット・ブラウニングは書いている。《これは本当に女王が企てたことなのでしょうか？　女王は感情が欠落している？》歴史家のトマス・カーライルは《不運な愚か者のように振る舞い、実際にそう見えている（わたしの感覚では、昨年からひどくなっていると思われる）》と女王を酷評した。そして初夏には、公の場で侮辱を受けた女王が激怒するというひと幕も見られた。アスコット競馬場で観衆から「メルバーン夫人」と野次られ、その騒ぎに対してトーリー派のふたりの女性——モントローズ公爵夫人とレディ・サラ・インガスターが「しーっ」と言ったのだ。

その一方で、この事件に対してもっとおだやかな意見を持つ人々も存在した。オランドハウスの主であり、政治にも深くかかわっていたレディ・オランドは、レディ・フローラに対する批判は《悪意よりも愚かさによって、敵意よりも上品さを取り繕う意識によって》繰り広げられたとし、トーリー派が女王を攻撃するために大げさに騒ぎたてていると評した。女王についてはレディ・フローラとともに教会に出席したことや、食事を一緒にとったことなどをあげて彼女に対して同情的だったとの見解を示し、他の大勢と同様、レディ・オランドもまた、サー・ジェームズ・クラーク——《いまどきの医者がほとんどそうであるように、無能で生意気でお節介な男》——こそが責められるべきだと断じた。ただし、やはり他の大勢と同様、レディ・オランドはレディ・フローラがおじに宛てた手紙は本人のためにならないと結論づけている。《人を驚かせるだけの目に余るほど下品な暴露であって、彼女にとっては害にしかならず、ひいては王室をも傷つけている。若く純粋な女王陛下は、こうした汚い話で耳を汚されるべきではなかった》というのがレディ・オランドの見解だった。

事実、この一件は王室を傷つけていた。フローラ・ヘイスティングス事件はまさに醜聞であり、ヴィクトリアが避けようとしてきた、以前の王朝の《悪しき習慣》への退行を示す兆候とも言えた。ただし、中傷めいた噂が一大スキャンダルに発展し、すべての方面を巻きこんでしまったのは、そもそも女王と母親の不仲によるところが大きい。ひとつ屋根の下でふたつの勢力が争い、疑念と非難の応酬に至る土壌を培ったのだ。ヴィクトリアが完全に母親から離れるには、メルバーンがかねてから指摘していたとおり、結婚するしかなかった。叔父のレオポルドが彼女にとっていとこにあたるザクセン・コーブルク家のアルバートとの結婚を勧めていることも知っていた。ヴィクトリアはアルバートと一度顔を合わせており、相手をしていると眠くなってくるほどに心配性な一面が彼にあることに気づいていたにもかかわらず、全体としてはいい印象を持っていた。だが、本当にこれほど早い結婚を望んでいるのか、自由と独立を手放す心の準備はできているのか、自分でも確信を持てずにいた。アルバートと彼の兄は秋にもイングランドを訪れる予定になっており、婚約などという余計な気がかりがなければ《友人、いとこ、そしてきょうだいとして好きになれる》かもしれないと女王は思っていた。

ヴィクトリアが弱気になり、思い悩んでいたところに新たな危機が訪れた。五月七日にメルバーンから、英領ジャマイカの砂糖農園での改革案は僅差で可決されたものの、政権の維持が不可能になったため辞任したいとの報告があったのだ。もっとも必要としているときにメルバーンを失う。その予感だけで女王は取り乱し、《わたしの幸せはどこかへ行ってしまった！　メルバーン卿がわたしの首相でなくなるなんて、平和で幸福な人生が吹き飛ばされたも同然です！》と書いている。レディ・フローラの件で激しく攻撃してきたトーリー党に、彼らの主導者である《冷たい老人》のサー・ロバート・ピールに耐えられるのか、女王にはまったくわからなかった。

メルバーンはヴィクトリアに対し、書簡を送って野党のウェリントン卿かピールに組閣を命じるよう勧めた。その手紙には新しい閣僚を指名する際にはくれぐれも《用心》するようにと書かれている。そして新内閣から王室に仕える者について問われたときには、議員を兼任している者以外は誰ひとりとして動かすつもりはないという希望を明確に伝えるようにとも記されていた。ウェリントンが首相就任を辞退したため、女王にはピール以外の選択肢がなくなった。努力したにもかかわらず――もっとも、それほど努力した形跡もない――彼女はピールを好きになれなかった。《率直で解放的であり、自然体で誰よりもやさしく、あたたかい態度》のメルバーンと比べて、ピールは《違いすぎるのです。あまりにも違います》と書いている。女王にとっては《態度》が何よりも重要だった。個人的な接触、とりわけ共感を示す相手との接触では――なれあいとは明確に区別し、混同することはなかった――ヴィクトリアはおだやかな態度で臨み、一方で自身が好まない、いきすぎた形式主義を感じさせる人物とは断固として闘った。ピールは冷たかったわけではなかったが、人見知りが激しくて世間一般で言えば変わり者であり、ランカシャーにある綿紡績工場の工場主の息子という出自のせいもあって、メルバーンのような洗練された物腰や官僚的な自信に欠けていた。

女王とピールは新しい閣僚について話しあい、やがて話題は王室の奉仕者たちに及んだ。少数与党の主導者であるピールは当然ながら、女王がホイッグ党で占められた王室に仕える人員(女王の女官たちもレーツェンも、女王自身も熱心なホイッグ支持者だった)を変えることに同意し、自分とトーリー党に対する信頼を示すものと思っていた。通常、政治的指名で選ばれるのは男性の侍従たちと女官長のみとされていたが、それ以上の人員を入れ替えたとしても、ピールの望みは決して法に違反しているわけではない。それまで、与野党間の政権交代にあたっては、王室が少なくとも政権から降りる党の幹部や、その夫人たちの交代を認めるという流れが定着していたからだ。

女王がこまめに連絡を取っていたメルバーンは、同情を覚えつつも断固とした調子で新政権の発足に協力するようヴィクトリアに求め、人事問題で話し合いを決裂させないようにと忠告した。同じ手紙のなかには、自分が宮殿で食事をとるのは間違いだったとする後悔が綴られている。しかし、それに続く五月九日の手紙は、女王に一条の希望の光をもたらした。《もしサー・ロバート・ピールが議員ではない王室に仕える者のうち議員でない人員の交代を強引に求めてきたら》メルバーンは綴っていた。《それは以前の首相が王室に対して行ったどの行為よりも行きすぎたものだと思ってかまわないでしょう》この手紙でヴィクトリアは行きづまった状況からの脱出方法を見いだした。ピールが女王に対して無理強いしようとすれば、それ自体を法的な問題として提起してやればいいのだ。

ピールとのつぎの会談の場で、ヴィクトリアは王室に仕える人員のうち議員でない者はすべて残したいと宣言した。《先日の交渉では、議員を含めて全員の交代を認めなかったはずだと言い張りました》と書いている。つまり強引な物言いで、これがぎりぎりの譲歩であることを匂わせたわけである。議員ではない女官たちは全員残すのかと問うピールに、ヴィクトリアはきっぱりと《全員です》と答えた。さらに《女官長も寝室付きの女官たちも全員でしょうか？》と重ねて尋ねたピールに対して、女王は《全員です》と同じ返答を繰り返した。ピールがホイッグ党政権の閣僚の妻であるレディ・ノーマンビーの残留に反対したところ、ヴィクトリアは女官たちと政治の話をしない以上、彼女たちが政治に介入することなどあり得ず、そもそも女官たちの多くがトーリー党員とも親戚関係にあると主張した。

ピールは当惑し、同僚たちと相談するためにいったん退席した。女王は大喜びでメルバーンに興奮ぎみの手紙を書き送った。《ピールが女官たちをあきらめるよう迫ってきたので、絶対に認めないと答えました。男性があれほど怯えたところを初めて見ました。……わたしは終始冷静で、決意は少しも揺らぎませんでした。……イングランドの女王はそんな策略に屈するわけにはいかないのですから。あと少しであなたの出番がやってくるでしょう。そのときに備えて心の準備をしておくよう願います》女王の筆致はなめらかさを増し、内容に皮肉がこもっていく。《わたしの女官たちまで自分と同じ意見の者をそろえなくては気がすまないほど、サー・ロバートは失脚を恐れているのでしょうか？》ここでこうした先例をつくってしまったら、この先同様の事態になったとき、ヴィクトリアは女官を引き離されることに同意するだろうか？　メルバーンは悩んだものの、求心力に陰りが見えているなか、女王との関係によって大きな恩恵が得られるとあっては彼女の強硬な主張を拒絶できるはずもなかった。内閣はこれほどの勇気と決意をもって信頼してくれる女王の姿に心を動かされ、若き女王を支えることを決議してピール宛の手紙を用意した。《女王陛下は昨日、サー・ロバート・ピールによってなされた寝室付きの女官たちを入れ替えるという提案を受け入れられないと考えていらっしゃいます。習慣に反するうえに、感情的にも認められないとのお立場です》ピールはついに組閣を断念してメルバーンが政権の座に返り咲くことになり、この一件は女王が勝ちを制した。

勝利の芳香はヴィクトリアを酔わせたものの、実際のところ、それは彼女が危うい立脚点に立っていることを如実に示していた。ピールはたんに女官たちのうちの《何人か》を入れ替えようと提案しただけだ。ところが女王はそこに《全員》というニュアンスをみずから加えて突っ走った。ヴィクトリアを《聡明だが、考え足らずで頑固な少女》と見ていたチャールズ・グレヴィルは、女王が《以前の閣僚たちに戻すことを切望し、勇敢かつ頑固に（必要ならどんな口実や方法でも用いるという姿勢で）眼前に現れた機会にしがみつき、これを利用した》と重要な指摘をしている。そもそも女王の周囲をホイッグ党の女官たちだけで固めたメルバーンの最初の処遇が間違いだったと、彼は公平な視点で批判した。後年、年齢と知識を重ねた女王は、この寝室女官事件の原因を若さから来る愚かさと経験不足のせいと述べている。一八七四年、ヴィクトリアは秘書官のヘンリー・ポンソンビーに対し、女官たちは固定すべきではないと語り、《その結論に至るまでに過ちもありました》と認めた。もっとも、責任という点については、女王は自分自身ではなくメルバーンにあったと示唆している。

フローラ・ヘイスティングス事件が続いているあいだ、被害者と言うべき立場のレディ・フローラは病にかかり、ケント公爵夫人が病の真偽を疑う女王に対して涙ながらに訴えるなか、バッキンガム宮殿の自室で死に瀕していた。そうなってやっと女王はレディ・フローラの妹を宮殿に呼んで滞在させることを許可した――この招待は拒否された――六月二七日にようやく彼女の見舞いに訪れて衝撃を受けた。《かわいそうなレディ・フローラは長椅子に座っていました。生者とは思えないくらい、骸骨みたいに痩せ細って、それでも腹部だけは子どもを宿しているかのごとく大きくなっていました。何かを探してさまよっている瞳は、いまにも死なんとする者のようでしたけれど、声はいつもどおりでしたし、両手にはまだ力も残っていました。とても上機嫌で、気さくにわたしがこれまで彼女にしてきたことすべてに感謝すると、そしてわたしが元気そうでうれしいと言ってくれました。わたしが早く元気になってまた会える日を楽しみにしていると言ったとき、彼女は二度と会えそうもないと告げるかのようにわたしの手を強く握りました。いたたまれなくなって上階のメルバーン卿のところに戻ると、彼は「ずいぶんと早く戻られましたね」と言いました》

七月五日、レディ・フローラが亡くなった。検死の結果、肝臓に腫瘍が見つかった。敵意ある者による不測の事態を避けるため、葬列はバッキンガム宮殿を朝の四時に出発した。ヴィクトリアはメルバーンの忠告に反して馬車を提供した。ラウドンで行われた葬儀には五〇〇〇人の人々が集まった。

サラ・リトルトンにとってその夏最大の出来事といえば、レディ・フローラの死でも女王の女官たちが繰り広げた騒乱でもなく、息子のジョージの結婚だった。ジョージは競馬とクリケットを熱烈に愛し、高教会に深く帰依していた。また、いくぶん口に出すのが不得手ではあるものの豊かな感情の持ち主で、一八歳でメアリー・グリンという女性と恋に落ちた。一八三八年の冬、メアリーと彼女が尊敬していた姉のキャサリンは一緒にイタリアを旅し、キャサリンが将来首相となるウィリアム・グラッドストンと出会い、彼と恋に落ちた。イングランドに戻ったウィリアムとキャサリンは婚約し、その三日後にメアリーはジョージの求婚を受け入れた。

その年の六月にハワーデンのグリン家の邸宅で、ふた組のカップルは合同結婚式を挙げたのだが、サラは出席できなかった。娘のキャロラインとラヴィニアがはしかを患い、彼女たちとともにハグリーホールに閉じこめられていたためだ。新婚のジョージたちがグラッドストン夫妻と同行するスコットランドへのハネムーンに出発する前にハグリーに立ち寄ったときも、サラはまだ隔離されていて、彼らと顔を合わせることはできなかった。だが、本を読もうと思い、接触の可能性がないときを見計らって《幽霊のように》図書室に忍びこんだ際、そこで《小さな女性用手袋と、いくつかの変化の兆し》を見つけ、息子の結婚で自分のハグリーホールの女主人としての日々は終わったのだと実感した。

指名を受けてから一年が経ち、一〇月にウィンザーに戻ったサラは、すっかりベテランになった気分で書いている。《ウィンザーはいつもどおり美しく、壮麗さも王室も変わっておりません——王室に戻ってきたのです！》ときにはひと月にわたる出仕が途方もなく長く感じられることもあり、《きれいに着飾ってフランス語を話し、階段を行ったり来たりしながらお辞儀を繰り返す》のにうんざりすることもあった。彼女にとってつらかったのは、本が思うように読めない点だ。《あなたが薦めてくれた本を読むのを楽しみにしています》ある暗く湿った冬の夜、サラはロイヤルパヴィリオンで息子のジョージ宛に憂鬱な調子の手紙をしたためた。《ただ、いまのわたしは本を楽しめる状況ではないのもたしかなのです。ここには本といえばゴルドーニ（カルロ・ゴルドーニ、ヴェネツィアの劇作家）の芝居の本くらいしかないのですから。大雨や小雨が降りしきり、馬車が小石だらけの道を走り、波がさまざまな音をひっきりなしにたてつづけ、陰気でどんよりした空が広がるなか、わたしはゴルドーニを一冊読み終え、つぎの作品に手を伸ばしています。どうやらわたしは、こうして少しずつ愚かになっていくようです》それでも日常的には、サラは《ショールを準備する仕事》などをそつなくこなし、《快適》で《いやなことも少ない》日常を過ごしていた。

しかし、フローラ・ヘイスティングス事件の騒動が再燃する。九月になって『モーニング・ポスト』にレディ・フローラとレディ・ポートマンの証言や各方面で交わされた私信の数々が掲載されたのだ。これは若さゆえの活発さを発揮し、夏のあいだの争いからようやく精神的に立ち直ったばかりのヴィクトリアにとって、新しい打撃となった。しかし、サラ・リトルトンはジョージへの手紙で、強い調子で女王を擁護する内容を記している。《女王陛下の落ち度が「発覚した」とはどういうことでしょう。そもそも発覚するような落ち度はないのです。わたしの知るかぎり、陛下は隠さなければならないようなことも、レディ・フローラをおとしめるようなことも、何もしていらっしゃらないし、おっしゃっていません。誰も真実を知らず、知っても信じようとしないだけなのです。……レディ・ポートマンが悪気なく過ちを犯し、サー・ジェームズ・クラークが愚かにも大きな失敗をしでかしてしまった。このふたつがたまたま結びついて、宮廷という噂が燃え広がりやすい環境に投下された――ただそれだけなのに、一度燃えあがった火は決して消えることなく、いつまでも燃えつづけるのです》数日後、クラークの自己弁護に満ちた経過説明が記事となって『タイムズ』に載ったあと、サラは軽蔑をこめて書いている。《サー・ジェームズ・クラークの記事など読んでいませんし、気にもなりません。わたしが生きているうちにこの話が消えてなくなってくれる日が来ればいいのですが、まだ老境にさしかかったばかりで先もそれなりに長いというのに、やはりそうならない予感がします――本当に、ひどくいやなことです》そして、ジョージが前の手紙のなかに入れてくれたスミレがまだ香っていると付け加えた。

それから長い時間を経た一八八五年、サー・ジェームズ・クラークの息子が、フローラ・ヘイスティングス事件の根底にはコンロイのクラークに対する敵意があったとする説を唱えた。クラークの息子によると、事件はコンロイと彼の操り人形であるケント公爵夫人が仕組んだ陰謀で、まだ若いヴィクトリアが《肉体的にも精神的にも未熟で、王位にふさわしくない》とメルバーンに思わせ、少なくとも一年は公爵夫人が摂政を務める必要があると信じさせようとしたという主張だ。その一年のあいだに《最大限の利益を引きだす》のがコンロイの意図だったとしている。この意図を察したクラークが、メルバーンに対してヴィクトリアは《あらゆる点で王位にふさわしい》と告げたためにコンロイのもくろみは失敗し、フローラ・ヘイスティングスを使って復讐に出たというのがクラークの息子の説だった。ただし、この説はクラークが最初の診断で救いがたい誤診をした事実には言及していない。

新聞は女王の《堕落した宮廷》について書きたてつづけたものの、女王自身は攻撃の対象とはなっていなかった。女王が悪いとすれば、それは世間知らずな点であって、王室の風紀とは別問題だとの認識が浸透していたためだ。《吐き気をもよおすほどのおべっか使い》であるサー・ジェームズ・クラークは女官たちの道具でしかないと非難され、女官たち、とりわけレディ・ポートマンとレディ・タヴィストックは悪意に満ちた噂をまき散らし、女王に素人見解の稚拙な忠告をしたと責められた。また、《異国の人》のレーツェンに対しては外国人恐怖症が悪意を増大させた面もあり、女王と母親の関係を裂こうとして噂を流したという中傷が繰り広げられた。『エイジ』は、《下品なりあがり》の《悪意ある影響力》から脱して宮廷を浄化しなくてはならないと主張した。また、匿名の筆者が書いた『悪しき相談役がもたらす危険』という小冊子は、《墓場で眠るフローラ・ヘイスティングスからの声》として、《女王陛下はご自身と事件によって傷ついた人々、そして道徳心ある国民のため、（もし、かの女性が有罪であるのなら）犯罪者を解任して宮廷から追放すべきです》という文章を載せたほどだ。

　こうした極端な意見は別にしても、王室に仕える者の人事には縁故主義がはびこっていて過剰な人員を抱えているとする批判にさらされ、パジェット家出身の人々が多くいたことから、ウィンザー城は《パジェット家のクラブハウス》であると揶揄された。新聞などによると、当時の宮廷で職を得ていたパジェット家の出身者は九人いるとされる。レディ・カニンガム（前の宮内長官と結婚）、レディ・サンドウィッチ（レディ・ブレッダルベーンに代わって女官になった。彼女はトーリー派だったため、少なくとも女王に仕える女性たちのホイッグ派の独占状態を崩したことになる）、アクスブリッジ卿（新たに任命された宮内長官）、その息子のアルフレッド・パジェット卿（侍従武官）、娘のマチルダ・パジェット（女官）、クラレンスとコンスタンス・パジェットなどだ。陽気で友好的なパジェット家の人々は、女王だけでなくレーツェンに取り入るのも上手だった。新聞紙上では娯楽にうつつを抜かすわがままな人種の代表格のように扱われていたが、道徳性を計るバロメーターとしては申し分のないサラ・リトルトンはパジェット家の人々を好いていた。《わたしはパジェット家にいい印象を持っています。一族としての短所もたくさんあるけれど、それをうわまわる長所があるからです。あの方々は正直で互いを思いやる気持ちも強く、しっかりとした良識を持っていて、気取ったところもありません》

　フローラ・ヘイスティングス事件と寝室女官事件、このふたつの出来事は《噂が燃え広がりやすい》という王室の弱点と大衆の支持の移ろいやすさ、そしてヴィクトリアが有能な相談役と確固たる支えを必要としているという現実をあらわにした。六月にコンロイがウェリントン公爵に迫られてようやく圧力に屈し、公爵夫人の相談役の職を辞したものの、母娘の関係は冷えきったままだった。この長引く不仲は女王の側に責任があると見られる可能性もあった。少なくともヴィクトリアは経験のなさを露呈してしまっていたし、判断を誤ったという点に関しては疑いの余地もなかった。

サラ・リトルトンですら、《陛下が過去に受けてこられた教育と、現在の地位と、そしてこの先に待ち受けている現実を思うと、後悔と同情、絶望と無力感がないまぜになって襲いかかってくる気がします》と告白している。サラは尊敬の念と好意によって理性的な判断ができなくなり、ヴィクトリアの短所に目をつぶるといったことはなかった。たしかにいくつかの重要な点において、女王は《現在の地位》にふさわしくないとも言えたのである。体系的でない教育は女王としての責務に対する準備としては明らかに不足していたし、決して補えない知識不足という欠点をもたらしていた。国王としてはあり得ないような突拍子もない意向でもまかり通ってしまう状況が生まれていた。ただし、サラはヴィクトリアの責任感を信頼していて、《しかるべき真剣な気持ちで適切に取り組む経験》を積めば、立派に職責を果たしていけるようになると考えていて、《これからどんな欠点が明らかになろうとも（人々が考えているよりもずっと少ないはずです）、陛下ならば修正していけるとわたしは信じています》と記した。鍵を握るのは、いったい誰が、女王が《しかるべき真剣な気持ち》で《適切》に取り組むよう導いていくのかという点だった。

サー・ジェームズ・クラークの記事が『タイムズ』に掲載されてから四日後、宮廷に数名の客人が訪れ、フローラ・ヘイスティングス事件によって不快な思いをしていたヴィクトリアの気分を紛らせた。ザクセン・コーブルク家のふたりのいとこ、アルバートとアーネストがやってくるのを女王は複雑な心境で待っていたのだが、一〇月の夜にウィンザー城の階段をのぼってくるアルバートの姿を見て、その不安は一掃された。フランスから荒れた海を渡ってきたためにいささか服装が乱れ、顔色も悪かったが、アルバートは充分に優れた容貌を保っていた。ヴィクトリアは興奮ぎみに《きれいな目に立派な鼻、整った髭の下の素敵な口に、うっすらと、本当にかすかに頬髭を生やした彼のハンサムなこと！　広い肩幅から引きしまった腰にかけてのきれいな線を見て、わたしの心はすっかり浮きたってしまいました》と日記で告白している。

第3章　愛に満ちた宮廷

ヴィクトリアがいとこの来訪を楽しんでいるあいだに、サラ・リトルトンは自分が祖母になることを知った。ジョージの妻のメアリーが身ごもり（彼女はこの先の短い生涯のあいだ、何度も同じ経験をすることになる）、女王と同席するディナーへの招待を断りたいと告げてきたのだ。こうした招待は一般的には恩恵と考えられていたものの、かならずしもそうとはかぎらない。ウィンザー城で音楽を聴きながら上等な食事をとるのは夫のジョージにしてみれば大きな喜びだったかもしれないが、メアリーにとっては苦痛以外の何物でもなかった。一方のサラにとっては、日々さらされている緊張のせいで家族に会う喜びはひときわ大きくなっていたものの、それでも一〇月二五日にジョージへ宛てた手紙で、メアリーが招待を断ったのは正解だと記し、女王とのやりとりを伝えている。《小生意気な女王陛下がわたしに「あなたの新しい娘さんにお会いできないのは残念だわ、レディ・リトルトン。でも、きっと理由があるのでしょうね」と意味ありげに尋ねるので、わたしは「まさか、陛下、まだ結婚して日も浅いのです。そんなことは考えてもいませんでした！（実は考える必要もなく、妊娠したと知っていたのですが）あの子は体が弱いので、長旅で疲れてしまったのです」と答えました》ヴィクトリアがこんな冷やかしの言葉を気安く口にしたのには、ちゃんとわけがある。まだ公表こそしていないものの、彼女もまたアルバート公子と婚約したばかりだったのだ。

婚約が公表されたあとも、最終的な結婚の了承を得るのにはことのほか手間取った。議会では、アルバートが本当にプロテスタントなのか、彼は結婚後もヴィクトリアのおじたちよりも地位の高い爵位につくべきなのか、ベルギーのレオポルド一世がジョージ四世の娘のシャーロット王女と結婚するにあたって認められた五万ポンドの年金は基準とするのに多すぎるのではないかといった厄介な質問が相次いだ。ヴィクトリアは愛する婚約者へのこうした扱いに腹を立て、特に年金を三万ポンドに減額する動きには激怒した。さらに公子の側近の問題については妥協しないという女王の姿勢は婚約者自身にも向けられ、今度はアルバートが、鉄にもたとえられる未来の妻の頑固さを目の当たりにする番になった。

弱冠二〇歳にして、さして好意的とも言えない異国の地で女王の配偶者という難しい立場になるのだから、アルバートが自身の側近に関してある程度の希望を持つのは不自然ではなく、当然彼は周囲に同胞か、あるいは少なくとも既知の信頼できる人々を置くことを望んだ。しかし、女王はすでに別の案を考えていて、メルバーンの秘書官を務めていたジョージ・アンソンにアルバートの秘書と財務管理官を兼務させようとしていた。王室は君主制自体と同様に党派を超えたものであるという信念を持ち、ホイッグ派とトーリー派を対等に扱うべきと考えていたアルバートは、このあまりにも党派色の強い提案に動揺した。アンソンはメルバーンにきわめて近い存在で、やはりホイッグ党員である彼のおじもまた、寝室付き侍従に推されていた。アルバートはアンソンのことをまったく知らず、カドリールを踊っているところを一度見たきりだと抗議した。公子にしてみればダンスの能力は仕事とは無関係で、推薦の材料にはならないと言わざるを得なかった。《わたしの立場も考えてみてほしい、愛するヴィクトリア》アルバートは淡々と綴っている。《わたしは家をあとにして昔からの親友たちや知人たちと別れ、人々や言葉、習慣、生活、地位に至るまで何もかもが違う異国の地に来るのだ。きみ以外には信頼できる人物もいない。個人的な問題を処理するために、すでに信を置いている者を二、三人連れてくるくらい認められてしかるべきではないだろうか?》女王はかたくなに自分の意見を曲げようとせず、アルバートの抗議を一蹴した。《アルバート、正直に言います。あなたの人事についての考えですが、受け入れるわけにはいきません。わたしが配置する人々は道徳的にも人格的にも優れた者たちばかりです。きっとあなたも満足すると保証します》アルバートの側近にトーリー派を多く入れて女王の側近とのバランスを取るという案も却下され、結局アルバートが選んでそばに置くドイツ人は秘書のヘル・シェンクのみになった。シェンクはのちに、ほかの紳士たちの食事に同席できないと知り、自分の地位がきわめて低いものとして扱われていることを痛感する。それからほどなく、ドイツ人の従者であるルドルフ・レーライン（アルバートの父親の隠し子であり、義理の兄弟にあたるという噂があった）とアイザック・カート（スイス生まれでアルバートの幼少期からの友人）がイングランドに来てシェンクに加わることになった。

一八四〇年二月、ヴィクトリア女王とアルバートの結婚式がセント・ジェームズ宮殿内の王室専用の礼拝堂で行われた。式に参加したサラ・リトルトンはベッドフォード公爵夫人とレディ・ノーマンビーというふたりの《大柄で派手に着飾った》女性たちがいたため、花嫁の姿が《ほとんど見えなかった》と書いている。ヴィクトリアは花や小枝の模様のレースをあしらった白いサテンのウエディングドレスに身を包み、一二人の花嫁付添人たちは、サラいわく《村の娘たちみたいな》簡素なチュールのドレスを着て白いバラを手にしていた（非の打ちどころのない評判があるならいざ知らず、そうでもないのにやたらと自慢ばかりする母親がいるような付添人ははずしてくれというアルバートの要望は、ヴィクトリアにすげなく却下された）。かぎられた視界のなか、サラは女王の様子を記録し、《瞳が涙で濡れて目が腫れていましたが、表情はとてもお幸せそうでした。おふたりが並んで歩いているときのご様子といったら！　殿下の自信に満ちて落ち着いたお顔も、それを見つめる女王陛下の表情も、とても素敵でした。……まったく警戒せずに話ができるお相手がいるというのは、陛下にとって新しい経験のはずです。率直で恐れを知らない性格の陛下には、これまでのような言いたいことも言えない境遇はさぞ苦痛だったに違いありません》と書き残した。

サラの見解は正しく、ヴィクトリアにとって、夫との心躍る関係がはじまった。結婚式の翌日、女王は叔父のレオポルドへの手紙で、解放されたかのようにいくぶん大げさに書いている。《いまのわたしは世界一、幸福な人間でしょう。本当に、この世にわたしよりも幸せな人がいるとは思えません。アルバートは天使そのもので、わたしへのやさしさと愛情はこちらが感激してしまうほどです。彼のあたたかい瞳や陽気な顔を見ていると、それだけで心のなかに愛情がつのっていくのがわかります……》

サラ・リトルトンはヴィクトリアとアルバートの結婚を前向きにとらえていたが、これは当時の王室に仕える人々のあいだにおいても、世間一般においても少数派だった。もちろん、アルバートにも小さな欠点はあった。甲高い声は《悲しくなるほどに魅力に乏しかった》し、狩猟への情熱はややもするといきすぎの感は否めなかった。しかし、アルバートは《おとぎ話の主人公も務まるほどに優れた外見をしていて、実際そのとおりの道を歩んで》いた。そして何より重要なことに、彼は《誠実で正直で、分別があって男らしい》うえに、繊細な面を持ちあわせていた。音楽、とりわけオルガンを愛したことが雄弁にそれを物語っている。ある晩、サラがウィンザー城の自室で座り、ろうそくの明かりでギゾーの本を読んでいると、階下の部屋からアルバートがオルガンで憂いのある調べを奏でているのが聞こえてきた。後日、サラがディナーの席でその話を切りだしたところ、アルバートは身を乗りだして答えた。《聞こえたのか！　わたしの新しい財産だよ。わたしはね、オルガンが大好きなんだ！　楽器のなかでも最高だと思う。あれほど感情を表してくれる楽器はほかにないからね》サラは、厳格な自己管理をみずからに課し、生真面目な外見をして道徳的な殻を身にまとったアルバートのなかに詩人の心を見てとった。《あの方の内面はきっとオルガンだけが知っているのだと思います。ただ、ときおりその内面が瞳に表れている気もします》

また、ほかの大多数の人々とは違い、サラはアルバートにユーモアのセンスが欠落しているとは考えなかった。彼には自分が取りあげられている風刺画を見せてまわる一面もあったし、《少年のように》よく笑いもした。ヴィクトリアが外国訪問や国の行事でどう振る舞ったらいいか悩んでいたときには、《ピルエット〔バレエなどでつま先で立って、片脚を軸に旋回する動き〕が終わったあとのオペラダンサーみたいにしていればいい。それから、つくり笑いを浮かべて歯を見せておくことだよ》と言うやいなや、満面に笑みを浮かべたまま完璧なピルエットをし、片脚で決めのポーズを取ってみせた。

新婚のふたりのあいだでは力をめぐる争いが続いていたのだが――アルバートは《一家の主人ではなく、ただの夫になってしまう》ことにいらだちを覚え、より大きな権威と責任ある立場を望んでいた――サラはその争いを完全に見逃していたらしい。彼女の純粋な心はロマンスで占められてほかのことが入りこむ余地はなく、その目を通してふたりを見ればすべてにおいて愛情があふれていた。ディナーのために着替える前に、クロスステッチの布を張った椅子に座ったヴィクトリアに本を読み聞かせるアルバートの姿を見て、《なんと素晴らしいことでしょう。殿下のおかげで〝愛に満ちた宮廷〟が実現したのです！　殿下の力強い青い瞳は祝福を生みだす源に違いありません！》とサラは書いている。またあるときには、ヴィクトリアが肖像画を描かせるために座っていたところに、狩りから戻ったばかりで服装を乱したアルバートがやってきた。サラは夫婦の様子を《赤い顔をした殿下は、これ以上ないくらい優雅に陛下の手をお取りになり、にっこりして一礼なさいました》と書き残している。ある日、女王と話しているとき、サラは誤って《女王さまみたいにお幸せそうですね》と口にしてしまい、慌てて訂正した。しかし、ヴィクトリアは《言い直す必要はありませんよ、レディ・リトルトン。事実、この女王はとても幸せな女性なのですから》とおだやかに告げただけだった。

そして、ヴィクトリアは《妻らしい仕草》を多く見せるようになった。気温がさがった一〇月のある夜には、ウィンザー城の赤の間にいるアルバートが寒がっていないかと案じて火を追加したほうがいいかと気をもみ（サラをはじめとする側近の人々は、ずっと城の暖房の強化を切望していた）、事実、アルバートが寒さに閉口しているとわかると火を追加した。また、ある晩遅く、ヴィクトリアがあくびをする時間になってもアルバートがまだチェスに熱中していたときは、彼女はサラに《殿下に一一時ですと教えるよう、アルフレッド（パジェット）卿に伝えて。時間を告げるだけでいいからと。殿下がそうしてもらいたがっている気がするのです。あの方は時計を見ないから》と命じた。《陛下は失礼な伝言にあたらないか、命令であるかのように伝わってしまわないかと、とても心配なさっていました》とサラは女王の様子を綴っている。

みずからの特権を譲るのには消極的だったヴィクトリアだが、自分よりも優れたアルバートの知性に対しては喜んで屈服した。サラの目には、夫に従うのが女王の《何よりの喜び》だと映っていたようだ。彼の教えにより、女王は木や花の名を覚えていった。ある日の午後、馬車で出かけた際にアルバートがその横に馬をつけ、蜂の群れを指差して女王蜂の習性の説明をはじめ、ヴィクトリアが夢中で聞き入ったこともあった。彼女は夫の才能に対する誇りをみずからの内に隠しておけなかった。ある晩のディナーの席上、近衛騎兵第一連隊の楽団がひときわ美しい声で合唱曲を歌いあげると、ヴィクトリアはサラに目を向け、顔を赤らめてこの曲は殿下が作曲したのだと告げた。またこの頃、アルバートが《大きな声で話す》ことを奨励したとサラは書き留めている。アルバートの登場でゴシップに代わって《海事や科学》が夕食の話題にのぼるようになり、女王とその夫は喜んで一緒にハラムの『イングランド憲政史』を、サン・シモンの『回想録』を休憩代わりにあいだに挟みながら読みふけった。

ヴィクトリアの即位と、その後のアルバートの登場の影響で――一部には形式より信仰を重視する福音主義の台頭と、国のあり方の変化も原因としてあっただろうと思われる――王室における道徳規範は変わりつつあった。ヴィクトリアとアルバートは貴族階級を敬意と共感ではなく、いくぶん疑わしい視線で眺め、中産階級の価値観を支持した。王室はもはやリージェンシーの時代のごとく社会全体を躍らせるような影響力を発揮せず、むしろ進んで社交界と距離を取るようになった。アルバートは宮廷の人員の指名について調べはじめ、一八五二年に首相になったダービー卿が新たな人員候補者の名簿を持ってきた際にはこれを拒絶した。《ロンドンと競馬場に入り浸る伊達男と放蕩者》を女王の周囲に配置しようというダービーの意図が理解できなかったためだ。

アルバートが抱く、ヒステリーと言っても過言ではない性的な不品行への憎しみは、コーブルク家での幼少時代の記憶に根差している。父親の愛人たちとその子どもたち、アルバートが五歳のときに不貞を働いて追放された（その後、離婚）母親や、早くからすでに父親の乱行に肩を並べ、梅毒を患っていた兄のアーネストなどの記憶にさいなまれていた彼は、父や兄への愛情は抱きつづけていたものの、コーブルク家の醜聞とは距離を置いていた。そして、むろんハノーヴァー朝的なもの、さらには新たに生まれたヴィクトリア朝的なものに対しても同様の態度を取りつづけた。

道楽を愛するパジェット家、とりわけ一八三九年にカニンガム卿から宮内長官の座を受け継いで（前任者がバッキンガム宮殿でしたように）みずからの愛人をウィンザー城の家政婦に据えたアクスブリッジ卿は、アルバートとそりが合わなかった。ウィリアム四世の庶子たちであるフィッツクラレンス家も同様だ。アルフレッドが宮廷に現れ、女王の愛情を一身に受けていたため、パジェット家はまとめて追い払われるといったことはなかったにせよ、特権的な立場を失っていった。女王の風邪の具合や、女官たちが《仔馬の馬車で散歩》に出たこと、ケント公爵夫人がスロープを歩いたことや、新しい女官がやってきたことなど、王室の日々の動きが事細かに掲載される日刊紙『タイムズ』の「王室行事日報」(ジョージ三世の時代からはじまった)は、パジェット家の完全な無実を強調するだけの場となっていった。

そして、誠実と正当性を旨とする新たな体制は、ドレスから食事に至るまで、礼儀作法を細かい点まで定めることによって支えられていた。王室の人々や客人、側近の者たちが夕食をとる際に座る位置ひとつをとっても複雑な決まりがあった。未婚の女官たちはアルバートがいる場合は座ることを許されず、彼が先に声をかけないかぎり話してはいけないとされた。三時の公式謁見会に出席するときはイヴニングドレスの正装をし、頭に白い羽根が三本ある頭飾りをつけると義務づけられており、さらに既婚者はラペット織りの白いレースの飾りリボンを、未婚者は顔にヴェールをつけるよう定められていた。もし健康を理由にふつうよりも襟の高いドレスを着て、冷たい空気が入ってこないようにしたい場合は、宮内長官による特別な許可が必要だった。このほかにも女王に近づいたり離れたりする際の決まりもあったし、ドレスの裾をどうやって持ちあげるかについても規則があった。離婚した女性は夕食には同席できず、さらに紳士たちは接見の場において、真紅の襟のついた上着に膝丈のズボン、白いストッキングと留め金付きの靴、そして剣と仰々しい宮廷衣装を身につけるよう求められた。

ウィンザー城のスロープを歩く件については、さらに厳格な礼儀作法が定められた。アルバートは改善策の一環として暗くて湿っぽかったスロープの改修を行い、景観整備を実施して花も植えた。はるか頭上までそびえる巨大な城壁を横目に人工の滝や洞窟を抜け、魚が泳ぐ小川に沿って進んでいく庭園に生まれ変わったそこは、みなが楽しみたいと思える場所へと変貌を遂げた。しかし、新しいスロープは付き添いのいない女官たちばかりでなく、ほとんどすべての人々が、明確な理由もなく利用を禁じられた。サラ・リトルトンは、キャッスルヒルの未亡人で自宅に庭を持たない友人のレディ・グラントのために影響力を駆使し、王室の人々がいないあいだ、レディ・グラントと子どもたちにスロープを歩かせてあげてほしいとアルバートに願いでた。サラ自身は過去に何度か許しを得ていたにもかかわらず、この願いは却下された。サラはこれを《いまいましい礼儀優先主義》のせいだと愚痴っている。彼女の娘たちがスロープを歩くのを許されたのは例外中の例外だったらしく、やはりサラにとりなしを依頼したウィンザーの主席司祭をはじめ、ほとんどの人々が請願を退けられた。

アルバートの視点からすると、厳格化が必要なのは宮廷内における道徳だけではなく、王室の組織全体だった。即位にともなってヴィクトリアが受け継いだのは、非効率的で複雑な大組織だった。この組織はそれぞれ、宮内長官と家政長官、そして主馬頭が率いる三つの部署から構成されていた。トップの役職はときの政府とともに交代するため、いずれも宮廷内で暮らす必要はなく、彼らは大きな自由裁量権を有していて、仕事の内容自体がそもそも不明瞭なため、能力のない下役に任せきりということもよくあった。結果として医師や牧師の選択という大切な仕事がいいかげんに行われたことも過去にはあったため、これがヴィクトリアとアルバートにとって大きな懸念事項となっていた。

宮内長官の下には四四五人の人員がおり、寝室付きの女官や未婚の女官、宮内官や侍従、そして医療に携わる人々（女王付きの内科医が四人、外科医がふたり、薬剤医がひとり、さらに王室に仕える人々全体を担当する内科医と外科医、薬剤医、歯科医がひとりずつ）などが含まれる。さらに、各宮殿の維持にあたる家政婦や、女王の伝令、シーツやクロスなどを管理するリネン室の女性たち、洗濯係、煙突掃除人、鼠退治人、暖房や火を管理する専門職、桂冠詩人〔王室及び国家の慶事や葬祭などの際、国民感情を表出する詩をつくる詩人〕、図書係、王室付き画家、絵画鑑定人、演劇監督官や二四人の楽団の団員といった人々も管轄下に置いていた。

家政長官は家政事務官とウィンザーのホームパークを守る王室森林保護官、そして各宮殿の使用人たちを監督する。使用人には厨房担当、ワイン貯蔵室担当、女中（ウィンザー城だけで四〇人）、夜間の警備員、ランプに火をつけてまわる者（この時代にはほとんどの照明がガス灯に切り替わっていたため、ふたりしかいなかった）、テーブル装飾担当などが含まれた。主馬頭の管轄は侍従武官や小姓、従僕、馬番と御者たちなどとされた。さらに問題を複雑にしていたのは、この三つに加えてさらにもうひとつ、宮殿の外観の管理や修繕が専門の（怠慢で知られた）森林管理官がいたことだ。宮殿の上階にいる者たちが宮内長官の下、下階にいる者たちが家政長官の下で働くという漠然とした区別はあったものの、なぜ女中が家政長官の管轄なのか、なぜリネン室の女性が宮内長官の管轄なのかは、誰も説明できなかった。こうした甚だ適当な職務の割り振りは滑稽なまでの混乱を生み、非効率的で無駄の多い運営が定着していた。

女王がある使用人になぜ食堂の暖炉に火が入っていないのか尋ねたところ、その使用人は《恐れながら、家政長官配下のわたしどもは暖炉に薪を置くだけでして、火を入れるのは宮内長官の管轄にございます》と告げた。こうしたケースはほかにもある。窓の内側の清掃は宮内長官の管轄で外側は森林管理官の管轄と決まっていたため、結局はまったく掃除がなされないという事態も頻発した。もし食器の洗い場で戸棚のガラスが割れたのを修繕しようと思えば、まず料理長の署名が入った要望書が必要となり、さらに厨房担当の事務官と家政事務官の署名を加え、宮内長官の事務室に行って許可を受け、森林管理官を監督する労務事務官に要望書を渡してようやく申請が終わる。もちろんそのあいだは必要な修繕は行われず、数カ月にわたって放置されたままになる。

家政事務官のチャールズ・マレーは、管理とは名ばかりで家政長官の管轄下における権限はほとんどなく、当然、管轄外における権限はまったくなかった。このため、彼の配下の使用人たちの大部分は、従う対象が存在しないも同然の野放し状態となり、飲酒や物品の着服などが蔓延していた。食べる資格のない者たちへの食事の供給が際限なく続き、女官たちの署名を偽造した要望書によって馬車の依頼が相次いだ。なかには密輸をして捕まった強者まで存在する。使用のいかんを問わずろうそくを毎日交換し、未使用のものを売って売り上げを臨時収入にするという、いわば伝統的な役得も存在した。ウィンザー城でのある三カ月間でブラシとモップ、箒が一八四本、女中の手袋が二四組、ガラス磨き用のセーム革が二四枚、荷造りに使うマットが九六枚も購入されたという記録も残っている。また、ウィンザー城の訪問者たちは放置状態だったため、客たちは城内の居間や寝室などを自由に何時間も見てまわることが可能だった。ある人物などはそのままステートギャラリーのソファで寝入ってしまい、そこを女中に見つかって酔っ払いだと思われ、警察が呼ばれたことさえある。フランスの政治家で首相も務めたギゾーも外務大臣だった頃、自分が宿泊する寝室だと思ってドアを開けたところ、ヴィクトリアが女中に髪をブラッシングさせている場面に出くわしたという逸話を残している。

王室に仕える人員が絶えず女王に忠実だったわけではなかったとしても、ヴィクトリアは彼らに忠実だったようだ。たとえ名ばかりの閑職でも実入りは充分にあった。女王は王室費として年間三八万五〇〇〇ポンドを受けとっており、そのうちの一三万一二六〇ポンドを人件費として支払っていた。衣装担当の女中、髪を整える係など、お付きの者たちに対して（この人々はのちに宮内長官の下、女官長の配下に編入される）、のちには秘書官や高地地方《ハイランド》とインドから来た使用人たちに対しても年六万ポンドを王室手許金で支払っていたのとは別にしてである。王室の給金は気前がいいとまではいかなかったものの、充分な金額ではあった。宮内長官は年二〇〇〇ポンド、図書係や女王の髪を整える係は四〇〇ポンド、裏階段担当の小姓頭は三二〇ポンドを受けとっていた。さらに、洗濯係は一七〇ポンド、煙突掃除人は一一一ポンド、鼠退治人は八〇ポンド、リネン室の女性は六〇ポンド、女中は年齢によって一五ポンドから四〇ポンドのあいだといった具合だ。当時の平均的な中流家庭で働く使用人の収入が年一二ポンドだったことを考えれば、かなりの額だと言っていいだろう。

これに加え、下級使用人たちでも一日あたり二シリングの基本給が支払われていたほか、全員が無料で医療を受けることができ、肉がたっぷりの大量の食事にありつけるうえ、上級使用人ともなれば快適な住居まであてがわれた。さらに年金も好条件で、裏階段担当の小姓頭で四〇〇ポンド、家政婦でおよそ四〇ポンドなどが引退後に保証されており、裏階段担当の小姓頭が亡くなれば未亡人に六〇ポンドが支給された。こうした好待遇は常々、過激な論調が売りの新聞から目の敵にされ、特に失業者が増加し、農作物が不作に陥ってパンの価格が急騰した一八四〇年代の初頭、国民が飢えに苦しんでいた時代にはその傾向が強まった。ウィリアム・ストレンジ〔英国の作家〕は、《この嘆かわしい苦難のときにあって、〝宮廷の淑女紳士〟は素晴らしい給金をもらっている。それも何もしていないのにだ》と書いている。

宮殿における下級の奉仕者の仕事ぶりがいかに乱れていたかは、〝ボーイ・ジョーンズ事件〟問題に如実に表れている。一八四〇年一二月、一七歳の若者だったジョーンズがバッキンガム宮殿の女王の居間にあるソファの下に隠れているのが発見されたのだ。彼の訪問はこれが初めてではなく、以前にも玉座に座って厨房からくすねた料理を食べながら、生まれたばかりの第一王女《プリンセス・ロイヤル》が《悲鳴をあげていた》のを聞いていたこともあった。（三回目の侵入が明らかになったあと、ジョーンズは解雇された）

アルバートにとって、無駄や非効率といった社会的な罪悪やこうした事件は、改革の必要性の証以外の何物でもなかった。彼は仕事に取りかかり、腹心としてコーブルク家からシュトックマー男爵を呼び寄せた。男爵は医師としての教育を受けたキリスト教徒で、アルバートとヴィクトリア双方の叔父であるベルギーのレオポルド王の侍医となったあと、相談役として重用された人物だった。みずからも働きかけて実現させたふたりの結婚のあとは、家族がいるコーブルク家と英国王室を往復し、やがて宮廷でもしなびた細い体躯が知られるようになった（彼は健康状態が芳しくなく寒さに弱かったため、例外的に夕食の際には膝丈のズボンではなく、長ズボンの着用を許された）。シュトックマーは女王とその夫の信頼できる相談役として、またときには夫婦間の仲介役として動いた。性格は生真面目で良心的であり、失敗に対しては心気症的な反応を示した。おそらくシュトックマーは、自分で思っているほどイングランドの気質に関する心理学的な専門家ではなかったのだろう。一八四一年九月、彼はいかにもドイツ人らしい、徹底的に問題点を網羅した文書を作成し、そのなかで英国王室の致命的な《体制の欠如》を指摘した。

改革は一夜にして劇的に起こったわけではない。しかし、一八四六年、アルバートはついに宮内長官、家政長官、主馬頭の三つの職がそれぞれの部局を管轄しながら、規律と安全にかかわる権限をふたりの監督官に譲るという仕組みを完成させた。ウィンザー城とバッキンガム宮殿にひとりずつ配置する監督官は家政事務官にのみ責任を負うとされ、これによって家政事務官は《宮殿内に常駐する宮内長官の代理人》と見なされて三つの部局間の調整役を担うことになり、その権限がより実質的なものになった。もはや宮内長官がアクスブリッジ卿のように部局をみずからの領地と見なし、愛人たちやひいきの者たちを配置するといった行為は不可能となった。無駄を排除する試みも行われ、ウィンザー城では石鹸やモップ、ブラシなどは使用人たちが自前で用意すること、ホットチョコレートを禁じて代わりに紅茶を供給すること、部屋にろうそくを二本置けるのは客室のみとすることなどが定められた。こうしたすべてはアルバートに対する恨みを生み、当然ながら支持する者は少なかった。しかし、一連の改革によって年間二万五〇〇〇ポンドの経費削減につながった。

ヴィクトリアの妊娠（本人の希望よりもずっと早かった）によって、アルバートの立場は変わった。彼は摂政法により、女王の身に不測の事態が起きた場合には摂政になるとの指名を受けた。ヴィクトリアが赤い公文書箱の中身をアルバートと共有するようになると、ほどなく彼は国家にとって必要不可欠な存在になっていった。そして一八四〇年一一月、結婚式からちょうど九カ月後に最初の子となる王女のヴィクトリア（ヴィッキー）が誕生した。《生まれてきたのが王子でないとわかったとき、わたしたちが残念に思ったことを正直に告白しなくてはなりません。それほどわたしとアルバートは男子を望んでいたのです》ヴィクトリアはサラ・リトルトン宛の手紙に心境をこう綴っている。《ですが、いまはとても満足し、喜びを感じています》

サラは六カ月後、王女を《初めてのぞき見た》と記し、《元気でよく太った、いかにも高貴な赤ちゃんで、きちんとまっすぐお座りになっていました。生真面目で物静か、それでいてどこか鋭い表情は、おかしいほど女王陛下に似ていらっしゃいます》と報告している。続けて、王女は純白のモスリンの外套を身につけ、《クエーカー教徒みたいな麦藁でできたボンネットをかぶって……よくお笑いになり、はつらつと動きまわっていて、殿下もうれしそうに何度も高い高いを繰り返していらっしゃいました》と書いている。サラは、女王が《若い母親なら誰でもそうであるように望みが高く、赤ちゃんの成長が充分でないと信じこみ、片時もそばを離れようとせず、ずっとわが子のことを考えていらっしゃいます》とも書いている。もっとも、ふたり目の子どもができれば、そうした傾向はすべておさまるとも感じていた。

そして一年後、プリンス・オブ・ウェールズとなる皇太子のアルバート・エドワード（バーティ）が誕生する。このときの出産は前回よりも大変で、ヴィクトリアも疲れ果てて精神的に衰弱し、そうしたすべてが王室の育児部門がうまく作用していないのではないかという不安へと向かった。一八四一年の初頭から育児担当の責任者となっていたのは、それ以前には男子校の運営を行っており、カンタベリー大主教の推薦によって指名を受けた未亡人のミセス・サウジー（詩人のロバート・サウジーの義妹にあたる）だった。彼女は王室の育児担当の職務にそれほど熱心でなく、病気だと申しでては友人たちを訪ねてまわっていた。ヴィクトリアはミセス・サウジーが《完全に不適格》だとしてメルバーンに苦情を申したて、乳母のミセス・ロバーツと子守女中たちを《品性も知性もなく、いつも言い争ってばかりの人たち》とこきおろした。また、《シュトックマーは、絶対的な信頼を置ける人物を登用すべきであり、家庭教師としての役割を果たすことができ、かつそれなりに身分の高いレディが望ましいと言っています。でも、そんな者がいるのでしょうか。もしいたとして、その者は社会から切り離された育児室に閉じこめられるという環境に満足できるでしょうか。しかし、もしすべてをうまく取り仕切らせようとするならば、そうしてもらうほかはないのです》と続けている。

そうしているあいだ、王女が順調に成長していたわけではない。サラが簡潔に記しているように、王女は《あまりにも大事にされすぎ、気配りが行き届きすぎている》状態にあった。《常にもっとも高価なものを与えられているのです。安くてごくふつうの食べ物や育て方のほうが健全な場合が多いのに》と、サラは思っていた。また、王女の食事は《ロバのミルクや葛粉、チキンスープ》など、《食べすぎを避けるために慎重に選ばれたもの》ばかりで、《王女殿下は腹ぺこのまま、放置されています》と驚いている。一八四二年一月に女王とその夫がクレアモントから戻ったとき、夫妻は王女が異様なまでに色白で痩せているのに気づき、激しい口論となった。アルバートが妻に宛てた怒りの手紙が、仲介役に引っ張りだされたシュトックマー男爵宛の手紙のなかに保管されている。《ドクター・クラークは王女の処置を誤って毒殺しかけた。そしてきみはあの子を飢えさせている。わたしとしてはもうかかわるのもごめんだ。王女をどこへなりと連れていって好きにするといい。その結果あの子が死んだとしたら、あとはきみときみの良心の問題だ》

アルバートは《大きな野心を持って王女の育児に影響力を駆使している》人物がいると信じていた。彼にとって、王室の育児部門に巣くう問題の責任を誰に帰すべきかは明らかで、レーツェン以外には考えられなかった。レーツェンはたしかに王室の子どもたちに執着にも似た関心を示していた。皇太子が誕生したあと、レーツェンはコーンウォール公領から得られる収入を、金に汚い——彼女はそう言っていた——ジョージ・アンソンなどではなく、育児費用として自分に渡すよう要求していた。アルバートにしてみれば、これは受け入れがたい越権行為だ。ヴィクトリアはシュトックマーに、自分の考えはアルバートの主張とは異なり、誰もレーツェンに《惑わされて》などいないと抗議した。事実、この頃のヴィクトリアはレーツェンに会うこともほとんどなく、育児について話しあったこともなかった。ヴィクトリアの願いはレーツェンが《宮廷に静かな住まいを与えられ、ときおりわたしと顔を合わせる》ことで、《書類や化粧について必要な助言を受けられれば、それでわたしは安心できるのです。会わないでいればいるほど、彼女に会いたくなります》と書いている。

レーツェンについてはさまざまな意見があった。チャールズ・グレヴィルは、サラ・リトルトンと同じ見方をしており、彼女を《聡明で感じのいい女性》と評している。一方でアンソンは彼女を《陰謀と災厄へと通じる水路》のような人物だと見なしていた。そしてアルバートはレーツェンのこととなると、ふだんの抑制をかなぐり捨てて暴力的になる傾向があった。彼女は軽薄で無能で、厄介事を起こす性分だと断じ、《権力欲に取りつかれて頭がどうにかなってしまった愚かな策謀家で、自分を小さな神だと思いこんでいる》と嫌悪感もあらわに書き残している。

レーツェンはヴィクトリアが五歳のときからかたわらで忠実に仕え、あるじの利益を守りつづけた。ヴィクトリアが信じるところでは、これは実母でさえできなかったことだ。レーツェンは女王となったヴィクトリアにも深い愛情を注ぎ、嫉妬などとは無縁だった。しかし、アルバートが登場するまで、彼女はメルバーンとともにヴィクトリアの絶対的信頼を得ていたのである。しかし、女王の結婚ですべてが変わってしまった。レーツェンがアルバートに取って代わられたと感じ、そんな彼女にアルバートが脅威を覚えたのは不可避の流れだっただろう。レーツェンはなお女王の請求書に署名をする立場にあったものの、ヴィクトリアに対する影響力は大きく後退した。しかし、アルバートにとっては、レーツェンの存在自体が争いのもとであり、それで充分だった。女王はふたりのあいだを取り持とうと懸命になった。彼女は日記に《親愛なる天使のようなアルバート。わたしが彼を愛しているのは、神さまがよくご存じです。夫の立場が難しいことはわかっています。わたしたちはなんとしても、彼をもっと楽にしてあげなければなりません》と書いている。そして《この二年半、わたしは自分のことばかり考えて自制心を発揮せず、他人の意思を正すばかりでした。ですが、どうにかこの状態を克服していきたいと考えています》と続け、謙虚にもみずからの責任を認めた。ヴィクトリアは屈服するつもりだった。王室の育児改革は断行しなくてはならない。そのためには、レーツェンを手放さざるを得なかった。

第4章　育児担当責任者、サラ・リトルトン

王室の育児部門に欠けていたのは、優れた管理運営とミセス・サウジーのあとを継ぐ優秀な人材――これらはレーツェンの責任ではない――だった。サウジーはアルバートの信頼を失ったという事実を受け入れ、《鳥が巣に戻るように、わたしも家に戻ることを熱望しています》と淡々とした筆致で辞職を申しでた。ヴィクトリアとアルバートは後任を選ぶにあたり、教育問題の権威だと見なされていたシュトックマーに相談し、期待を裏切らない忠告を得た。一八四二年三月、シュトックマーは三二ページにも及ぶ覚え書きを作成し、そのなかで育児担当の責任者を選ぶにあたっては《人格と知性に優れ、子どもに慣れていること。また、やさしさと厳しさを兼ね備えており、目的のためには融和的にも強権的にもなれる人物であること》が重要だと強調した。実のところ、彼はすでにある人物を想定しており、その女性を推薦した。

サラ・リトルトンは寝室付きの女官の地位を受ける前もためらいを見せたが、今回のためらいはそれとは性質がまったく異なっていた。人生を大きく変えてしまいかねない重要な決断を下さなければならないのだ。子どもたちやハグリーホールで増えつづける孫たちの面倒を見るという、一族の女家長として居心地のいい役割についたばかりだというのに、この先ずっと宮廷に縛りつけられる仕事を提案され、サラは本能的にたじろいだ。女官としてひと月拘束されるだけでも家庭生活に支障をきたしている。ところが、新しい仕事を受ければ女王と家を分かちあう生活になるのだ。もはや娘たちと一緒に暮らすわけにもいかず、ほかの家族

ともたまの休暇のときにしか会えなくなってしまう。人生で初めて本物の仕事らしきものにつけるのは魅力的ではあったが、代償があまりにも大きすぎた。彼女は育児に向いていそうな候補者をふたりばかり推薦して時間を稼ぎ、またしても兄のスペンサー卿に相談した。《女王陛下が心から賛同し、みずからご依頼なさるのであれば》新しい地位についてもいいと、サラはスペンサー卿に話している。

四月、ヴィクトリアは責任者に適任なのはサラしかいないと確信していたものの、指名を拒絶されるのではないかと恐れていた。馬車での外出の際、サラに仕事の話を切りだした場面を女王は日記に書き残している。《彼女は責任の重さを光栄に感じていました。ただし自分の能力に自信が持てないようで、警戒してもいました。それでも、義務に人生を捧げる覚悟はできていると言ってくれました。娘たちのことを考えるとやはり無理なのではないか、わたしがそう尋ねると、娘たちが時によって、ここ（バッキンガム宮殿）かウィンザー城の近くに住んでくれればそれで充分だと、彼女は答えました》

娘たちの問題は、サラにとって《もっとも困難》なものだった。この頃、サラは孤児となっていた姪のキティ・ポールカルー（キティッシュとかキティクルと呼ばれていた）の世話をはじめて自分の娘と同様に見なしており、キャロライン（二六歳）とラヴィニア（二一歳）を加えた三人の娘たちが《どんな意味合いにおいても宮廷社会の一員と見られない》こと、そして王室の子どもたちと決してかかわりを持たないことを強く希望した。この望みにはヴィクトリアも賛成だった。立場が正反対のふたりがそう望んだのはよく似た理由からだ。サラは宮廷を腐敗した環境だと判断しており、一方の女王もリトルトン家の娘たちが自分の子どもたちにどんな悪影響を及ぼすかなど知るはずもなかったが、とにかく知らない人を信用していなかった。

また、サラは自分が果たすべき役割と負うべき責任がいかに重要なものかを承知しており、たんに命令に従うだけでは充分でないと考えて明確な条件を提案した。育児にかかわるところでは完全な権限を有すること。子どもたちの両親である女王とその夫には当然従うが、《腹蔵なく質問をし、疑問を感じた点は話しあい、その結果がどうあれ、自分の意見を通す権利を有すること》などの条件だ。さらに、女王とその夫が自分を叱責する場合は当事者だけの場を設けること、日曜の礼拝については、乳母たちは午後に出席し、午前中にサラが礼拝堂に行っているあいだ、彼女たちは持ち場を離れないこと、王室の子どもたちが医師の治療を受ける場合は立ち会うこと、子どもたちの服装については完全な責任を持つことなども付け加えた。実のところ、宮廷で《余生》を過ごし、社会から切り離されるのはサラにとってそれほどつらいことではなく、むしろその反対だった。ただし、それも娘たちと定期的に会えればの話だ。結局、《背負っている義務が充分果たされていると良心に照らして考えられるかぎり、好きなだけ自分の子どもたちと一緒に時間を過ごす》ということになり、どの程度の頻度で娘たちに会うかは彼女の裁量にゆだねられた。

五月までにはすべての準備が整い、サラは新しい区画に移った。新たな区画はヴィクトリアタワーにある寝室と居間がそろった一画で、子どもたちの世話をする場所にも近く、女王の生活空間の真上にあった。サラ自身の移動や娘たちの送迎に利用できる馬車もあてがわれ、皇太子の従僕が彼女の従僕を兼任することも決まった。ときおり女王のディナーに同席する以外は食事も王室に仕える人々と一緒ではなく、昼食は――スープか魚料理（カレイのフライかオイスターのソースをかけたタラ）のあとに肉料理（ラムのカツレツやローストチキン、ライチョウ、子牛の胸腺、アヒル）と季節の野菜（アスパラガス、ハマナ、ホウレンソウ）など――を自分の部屋でとってよいとされた。サラはシュトックマーが作成した三二ページの覚え書きを読んで熟考し、彼に対して《趣旨と原則が明解に説明されて》おり、完全に同意すると確約した。責任者として、育児部門の乳母や子守女中、家庭教師たちを統率し（全員が口論好きで嫉妬深い性質だった）、王室の子どもたちに最初の教育を施し、服装を管理し、健康を維持して部門の帳簿をつけるのが彼女の仕事だった。

王女（ヴィッキー）との最初の顔合わせは、幸先がいいとは言えないものだった。王女が泣きわめいたのでいったん退出せざるを得なかったが、サラは自信を失わなかった。《王女殿下は気品があって愛らしい女の子です。よく太ってとても元気で、常に口と体を動かしています。いまは神経過敏で甘えも見られ、短気な面が目立ちますけれど、かわいい性格をしていらっしゃいます》。第一印象をそう記したサラだったが、続けて《ただ、この先に待ち受けている厳しい人生をこのままで生き抜いていけるとは思えません》と書いて気を引きしめた。王女もじきに警戒を解き、サラを「ラドル」と呼んでなつきはじめた。もっとも、機嫌を損ねて「リトルトン！」と怒鳴りつけることもしばしばだった。また、皇太子の第一印象もすこぶるよかった。サラは《気高い顔つきと落ち着いた振る舞い》からは《高い知性が感じられ、よくお見せになる笑顔と澄んだ青い瞳からもそれがうかがえます》と書いたが、皇太子の知性に関する彼女の意見に賛同する者はそれほどいなかった。

サラの賢明かつ巧みな運営で、王室の育児部門は順調に回りはじめた。乳母頭の地位にあったミセス・ロバーツはより優秀なミセス・スライと交代し、乳母と子守女中たちの関係もより良好になった。王女の健康状態も改善して、新たに年一二五ポンドで《ボンヌ》〔フランス語で子守〕として雇われたマドモアゼル・エイミー・シャリエからフランス語を習いはじめた。こうした状況に女王も快活さを取り戻し、サラが仕事をはじめてから数カ月が経ったある日の日記に《レディ・リトルトンは適任で、とても気配りが行き届いています。ヴィッキーに対して、言葉を選んで素晴らしい質問を投げかけているし、そのやり方も知的で賢明そのものです》と褒めている。

じきにサラは、ヴィッキー王女が《頭脳と精神の両面で素晴らしい力》を持っているのに気づいた。王女は父親に似て頭の回転が速く、記憶力も優秀（サラがほかのきょうだいたちについてこうした記述をしたことはなく、わずかな例外としてレオポルド王子にその可能性を認めたくらいだ）で、さらに父親にはないちゃめっ気のあるユーモアのセンスを備えていた。ヴィッキーが二歳のときの出来事をサラは記録し、《昨日、王女殿下と遊んでいたところ、王女殿下が突然わたしの頭を両手で挟んでやさしく額にキスをし、それからいたずらっぽくお笑いになりました。いつも女王陛下が王女殿下になさっているのと同じ仕草です。おかしくも素晴らしい賛辞を受けた気分になりました》と書いている。王女は四歳のとき、最初の手紙（口述筆記）をヴィクトリアに送った。これには《お母さまへ。早く戻ってきてください。そうしたら、たくさん愛してあげます。わたしはちゃんと言いつけどおりにごはんを食べています》とあるものの、実際には食事のときのプディングとミルクを断固として拒絶しつづけていたので、これは真実ではない。また、王室専用船に乗ったとき、顔に水がかかった王女は《唾を吐いたのは誰？》と尋ね、しばらく宮廷で語り草になったこともあった。

子どもを教育するに際して、サラは温和に順序立てて教える方法を好んだ。もっとも重視したのは自分の子どもたちにしてきたのと同じく、やさしく接することであり、子どものかんしゃくは無視するにかぎると思っていた。彼女は《奇妙なことに、王女殿下はお泣きになるときにいつも「目を拭いて！」と叫びます》と淡々と書いている。悪さに対して罰を与えることは基本的に反対で、《効果は長く続きませんし、だいいち腕白ざかりの子どもがこちらの意図を理解できるかどうかは疑問です》との見解だった。ただし、ヴィッキー王女は何らかの罰が必要な場合が多く、あるときなど一時間ほども暴れたあとでサラと話がしたいと要求し、《ごめんなさいね、ラドル。でも、つぎも同じことをするわ》と宣言した。サラは王女をしばらくのあいだ部屋に閉じこめ、《効果のほどはあとでわかるでしょう》と書き残した。悪さをした子どもを寝室に閉じこめたり、手を縛ったりするのはヴィクトリア時代の子育てには一般的に見られる懲罰で、サラもときおりこうした手法を用いた。皇太子の教育にあたってはさらに規律を重要視していたようで、嘘をつく、《わめき散らす》といった行為に対しては鞭をふるうこともあった。

五五歳になって自分の家族がほとんど成人したサラは、またしても小さな子どもを育てる責任を担うことになった。食事や着替えの世話や洗濯など、体を使う作業は乳母や子守女中たちがするとはいえ、これは簡単な仕事ではない。たとえば王女の高いところにのぼりたがる性向は強まるばかりで、ヴィクトリアが親子で馬車に乗るのに同席したとき、サラは《胃が痛くなる》ほど緊張すると告白している。そして、《もし何事もなければ、陛下と王女殿下にとって素晴らしい出来事となるでしょう。ですが、悪いことが起きる可能性もあります。王女殿下がいきなり泣き叫ぶかもしれませんし、事故に遭うかもしれません。疲れるか落ち着きを失うかしてぐずりはじめることもあるでしょう。あらゆる危険が頭から離れません。まったく、早くすべてが終わってほしいものです》と嘆息した。王女が従僕に手を引かれて小さな馬車に乗りこみ、ウィンザーのホームパークに向かったとき、サラは辛抱強くその横を歩いていった。一八四二年二月には、ロンドンからウィンザーへ向かうヴィクトリアの《特別列車》に乗る人員にサラも加えられた（女王はこれよりも少し前、初めて鉄道というものを体験していた）。この列車には《王室とそこに深いかかわりのある人々のみ》が同乗を許されており、ミセス・スライとマドモアゼル・シャリエは病気で来られず、ほかの女官たちもいなかった。《夜に使うこまごましたものやおもちゃ、おやつのラスクやショール》はすべて手元になく、手伝いの手といえば女王と子守女中しかない。サラは皇太子殿下と王女殿下が《完全に疲れきるまで興奮して這いまわろうとしたり、ものにのぼろうとしたり、隅をのぞきたがったり、それはもう大変でした》と状況を説明している。ウィンザーの自室までたどり着き、《贅沢なあたたかい火と、閉じたカーテン》そしてミスター・スプレイグ（サラの従僕）と自分の分の《いつもどおりおいしい夕食》を目にしたときの彼女の安堵感はどれほどのものだったか、想像にかたくない。

キャロラインとラヴィニア、そしてキティのためにちょうどいい家を探すのも簡単ではなかった。ヴィクトリアがバッキンガム宮殿にいるあいだは、娘たちはグローヴナープレイス三八番地にあるリトルトン家の邸宅にいればよかった。夜にはサラが会いに出かけられたし、娘たちもまた宮殿内にある彼女の部屋を訪ねることができた。問題は女王がウィンザー城に滞在しているときだ。サラは当初、娘たちのためにクロイスターズにあるセント・ジョージ礼拝堂の向かいに家を借りていたが、のちに友人のレディ・グラントの家に有料で泊めてもらうか、あるいはホームパーク内の農園にある家に泊まれるよう手配した。その家には建物の半分を自宅とし、料理人兼家政婦の役割を担っていた《小さな老婦人》のミセス・エンガールという女性がいた。サラは、《ミセス・エンガールは毎日、きちんとした昼食をたっぷり用意してくれるうえに、できるかぎり安くすむよう配慮した請求書を回してくれます》と感謝まじりに書いている（きちんとした昼食の一例として、《チキンのフリカッセに、ホイップした卵をたくさんかけたリンゴとライスのデザート》をあげている）。

ホームファームと呼ばれた農園のなかにあるその家は王室の養鶏場を臨む位置にあり、牛舎や鳩を飼う小屋なども近くにあるという恵まれた環境だった。娘たちが本とピアノを《持ちこんで》居間を整えさえすれば、《快適な仮住まい》になるとサラは考えたのだった。女王はときおり、キャロラインとラヴィニアをディナーや演奏会、芝居などに招いた。ヴィクトリアにしてみればサラへの特典のつもりだったのだろうが、当のサラは複雑な心境で、《娘たちともども焼き網にのせられたようで、いっそみずから自分の体に火をつけてしまいたくなります。とにかく早く終わってくれないかと祈るばかりです》と書いている。使用人たちに支払う給金も合わせると、娘たちの宿泊費はかなりの額にのぼった。その金銭が貯まるまでハグリーにとどまることもしばしばで、サラの娘たちは自然と宮廷と家族のあいだを往来する寄る辺のない存在となっていった。

王室を追いかけるという自慢できない暮らしから脱する手段としては、結婚が考えられる。ラヴィニアはその機会をとらえ、一八四三年一〇月、ヘンリー・グリンと結ばれた。ヘンリーはハワーデンの教区牧師で、メアリー・リトルトンとキャサリン・グラッドストンの弟にあたるため、この結婚にはハワーデンとハグリーの両家の絆を深める意味合いもあった。ラヴィニアがヘンリーに語ったところによると、婚約を知ったヴィクトリアはある夜に彼女のもとへ歩み寄って祝福の言葉をかけたあと、キャロラインに向かって《あなたにとってもうれしい旅立ちになりますね》と声をかけ、キャロラインは《はい、そのとおりでございます、陛下》と答えた。ラヴィニアは《交わした言葉はこれだけで、いつものようにわたしたちは自分が女中にでもなった気分になりました》と感想を述べている。一方でアルバートはラヴィニアに《これ以上ないくらい丁寧に一礼し、《あなたの幸福を祈ります！　レディ・リトルトンは寂しくなりますね》と言った。ラヴィニアは女王の夫を相手に緊張しながらも勇気を振り絞り、《陛下にもお気遣いいただき、来週は母もわたしたちと一緒に過ごせることになりました》と答えた。サラは五日間の休暇が認められていた。ラヴィニアはこれを《とてもありがたい配慮》だと見なしていたが、娘の結婚という事情を考慮すれば充分とは言えないだろう。

サラは少なくとも最初のうちはヘンリー・グリンにいい印象を持っていなかった。《あの子の夫にとわたしが夢見ていた男性ではありません。ですが、生き方という点では模範的な人で、心根もやさしく理想的であり、大変な紳士でラヴィニアを愛しています。なんと三三歳にして初めての恋だそうです！　もう少し背が高くて瞳が黒かったら、それにもう少し振る舞いが決然としていて才能があり、頼りにできるだけの意志の強さがあったら、わたしも満足できるのですが……ただ、娘はわたしとは違います。あの子は彼の欠点など目に入りませんし、変えてほしいところもないと思っています。あの子は自分で考えているほど彼を愛していないのです。でも、笑い、踊り、目を輝かせて自分の幸せや牧師館、村や学校、副牧師や老婦人たちについて話すのですから、あの子がいる部屋は自然と明るくなります》と記したサラだったが、彼女の不安は根拠のないもので、のちにこの結婚は幸せそのものだったと明らかになる。

そしてキャロラインとキティが残った。片方の目の視力を失い（子どもの頃にはさみで目を傷つけた）、一方の肩がさがってしまっている（ハープに熱中しすぎたために姿勢が崩れた）キャロラインは、仕切り屋で不愛想な若い女性だった。それとは対照的にキティは、物腰もおだやかで慎ましい性格をしていた。キャロラインとキティは家族のなかで親しみをこめて《ふたりの愛すべき痩せっぽち》と呼ばれており、誰も彼女たちが結婚するとは思っていなかった。母親のサラでさえ、キャロラインがキティにとって十分に〝夫〟の役割を果たしていると思い、結婚によって《わたしたちのとても大切な娘たち》が現状よりも幸せになれるかどうか疑問に感じていた。むろん、この状態が続けば彼女たちの人生にとってもいいはずもない。しかし、キャロラインは強靭な意志の持ち主で、《うまく立ちまわっておのれの立場や義務から逃れようとする考え方はわたしには理解できませんし、そんな自分にある種の誇りを持っています。それに独立した状態が気に入っていて、慈善の精神も大切にしたいと思っているのです》と語った。サラはキティの実姉であるキャロライン・エストコートに対して、キティが《城内や庭園で開かれる行事に参加し、さまざまな喜びや悲しみを経験しています。ですが、顔にはいつも早くその場を立ち去りたいという表情を浮かべているのです》と伝えている。

娘たちと離れ離れのとき、彼女たちからの手紙が《絶え間ない別離の悲しみ》を癒やす一助にはなったものの、サラは寂しさに沈み、娘たちが自分に会いたがっているのではないかと心配しつづけた。ウィンザー城で王室の子どもたちがコリドールを駆けまわり、自身が聖ミカエル祭の請求書と格闘し、皇太子を乳離れさせるのに苦心する日々を送るなか、ある雨の日に《わたしのテントウムシたちは飛び去ってしまいました》（娘たちは三カ月戻らないことになっていた）とわびしげに綴っている。

《子どもの教育は可能なかぎり単純に行い、かつ一般的な手法を用いること。（レッスンの妨げにならない範囲で）両親とともにできるだけ多くの時間をともにし、あらゆる点において自信を持つ精神を養うこと》。ヴィクトリアは一八四四年にこんな覚え書きを残している。こうした女王の指示はほとんどが実行に移された。新鮮な空気を吸い、自然の温度を尊重することによる恩恵を信じていた女王の言いつけを守ったため、育児担当の日常は単純というよりも、むしろ厳格なものになった。子どもたちは朝に冷たい水で体を清めるとされ（具合の悪いときは湯の使用が許された）、窓は開け放したままに、火の使用は最低限とするよう定められた。また、屋外での運動が奨励された。食事も簡素にするよう求められ、ローストチキンやマトンのカツレツ、チキンスープにビーフスープなどが出された。歯が生える時期の幼児に対しては、ルバーブやマグネシア〔酸化マグネシウム〕が与えられ、便通が滞った際にはひまし油をのませることとされた。子どもたちは一日に一度は両親と顔を合わせると定められたが、実際には複数回にわたることが多かった。

サラの記録によると、アルバートは愛情深く、子育てに積極的な父親だった。ヴィッキーのために椅子にのって積み木の家をつくったり、皇太子にみずから手袋をはめてやったり、蝶を追いかけて干し草の山に飛びこんだりといったこともあったようだ。これに対し、ヴィクトリアが母性本能というものにどういう感情を抱いていたのかは曖昧だ。赤ん坊が大好きというわけではなく、後年になって子どもたちを愛し、関心を持ち、誇りに思う母親――サラが義理の娘のメアリーに送った手紙に《陛下ご自身のお子さまたちの身長》

を書いたメモを同封し、メアリーの子どもの身長を書いた返事を送るようにと頼んだような母親――になったものの、ヴィクトリアは子どもたちが、人生でもっとも大きな喜びであるアルバートとの人生における障害物だという意識を捨てられなかった。そして子どもたちは、家族や側近、使用人、犬などといった周囲を支配し、自分の思うがままにしたいという、ヴィクトリアの徐々に大きくなりつつある欲求の対象となっていった。サラは子どもたちの健康や排泄、食事や読むべき本、予定、礼拝への参加や祈りに関するメモや覚え書きを頻繁に受けとるようになり、女王が不在のときには育児部門からの報告書を毎日提出するようにと申し渡された。

一八四二年八月、サラは初めて、ひとりで子どもたちに対して全責任を負うこととなる。ヴィクトリアとアルバートがスコットランドを訪れるためだった。ふたりは月末に出発し、ウーリッジから船で旅立った。ウィンザー城に残ったサラは《実際にひとりで責任を負うのは、思っているよりもずっといやなものです！》と感じており、《城の反対側》のどこかにいるシュトックマーの存在に安心を覚えていた。女王とその夫がいないため、サラは子どもたちの安全にも責任を感じ（脅迫状が届いていたせいもある）、一日の終わりには子どもたちがいる区画の戸締まりを確認してまわった。《入り組んだ廊下、たくさんの鍵、衛兵の詰め所。厳しい警戒態勢は、わたしの恐れる忌まわしい危険がただの空想ではないことを示しています》

ヴィクトリアとアルバートがスコットランドで幸福そのものの二週間を過ごしているあいだ、サラは子どもたちの行動や健康状態を報告しつづけた。ある日の報告によると、皇太子は乳母のひとりを気に入り、五本目の歯が生え変わった。これを受けてドクター・ブラウン（王室の薬剤医）が離乳食をとらせるよう勧め、ミルクにラスクを浸してクリームと砂糖を加えたものを提案したほか、歯固めのためにチキンの骨を与えるよう指示した。《殿下は夕食をいたくお気に召したようで……食べるのに盛んに手を使いはじめました》と記録している。ところがその翌日、皇太子に《お腹の不調》が見られた。王女はというと《悲しみにひどく沈んでいて》、かわいらしい笑顔を見せるのはごく《まれ》という状態だった。サラは王女が《情緒不安定》にならないようにするには、ふたりの子守女中が交代でつくよりもひとりに世話をさせたほうがいいと判断した。しかし、それでも王女は体の震えが止まらず、具合が悪い状態が続いたため、結局は湯を使って体を清め、そのまま寝かされることとなった。マドモアゼル・シャリエのおかげで王女のフランス語は上達し、サラは《教育における最大の難関は突破できそうです、陛下。なんといっても、誰もが恐怖ですくんでしまうフランス語のレッスンをこなされているのですから》と報告した。また、追記として女王の犬であるアイレーとダンディについても触れ、《とても元気で、模範的な振る舞いを見せています》と記録している。

サラが新しい仕事を受けたため、アルバートはレーツェンをようやく退かせることができた。健康状態の悪化による辞任というのは表向きの理由で、これはレーツェン本人と女王の双方が承知した事実上の解任だった。レーツェンは年八〇〇ポンドの年金を支給され、馬車を贈られることになった。引退に先立ち、彼女は女王の着付け担当であるマリアンヌ・スカーレットに仕事を引き継いだ。内容は女王が発信する文章を印刷機にかけて複写を作成することなどだったが、これがミス・スカーレットを《大いに混乱》させた。レーツェンの指示が難解だったためだ。《紙が充分に湿っていないと、紙を二分間ではなく四分間、印刷機にかけておかなくてはならないので効率が悪くなります。ただし、紙は湿りすぎていないほうが印刷はうまくいきます》レーツェンの指示は一事が万事この調子だった。

ヴィクトリアとアルバートがスコットランドから戻り、九月も終わりに近づいた頃、レーツェンは持っていた鍵を女王に返した。二八日にサー・ジェームズ・クラークが別れの挨拶に訪れた際には、埃まみれになって荷造りをしている姿を目撃されている。そして三〇日の早朝、直接別れを告げるのはつらすぎると考えたレーツェンは、女王に手紙を残して去っていった。向かった先は姉が暮らすドイツだ。しかし、レーツェンにとっては不幸なことに、数カ月後にこの姉も亡くなってしまった。レーツェンが去って間もなく、物心がついてから彼女がそばにいなかった時期などなかったヴィクトリアはサラに告白した。《今朝、目を覚ましてレーツェンがいないのを思いだしたときは……とても心が痛みました。彼女が別れを告げに戻ってくる夢を見ていたので、ひどく落ち着かない気持ちだったのです。違和感とともに目覚めることがあるとは聞いていましたけれど、実際に体験したのは初めてでした。ひどく不快なものですね》

レーツェンの仕事の一部を引き継いだマリアンヌ・スカーレットは、レーツェンと同じくらい宮廷生活の長い女性だった。鼻と顎が目立つ角張った顔つきで貧弱な体型（ヴィクトリアと同じく身長は一五〇センチ足らずで、《紙のように》痩せていた）をしており、宮殿のなかを忙しく駆けまわっていたので、スカーレットの姿を見たことがない者は少なかった。頑固で不愛想、しかも《とにかく人の好き嫌いが激しい》とあって、王室に仕える人々のあいだでは《曲者》と見なされていた一方、文学の知識に富み、誰にも負けないほど道理をわきまえていて、率直でもあったので、女王は彼女を《なかなかに優秀な女性》と評した。スカーレットの父親は西インド諸島の大規模農園の所有者で、おじはシャーロット王妃の財産管理官の副官を務めており、彼女自身も読書家でフランス語とドイツ語に通じたきわめて聡明な女性だった。

ヴィクトリアに「スカーレット」と呼ばれた彼女は、一八三七年から着付け担当の仕事についていた。衣装担当――二名が女中二名とともに女王につく――は通常、由緒正しい家柄出身であることが求められ、上級使用人としてその地位に見あった待遇を与えられていた。ヴィクトリアタワーとつながっているオーガスタタワーに寝室と居間がある居住区画が用意され、およそ一二〇ポンドの給金（勤続年数に応じて多少の差が発生する）を約束されていた。本質的に彼女たちの仕事は格調が高いという以外、女中とさして変わらず、女王の衣装と宝石に対して責任を負うというものであった。女王の衣装を《緻密に》検分して修繕や洗濯の必要があるかどうかを確認し、すべてが《あるべき正しい場所に正しい方法で》収納されているよう取り計らう。また、《女王陛下がロンドンで行う公式謁見会をはじめ、あらゆる場所と状況に対応できるよう》衣装を熟考する。そして、同じ着付け担当の女中を監督し、彼女たちが健康を維持し、自分の責務を果たせるよう導くのも仕事のうちだった。

ヴィクトリアの使用人たちのなかでも、着付け担当たちほど女王と頻繁に、そして間近に接する者はいない。そのため、彼女たちは秘密を外部に明かさないことが要求された。着付け担当はほかの部署の女中たちと交流を持つのも好ましくないとされ、着付け担当と衣装担当の女中の両方が個人的な推薦を受けるか

──スカーレットも寝室付きの女官のランズダウン侯爵夫人に推薦された――あるいは宮廷内の人脈を通じて指名されるのが常だった。女中たちと意思の疎通を図るのもたくさんある仕事のうちのひとつだったスカーレットは、女王には叔父のレオポルドの使用人として知られていたチャールズ・アンドルーズに対して、彼の娘のメアリー・アンが女王に《絶え間なく付き添う》覚悟をしておくべきだと忠告した。そのほかにも給金は八〇ポンドであること、《女王陛下に必要不可欠の人材と思っていただくためには、優れた記憶力、おだやかな気性と振る舞いを身につけるのが必要》なこと、また落ち着きや健康、時間を守るといった要素も兼ね備えているのが望ましいことなどを伝えている。

マリアンヌ・スカーレットは着付け担当ではあったが、二〇〇ポンドの給金が示すとおり例外的な存在だった。彼女の仕事は衣装管理だけにとどまらない。女王が公式行事の際に着用するドレスについて女官長と話しあったり、服を発注したり、帽子や毛皮、ショール、ストッキングに肌着、手袋、靴、乗馬服、衣装ケー

スの業者と交渉したり、宝石やレースの業者、刺繡や織物を担当する職人と連絡を取りあったりといったことまで任されていた。レーツェンが去ってからは秘書と事務担当のような仕事もすることになり、ほかの着付け担当や女中たちが回してくる少額の請求書の支払いや、商人たちに送る文書の作成、王室の記録を残しつづける石版画家や写真に色をつける絵師との連絡なども加わった。ヴィクトリアとアルバートが肖像画のモデルをしているときに《軽食》の手配をするのも、ドイツにいるレーツェンの友人にアルバートが育てたウィンザーの農園の豚の肉を送るのも、バルモラル城に飾る磁器を発注するのも、昔、女王に音楽を教えていた教師の娘が送ってきた懇願の手紙に返事を書くのも、女王の代わりにクリスマスの贈り物を手配するのも、王室の子どもたちのために《小物入れ》や靴下を注文するのも（厳密に言えば、これはサラ・リトルトンの仕事の範疇だった）、すべて彼女の仕事となったのである。

スカーレットは、王室の人々の肖像画を描き、宮殿に飾る絵画や彫刻を作成する芸術家たちと連絡を取る仕事にも多くの時間を費やした。パリ在住のフランツ・クサーヴァー・ヴィンターハルターにもフランス語で手紙を書き、面会を手配しているほか、一八三六年に女王のペットであるスパニエル犬のダッシュの絵を描いて女王のお気に入りとなったエドウィン・ランドシーアに対し、アルバートが狩猟に出ているあいだにウィンザー城を訪れることが可能かどうかを尋ねるなどしている。ランドシーアが描く王女の肖像画をアルバートには内緒のクリスマスプレゼントにするつもりだったのだ。さらに、彼女はローマに住む彫刻家のジョン・ギブソンから制作の進捗状況についての報告を定期的に受けていたほか、画家で絵画鑑定士のトマス・ユーインズからロイヤル・コレクションに何を加えるつもりかを手紙で問われたりもしていた。

宮廷において、スカーレットはある意味、珍しい存在だった。二五年もの長きにわたって働きすぎと言ってもいい状態が続いたにもかかわらず、宮廷の外の世界に対する関心を失うことがなく、特にロンドンの芸術の世界に強い興味を抱きつづけた。ランドシーアはスカーレットの親しい友人で、文通相手でもあった。ランドシーアに本を借りたあとの手紙で、スカーレットは彼の痛風に同情を表し、ウィンザー城の煙突が発する煙にまみれて荷造りをしなければならないことに対して不満を打ち明けた。《ここには思わずのぞきこんでみたくなる素敵なガラスなどありません。煙のせいでわたしたちは視界をほとんどさえぎられ、体を毒されています。箱に入った本やら何やらに囲まれて強いられた労働をするのがどれほど不愉快か、表現する言葉もありません。自分の声も聞こえないほどのすさまじい音をたてて風が吹き荒れるなか、煙突がゆっくりと火の粉まじりの煙を吐きだすのです！　女王陛下や殿下のお部屋は当然、こうした不愉快さとは無縁なのだと思いますけれど、宮廷で暮らすわたしたち下々の者は惨めな思いをしています》

また、ランドシーアとスカーレットは、画家のミレーや作家のディケンズについても議論を闘わせる間柄であり、ディケンズの作品が好きだったスカーレットはこの手紙でも《人間を取り囲む悲劇や虐待に対して目を開かされます。……名誉とは人が悪を撃ち倒す手助けとなる者に与えられるもので、ミスター・ディケンズはそのなかでも突出した存在です》と、ある手紙で絶賛している。ディケンズの作品に影響を受け、自分の生きているあいだではないにせよ《変化と破壊のとき》がいつかかならず訪れると信じていたが、『荒涼館』についてはほかの作品より若干劣ると厳しい評価をし、ディケンズには《レディ》を題材として扱う能力がなく、結末が《支離滅裂で説得力がない》と同じ手紙のなかで感想を綴った。さらに珍しくロンドンに出かけた際にその偉大な作家を見かけたことがあると続け、そのときの様子を《意気揚々としていました》と表現した。そして、《では、ごきげんよう、サー・エドウィン。出来がよすぎて最後までこの手紙を読めなかったなどと、言わないでくださいね》と最後に書いて手紙を結んでいる。

スカーレットの手紙は字が判読しづらくて構成もないに等しく、内容が飛んだり、いきなりもとに戻ったりするので読み進めるのが難しい。どの手紙も内容を本人の頭のなかで整理する前に、わずかな空き時間を利用して急いで書いた印象を受ける。彼女自身は《頭にさまざまな考えが浮かぶのですが、長くとどまってくれないのです》と告白した。絶えず動きまわっていたスカーレットにとって、時間とは贅沢なものであった。さらに友人で（のちに名声に溺れたとして彼女が背を向けた）、しばしば舞台の招待券を彼女に受けとってくれと懇願していた役者兼劇場支配人のチャールズ・キーンに、《しなければならない些細なことがたくさんありすぎるのです》と愚痴をこぼしている。

また、スカーレットはファニー・バーニーの『日記と手紙』が出版されると同時に熱心に読んで自身とファニーの状況を重ねあわせ、ファニーの姪でこの本の編集者でもあったミセス・バレットに《懐かしい昔の記憶》を思いだしたと手紙を書き送った。ファニーは一時期、シャーロット王妃の衣装担当の補佐として仕え、毎朝六時に起床して王妃の朝晩の身支度に付き添い、上役である独善的な《ミセス》・シュウォレンバーグの言うことに従う生活を送っており、自分の時間といえば一日に二、三時間あるかどうかという状態だった。その時期のファニーと同じく、スカーレットもまた、自分を奴隷のように感じていた。《わたしには自分自身のために外出する時間もなく、姉妹を除けば会う相手もいないのです》と書いている。

サラ・リトルトンもまた、《些細なこと》に悩まされていた。責任者の仕事をはじめて数カ月が経った頃、家族に対してははっきりしない言いまわしで、新しい人生にもだいぶ慣れたと伝えている。《女王陛下と殿下にはいい意味でも悪い意味でも、とても親切にしていただいています。考えていたよりも精神的には自由で気楽ですし、静かで宮廷らしからぬ生活を送れています》サラは皇太子と王女をうまく導いており、自分の娘たちを充分に養える稼ぎを得て誇りを感じ、満足していた。《本物の仕事をして稼ぐという夢が実現した

ことについては感謝していますし、ときには喜びも感じます》

しかし、疑問と切望がサラの胸でくすぶりつづけていた。彼女は自分が《間違った道》を歩んでいるのではないかと悩み、ひそかに苦しんだ。自分はいまの立場にふさわしい人間なのか、自分の子どもたちに誤った接し方をしているのではないかといった疑問がどうしても消えないのである。サラが《聖なる日》と呼んでいた休日は少なく、娘のラヴィニアが結婚するときも、孫が生まれたときも数日が認められただけだった。娘たちと一緒にいるあいだは、宮廷とつかず離れずの彼女たちの境遇が生きづらく、不健全なのではないかという不安にさいなまれ、離れているあいだは《愛するキャロラインとキティと一緒に気楽な食事がしたい》という思いがつのる。そんな毎日だった。

切望がふくれあがったり精神面で危機を迎えたりしたとき、サラはガードルストン教区牧師を頼った。ガードルストンはハグリーホールの近くにある教会の教区を受け持って人々の告白を聞き、相談相手となる役割を果たしており、サラにとって日頃は口に出せない感情を打ち明けられる存在だった。一八四二年の秋、サラはガードルストンに《悲しいことに、仕事をこなす能力が足りない》と告白し、《仕事をやり抜くためには神の特別な助けが必要です》と述べて、祈ってくれるよう願いでた。さらに《かつて小さくて平和だったわたしの世界は、晩節を迎えて不思議な縁で宮廷暮らしをするようになってから危機に瀕しています。浮かれた貴族社会からはおおむね遠ざかっておりますし、慣れてきたおかげで豪華さも気にならなくなってきました。ですが、物への執着を誘われる暮らしで、大変な努力も求められます》と心境を説明した。仕事の厳しさと、宮殿での人生が自覚のないうちにおのれを堕落させていくことを彼女は恐れていた。

教区牧師の祈りのおかげで心に《安定した大きな安らぎ》を得たサラは、それ以上を望むようになり、二カ月後、ガードルストンにまたしても心境を訴えた。《祝福と安らぎ》に包まれ、《常に親切に遇され、いささか過剰な服従と尊敬を得て》いるにもかかわらず、《しばしばひどく落ちこんだ状態になってしまい、自分の現状に対する不満が恐ろしくなります。仕事が苦しく（怠け者でなければそんなふうにも感じないのでしょうが）、陛下の寛大なご配慮をいただき、良心に照らして必要だと思ったときに娘たちと会えているというのに、もっと一緒にいるべきだと感じ、娘たち以外の家族とは切り離されていると恨んでしまうのです。仕事を受けたとき、そうしたよからぬ点があると想像はしていました。けれど、これほどまでに耐えがたいものだとは予想していませんでした。しかし、それでもわたしは耐えなければなりません……祈っているときは耐えられる気にもなるのですが、日々の仕事に戻ってしまうとその自信も消えてしまいます。ここまで心の内を正直に話せるのは、あなたを除いてほかにいません》と悩みを吐露した。

高教会の影響を受けたサラ・リトルトンの信条は自身の存在の根幹をなしており、義務の精神もそこから発していた。王室に対する義務感は、神に対する義務感の延長線上にあり、サラはそのどちらに仕えるのにも苦しんでいた。友人のレディ・グラントに宛てた手紙で、ガードルストンの《われわれは義務を果たす道を歩んでいるのでしょうか？　たしかな足取りで、喜びや感謝とともに進んでいきましょう。何のために？　そう遠くない先に天国があるからです！》という言葉を引用し、続けて《ですが、人の心には常に最初の疑問が浮かぶのではないでしょうか。少なくともわたしの心には浮かんでいます。そして、わたしには答えを出す力がありません》と書いている。考えてもいなかった仕事を引き受けたのは義務感からだ。しかし、それを引き受けたことによって家族に対する義務をおろそかにしているのではないか。人はどうやって《義務を果たす道》を見いだし、善良な心を持ちつづけたまま歩んでいけるのだろうかと、彼女は考えずにはいられなかった。

サラはどうしても自分に対する自信のなさを払拭できずにいたが、実際には引き受けた仕事に見あうどころか、お釣りが来るほどの高い能力を持った人材だった。ヴィクトリアとアルバートはまれに見る善良な、完全に信頼して子どもたちを預けることができる人物を発見したのであり、子どもたちはサラの賢明で穏健な手法のもと、辛抱強い導きによってすくすくと成長し（皇太子の教育における失敗はサラの責任ではない）、彼女を深く愛するようになった。

しかし、サラの気質に深く根差した宮廷に対する嫌悪感は、仕事とは別問題だった。彼女にとって宮廷は《試練の連続》であり、《繁栄と衰退、贅沢と欠乏、富や名誉と苦役や隷属、混雑と孤独、すべてがないまぜになった》危険な場所だった。ヴィクトリアの王室には全般的に知性が不足しており、本の少なさもサラの恒常的な不満の種となっていた。ジョージとメアリーのリトルトン夫妻にトマス・マコーリーの本を借りたあと、サラは《ここ何日かは時間も取れ、言葉にできないほどの喜びを感じながら本を読んでいます。乾ききった地面に雨が降ったような心境とでも言えばいいでしょうか。もっともこれにもたいした意味などありません。すぐにふたたび乾いてしまい、数時間で忘れ去ってしまうのですから。しかし、それでも金銭の計算や乳母たちのあいだの仲裁、掛け算を教えることに明け暮れているよりははるかにましです》と手紙に書いている。結局、サラは自分の人生を〝廷臣〟という立場に適応させられず――その言葉自体を《少なくともこの宮廷にはあるべきではない醜い言葉》と嫌悪した――孤独感（育児部門が王室の奉仕者たちのなかで隔絶した存在だったことで孤独は強められていたが、それは不満ではなかった）と自分の子どもたちの不在に苦しめられつづけた。物質や社会的な地位はサラにとって何の意味もなかったのである。彼女を支えていたのは、《すべき運命にあった大変な仕事を引き受けたのです》という信念だった。

第5章　寝室付きの女官、シャーロット・カニング

ヴィクトリアとアルバートはウィンザー城の堅苦しさとロンドンの汚れた空気から逃れたいという強い思いを持っており、特に夏のあいだ、クレアモントを訪れることを好んだ。クレアモントはサリーにある一八世紀につくられたパラディオ様式の邸宅で、女王の叔父のレオポルドが所有していた。女王夫妻は地方に邸宅を所有していなかったため、この邸宅を借りて滞在したのである。親しい叔父の家であり、(比較的)小さく、こぎれいで世間から隔絶していた――クレアモントはあくまでも宮殿ではなく邸宅だった――ことから、女王はクレアモントに格別の愛着を抱いていた。一方、サラ・リトルトンなどはそれほど気に入っていなかったらしく、《とても素敵で静かな邸宅で庭も美しい》としながらも、《ディナーは堅苦しく、退屈で、寝室は冷えきっています》と嘆いている。

しかし一八四二年七月、クレアモントはそんなサラにとっても興味深いふたつの出来事を迎えた。ひとつ目は、アルバート付きの牧師であったウィルバーフォース大執事〔教区運営の実務責任者〕の滞在だ。雄弁家で、《ごますりサム》としても有名だったサミュエル・ウィルバーフォースは高教会派の聖職者で――しかし、オックスフォード運動〔英国国教内で起こった復古運動〕からは用心深く距離を置いていた――そのためにサラのお気に入りとなった。クレアモントにおける彼の日曜の説教にも失望するところはなく、サラは《礼節にのっとり、きちんとした言葉で行われた力強い説教でした。あの方の声音と率直な誠実さは、すべての言葉を心にとどめ、すべての

教示を実践したいと聞く者に思わせせるに足るものでした。わたしはアルバート殿下のすぐうしろに座っていましたが、殿下が賛同を示して何度もうなずいて横を向き、やはり感銘を受けている女王陛下と顔を見あわせるのを目にしていると、こちらの心まで満たされた気分になりました。みながあの方はいずれ主教になるだろうと言っています（事実、ウィルバーフォースはのちにオックスフォードの主教となった）》と感想を書き残した。

大執事の《話を聞き、レディ・カニングの姿に見とれていた》サラは、朝食がいつもよりも愉快なものであったと認めている。新しく女王の女官となったレディ・シャーロット・カニングの登場が、ふたつ目の出来事だ。サラは《午後にレディ・カニングと、とても楽しい会話をしました》と書き、《あらゆる意味で感じがよくて人好きのする人です。とても率直で、独善的なところはこれっぽっちもありません》と続けた。それからサラは、本人の同意を得てシャーロットの髪を飾るダリアの花冠の絵を描き残した（ダリアの花冠は尊厳と優美さの象徴とされ、女王の女官たちはよく身につけていた）。このクレアモント滞在が、シャーロット・カニングにとって初仕事であった。

一八四二年五月、レディ・ダルハウジーの辞職によって王室の職に空きができ、ヴィクトリアは幼少時からの知り合いである――ふたりはともにラムズゲートで休日を過ごした――シャーロットに手紙を送り、新しい寝室付きの女官となるよう誘った。この前年にも一度、女王は彼女をこの仕事に迎えようとしたことがある。

女王の女官たちの指名が政治の範疇に入るのかどうかは曖昧であり、ヴィクトリアは現に一八三九年の寝室女官事件の際にあからさまに介入している。一八四一年の夏の総選挙では投票前からホイッグ党の敗北はすでに明らかで、誰もが一八三九年の再現になるのではないかと危ぶんだが、このときのヴィクトリアはアルバートの導きを受けて、トーリー党とロバート・ピールに対する態度を軟化させた。アルバートさえそばにいれば、女王はメルバーンを失っても比較的冷静に物事を考えられたのである。

一八四一年五月にヴィクトリアが書いた覚え書きには《王室に仕える者の任命権は女王にある（以前の国王たちもこの権利を固守してきたとも確信している）。しかし、閣僚、並びに侍従、侍従武官、宮内官のうち議員を兼ねる者についてはこの権利を放棄し、首相の指名にゆだねる》とある。女王はさらに《これまで寝室付きの女官の指名は、女王がみずから行ってきたが、実際の指名の前に首相にその名を明かしてきた》と付け加え、根拠のある反対意見があった場合は《そのレディが指名されることはなかったであろう》とし、今後もこの方針で指名を行う意向を示唆した。しかし、実際にはこの時点までの寝室付きの女官と未婚の女官たちの指名は、誰にも相談せずにヴィクトリアが独断で行ってきた。それが事前の相談に前向きになっているばかりか、譲歩する構えすら見せたというのは、一八三九年に女官の何人かを交代させようとしたピールの要請を頑固に拒絶した女王にとって、大きな変化だった。

一方、ジョージ・アンソンと組み、彼の支持を得ていたアルバートは、ピールが円滑に政権の座につけるよう、舞台裏で動いていた。ヴィクトリアには知らせずにアンソンをピールのもとへ送り、女官たち、特にホイッグ党の要人たちと結婚していた女官たち——サザーランド公爵夫人とレディ・ノーマンビー、そしてベッドフォード公爵夫人（レディ・タヴィストックとして知られていた）——の人事について相談を重ねた。ピールは女王に無理強いする事態になれば自分が《このうえなく不快》な思いをすると主張し、ヴィクトリアの側から問題の三人の辞意が明かされることを望んだ。自分ではなく女王が発表すべきだと考えたのである。

七月にトーリー党が政権の座につくと、ピールは完璧な舵取りを見せ、ヴィクトリアもまた柔軟なところを見せてサザーランド公爵夫人とレディ・ノーマンビー、ベッドフォード公爵夫人の交代に同意した。ただし、すべてが順調に運んだわけではなく、女王が一時的に拒否反応を見せたこともあった。アンソンはその顚末をつぎのように記録している。《陛下は自分が交代を受け入れれば、トーリー党は女王が敗北し、膝を屈したと見なすだろうと主張した。殿下が、陛下を標的にした女官にまつわる醜聞がふたたび流される恐れがあると諭すと、陛下は声をあげて泣きはじめ、しばらく泣きつづけた》

しかし、やがて泣きやんだヴィクトリアはトーリー党の新政権と、その発足で起こる宮廷の変化を受け入れた。新たにリヴァプール卿が家政長官に、デラウェア卿が宮内長官に、そしてジャージー卿が主馬頭となり（三人ともピールの提案による人物で、女王との相談を経て決定した）、一方でレディ・ダンモアとレディ・ジョスリンが新しく寝室付きの女官として指名された。レディ・ジョスリンは本名をフランシス・クーパーといい、ヴィクトリアが結婚したときの花嫁付添人のひとりだった。彼女の母のレディ・クーパーはメルバーン卿の妹であり、最近になって長年愛を育んできたパーマストン卿と再婚したばかりだったが、その経緯では再婚（特に中年となってからの再婚）を嫌う女王がなかなかふたりの結婚を認めないといういざこざもあった。フランシスもまた結婚したばかりであり、サラ・リトルトンなどは、彼女が結ばれたばかりの夫と離れるべきではないという思いをどうしても拭いきれなかったようだ。サラは《結婚して一年目の夫婦のあり方としては、わたしの考えとは大きく異なります》と書き残している。だが、女王は美しいフランシス――ファニーがそばで仕えるのを《お菓子をそばに置いているみたいです》と喜んだ。

サラは親しい間柄となっていたサザーランド公爵夫人を失って嘆き悲しみ、《別の公爵夫人》がやってくるのを恐れた。しかし、後継者のバクルー公爵夫人に会い、《ほっとして落ち着いた》と記している。また、ある夜にウィンザー城内でピールを見かけ、《動きがあまりにも慌ただしく、かつ用心深そうなのに驚きました》と彼の様子を描写し、《ひと目でわかる聡明さ》も感じられたとしたうえで、懸命に《新しい役割》に慣れようとしているのだろうと推測した。また女王がピールに対して、《過剰なほどあからさまに礼儀正しく接している》という印象を受けたと書き残している。

一八四一年以降、女王の女官たちのうち、女官長のみが政治的に指名され、政権とともに交代することになった。女官たちの指名に際しては、《政権が変わるときに、新政権に納得がいかないからといって辞めてしまわないよう、穏健派の者を選びます》とヴィクトリアはメルバーンに説明している。一八四一年にはまだトーリー党に対する警戒心があり、夫がピールの新内閣の一員だという理由でシャーロット・カニングを指名するのをあきらめた女王だったが、それから一年経って心境も変化していた。

もし寝室付きの女官に理想像があるとすれば、シャーロット・カニングはまさにそれにあたる。人格的に非の打ちどころがなく（ヴィクトリア朝の宮廷では不可欠の要素とされた）、思慮深く（実際、そこまででなくてもいいのにと思うほどだった）、聡明で（女王の女官たちのなかにはそれほどいなかった）、そして美しかった（容姿に恵まれなかった者にはよくあるように、ヴィクトリアは他人の容姿に敏感だった）。女王の目線からシャーロットの欠点を探すとすれば、高教会派の教育を受けていることくらいだ。ヴィクトリアはそれを残念がりはしたものの、指名の障害になるとは考えなかった。シャーロットは大使の娘で、また優秀な若い政治家の妻だったこともあって旅慣れており、人脈も豊富で社交性にも富んでいた。つまり、彼女にとって宮廷は恐れの対象ではなかったのである。さらに、サラ・リトルトンによると、シャーロットは花冠づくりの名人であり、才能豊かな芸術家であり、フランス語も達者で、要するに王室での仕事に役に立つ素養を申し分なく備えていた。

新しい地位をシャーロットが歓迎していたのかどうかは不明なため、想像するしかない。経済的な側面から見てみると、カニング家はさほど裕福ではないにもかかわらずロンドンに邸宅を持ち、九人の使用人を抱え、馬車を一台と船（貴族としては標準的な見栄である）を一艘所有していた。これらの維持のためには、彼女の五〇〇ポンドの給金も歓迎すべきものだっただろう。また、個人的な事情もある。シャーロットの七年間の結婚生活は、彼女に幸福と子どものいずれももたらさなかった。女王の女官たちのなかには、定期的に訪れるひと月の家族との別離を耐えがたいと感じる者たちもいたが（サラ・リトルトンは、レディ・ダンモアが夫と子どもたちの写真をかたわらに置き、涙しながら夫に手紙を書いている場面を目撃している）、シャーロットにはそうしたところもなかった。しかし、衣装の問題には悩まされたようだ。宮廷では公式謁見会から船旅、服喪などあらゆる場面で着るさまざまな服を用意しなければならなかった。ただし、それはたんなる難癖にすぎないと言える。結局、シャーロットがヴィクトリアの指名を受け入れるのにさほど時間はかからなかった。翌日には《心からの感謝》とともに受諾の手紙を送り、《陛下の忠実な臣下》として仕えることは《誇りと喜びの源》だと伝えている。

寝室付きの女官の仕事は、エリザベス一世の時代と比べて大きく変わっていた。当時は女官たちのなかでもっとも地位の高い者が女王の着替えや化粧などを直接手伝っていた（ヴィクトリア時代は、着付け担当や衣装担当の女中たちがこの仕事にあたるようになった）。女王に近いこの仕事は、ほかの職よりもかなり身近で女王と親しく接する機会も多かった、エリザベス一世の時代、女官たちは上から寝室付きの女官、私室付きの女官、女官、未婚の女官と四つの階級に分かれていた。一九世紀までに、寝室付きの女官と女官は同義となり、私室付きの女官の地位は消失して雑用や体力を使う奉仕をしなくなったため、女王との関係はより公的なものへと変化していた。また、エリザベス一世の時代も女性たちは交代制で仕事にあたっていたもののの、たとえばロンドンに一日出かけるのにも特別な許可が必要だったヴィクトリアの時代とは違い、彼女たちの宮廷への出入りは自由だった。シャーロットの場合はというと、女王の日課の散歩や遠乗りに随行し、公式行事や公式謁見会に参加し、未婚の女官たちを監督し、さらには他国から訪れる賓客たちを楽しませるといった具合に仕事は多岐にわたっていて、困難というよりも面倒なものが多く、人づきあいがよくて社交的であることが何より求められた。食事もヴィクトリアとアルバートが差し向かいで食べるときを除けば女王との同席を求められ、ディナーのあとに興じるトランプやダンス、音楽といったものにも熱意を見せなければならない。

ヴィクトリアの女官たちは大部分が下流貴族の妻や未亡人や娘たちであり、とりたてて金銭が必要なわけではないにせよ、それなりの収入を断る者はいなかった。女王の寝室で働くやや地位の低い仕事に関しては、いささか困った境遇にある上流貴族の女性たちが指名されることが多かった。たとえば、年四〇〇ポンドでスローンストリートにある店の上階を借り、ひとりで住んでいるような女性だ。また、宮廷での仕事の指名を得るには人脈が大切で、同じ一族から世代ごとに登用される例も多い。シャーロットのいとこのカー・コックスも一八四二年にはすでに女官だったし、この数年後にはシャーロットの妹のルイーザも、女王から寝室付きの女官に招かれた。

では、新しく登用されたシャーロットとはどんな女性だったのであろうか。一八四二年に招待を受けた豪華な午餐会に関する記述で、彼女が個性的な人物だったことがうかがえる。学者肌のプロイセン大使、ブンゼン男爵が自国のフリードリヒ・ヴィルヘルム四世を称えるために開いたこの午餐会で、《これ以上はないほど気立てがよくて話しやすい……完璧に調和の取れた女性》とシャーロットを評したブンゼン男爵夫人を除けば、彼女は《八〇人近い参加者》のなかでただひとりの女性だった。その八〇人にしても、クエーカー教徒や聖職者、芸術家、政治家、トマス・カーライルにドクター・アーノルド〔トマス・アーノルド。英国の教育家・歴史家〕と多彩な顔ぶれがそろっていた。そのなかでシャーロットは国王の隣に座ることになった。この午餐会を切り抜けられるのであれば、女王の宮廷でうまく立ちまわれないはずがない。そして現にそうなった。パーマストン卿やグランヴィル卿といった政府の閣僚たちがこぞってレディ・カニングに会って、知的な会話から何かを得るために宮廷を訪れる予定を調整した。また、女官たちは彼女の部屋（ヴィクトリアの出産以降、女官たちはウィンザー城のオーガスタタワーかヨークタワーに自室を構えていた）に招かれてお茶を飲むのを最大級の恩恵と考え、おだやかで分別があり、かつ陽気なシャーロットの存在に変わらぬ感謝を捧げるようになった。

シャーロットは一八一七年にパリで生まれた。父のスチュアート・ド・ロスシー卿はパリに派遣された大使で第三代ビュート伯爵の孫にあたり、妻のレディ・エリザベスはハードウィック伯爵の娘だった。そろって《小柄でふくよか》な夫妻は一般的な尺度で見れば平凡な取り合わせだったが、遺伝子の気まぐれか、シャーロットとルイーザという美しいふたりの娘に恵まれた。豊かな黒髪、広い頬骨、はっきりした濃い眉、そして長いまつげに深い青の瞳というシャーロットの顔立ちはかわいいと評するには整いすぎていて、むしろ驚くほどの美人と言うべき容貌だった。一八四九年にヴィクトリアの依頼を受けたヴィンターハルターが描いた絵が残っている。髪を編んでうなじの位置でまとめたシャーロットの横顔を描いた（わずかに既婚女性の面影をうかがわせる）肖像画だ。彼女の髪は長く、ブラシをかけて整えているあいだに女中に踏まれることもしばしばだった。肖像画のシャーロットの表情は落ち着いていて、いかにも芯の強さを感じさせる。対象的にルイーザはもっとやわらかで感情の豊かな、ラファエル前派の絵のモデルを思わせる美人だった。一八五三年にシャーロットとルイーザが『世の光』を見ようと連れだってチェイニーウォークにあるウィリアム・ホルマン・ハント〔英国の画家〕のアトリエを訪れたとき、ハントは《美しい姉妹》が階段をのぼってくる光景に圧倒されそうになったとのちに告白している。

シャーロットは幼少時代をパリで過ごし、のちに宮廷で役立つことになる完璧なフランス語を習得した。一八三一年にグランヴィル卿がパリ大使館の仕事をスチュアート卿から引き継ぎ、スチュアート家はロンドンに戻ってカールトンハウステラスに新居を構えた。三年後、シャーロットが社交界に顔を出すようになった直後に、彼女はチャールズ・カニングというハンサムな男性の目に留まった。チャールズはジョージ・カニング（首相経験者）の息子で、オックスフォードから出てきてこれから政治的な経歴を積んでいこうとしていた若者だった。彼に求婚されたとき、恋に落ちていたシャーロットはすぐに受けようとしたものの、ジョージ・カニングの長年にわたる政敵だった父親がふたりの結婚に猛反対した。彼女は毎日のように自宅のテラスから愛する男性が馬で去っていく姿を見つめ、徐々に落ちこんでいった。しかし、やがてほかの家族からの圧力に負けたスチュアート卿が反対をあきらめ、一八三五年九月五日、セント・マーティン・イン・ザ・フィールズ教会でふたりは式を挙げた。

チャールズ・カニング（シャーロットはカルロと呼んだ）は一八三六年に国会議員に当選して、翌年、爵位を継いだのにともなって貴族院に移籍し、一八四一年にピールが政権の座につくと外務省の政務次官となった。優れた容貌に名声、将来性と表向き理想的な夫に見えるカニングは、傍目にはうかがい知れない、生まれついての欠点を抱えていた。彼は妻に対して冷淡なまでによそよそしく、ほとんど口もきかなかったのだ。さらに、のちにはそうした欠点に、目に余るほどの不貞行為が加わった。シャーロットにとって、結婚とは屈辱と失望をもたらすものであり、慰めとなる子どももいなかった。彼女はそうした境遇でも信仰と義務感を失わず、むしろそれを支えとして、尊厳と強さを試されることになった。

寝室付きの女官となったとき、シャーロットは二五歳だった。教養や人としての成熟度はずいぶん先を行っていたふうにも見えるが、ヴィクトリアよりもわずかに二歳年上なだけだ。人格面において、彼女はすでにほぼ完成されていたと言ってもいい。一方、ヴィクトリアはさまざまな意味で未完成だった。強さはすでにはっきりと表れていたものの、それがどの方向に向かうのか、この時点ではまだ不明だった。片や凛とした美人、片や太めの主婦といった具合で、ふたりの外見はこれ以上ないほど異なっており、さらに振る舞いや気質の点においても大きな差があった。ヴィクトリアは、少なくとも私生活においては情熱的で衝動的であり、率直で活発な若い女性だった。自分の子どもを見せたり、噂話をしたりするためにシャーロットの部屋に駆けこんでくることもあったらしい。これに対してシャーロットは自分に厳しく慎重であり、誇り高く（過剰なまでにと考える人もいた）、友人たちの目には気高く映る存在だった。そして彼女の姿には、徐々に悲しみの影が加わっていくことになる。

しかし、ふたりには共通点もあった。シャーロットとヴィクトリアはそろって生まれついての威厳と、強い義務感を有しており、ふたりとも強烈な個性の持ち主で、愛するハンサムな夫たちのより優れた知識には素直に敬服した。ふたりは主従であって友人ではなかったものの――シャーロットが見るところ、女王は女官たちと友人関係になるつもりは最初からなかった――互いへの尊敬の念と好意は時間が経つにつれて大きくなっていった。

一八四二年一一月、シャーロットは長期間の仕事に備えて《嫁入り道具の準備》で忙しくしていた。一二月に入ってすぐにサラ・リトルトンから手紙が届き、ケントの沿岸にあるウォルマー城に呼びだされた。ロンドンで大流行していた《熱病》から避難するため、ウェリントン公爵が女王に提供した城だ。そこでは王室に仕える全員が、城の内部にまで吹きすさぶ氷のごとき冷たい風と格闘し（サラ・リトルトンは《新鮮な空気を吸いに外へ出る必要もありません》と書いている)、重い風邪を患う者が続出していた。レーツェンは数カ月前に去っていて、《伝令係の女性男爵の不在》のため、シャーロットが女王とじかに接する回数は増えていった。二週間後、一行がウィンザー城に戻り、シャーロットは王室で迎える最初のクリスマスを祝った。夫のチャールズも城に招待され、年明けまで滞在する予定になっていた。

クリスマスは王室が内輪で祝う最大級の行事であり、品格も高く小説顔負けの光景が展開される場でもあった。一八四一年に女官となったエレノア・スタンリーは、《王室の方々がこれほど素朴に幸せそうな姿をお見せになるとは、誰も想像できないに違いありません。世の中にはとても仲がよく、結束が固い家族がいますが、まさにそうした感じです》と書いている。こうした普遍的な家族像を見せるというのは、王室にとって重要な演出でもあった。クリスマスイヴに、サラ・リトルトンはシャーロットと女官のジョージアナ・リデル(シャーロットはジョージーを気に入り、たくさんいる姉妹たち――前の寝室付きの女官レディ・ノーマンビーも含まれる――と同様に《気立てがいい》としたうえで、そのなかでも格別に《聡明でしっかりしている》と評した)、そしてハリエット・リスター(ジョージー・リデルと対照的に、シャーロットは彼女を《子どもっぽいが、害にはならない》と切り捨てている)をともなって、育児室にいる王室の子どもたちのもとを訪れた。濃い青の服を着て白い靴を履き、黄色の手袋をつけたヴィッキー王女は饒舌で、ジョージーに祖母のケント公爵夫人から贈られた服に着替えたいとせがんだ。シャーロットはこの光景を見て、もっと頻繁に王女たちと交流を持つべきだったと悔やんだ。自分に子どもはいなくとも、他人の子と触れあうのは彼女にとって喜びだったのだ。また、仕事で多忙なサラとじっくり話す機会が持てないままであることも残念に思った。

その夜、ディナーの前にドイツ式のプレゼント交換が行われた。王室に仕える面々がヴィクトリアタワーにあるシャーロットの部屋からも近い女王の食堂（この部屋はオークルームと呼ばれていた）に呼ばれ、金箔を塗ったクルミやろうそくできらびやかに飾ったクリスマスツリーがある部屋に入っていくと、白い布をかけた長いテーブルのかたわらにヴィクトリアとアルバートが立っていた。ツリーの周辺には女王みずからが丁寧に記したカードを貼った贈り物が積みあげられていて、ヴィクトリアがひとつひとつ贈り物を手渡していった。シャーロットが受けとったのは、ヴィンターハルターが描いた女王の肖像画の小さな複製があしらわれたブレスレットと、ペイズリー柄のショールだった。未婚の女官たちにはふたつのルビーとダイヤモンドを弓の形に飾ったエナメルのブローチに暦、そしてジンジャーブレッドが贈られた。さらには毎年慣例となった品々――女性には宝石や本、王室の子どもたちの写真など、男性には乗馬用の鞭やペン入れ、ピンやカフスボタン、そして指輪などが記念品として下賜された。

続いて女王の居間へと場所を移し、今度は王室の面々が贈り物を開けていくのを、みなで見守った。女王とその夫、ケント公爵夫人、子どもたち、それぞれのテーブルが用意され、その上に置いたツリーが贈り物に囲まれているのを見て、人々はなかば義務として感嘆の声をあげた。クリスマス当日、カニング夫妻は王室の私的な礼拝室（アルバートの発案で以前は楽団が使っていた部屋を改造した）で行われた礼拝に出て、そのあと人々が《とんでもない量の肉とパイ》を《がつがつとたいらげる》のに参加した。前夜のディナーに娘のキャロラインとともに参加していたサラ・リトルトンは、目立たないようにその日の行事を辞退し、自室で昼食（キュウリウオとターキー、ポーク、カリフラワー）をとって夜は娘たちと過ごした。

何年か経つと、シャーロットはウィンザー城でのクリスマスにも完全に飽きたらしく、贈り物自体には満足しながらも、それを披露する習慣を《賛同できない儀式》と切って捨てている。ある年のクリスマスには、家庭教師たちに贈る本の調達を依頼され、シャーロットは自分の母親に購入を頼んだ。《家庭教師たちにフランス語と英語の本を贈るそうなのですが、あわれなスカーレットがどうしたらいいものかと悩んでいます。……きれいに包んであれば何でもいい気もしますけれど、……セヴィニエ〔フランスの書簡作家〕の絵入りの本とか、とにかく現代風であれば、文字が入っていてもいなくてもかまいません。年鑑でもいいのですが、その場合は内容があまり退屈でないものにしてください。……送るときは荷の外側に〝女王陛下宛〟と明記してくださるようお願いします。それから、受け取りを拒否された場合は返品すると店の方に伝えておいてください》と母親に指示を出したあと、例として、マーティン・タッパーの『ことわざの哲学』は退屈すぎるかもしれず、それよりもいくぶん高尚なジョン・ラスキンの『ヴェネツィアの石』や、ミセス・ジェームソンの『絵画　神聖なる伝説の芸術』などのほうが望ましいとあげている。

一八四三年の新年の祝賀はヴィクトリアが妊娠五カ月だったせいもあって控えめで、王室主催のディナーの賓客もウェリントン公爵ひとりきりだった。年が明けた一日、シャーロットは女王から直接年刊誌を贈られた。ヴィクトリアは彼女に大変満足していたらしく、日記に《昼食後にレディ・カニングと散歩。控えめで気取らず、親切で何でもできる。とても素晴らしい女性です》と書いている。一方のシャーロットは母親に手紙を書き、そのなかで儀礼的に《とても静かな環境で、女官の仕事も気に入っていますが、もちろん家に帰るのが待ち遠しく感じられます》と伝えている。シャーロットはその後、グローヴナースクエアにあるカニング家の邸宅に、一月三日に帰宅した。

シャーロットには非難すべきところがまるでなかった。一九世紀なかばにおける伝統重視の貴族的な若い女性という境遇によってつくられた彼女の人格は、女王のわがままや気まぐれにも、夫の不貞にも不平をこぼすことを自身に許さなかった。シャーロットのような女性にとって、自己憐憫や非難、敵意といったものは受け入れがたかった。彼女は事実、礼儀正しさを装っていた面もあったが、いらだちを隠してうわべだけ繕っていたというより、むしろみごとなまでに自分を律するすべを心得ていたと見るべきだろう。一八四六年、アソール公爵がレディ・カニングから受けたディナーの招待に関する驚きを綴っている。シャーロットから届いた招待の手紙は封が施されておらず（誰にでも読める状態で手紙を送ることで、害のない内容だときっぱり示している）、受けとった公爵は彼女が《これまで出会った誰よりも礼節を重んじる……正しさの典型と言ってもいい女性》だという認識を新たにした。

シャーロットの資質はヴィクトリアに賞賛されたが、まさにその資質のせいで、彼女の言葉や手紙などは曖昧な内容が多かった。きれいな字で几帳面に書かれた母親や妹宛の手紙は、宮中での仕事や夫との旅行、ドレス、日常の小さな出来事、結婚生活の見通し、親戚や知人の健康などについて書かれている（すべてヴィクトリアと共通した関心事だ）。しかし、対象を批評したものや、賞賛や非難を浴びせた内容の手紙もわずかに残っていて、その内容からは、シャーロットがかなりの知性を備えていて、明確な自分の意見を持っていたと推察できる。そもそもたいがいの場合において、それらの知性や意見を隠していたのがその証だ。彼女の夫へ宛てた手紙からは、自分たちの結婚が大事な何かを失ってしまったという自覚がありつつ、それでいて夫に対してほかの人々よりも正直に、そして無防備に心の内を見せていたことがうかがえる。その一方で、アルバートに対しては、ときおり彼の退屈さに閉口し、わずかにいらだちを覚えていたことを匂わせる厳しい記述が目立たないようにちりばめられている。

ただし、実際のシャーロットはもっとあけすけでまっすぐな人物だった。一八五〇年代に女官となってシャーロットと親しくなり、数少ない真の友人となったメアリー・ポンソンビーは、ウィンザー城の図書室でシャーロットが彼女の《大胆さ》に大喜びしたときのことを回顧している（ユーモアの感覚が希薄なのもシャーロットと女王の共通点なのだが、メアリーはそんな彼女をしばしば笑わせた）ふたりは《宮廷内の不条理》について、よく語りあった。たとえば食事の最中に、アルバートが食事など時間の無駄だと愚痴をこぼすのに黙ってうなずかなくてはならないことなどだ。

出仕していないとき、シャーロットは別荘に出かけたり、射撃の集まりに参加したり（チャールズ・カニングが射撃好きだった）、カニング家が所有する船フェア・ロザモンド号で旅に出たりと、暇を持て余す貴族の妻がするようなことをたくさんした。なかでも重要だったのがスチュアート家のハイクリフ城での滞在だ。この城は一八四〇年代にイングランドを席巻したゴシック様式への回帰運動に魅せられたスチュアート・ド・ロスシー（〝ド・ロスシー〟はゴシック様式の時代を意識した飾り名）卿が、祖父のビュート卿が建てた邸宅を改築してゴシック様式の城を再現したもので、天候によってはハンプシャーのクライストチャーチ湾が見渡せる。一八四五年一一月にスチュアート卿がこの城で亡くなったあと、シャーロットはここで過ごす時間が増え、城の管理や庭園の手入れを精力的に行った。

シャーロットにとって最大の喜びは、妹ルイーザの夫、ウォーターフォード侯爵がアイルランドに所有する領地であるカラモアを訪れることだった。シャーロットと同様にルイーザも子どもはおらず、信心深く、芸術の才能が豊かだった。ダンテ・ゲイブリエル・ロセッティ〔英国の画家〕はルイーザを《これほど衝撃的な美しさに生まれなければ、もっと素晴らしい人生を送れていただろう》と嘆息しつつ評しているが、シャーロットについても同じことが言えたかもしれない。ルイーザとウォーターフォード侯爵の結婚は、周囲から驚きをもって受け止められた。ウォーターフォードは「変人侯爵」の異名で知られ、『トム・ジョーンズ』〔英国の作家フィールディングの作品。一七四九年刊〕から抜けだしてきたような人物だった。狩りと女性と乱痴気騒ぎを愛し、賭けのために愛馬で食堂のテーブルを飛び越えるといった面もあった。彼の《乱暴な振る舞い》に眉をひそめていたシャーロットと母のレディ・スチュアートは、まさか心やさしいルイーザがこうした男性を選ぶとは思っていなかったのだった。

しかし、ふたりの結婚は正解だったことがすぐに明らかになる。ルイーザの常識的な部分に感化されたウォーターフォードの人格に変化が見られたのだ。彼は先進的な領主となり、妻思いの理想的な夫になった。ウォーターフォード家はカニング家とは異なり、自分たちの夫婦生活に完全な満足を覚えることができた。ルイーザは《チキンとローストポテトに紅茶という慎ましい食事》のあと、夫に本を読み聞かせる様子などをシャーロットに手紙で説明している。ウォーターフォードは、ごくわずかなやむを得ない例外を除いて妻のそばを離れる気はまったくなかったようで、夫婦は常に一緒にいた。一八五一年に王室に仕える人員を内輪で固めることを好む女王がレディ・ポートマンの代わりにルイーザを寝室付きの女官にしてシャーロットとともに仕えさせようとしたとき、アイルランドからすさまじく荒っぽい反応があったのも、この夫婦が仲睦まじかったからにほかならない。内気なルイーザが王室からの指名を喜ばないこともわかっていたシャーロットは、ウォーターフォードの反対をヴィクトリアに告げる役まわりを担った。彼女の話を聞いた女王は、《あなたの妹の妻としての義務》が女官となる妨げになったのは残念でならないとこぼしたものの、結局はそのもっともな理由を受け入れるしかなかった。

《すべての物事は移り変わっていきます。ここの生活以外は。ここでは毎日が同じことの繰り返しで、それが毎年続いていくのです》ジョージー・リデルがそう書き残したように、ウィンザー城の生活はおだやかな退屈とともに進んでいった。シャーロットは午前中、教会での祈りを終え、ほかの女官たちと九時からの朝食（量も栄養も豊富で、チキンやビーフタン、マトンのカツレツやオムレツなどが出る）をすませると、女王と自分に届いた郵便物を確認するのが日課になっていた。昼食を終えてからは、部屋で〝命令〟を待つのが仕事になる。命令はヴィクトリアからシャーロットへメモの形で伝えられ、《無蓋馬車に乗るのがいやではない》かぎり（もちろんいやだなどと言えるはずもない）、馬車での外出に同行したり、散歩や乗馬に一緒に出かけたりするのを求められることが多かった。ヴィクトリアはこうした外出に際して細部まで取り仕切る一面があった。たとえば乗馬に出る場合、誰が同行するのか、どの馬に誰が乗るのか、何時までに準備を終えておくのかといったことまで自分で決め、侍従武官に命じて各自に伝えさせるといった具合だ。もっとも乗馬の場合、シャーロットが大いに安堵したことに――彼女は歩くのを好んだ――《特別な恩恵だと感じる》女官がいるおかげで、自身が同行を求められるのはまれだった。

その代わりにシャーロットは、ヴィクトリアとアルバートが新しくできた乗馬の訓練場に赴いたり、ともにスキットルズ〔ボウリングに似たゲーム〕をしたり、ホームパークを歩いたりといった場面に同行した。アルバートがホームパークを改造中で、それを披露したがったということもあったのだろう。新しく乗馬の訓練場をつくったのに加えて、彼は厩舎、酪農場、養鶏場、マッシュルームの栽培施設、ハイランド出身の女性がカシミール犬や中国犬の世話をする犬舎（犬の医療施設と女王のための居間まで備えていた）などもつぎつぎに新設していった。リトルトン家の娘たちが滞在するホームファームは、ふたつある試験農園のうちのひとつで、牛、豚、鶏に加えて鳩やモルモットなどが飼われていた。アルバートの命により古い道路は補修され、新しい道もつくられた。サラ・リトルトンは馬車が《急な丘の斜面を走ってカーブを曲がると、クロックタワーと呼ばれる時計塔にたどり着きます。そこからは、モミの木々が地面を覆い、その向こうにヴァージニアウォーターの絶景を望めるのです。改修を終えた庭園の新しい部分が最近、馬車にも開放されるようになりました》

と喜びをこめて綴っている。

シャーロットは寝室付きの女官として、自分よりも何歳か若いだけの未婚の女官たちを規則で管理、監督する責任を負っていた。一八四六年、《恐るべき》新しい規則が定められ、女官たちが集まる部屋は《火がついたような騒ぎ》となった。女官たちが昼食の前に城を出ることを禁じ、それ以降も女王の命令がない場合にのみ外出を認めるという規則だ。さらに、ひとりの場合はイーストテラスの胸壁を越えてはならないという規則も追加された。エレノア・スタンリーは、これではウィンザー城が《監獄のようなもの》になってしまうとし、シャーロットとサラ・リトルトンの両方がおかしな規則だと思っている以上はゆるめられるに違いないと期待をこめて書いている。

アルバートの登場で宮廷の夜の活動は活発になるどころか、反対に停滞した。メルバーン卿によると、アルバートはゴシップやチェスにも早々に飽きてしまい、《宮廷に文学的、科学的な素養のある人々を招き入れて多様化させ、宮廷生活をもっと有益なものにしたかった》のだという。しかし、彼のもくろみは《その手の人々にまったく関心がない》女王から抵抗されることになった。ヴィクトリアは、自分の受けた教育が知的な会話をするのに《向かないもの》だったと感じていたからである。サラ・リトルトンは、ディナーの際の話題がもう少し高尚になってもいいと思っていたかもしれない。しかし、シャーロットは議論や強い関心を呼び起こしそうな話題――たとえば政治――があたり障りもないがおもしろみもない話題によって退けられてしまうのは残念でならないと考えていた。彼女は、宮廷では《人々は何も聞こうとしないのです》と不平をこぼし、《お行儀よくしている人たちばかりで、政治の話など誰もしたがりません》と続けた。

ディナーのあとで居間（規模の大きなパーティーの場合は白の間か緑の間）に集まった際には、シャーロットは、ほとんどの場合ヴィクトリアと同じテーブルにつき、ときにホイストの人数合わせにケント公爵夫人と同席した。そうでないときには女官たちと一緒に座り、針仕事で時間をつぶしたり、ひとりでもできるカード遊びをしたり、あるいは王室の人々がカードゲームをするのを眺めたり、アルバートが四人で行うチェスに興じるのを見物したりした。カードゲーム――コマースか二一――またはバガテル〔キューで球を突いて穴に入れる盤上球技〕にダンス――カドリールかカントリーダンス――は少なくとも、とりとめのない会話をする機会を与えてくれた。この頃、特に人気があったのは、一八四一年にフランスからイングランドへ渡ってきた、少額の金を賭けるナン・ジョーン（ポープ・ジョーン。中世の伝説上の女教皇）の名を冠したカードゲーム（ヴィクトリアやアルバートの《高貴な手》に渡る硬貨は新品か、あるいは石鹸で洗われたものであることが義務づけられていた）で、一八四三年の時点でも、テーブル上で繰り広げられる思惑のぶつかりあいはその場のすべての人々を陽気にし、《突発的な》笑いをもたらした。ただし、日曜の夜には軽薄さが控えめな綴り遊びのゲームを行うこととされていた。

　王室に仕える人々としてはおもしろみに欠けるウィンザー城の夜だったが、まだ若く、何事にもすぐに楽しみを見いだせたヴィクトリアにとっては違っていた。パズルやジャックストロー（藁などを積みあげて動かさずに一本ずつ抜きとっていく遊び）、あるいは座って女官たちとする噂話以上に楽しいことなどあるだろうか？　ジョージー・リデルは、ダンス好きな女王がポルカのレッスンを受け、アルバートが投げ輪でゲームをはじめた、ふだんとはまったく違う《楽しい》夜について書き残している。《これならできると思い、わたしも投げ輪を取ると、陛下はたいそうお喜びになりました。社交界の人々がいつもすることに対してはつまらなそうな顔を向ける陛下と殿下が、こうした些細なことで大喜びする姿を見るたび、わたしはいつも驚いてしまいます》

　パーティーや公式訪問の場合は、ウォータールーギャラリーでディナーをとると決まっていた。通常よりも一段と礼儀正しさが求められ、堅苦しさが増すこうした機会はヴィクトリアに仕える女性たちにはおおむね不評だった。ヴィクトリアもアルバートも音楽を趣味としていたため演奏会が催され、チャールズ・キーンと彼の妻は定期的にウィンザー城でシェークスピアの芝居を上演した。また、女王は劇場を訪れることもあったが、これもまた女官たちにとって純粋な喜びばかりともいかなかった。快適な劇場の椅子に腰を落ち着けるのだから必要ないと知りつつ、ヴィクトリアのためにたくさんの膝掛けや花束、バッグにオペラグラスなどを用意しなければならなかったからだ。一八五〇年六月、ドルリーレーン劇場でチャールズ・マクレディがジェイクイズ役を演じた『お気に召すまま』が上演された際には、シャーロットは観劇する女王の椅子のうしろで四時間半も立ちつづけるはめになった。その数年後、シャーロットとエレノア・スタンリーは、ヴィクトリアとアルバートがヘイマーケット劇場で『蜂とオレンジ』を観劇する供を務めた。シャーロットとエレノアにしてみればこれは明らかな駄作で、ふたりは《ひどくばかばかしい芝居》と切って捨てた。しかし、女王夫妻は正反対の感想を抱いたらしく、エレノアは率直に《いとも簡単に喜べるのですから、おふたりにとってはいいことです》とこのときの夫妻の様子を振り返っている。

王室での仕事は挑戦続きだったものの、シャーロットにとっては義務を果たすこと自体に価値があった。寝室付きの女官の同僚だったレディ・ジョスリンは、《出仕しているひと月は、夫のことも子どものことも忘れてしまいます。柱時計の音を聞いていると、仕事への義務感と退屈、そして自分のしていることには価値があるのだという思いで頭がいっぱいになるのです》と説明している。宮廷では自由な意思と自主性は捨てる必要があった。王室に仕えるうえで必要なのは、結婚と一概に比較できるものではないが、似たような辛抱と自制心、そして寛容の精神だった。シャーロットを誠実さと自制心の手本と見なしていたメアリー・ポンソンビーは、彼女について《わたしの目の前に気高い姿で長年にわたって立ちつづけ、一年のうちの二、三カ月間はすべてをあきらめ、命令を受けるばかりで発することもなく、自分が数えられる機会すらない頭数のうちのひとりでしかないと思い知るのがどれほど驚異的な鍛錬であるかを教えてくれました》と書いている。宮廷での生活は、自分を抑えるすべを体験によって学ぶ機会に満ちており、その教えは宮廷以外の生活でも役立つものであった。

第6章　海を渡って

一八四〇年代初頭、イングランド国内の大部分では不景気と宗教的な緊張の風が吹き荒れる年が続いたものの、ヴィクトリアとアルバート、そして増えつづける彼らの家族にとっては順風満帆な時期だった。育児部門をはじめ、王室全般にわたって調和が行き届き、子どもたちも元気に育っていた。ヴィクトリアと母親の仲はアルバートの努力のかいもあってほぼ修復され、女王のサー・ロバート・ピールに対する嫌悪感も完全に解消された。それどころか、首相と夫が互いの存在を認めあい、尊敬の念を抱くようになっていったのに影響されたのか、ヴィクトリアのなかでもピールに対する信頼感が徐々に増していった。ピールはアルバートの眼鏡にかなう人物で、温和さや常識といった自分自身の長所を政治姿勢に反映させ、党利党略よりも大切な原則を優先させる政治家でもあった。また、政府におけるアルバートの役割を構築しようと奔走し、女王に連絡事項があるときにはまずアルバートに話を通し、彼からヴィクトリアに伝達する形を取った。女王とその夫は双方が満足して結婚生活を送れるよう話し合いを重ね、結局は手綱を取って馬車を操るアルバートをヴィクトリアが後方の座席からうっとりと眺めるという形に落ち着いた。

サラ・リトルトンは、アルバートと子どもたちがそりを楽しむ光景など、女王の家庭生活の好ましい部分を喜びとともに書き残している。誕生日に新しい服を着た子どもたちが花に囲まれて詩の暗唱をしたり歌ったりした際には、《花でいっぱいの木陰のなかで、全員が素敵な香りと薄手のモスリン、そして素晴らしい贈り物に囲まれて幸せそうな顔をしています》と書いた。一八四三年五月二四日、ヴィクトリアが誕生日を毎年祝っていた（オズボーンハウスを建てるまで）クレアモントで、サラは子どもたちを迎えに来たアルバートが部屋着姿で育児室に入ってきたのを好意的な視線で見て《レイヨナン式〔一三世紀フランスの建築様式、華麗な装飾が特徴〕そのもの》と評している。ヴィッキー王女はスズランとバラのつぼみを刺繍であしらったモスリンのワンピースを着て、色を合わせた緑のシルクのエプロンをつけていた。そして、皇太子も《晴れた空と同じ青いヴェルヴェットの服を着て大変美しいご様子》だった。アルバートはヴィクトリアへの贈り物を朝食の間のテーブルに敷きつめた花の下に隠した。メインの贈り物はランドシーアが描いた絵で、眠っている生後一カ月のアリス王女をテリアのダンディが見守っている光景を描いたものだ。

八月までにヴィクトリアの体調はアリスの出産から回復し、女王の精神面はいわば《陽気な》状態にあった。フランス王ルイ・フィリップの招きによるフランスへの外遊が決まったこともその一因となっていたのだろう。これはヴィクトリアにとって王位について初の外遊であり、イングランドの王がフランスの地に足を踏み入れるのは、一五二〇年にヘンリー八世がフランソワ一世と会った金襴の陣以来の出来事になる。しかし、ヴィクトリアの重圧とならないよう、この外遊は私的なものとされ、ルイ・フィリップがノルマンディーに構えるウー城に非公式で滞在することになった。ルイ・フィリップは息子をスペイン王の座につけようと画策しているという疑いがあり、英国政府はこれに強硬に反対していたため、女王の閣僚たちもこの外遊には神経をとがらせていた。ルイ・フィリップの娘でベルギー王妃だったルイーズは、下手に政治に足を踏み入れると恥をかく恐れがあると考え、王が客と政治の話をするのをどうあっても阻止しなくてはならないと母親に忠告した。

そうはいっても賛助が得られればそれに越したことはないルイ・フィリップは、客人たちを喜ばせようと全力を尽くし、イングランドのビールとチーズを用意させるなどして熱心に歓迎の準備を進めた。そして、一方のヴィクトリアは初の外遊を心待ちにし、王族の宴に自分も出席できると知らされたシャーロット・カニングも大いに喜んでいた(こうした外遊に際しては、通常の輪番とは異なる人員の配置が行われる)。シャーロットは《王宮と海が合わさった環境にぴったりの服装》について考え、頭では悩んでいたものの、心は女王と同様に舞いあがっていた。フランスはどう考えてもウィンザー城よりも《楽しそう》だったし、常々《異国の地を見てみたい》と望んでいたためだった。シャーロットは手紙を書くよりも日記を克明に記して母と妹に土産話を伝えようと決心し、自分の荷物に大量の紙を忍ばせた。

外遊となると廷臣たちも使用人たちも準備に忙しくなり、ミス・スカーレットの言葉を借りるとすっかり《盛りあがった》状態になった。馬車と馬、列車の手配が侍従武官たちによって進められ、衣装担当たちも荷造りをし、ひとりは荷物とともに先行することが決せられた。出発時間はぎりぎりまで変更が繰り返され、エレノア・スタンリーは《行幸に関する命令がこんなにも頻繁に変わるなんて!》と嘆息した。

アルバートの誕生日の八月二六日、ヴィクトリアはヴィンターハルターに描かせた肖像画を夫に贈った。おろした髪がむきだしの肩にかかった、物憂げな表情の女王を描いた肖像画だ。さらに、ヴァージニアウォーターで《祭り》を開き、ディナーと花火、そして《明かりをともした船》で盛大に夫の誕生日を祝った。翌朝、シャーロットは女中のサラ・ノリスによって朝の四時半に起こされた。起きて荷造りを終わらせ、コリドールに出てほかの面々とともに、ヴィクトリアが子どもたちに別れの挨拶をしてレディ・リトルトンの言うことを聞くようにと申し渡すのを見守った。シャーロットはキャロラインへの手紙で、サラが《責任者のような形で》残留することになった重圧から《悲しみ、落ちこんでいるようでした》が、《わたしの頭は荷物のことでいっぱいでした》と書いている。さらに、《このところ走りっぱなしだったので足が痛み、女王陛下が出発なさるのが朝の五時半と早かったので、眠くてまぶたが重くなってしまいました》と続けた。

シャーロットと女官のジョージー・リデルは、女王の馬車に同乗してウィンザー城を出た。シャーロットはこのときのヴィクトリアの様子を《このうえなく上機嫌で、この先の旅に思いを馳せておいででした》と説明し、アルバートについては《射撃の腕前を上達させるため、このあたりの広大な農地や土地を買うべきだと話していらっしゃいました（このあとに辛辣な表現が続く）》と書いている。また、馬車にはリヴァプール卿（家政長官）、アバディーン卿（ピール内閣の外務大臣）、サー・ジェームズ・クラークにジョージ・アンソンも同乗していた。

ファーンバラで一行は鉄道に乗り、冠をつけたまま《つぎの状況に備えて》サウサンプトンへ向かった。ヴィクトリアとアルバートが車内で三つの赤い公文書箱に入った政務をこなしていくあいだ、途中の各駅では民衆が集まって歓呼の声援をふたりに送った。《トンネルに入るたび、車両の天井に刺繍された王冠の部分にはめこまれたランプが点灯し、とても楽しかったです》とシャーロットも書いている。このランプは最後のもっとも長いトンネルでは不具合が生じて作動しなかったが、トンネルというものを初めて体験するヴィクトリアはまったく不自由を感じなかった。

サウサンプトンに到着した女王一行は、雨のなか外套姿で公文書箱や現地の女性たちから手渡されたブーケを持って小舟に乗りこみ、蒸気船ヴィクトリア・アンド・アルバート号に乗船した。この新造船はミセス・ジョーダンが産んだウィリアム四世の子どものひとり、アドルファス・フィッツクラレンス卿が船長を務めており、チャールズ・グレヴィルによると、《贅を尽くした造り》だったものの、女王とその夫の都合のみを追求したものであった。シャーロットもこの意見に賛同したらしく、ヴィクトリアの船室が《素晴らしく涼しくて快適》だったのに対し、王室に仕える面々にあてがわれた寝台は大きさや寝心地こそまずまずだったものの、暑さたるやすさまじいもので、しかも《汚水と油》の悪臭もひどいと嘆いている。そして、船員たちの区画の境遇はさらに劣悪で寝台も小さかった――グレヴィルいわく《犬が暮らすのかと思うほどのみすぼらしさ》だった――ため、彼らは甲板で眠らざるを得ないほどであった。

フランスへ向かう前に一行はワイト島と南部の沿岸をめぐり、最初にワイト島のライドに停泊し、続けて同島のイーストカウズに向かった。イーストカウズにはヴィクトリアが幼少期を過ごしたノリス城があり、彼女自身がこの城への訪問を望んだのである。女王は城のすべての寝室を見てまわったが、一箇所だけ、ドアの隙間から半裸の男性と顔を合わせてしまったためになかに入るのを断念した。女王が船に戻ると、カニング家が船を所有していたので慣れていたシャーロットを除いた全員が、船酔いで船室に引きこもっていた（アルバートは自分がひどい船酔いを患ったのに女王は平然としていたというイングランドの新聞の記事をいくつも読み、むしろそちらのほうに気分を害して閉じこもっていた）。残されたシャーロットはアドルファス卿とともに、《誇らしい気分で》女王との昼食に臨んだ。船の食事は味がいまひとつで、乗せていた牛から搾りたてのミルクはとれたものの、停泊先の店が閉まっていることが多かったため、新鮮な食材が不足していた。ポートランドでは羊が献上されたが、女王が《愛情を感じてしまった》ために殺すわけにはいかず、結局、単調なマカロニのディナーが続くはめになった。

ヴィクトリア・アンド・アルバート号が照りつける日差しのなかでドーセットとデヴォンの沖を進み、女官たちが船酔いで苦しんでいたとき、シャーロットとジョージー・リデルは甲板の牛がいるあたりに涼しい場所を見つけた。ヴィクトリアも彼女たちに加わり、椅子に品よく座って紙の紐を編みこんでボンネットをつくっていたところ、かなり重めの体を据えているその場所が、酒樽を積んだ荷室のハッチの上であることが判明した。アドルファス卿は船員に《船長、あれでは酒樽に手がつけられません》と泣きつかれ、やむなく女王に申しでた。話を聞いたヴィクトリアは自分にも一杯飲ませてくれるならという条件を出し、これ以上ないほど優雅な身のこなしで立ちあがった。酒樽から注がれた酒を飲んだ女王は、《もっと強ければ言うことなしですね》と感想を述べた。

ヴィクトリアはシャーロットに自分の父親が亡くなった場所であるシドマスと、トーキーを絵に描くよう頼んだ。プリマスに着くと船は錨をおろし、一行はマホガニーでつくられた新しい小舟に乗って岸へ向かった。上陸してプリマスの道を進んでいくあいだ――シャーロットはヴィクトリアやアルバートと一緒に無蓋四輪馬車に乗っていた――の暑さと民衆の数、そして彼らが発する歓声はすさまじいものがあった。その夜はアドルファス卿を含めた王室に仕える人たち全員が女王と同じテーブルについて食事をし、それから花火を鑑賞した。シャーロットは花火のせいで耳鳴りがおさまらないなかベッドに向かい、王室の人々と旅をするのは気弱では務まらないと改めて思った。《友人たちが女官の仕事をこなすところをもっと見てみたいものです。誰にも手を差し伸べられずに馬車や船の乗り降りをしなければならないなんて、ふつうでは考えられませんから。……それに銃声や花火の轟音にひるむ人、馬車や狼藉者、争いや暴れる馬、極限に近い怒りの矛先を向けられることを恐れる人では務まりません》

九月一日、一行は最南部に近いファルマスに到着し、ここでも熱烈な歓迎を受けた。ヴィクトリアが小舟で湾内を回るとそのうしろに《人でいっぱいのさまざまな種類の小舟やはしけ、蒸気船》が続くという熱狂ぶりで、《船がこすれあったりぶつかったりする音》がそこかしこから聞こえてきた。船に戻った女王は、ファルマスとペンリンの市長たちから挨拶され、やはり挨拶をしようとして興奮のあまり礼服姿のまま海に落ちたトゥルーロの市長からは謝罪の言葉を受けた。ディナーのあと、シャーロットとジョージー・リデルは甲板に立ち、夕暮れの日差しを受けて青く光るイルカたちが波間を飛び跳ねる姿を眺めた。

船での生活は閉所恐怖症を誘発する。シャーロットは徐々にリヴァプール卿に対していらだちをつのらせていった。リヴァプール卿はヴィクトリアとケント公爵夫人の古くからの友人であったが、シャーロットの目には頑固で、口やかましく退屈な人物と映った。《これほど挑発的な人はほかにいません。……あらゆることについて邪魔立てするのです。静かに整然と人々を整理する役割の方々がいるというのに、小舟のあらゆる方向に向かってわめき散らし、帽子を振りまわして人々をどかそうとし、威厳のかけらもない言葉で叫びつづけるのです。本当にひどい方だと思わざるを得ません……》と手厳しく断じた。リヴァプール卿が船酔いで船室に閉じこもったときなどは素晴らしいひとときだと記し、彼が船窓から海に落ちなかったのが《残念でなりません》と書いている。

さらにアルバートもまた批判の対象となった。ものの言い方が断定的、命令的で、自分の正しさを過剰に信じるところがあり、しかもシャーロットの見解からすれば――彼女はこれを指摘するのを好んだ――間違っていることが多いというのだ。たとえば、アルバートの地理感覚は怪しいもので、ニューフォレストの海岸をワイト島と間違えたり、ヒッチンの川をサウサンプトンウォーターと取り違えたりした。一行がプリマスに停泊中の軍艦を視察した際には、シャーロットは《殿下は船について、何もわかっていらっしゃらないようです。こうした視察をするのであれば、事前に少しでも勉強をしておくべきではないでしょうか》とそっけなく綴っている。彼女は、アルバートを敬愛していたサラ・リトルトンとは違う見解を持っていた。同じ社会的階級の多くの人々がそうだったように、アルバートをむしろ独学での自己満足に浸っている杓子定規な人間で、それこそ埃のごとく無味乾燥な人物だと見なしていた。彼の知識への欲求と、得た知識を広めたいという情熱は決定的にイングランド的ではない傾向であり、どこか周囲を辟易させるものがあった。

ヴィクトリア・アンド・アルバート号がフランスのル・トレポールに近づくと、ルイ・フィリップ自身とその子であるジョアンヴィル王子がヴィクトリアに挨拶をするため乗船してきた。ルイ・フィリップは珍妙な外見の持ち主で、体格はずんぐりしており、赤ら顔には頬髭がびっしりと生えていた。大きすぎる頭に派手な巻き毛のかつらをかぶったその姿からは、威厳らしきものは感じられなかった。オルレアン公爵フィリップ・エガリテの長男として生まれ、一八三〇年にフランス王の座につく以前は革命軍の兵士として戦った。中産階級的な性質を喧伝するのを好み、王室の開放政策を取りつづけた彼は民衆にも受け入れられ、人々は自分たちに歩み寄ってくる《市民の王》の手を喜んで握った。

ルイ・フィリップはヴィクトリアにあたたかい歓迎の言葉をかけて両頬に口づけ、自分の小舟に案内してマリー・アメリー王妃と宮廷のレディたちが待つ岸へと向かった。埠頭には大きくて豪奢な馬車――《ルイ一六世の時代の馬車とハンプトンコートの市場の荷車が合わさったような乗り物》――が客人たちを待っていた。三列の座席を有する馬車は金箔や掛け布、花柄のチンツのカーテンが用いられた豪華なもので、《よく太って元気のいい、盛装をした》一二頭の馬たちによって引かれていた。この馬車にはイングランドとフランス双方の王族たちが乗りこみ、シャーロットやほかの面々は別の、《ルイ一六世の要素がぐっと減って、ハンプトンコートの荷車に近づいた》馬車に乗ってあとに続いた。一行は煙があがるほどの速度で、ウー城を目指して五キロほど進んだ。

ウー城は一五七八年にギーズ公アンリ一世が建てた城で、その後一七世紀にマドモアゼル・ド・モンパンシエが拡張し、ルイ・フィリップによって手直しされた。シャーロットは城の最上階にある区画をジョージー・リデルと隣り合わせであてがわれ、立派な寝室と居間のある環境を大いに喜んだ。その夜、およそ五〇人ばかりが一堂に会して、階下にある長い部屋で《とても上出来》なディナーが供された。シャーロットはフランスの外務大臣ムッシュー・ギゾーとジョアンヴィル王子のあいだに座り、フランス式の食事マナーに困惑した。パンとラスクの山が王の皿の隣に置かれていて、テーブルの上にはパンくずが散乱しているというのに、誰も掃除をしようとしないのだ。女王はというと、シャーロットが書き残したところでは、目の前に置かれた《巨大なフランスパン》に途方に暮れていた。

翌日は日曜だったが、プロテスタントの教会がなかったため、シャーロットとジョージー・リデル、そして女中たちはヴィクトリアの居間に行く前にそれぞれの部屋で祈りをすませた。女王を朝食にエスコートしようとフランスの国王一家が勢ぞろいしてやってきたのに驚かされたシャーロットたちだったが、朝食の豪華さにはなおさら当惑せざるを得なかった。《スープとできたての肉料理にあらゆるワインがそろい、卵、甘い物と続いてから、さらに紅茶にコーヒーにチョコレート、そしてパンとバター——一日分の食事がいっせいに出てきたみたいです》とシャーロットは書いている。そのあと一行は城のなかを案内され、《よくできた本物》と《不出来な複製》が入りまじった絵画のコレクションを鑑賞してまわった。シャーロットはみずからの鑑賞眼に自信を持っており、ヴィクトリアにラファエル前派のいい点を理解させようと試みて失敗したこともあった。それがすむと一行は粗末なばねを備えた大型の遊覧馬車に乗り、骨まで震えるような揺れのなか、馬車がひどい状況の道路をどうにか横転を避けて進んでいくのに耐えつづけた。

この訪問はよく晴れた天気と同様に良好なものに見えた。イングランドとフランス、双方の王族たちは相手への敬意を表情に表しつつ、それぞれが相手を出し抜こうと競いあった。ヴィクトリアは自分が落ち着いて《同じ地位の一家と交わり、対等かつ親しみのある態度を保って》いられたことに満足し、シャーロットに家族の一員になった気がすると話した。一方でシャーロットは、そんな女王の様子を《子どものように喜んでいらっしゃいます》と記録している。たしかに、《異国の地》を純真な好奇心を持って見ていたヴィクトリアの目には、フランスのすべてが——バゲットから道端の十字架、白いキャップをかぶったフランスのレディたちまで何もかもが——素晴らしく、新しいものに映った。

アルバートもまた幸福だった。海で泳いだあと、彼はシュトックマー男爵に《王は有頂天と言っていいほど上機嫌で、一族全員、誠意を持ってわたしたちを受け入れてくれた。愛情をこめてと言ってもいいかもしれない。なかなかに感動的だった》と書き送っている。ルイ・フィリップは繰り返しヴィクトリアに《魅了された》と訴え、《とても陽気でよく笑う》王妃のマリー・アメリーも礼儀正しく親しみやすかった。公に政治の話はしなかったものの、ルイ・フィリップはヴィクトリアとアルバート、そしてアバディーン卿に対してひそかに（かつ惑わせるように）スペインの王位に野心も関心も持っていないと確約した。

サラ・リトルトンがアリス王女を含めたヴィクトリアの子どもたちと残留しているブライトンのロイヤルパヴィリオンからは定期的な報告が届いた。フランスは猛烈に暑かったが、ブライトンの育児室は涼しく、風通しのいい状態が保たれていた。イーストクリフ沿いの散歩が行われ、サラは《おもちゃを調達するため》に玩具店を訪れた。ヴィッキーはある晩、《原因のわからない怒り》に駆られて駄々をこねたものの、それ以外はおとなしくしていた。皇太子は風邪を引いていたが幸い悪化せず、しぶしぶながらもおとなしく座ってヴィンターハルターのモデルを務めた。《最大の悪事》といえば、《おもちゃの牛や兵隊を窓から投げ捨ててしまう》ことくらいのものだった。皇太子の勉強に関しては、サラは警戒しつつも楽観的だった。皇太子は散歩のあいだに目にしたものすべてをノートに書き留め、《ひっきりなしに》話しつづけた。《ですが、王女殿下と比較すると、語学の才能に差があるのがいささか気がかりです。……ふつうの子どもと比べれば同程度ですし、気がかり以上のことではありません。しかし、わたしは皇太子殿下の気質と知性に関しては優れていると信じておりますので気になります》

ウィンザー城の厳格さが身についているシャーロットは、フランスの宮廷の形式張らない気風に衝撃を受け、《わたしたちが慣れているやり方と比べたら、型などないも同然です》と書き残した。また、ブラジルのペドロ一世の娘で、若くて美しく、明らかに《ひどく退屈している》ジョアンヴィル王女を除いたフランスのレディたちの野暮な服装にも驚いている。ただし、改善の余地が大いにあるのはヴィクトリアの服装も同様だった。息もできなくなるほど暑くなったウー城での最初の夜、シャーロットは女王がレースをふんだんにあしらった《真紅のクレープ》を着ているのを見て《とても苦しく》なり、明らかに暑さで顔を真っ赤にした女王に対してお世辞のひとつも言えなかった。

ヴィクトリアは服装のセンスに関してはからきしで、常に外国でもその点が注目を浴びた。細かな仕立てなどまるで気にせず、中産階級の女性よろしく滑稽なほど調和しない組み合わせを好み、ときにはウィンザーのハイストリートにあるカリーズという店で買い物をすることすらあった。一八四三年にケンブリッジを訪れたときのいでたちがその典型だろう。このときヴィクトリアが身につけていたのは、青いサテンのドレスに縁にスズランをあしらったピンクのクレープのボンネット、それに黒と金色のインド製のショールだった。ヴィクトリアの船室の壁にかかった服を眺め、シャーロットは《選択を誤ったとしか考えられない、女王陛下が持つのに不適当な》服ばかりだと考えていた。これは別の着付け担当との共通認識だったのだろう。《彼女もため息が止まらず、お手上げといった様子で……陛下がドレスに関心を払わないのを嘆いています》とシャーロットは書いている。

しかし、ウー城でのシャーロットは、女王のためにスケッチを描くのが忙しく、朝食のあとはどうにかして都合をつけ、できるかぎり水彩絵の具を手に外へ出ようと試みた。シャーロットの絵画の腕前は素人としてはかなりのもので、妹のルイーザに絵を教えるのを買ってでていたラスキンが賞賛するほどであった。ラスキンはルイーザに宛てた手紙で、もっと努力して工夫を凝らして、《塗りたくっては吸い取り紙を使う癖》を直すようにと激励の言葉を並べた。その一方で、シャーロットについては《色の使い方をあなたよりも心得ていて、自分のスタイルを完璧に会得しており、その気になれば神々しい作品を描くこともできるでしょう》と絶賛した。シャーロットはスコットランドの水彩画家、ウィリアム・リーチに絵画を学んだ。リーチはグラスゴーで風景画の制作と、嗅ぎたばこ入れの装飾から経歴をスタートさせ、その後、数年間イタリアに滞在し、ローマに立ち寄るさまざまな国の王族に絵を教えて人脈を築いた人物で、カニング家とのかかわりができたのもこの時期だと推測される。シャーロットにリーチを紹介されたヴィクトリアは後日、彼に自分と子どもたちの絵の教師になるよう依頼した。リーチは明らかに《社会とかかわることに積極的》であり、絵画の腕前と活発な社交術によって引く手あまたの存在であった。女王はシャーロットの才能を最大限に活用した。自分たちがともに生きた証にしようと絵による記録をまとめはじめていたヴィクトリアとアルバートは、わざわざ自分たちの旅に同行できるようシャーロットの勤務を調整して絵を描かせ、その絵の大半を旅の記念アルバムにおさめた。

ウー城では毎朝、フランス側の女中がイングランド側のレディたちにその日の晩に着るドレスの色を尋ねた。庭師たちに正しい指示を出し、ディナーの時間までにドレスに合ったダリアの花冠をつくるためだ（花冠作りが得意なシャーロットは、自分の女中のノリスを出向かせて直接指示を伝えた）。ディナーの開始は午後七時と早く、長くて暑い、いささか苦しいものになりがちで、特に同席の相手に恵まれないときはそうだった。シャーロットはコーブルク家のオーガスタス公子（以前、レディ・リトルトンがウィンザー城で不幸にも隣りあわせた《主導権を握らずにはいられない人物》）を《これまでに出会った誰よりも退屈な男性で――退屈の代名詞のクルー卿がまだましに思えるほどだ》と酷評した。

毎晩のディナーのあと、ルイ・フィリップは演奏会を催した。ある晩はベートーヴェンとグルックの曲が王の楽団によって演奏され、チェロやピアノ、ホルンのソロが奏でられた。グルックの曲を演奏したのは《一度に二、三の音を出せる》男性で、残念ながらいい意味ではなかった。演奏の様子を、シャーロットは《みなが笑っていました。モンパンシエ公爵が最初にお笑いになり、それを見た別の方が笑いだし、やがて全員に広がって涙が出るほどの大笑いになってしまったのです。かわいそうに、演奏のほうはそのせいでますますおかしくなってしまいました。わたしはこらえて真剣な顔をしていたのですが、じきに唇が震えてしまい、低音がいくつか続いたところでとうとう笑ってしまいました。演奏家が本当にかわいそうで同情しましたけれど、半分背中を向けていらしたので、もしかするとわたしが笑っていたのには気づいていないかもしれません。あとはみなが《いいぞ！　素晴らしい！》とひっきりなしにフランス語で冷やかしていました》と綴っている。

しかし、ウー城に滞在していた五日間においてもっとも盛大に行われた娯楽は、ルイ・フィリップのお気に入りであり、喜んでみずから準備にあたった屋外での昼食だった。客たちはこの昼食のため、すさまじく乗り心地の悪い大型の馬車に乗せられて森に向かうことになった。最初にこのピクニックに出たとき、シャーロットはリヴァプール卿が《不快きわまりないフランス語でずっと話している》なか、二時間半ものあいだ体を揺すられ、座席に打ちつけられるはめになった。到着した先には何本もの金色の尖塔で飾られた長いテントがあり、七二人分のテーブルは淡い黄色のメリノ毛織りのカバーできれいに覆われていた。

『イラストレイテッド・ロンドン・ニューズ』は、《テーブルの上には四〇本のワインのデカンタがイングランド風に水差しと交互に並べられていた。中央には肉やパテ、これ以上ないほどに凝った菓子といった軽食が置かれ、その味たるや並ぶものがなく、富が保証し得る最上級のものであった》という記事で昼食の様子を伝えている。王族たちがマホガニーの椅子に、それ以外の人々が折りたたみ椅子に座って昼食をとるあいだ、楽団が奏でる音楽は絶え間なく続いた。昼食が終わったあと、ヴィクトリアとルイ・フィリップは礼儀にかなった作法で腕を組み、しばらく散歩した。このときイングランド側の一行の関心と好奇心を集めていたのは、悲しげな様子のオルレアン公爵夫人だ。ルイ・フィリップの長男だった彼女の夫は、前年の夏に馬車の事故で悲劇的な最期を遂げていた。明らかにいまだ深い悲しみに沈んでいる公爵夫人にとって、この昼食は事故以来初めて人前でとる食事だった。

シャーロットは、ヴィクトリアほどウー城での生活に夢中になれなかった。それどころか、彼女の日記には《疲れました》という言葉がたびたび登場している。朝食のあと、宮廷の女官として意味のない礼儀作法を守りながら、廊下で何時間か女王の命令を待っているのも《疲れる》ことであった。毎日、同じ顔ぶれで遊覧馬車に詰めこまれるのが同様であることは言うまでもない。ある夜には、階下にある広間で《けだるく》空疎な時間を過ごしたあと、《女王陛下やフランスの王女殿下たちがテーブルにつき、ルイ・フィリップ陛下がうろうろとその周りを歩きつづけていました。わたしたちはアルバムを手に、後方で二列になって控えておりました》と報告している。もちろん、待機や長い夜には慣れている。しかし、シャーロットはそれ以上のことを期待していたのだ。ただし、少なくともフランスの王室のほうがまだ自由な批評ができる気がした。

九月七日、《スープと大きくて重いソーセージ》ではなく、紅茶と卵にパンとバターというイングランド風の朝食を苦労の末に手に入れてたいらげたあと、シャーロットはヴィクトリアの着替えを手伝った。一行が来るときに港から乗ってきた大きな馬車にふたたび乗りこむ前に、着付け担当が先行して出発していたためである。シャーロットは別れに際し、《善良で親しみやすく……親切で誠実》なマリー・アメリー王妃から旅の記念に《このうえなく美しいブレスレット》を贈られた。ヴィクトリアも高級磁器のセーヴルと二枚のゴブラン織りのタペストリー（ウィンザー城に戻ってから、オークルームに飾られることになったが、幅が広すぎたため、壁の幅に合うよう両端が折られた――エレノア・スタンリーは、《殿下はご自分の趣味がいいと自慢なさり、周囲に芸術を啓蒙しているとおっしゃっていますが、それがこのざまです！》とほくそえんだ）を贈られた。女王は返礼として、気前よく現金一〇〇〇ポンドと、世話になったフランスの使用人たちに配る贈り物を残した。ヴィクトリア・アンド・アルバート号が凪いだ海へと出航したとき、ルイ・フィリップは小舟で起立して女王一行を見送り、「さようなら《アデュー》」と連呼した。

イングランドに到着した女王一行はブライトンのロイヤルパヴィリオンに戻り、サラ・リトルトンや子どもたちと再会した。シャーロットはそこをバレエの舞台のようだと感じ、《竜などの中国風の装飾に囲まれて暮らしていくのだと思うと、これ以上ないほど奇妙な感覚にとらわれました》と書き記した。一方のヴィクトリアについては《ふたたびここで生活しなければならない現実に直面したためでしょうか……大変不機嫌でした。陛下はこの場所を監獄みたいだとおっしゃり、自由な海が恋しいとこぼされました》と書いている。しかし、そんな状況に長く耐える必要もなく、九月一二日、ヴィクトリア・アンド・アルバート号は、叔父のレオポルドを訪ねる旅に出る女王を乗せて出港した。

船は《荒れる海》を揺れながら進んでいった。女官として同行しているクレメンティーナ・ハミルトンはキニーネ〔抗マラリア薬〕を処方され、ブーツを履いたままベッドに入っていた。アルバートは、シャーロットが冷やかしをこめて書き残したところでは、《海にも慣れて、もう倒れることもないとうそぶいて》いたものの、その自信も長くは続かなかった。対照的に、女王は船室で朝食を《たっぷり》とったあとにシャーロットをともなって三時間ばかり甲板に出るなど、陽気で元気そのものだった。《五分ほど、食事の肉を焼く匂いに顔をしかめて》いたものの、《オーデコロンの香りを少々嗅いで立ち直り、副船長とリヴァプール卿、そしてアバディーン卿が慌てて匂いから逃げだす様子を見て大笑いなさいました》とシャーロットは女王の活発な姿を描写している。

海に強かったヴィクトリアは、いつも《海を自由に旅する放浪の生活》に憧れを抱いていた。船長のアドルファス・フィッツクラレンスは《王室専用船に乗った女王陛下ほど、感じがよく親しみやすい人物はいない》とその上機嫌ぶりを説明している。彼女とアルバートは船員に囲まれる甲板で食事をするのも平気で、彼らを踊らせたり、甲板長と親しく会話をしたりして船旅を楽しんだ。船上でのヴィクトリアの欠点は、短気であることと上陸を無理強いすることだった。機会さえあれば、正式な手続きを踏んでいないことなどおかまいなしに陸にあがりたがった。船長はそうした女王を《航海用語で言えば、常に前進《ゴー・アヘッド》を望まれるのです》と評した。

フランス訪問も試練ではあったが、ベルギーと比べればどうということもなかった。シャーロットは、《ウーのほうが二〇倍も楽しかった》と物憂げに日記に書いている。一行はオステンドでレオポルド王が所有するいくつもの邸宅に分かれて滞在した。彼女はこの土地を《みすぼらしい小さな家が集まった小さな町》と冷淡に評価した。こうした家は、レオポルドが海の空気を堪能するために所有しているものだ。シャーロットとミス・ハミルトンはそのなかのひとつを割りあてられ、ヴィクトリアとアルバート、そしてほかの紳士たちは別の邸宅に滞在することになった。レオポルドは礼儀作法に厳格に従う人物で、それを反映したベルギー王室はフランス王室とは異なり、過剰なまでに堅苦しかった。ディナーの席では、シャーロットはどういうわけかリヴァプール卿と隣り合わせになる機会が多かった。ディナーが終わると椅子が壁際にさげられて参加者たちは立ったままで輪をつくり、ヴィクトリアとルイーズ王妃がおしゃべりをしながら一時間ほどもかけてその輪を一周するのを立ったまま待ちつづけた。ふたりが腰をおろすとシャーロットたち女性もようやく座ることを許されるのだが、男性たちは壁に背をつけることを許されたものの、なお立ちつづけなければならなかった。

シャーロットは《陛下のためにしなくてはならない女官の仕事が増えている》のを実感していた。外の騒音と暑さで夜も眠れず、寝不足にも悩まされた。天候は《焼けるような》暑さが続いてボンネットが六つもだめになり、そのなかでブリュージュ、ゲント、ブリュッセル、アントワープでの物見遊山にも同行しなければならず、それだけに脱力感はいっそう大きかった。ただし、ブリュッセルだけは彼女の眼鏡にかなったらしく、《いままで見たなかでも、もっとも素敵な街のひとつ》と記録されている。シャーロットはこの地でクラヴァット〔首に巻くスカーフ状の布〕と楽譜を買って公園に座り、長くて《退屈な》演奏会をずっと聞いていた。当時ブリュッセルに住んでいたシャーロット・ブロンテ〔英国の作家〕はヴィクトリアが馬車に乗り、陽気に笑いながら街を走っていくのを見かけ、《少しふっくらした快活な女性で、とても質素な服を着ていらっしゃいました》と書き残している。

フランスのときと同様、ヴィクトリアは《異国風に見えるものならば何でもたいそうお喜びに》なった。ただし、シャーロットは女王の熱狂は特別なものではなく、一般的なものに向けられているのだと理解していた。女王の関心は、いつでもふつうの人生の日常における些細な事柄に刺激された。また、シャーロットはアルバートの鍛えられた批評の能力に対して、《見せられたものをじっくりと観察するのに慣れていらして、絵画や彫刻の価値についてはとてもいい批評眼を持っていらっしゃいます》と、わずかに不満まじりの賛辞を贈っている。

一週間が終わりにさしかかると、ふたりの国王は寂しそうに別れの挨拶を交わし、九月二一日、真っ赤な目をした女王はヴィクトリア・アンド・アルバート号に乗りこんだ。帰国に際し、ヴィクトリアは《まったく無関係な紳士たちにまで嗅ぎたばこ入れや指輪、ピンなどを惜しみなく与え、使用人たちにも五〇〇ポンドを下賜した》一方で、シャーロットもルイーズ王妃からブレスレットを贈られた。船内に戻ったシャーロットは、ヴィクトリアの服装のひどさが船員たちのあいだでさえも話題になっていることを知った（特にゲントでは、《ボンネットは七〇歳の老女なら似合うという代物で、長すぎるピンクのペチコートがモスリンのドレスの裾からのぞいていた》といういでたちだった）。一行は昼食までに、豪華にも陰鬱にも見えるウィンザー城へ戻った。さすがに旅の疲れが出たのか、ヴィクトリアは深いため息をついて、《今年のうちはもう船に乗りたくありません》と言った。誰もが心配し《陛下のもとを去りたがらない》様子だったが、そんななか、シャーロットはひそかに散歩がてらに教会へ行くのを楽しみにしていた。

第7章　オズボーンハウス

ヴィクトリアは《異国の地》を体験したことで、日頃の自分が《閉じこめられている》という思いを強くし、落ち着かない心境になった。《朝の散歩のとき、アルバートと自分たちだけのための場所を手に入れられたらいいのにと話しあいました》ある日の日記に彼女は綴っている。夫妻はしばらくのあいだ、ロンドンの汚れた空気やウィンザー城の堅苦しさから逃れるための別邸を切望していた。ブライトンのロイヤルパヴィリオンもあるにはあったものの、中国風の様式が女王の趣味と合っておらず――日記にも《奇妙で風変わりな中国風の建物》とある――ヴィクトリアは都会の人々にボンネットの下をのぞかれるような生活が気に入らなかった。クレアモントは外見もよく快適だったけれども、真に隔絶した環境とは言えず、しかもベルギー国王の所有物だった。ふたりは自分たちのクレアモントを欲していた。

ワイト島にふさわしい物件があると最初に聞きつけたのは、ロバート・ピールだった。一八四三年一二月、オズボーンハウスをレディ・イザベラ・ブラッチフォードから購入する交渉がはじまった。レディ・イザベラは手ごわい交渉相手だったが、やがて一〇〇〇エーカーの土地（やがて二〇〇〇エーカーになる）を王室手許金の二万六〇〇〇ポンドで購入することで話がまとまった。経済観念に優れたアルバートの手腕で、王室費にはそれだけの余力ができていた。ヴィクトリアはノリス城で暮らした経験があり、ワイト島にはいい印象を持っていた。オズボーンハウスは海の空気が感じられる美しい土地にあって、プライヴァシーも保証される。何より家族の家をつくる機会を手に入れられたのが大きかった。レオポルドに宛てた手紙には《うっそうと茂る森や派手な建物といった生活を圧迫するものがない、喧噪とは無縁の静かな環境に自分の場所があるというのは、素晴らしく気分がいいものです》と書いている。

年が明け、シャーロットはウィンザー城での女官の仕事に戻った。王室の子どもたちは《とてもかわいらしく》、アリス王女は《よく太った田舎の子》みたいで、ロシアの農民のようなシャツを着た皇太子も明るく元気いっぱいだった。そして驚いたことに、ハープを鳴らすのとリールを踊るのに夢中な三歳の長女ヴィッキー王女は、四カ月も会っていないにもかかわらず、シャーロットの名前を覚えていた（エレノア・スタンリーは、女王にもリールを教えようとしたところ、《飛び跳ねる》のが尊厳のない行為だとして拒絶されたと報告している）。女王の直近のお気に入りはピアノの重奏だったが、これは音楽がそれほど得意でもなく、自室での練習に励んでいたシャーロットにとっては警戒すべき事態だった。彼女は《いまは音楽の本をそろえ、二台のピアノを四人で使う演奏の練習をしています。うまく演奏できれば美しいと言いますが、それには大変な練習が必要で、実際に弾くときには恐怖に駆られるでしょう》と書いている。ある夜、イングランド生まれのダンスに興じるヴィクトリアを見て、シャーロットはつぎの妊娠はしばらくないだろうと直感したが、この直感はみごとにはずれ、八月にはアルフレッド王子が誕生した。

ピアノとダンスの流行は一月二九日に突然終わりを告げた。アルバートの父親、不愛想で人好きのしないザクセン・コーブルク公爵が亡くなったからである。サラ・リトルトンによると、父親への不満を含めたアルバートのコーブルク家での子ども時代の記憶は、すでに懐かしい郷愁に変わっており、そのために訃報を聞いた彼はひどく嘆き悲しんだ。ヴィクトリアも夫を見るたびに《新たな涙》が目に浮かんでいたと証言している。アルバート本人は《わたしは石のように重く冷たい空気に包まれ、あわれな母上とヴィクトリアと一緒に座って泣いている》とシュトックマー男爵への手紙で感情的に訴えた。女王は義父をほとんど知らず、彼から金を無心されるのをわずらわしく思っていたものの、夫の悲しみを自分の悲しみととらえ、この先の彼女の特徴のひとつとなる現実とは不釣り合いなまでの大げさな悲しみぶりを表した。《わたしたちはものすごく打ちのめされています。子どもたちや家族に愛されていたあの方の死に対して頭をさげるしかありません。わたしもあの方を愛し、自分の父親も同然だと考えていました。あんな方には二度とお目にかかることはないでしょう》と書いている。死が公爵を理想的な人物に変質させてしまったのだ。

シャーロットは女王一家に対して同情的で、《殿下にとってはさぞや大きな悲しみでしょう。女王陛下もひどく落ちこんでいらっしゃいます》と記し、さらに《おかわいそうなケント公爵夫人も兄上の死を深く嘆いておいでです。これほどまでに打ち沈んだ三人のご様子は見たことがありません》と続けた。しかし、同時に彼女は服喪に際しての要求事項のほうに、より不安を感じていた。《服喪は私的なものとされ、期間は一年間に決まりました。わたしたちは八カ月間、出仕の際に黒い手袋をつけなくてはなりません。ただし、自宅では公式な服喪と同じく、六週間の喪に服することとされました》

大勢いるヴィクトリアの親戚をいちいちあげるまでもなく、基本的にヨーロッパの王侯貴族は同族のようなものであり、ほとんど間を空けずに誰かしらが亡くなっていた。一八五一年、ヴィクトリアはエレノア・スタンリーに対して過去四年間、毎年九カ月ずつ喪に服していると語っている。宮廷での公式な服喪（王室に対する敬意を示す。一般に期間は短い）にせよ、私的な服喪（一族のために行う。公式な服喪よりも期間が長い）にせよ、女王の女官たちにとっては職業上の危機には違いなかった。朝食のときも、散歩のときも、夕食のときも、クレープをふんだんにあしらったシルクの黒いドレスを着用しなければならないのだ（日常着にはメリノかボンバジーン、あるいはウールか、シルクとウールの混合地といった光沢を抑えたもの）。

それだけではない。黒のケープにやはり黒のクレープをあしらった《石炭入れのような》ボンネット、黒い縁飾りのついたペチコート、手袋や靴、ストッキングや扇など黒い小物、黒玉の宝石に黒い刺繍のハンカチも身につけなくてはならない。公式謁見会では《黒いクレープに黒いシルクの手袋、花、羽根飾り、ラペット織りのレース、そして扇》を身につけることとされた。さらに事態を難しくしていたのは、たとえ喪中であっても、誕生日や結婚式がある都度、急に、そして一時的に半喪の状態に緩和されることがある点だった。そうしたときには薄紫と紫か、灰色か、黒と白か、灰色と黒の色調の衣装が許され、そのほかに身につけるものをすべてその色合いに合わせることが認められていた。

《大きな出来事が起これば、わたしは静かに落ち着いていられます》ヴィクトリアは誇らしげに書いたあと、《ですが、小さな懸念はわたしをいらだたせ、動揺させるのです》と続けている。これは真実を突いていた。彼女は日常の些事となると、やきもきして騒がずにはいられず、《些細なことに大いにこだわる》性向は少しずつ色濃くなってきていた。シャーロットもこのことに気づいており、人としては不幸な傾向だと思っていたものの、《女王であれば誰も気にしない》とも考えていた。たしかに王室に仕える面々の忍耐力が試される事態もときに発生する。しかし、宮廷には常に多くの来訪者がいて、そうした人々は喜んで女王の細かな要求を満たし、《ドアや窓の開閉をしたり、クッションやショールなどを取ってきたり、ドレスに対する細かな注文を聞いたりして》黙々と従った。喪服に対する詳細な指示もこの女王の性向の表れだった。

服喪に関しては亡くなった人物によっていくつものやり方があり、女王の指示は年月とともに徐々に増えていき、内容も細かくなっていった。女官たちが喪に服しているときに、急な変更がなされることも珍しくなかった。たとえばヴィクトリアの異父兄であるライニンゲン侯が亡くなった際の服喪期間は六カ月間、黒のシルクで同色のクレープをあしらった喪服と決められていたが、ヴィッキー王女の誕生日には《沈んだ気分を浮きたたせる》ため白か灰色の衣装を着るようにという指示があった。このとき、エレノア・スタンリーは一一月だというのに季節にそぐわない白のモスリンを着るしかなくなってしまったものの、女官から午後の外出の際には黒のメリノのドレスに白いボンネットをつければいいという指示があって胸をなでおろした。公式な服喪期間のあいだに迎えたライニンゲン侯の妃の誕生日には《希望者は午前中にかぎり、少し軽装にしてもよい》との指示があった。曖昧な指示に戸惑ったエレノアはスカーレットに問い合わせ、ヴィクトリアに確認した彼女から《たったいまご命令をいただきました。手袋は白で、白か薄紫色の花を身につけるように。色付きの宝石と、黒のシルクかレースをどこかに身につけるのを忘れずにとのことです。まったく、細かいにもほどがあるわ！》という回答を得た。

工夫と出費が求められるこうした《細かさ》に応じるため、シャーロットは頻繁に《どうでもいい手間》をかけるはめになった。一八五一年、ベルギー王妃の喪に服していたときには、ヴィクトリアから急に白い衣装を身につけるようにという命令が下った。シャーロットは《宮廷で花嫁のように見えてしまうのではないかと不安ですが、陛下の命令なので仕方ありません。ただし、運がいいことに、去年着たシルクがきれいな状態でしまってあるので、今回は少なくとも新しいリボンを買う出費だけですみます》と自分を慰めるように書き残している。こうした融通をきかせられないときには、リージェントストリートにあったジェイズ・モーニング・ウェアハウスに代表される、一八四〇年代に開業した喪に関する服飾品を扱う店を頼った。この頃になると喪服は敬意の表れであるのと同時に外に向けて喪中を宣言する役割を果たすものとなって大きな市場を形成しており、関連の品々であふれ返っている店がそろっていた。ピーター・ロビンソンズ・コート・アンド・ゼネラル・モーニング・ハウスのように、半喪期に身につける「軽装売り場」まであったほどだ。

一八四四年三月、アルバートが三週間の旅程でコーブルクを訪れるため、イングランドをあとにした。ヴィクトリアが夫と離れた初めての機会であり、サラ・リトルトンの目には女王が《別れの前には感情的になって惨めな気分にさいなまれ、それでも自分を犠牲にして夫に出発を勧め、いざ別れのときにはどうにかして笑顔で送りだす。……まさに典型的な妻のように振る舞っておいででした》と映った。ただしサラは、ヴィクトリアが《乗り越えたあとで、かならずやこの試練に感謝することでしょう》とも綴り、《珍しい殿下の不在に、全員が戸惑いと寂しさを覚えています》と続けた。やがてイングランドに戻ったアルバートは、オズボーンハウスのための計画に没頭することになる。

そこは王室の人々とそれに仕える者たち全員が暮らすのには手狭だったため、アルバートは建築家のトマス・キュビットとともに、イタリア風の――城からの眺めが彼にナポリ湾を思いださせたためだと思われる――新しい城の設計に取りかかった。先見の明と精力、そして芸術性が問われるうえ、備えている多彩な才能（少なくとも女王はそう信じていた）を遺憾なく発揮できる。これぞアルバートの念願の仕事だった。ヴィクトリアも《わたしにとっても、とても素晴らしいことです。愛する夫のアルバートが仕事を心から楽しみ、この地への愛情をみなぎらせるところを見られるのですから。それに彼がどんな計画を立て、どう邸宅を改善するのかも楽しみです》と喜びを書き残している。そして一八四五年六月二三日、新たな邸宅の建設がはじまった。

その年の夏、シャーロット・カニングがヴィクトリアとアルバートのドイツへの旅――女王が夫の故郷を見る初めての機会――に付き添う一方、サラ・リトルトンは王室の子どもたちとオズボーンハウスの旧邸宅に残っていた。ヴィクトリアに報告する日誌に、サラは育児部門の出来事を記録しつづけた。すぐ近くで新邸宅の建設がはじまっているにもかかわらず、子どもたちは七時まで眠りつづけていたこと。アリス王女が蚊に刺されたこと。皇太子が《海に並々ならぬ関心を示している》こと。まだ言葉を話せないものの、アルフレッド王子が《大変に男らしい気性》の持ち主であることなど、内容はさまざまだ。ヴィッキー王女の振る舞いが例によって早熟で挑戦的なことも報告している。サラがアルバートの誕生日は《祝日》だとヴィッキー王女に教えたところ、その前日に王女は起きてすぐ、明日はとても大きなお祭りがあると騒ぎだした。《予行演習のつもりなのか、その日はひたすらやんちゃに過ごすと決めたようです。最初の一、二時間は大変でしたけれど、幸いお説教に効果があったらしく、じきにおさまりました》とサラはその顛末を報告している。また、雨の日に本島の沿岸を眺めていたヴィッキー王女が《イングランドが泳いでこっちにやってくるみたい！》と言ったこともこの日誌には記録されている。

シャーロットは、ドイツの旅が《純粋な喜びとは無縁》だと感じていた。数多くの《華麗な行列と儀式》、ディナー、演奏会、シラーの劇などが催される長く疲れる夜、頻繁な女王からのスケッチの依頼、そして降りつづく雨がその原因だった。八月二六日のアルバートの誕生日には、女王一行はアルバートが子ども時代を過ごしたコーブルクのローゼナウ城に滞在していた。その日の朝、シャーロットは誕生日を祝う《賛美歌とワルツ》の演奏で目を覚ました。ヴィクトリアは夫にトマス・ユーインズが描いた『クピドとプシュケ』とステッキ、そして嗅ぎたばこ入れを贈った。その夜、ディナーのあとでアルバートと彼の兄による演奏会が開かれたが、シャーロットはこの演奏会について、《ご機嫌取りだと思われるかもしれませんが、殿下はとても素敵に見えました》と珍しく賞賛の言葉を手紙に記している。

オズボーンハウスでは、サラと子どもたちも誕生日を祝っていた。ヴィッキー王女にはドールハウスの家具とお茶道具一式と鍵のついた箱、皇太子には太鼓と横笛、アリス王女には白い犬、アルフレッド王子には風ぐるまがそれぞれ贈られた。芝の上で楽団が音楽を奏でるなか、ミス・スカーレットが王女たちのために花冠をつくり、ヴィクトリアとアルバートの肖像画も花綱で飾られた。《お祭りの夜の子どもたちはいつだって、それはもう大騒ぎです》サラは自身の経験も含めて一般論として書いたが、特にヴィッキー王女の場合はそれが顕著で、《お祭りの日が終わりに近づくと怒りに火がつき、無蓋馬車のなかで泣き叫ぶのです》とサラの日誌にも興奮ぶりが記録されている。

翌年の夏までに、新邸宅は完成間近にこぎつけた。サラはある日その光景を、《赤い服を着た従僕と一緒にあちこちに散っている子どもたちが、太陽の光を受けて輝いているように見えます。ミスター・アンソンはレディ・ジョスリンと彼女のふたりの赤ちゃんを連れて公園を散歩していて、アルバート殿下は作業員たちとても忙しそうにしていらっしゃいます。侍従武官たちが走りまわっている姿も、やる気と忠誠心がみなぎっているように見受けられました》と描写した。ロンドンと改装作業中のバッキンガム宮殿から離れることで、サラは大いに安堵していた。彼女は出発前の状況について、《ロンドンでの最後の日々は砂まみれで惨めなものでした。下水のひどい臭いが立ちこめ、防水布があちこちにかかっているせいで階段や廊下は真っ暗でした。気の毒に、働きすぎの掃除婦たちはやつれた顔をしていて、陛下と殿下それぞれの出発準備も大わらわです。そんななかでも舞踏会があって、目がかすむほどの倦怠感にさいなまれました。何より印象に残ったのは、わたしと顔を合わせるたびにミス・ドーソンが見せていた深刻そのものの表情です。悲しみや恐れでいっぱいだったのでしょう。彼女の顔はすっかり青白くなっていました。そのあと、かわいそうなミス・ドーソンとはすぐに別れてしまい、長い別離になるというのにさようならも言えずじまいでした。まったく、小さな悪いことがいくつも積み重なる日々でした》と書いている。それとは正反対に、オズボーンハウスは《素晴らしく緑がいっぱい》で景色もよく、それを損なうのは《鳴りやまない工事の音》だけだった。

キャロライン・ドーソンはサラの息子のスペンサーが恋に落ち、結婚を望んだ女官だった。スペンサーはハンサムで強情、貧しいのに大のギャンブル好きという若者で、キャロラインの両親が娘の夫にしたいと考える人物ではなかった。真実の愛をかなえさせてやりたいと考えたサラは全力を尽くし、自分の兄や女王にもふたりの結婚を願いでた。ヴィクトリアに宛てた手紙では、スペンサーが《軽率で節制がきかない》と認めたものの、《道徳的な結婚》を営めない理由にはならないとし、金銭的な事情がミス・ドーソンとの結婚の障害になっていると訴えた。そのうえで、女王に対して息子に宮廷内での仕事を与えられないか、サー・ロバート・ピールに推薦してもらえないかと相談している。こうした奔走が実ってスペンサーは宮廷で職を得て、彼の伯父も結婚に向けてまとまった金を用意してくれたものの、サラの感傷的な希望がかなうことはなかった。キャロラインの両親が結婚を最後まで認めなかったからである。結局、スペンサーは別の女性と結婚した。この不幸な出来事をサラは気に病み、その後もミス・ドーソンの感情に敏感にならざるを得なかった。一八五〇年にキャロラインがサラを訪ねてウィンザー城へやってきたとき、スペンサーの肖像画が目に入ってつらい思いをさせないようにと、わざわざそれを背にした位置に彼女を座らせたほどだった。

一八四六年六月、子どもたちと海岸に出ていたとき、サラはピールが新しい王室専用の蒸気船フェアリー号で出発する姿を見送った。続けて女王の顔を見た彼女は、直感的に《何かがあったのだ》と感じ、ピールが辞任したのだろうと当たりをつけた。サラの推測は正しかった。この年、前年の夏に雨が多かった影響で農産物が不作となり、アイルランドの飢饉が深刻化した。ピールは（アルバートやヴィクトリアとともに）、国内産の穀物――及びパン――の高価格を維持するために輸入穀物に高い関税を課す穀物法の撤廃が必要だと信じていた。しかし、撤廃は実現したもののトーリー党の分裂という大きな代償をともない、撤廃に反対していた勢力が復讐のためにピールが国会通過を目指していたアイルランド強圧法の反対に回り、彼は辞任に追いこまれた。女王はやむなくホイッグ党の党首を務めていたジョン・ラッセル卿に組閣を命じたものの、《彼らがいれば安心できる》と語っていたように、ピールや古くからの友人であるアバディーン卿やリヴァプール卿に同情的で、新たな内閣の登場で《安定した雰囲気が損なわれる》のではないかと危惧した。特に新しく外務大臣となったパーマストン卿については《健全》でも《誠実》でもないと否定的だった。ただし、少なくとも新しい宮内長官、家政長官、侍従武官たちを迎えることについては、ヴィクトリアとアルバートも《尊敬される宮廷をつくる》機会になると前向きにとらえた。女王は、オズボーンハウスでの滞在が《つらい別れ》を乗り越える慰めになってくれればと期待していた。

シャーロット・カニングはオズボーンハウスに到着して早々、図画教師の役割を果たさなくてはならなくなった。ヴィクトリアに水彩の風景画を教えていたこともあるエドワード・リアが来るまでの代理だ。女王の絵の腕前はなかなかのもので、ヴィクトリアは従順ではあったが、神経質な弟子だった。落ち着いた口調で《つぎはどうしたらいいのかしら？　緑を混ぜたほうがいいでしょうか？　それとも、これ以上青くする必要はない？》と尋ねることもしばしばで、それから《言われたとおりにする》のが常だった。さらに、王室の人々がオズボーンハウスからハンプシャーの沿岸に渡ってスチュアート家の居城であるハイクリフ城へ行幸するという話も持ちあがっており、シャーロットは母親に警告の手紙を送った。王室の計画が変わるのはいつもの話で、女王の真意は想像するしかない。しかし、気まぐれなヴィクトリアがフェアリー号にいつ姿を現してもおかしくはない状況だった。

この手紙でレディ・スチュアートの神経は一気に張りつめた。シャーロットの手紙には女王の来訪に際して必要なものが書いてあったほか、寝具の上掛けをはずしておくこと、絨毯もはがしておくこと、生花や炭酸水、紅茶を準備しておくことなどの指示もあった。細かい指図が並んだ文面に、気分が高揚するどころではなかったのだ。指示はこれだけではなく、《昼食を求められた際にはコールドビーフを用意すること。マトンやチキン、エビやウナギではいけません。タマネギも厳禁です。ケーキは問題ないと思いますが、そもそも昼食自体が必要ない可能性が高いと言えます。ですが、炭酸水はいまの天候を考えればたくさん必要になるでしょう。汚れを落とすため、寝室にお湯などを用意する必要も出てくるでしょう》と続いた。また、シャーロットは《お父さまはきっと想像しただけで怖じ気づいてしまうに違いありません》と書き、女王を迎える話は確定するまで父親にはしないほうがいいと提案している。来客や悪天候、そのほかの理由で話自体が流れることも充分に考えられるからだ。

《昨夜、王室のディナーで……》九月にサラ・リトルトンは書いている。《グレイ大佐（一八四九年にアルバートの秘書となった侍従武官）とレディ・カニングと同席しました。とても知識が豊富で聡明な方々です。いままでこれほど知的で楽しい夜を過ごしたことはありませんでした》また一五日には、女王一家がパヴィリオンと呼ばれる新邸宅に入った。レディ・リトルトンとレディ・カニング、女官のルーシー・カーは女王が玄関のドアを通り過ぎたあと、スコットランドの習慣にならって古い靴を放り投げた。サラは新邸宅での最初の夜について、《寒いという者もペンキが臭うという者もいません。ここへ来たのは最高の出来事でした。邸内のすべてが新しく、食堂もとても素敵です。窓辺で光り輝く室内のランプの光は、きっと海からも見えたことでしょう》と書いた。

ディナーのあとで、新築祝いも催された。全員が起立し、女王とその夫の健康を願って乾杯すると、アルバートはいたく感激した様子で《去ってはまた来るわれらに祝福を》という意味のルター作の賛美歌の一節をドイツ語で引用した。サラもこの引用には共感を覚え、《新しい家、新しい王宮に入るというのは、本当に厳粛な気分になるものです》と書いている。この新邸宅を《広くて風通しがよく、きれいで堅牢》と評し、自室についても《本当に快適で、とても満足しています》と喜んだ。実際、パヴィリオンの最上階にある子どもたちの育児室の隣につくられた彼女専用の居間と寝室は広さも充分で、王宮を囲む緑とソレント海峡を一望する素晴らしい景色を眺められた。しかも便利なことに女中の部屋が、すぐ近くにある塔の、サラの部屋の一階上の位置にあった。

オズボーンハウスの建築に没頭していたアルバートにとって、この転居は厳粛という言葉では片づけられないほどの意義があった。設計の段階からキュビットとともに仕事にかかり、鉄の梁や漆喰に使うセメント、板ガラス、断熱に使う貝など資材の検討にも参加し、それに加えて天井画やフレスコ壁画（アルバートの部屋の浴槽の反対側には、アントン・フォン・ゲーゲンバウアーの官能的な『オムパレーとヘラクレス』が描かれている）もみずから発注した。ビリヤード台や照明器具から、女王と彼がベッドから出ずに部屋の鍵がかけられる独創的な装置などまで自分で設計した。できあがった邸宅はそのイタリア様式の特徴――平屋根やふたつの鐘楼、片側に壁のない柱廊に赤褐色の化粧漆喰など――にもかかわらず、なお美しさよりも機能性を重視した地方の大邸宅といった雰囲気も醸しだしていた。風が強く、夏の晴れた日には陽光があふれ、曇った日には寒くなるという環境にあったものの、建物内部はヴィクトリアとアルバートが家族と親密に過ごすのにちょうどいい広さとなるよう設計には工夫がなされていた。パヴィリオンにある往来が可能な女王とその夫の私室は小さく、家庭的なものだ。女王がディナーのための着替えをしながら――女王の衣装室は机が並べてある居間と隣り合わせだった――アルバートが弾くオルガンの音を聞くことができるほどの大きさで、子どもたちが跳ねまわる育児室もすぐ上階にあった。使用人たちもごく近くに――衣装担当の女中や従者や小姓たちの寝室は同じ階に、着付けや育児にかかわる者たちの寝室は上階に配置されていた。むろん一般の家の騒々しい家庭生活とは大違いだが、女王のお気に入りの表現を借りれば、《気さくな》

環境だった。

新築祝いから数日後、アルバートはレディ・リトルトンとレディ・カニングに対して、彼女たちを称えるため、記念にそれぞれの木を植えたいと申しでた。シャーロットはオークを、サラはヒマラヤスギを選び、アルバートがみずから土を掘って植樹した。王室に仕える面々はまだ旧邸宅に残っていたが、その旧邸宅も段階的に取り壊し、侍従武官たちの部屋や、家政事務官と秘書の執務室、共同の居間、食堂、ビリヤード室、寝室、そして紳士たちのための喫煙室などを備えた新邸宅のハウスホールドウィングを建設する予定になっていた。一八四八年にこの翼棟が完成したとき、シャーロットとエレノア・スタンリーは、新しい部屋──一階の日当たりのいい角部屋で、シャーロットとエレノアは隣どうしだった──に足を踏み入れることすらままならなかった。チンツやマホガニー製の家具が散乱してひどい状態だったのだ。感想を聞くためにわざわざ様子を見に来たアルバートが数時間かけて家具を並べ直してピアノを動かし、写真まで選んでくれてようやくふたりは部屋に落ち着くことができた。しかし、この新しい翼棟は王室で働く全員を収容するには狭すぎたため、一キロあまり離れた場所にあるバートンマナーが急遽、侍従武官たちのために購入されることになった。そして数年後の一八五一年、カウンシルルームや王室の子どもたちと身分の高い紳士たちの部屋を備えた、新たなメインウィングが追加された。

家具や装飾など、オズボーンハウスの内装の整備は続けられ、手のこんだ色彩豊かな効果が加えられた。アルバートは助言役のルートヴィヒ・グルーナー〔ドイツの銅版画家〕の力を借り、家具や工芸品、絵画、彫刻の購入と注文を進めた。お気に入りだったルネサンス初期の絵画（マンテーニャ、フラ・アンジェリコが一点ずつとドゥッチオの三連画）も彼自身の衣装室に飾られ、ヴィンターハルターの手による一家の肖像画が食堂の壁にかけられた。待合室として使用するホーンルームに置くため、鹿の角を使った家具も購入し、居間に置くカットガラスの台座付きシャンデリア、ヴィクトリアの化粧台に置くミントンの陶磁器なども注文した。女王の繊細な趣味を反映させることも許され、その一環として彼女の意思で、王室の子どもたちや犬たち、お気に入りの廷臣や使用人たちは、肖像画や胸像、写真という形で残された。

階段の吹き抜けを飾るため、アルバートはウェストミンスター宮殿のフレスコ画を手がけたウィリアム・ダイスに『海の帝国をブリタニアに譲るネプチューン』のフレスコ画を依頼したが、ダイスの作品は王室の完全な承認が得られなかった。育児部門の女性たちやマドモアゼル・シャリエの視野に入る高さ（このフレスコ画は子どもたちが居住する階にかけられることになっていた）に飾る作品としては肌の露出が多すぎるとの意見が出たためだ。エレノア・スタンリーもこの作品には衝撃を受け、ブリタニアは黄色のドレスを着ているものの、《そのほかの人物たちはアフリカにでもいるみたいで、ブーツすら履いていません》とその驚きを書き残した。ダイスが作業をしているところを見るためにアルバートに階段へと呼びだされたサラ・リトルトンは、ダイスについて《これ以上ないほど親しみづらく、いままでに会った誰よりも愛想のない冷笑家》だったという印象を記している。しかし、その一方で、サラとダイスはウィリアム・グラッドストンと親しくしているという共通点もあり、《ある種の連帯感》を覚えずにはいられなかった。

メインウィングとハウスホールドウィング、パヴィリオンをつなぐ廊下のグランドコリドールは、彫刻――おもに古典作品――のギャラリーとしての役割も果たし、床にはミントンのタイルが敷かれ、ジョン・ギブソンの発注による彫刻が数体置かれていた。ギブソンは一八一七年からローマで暮らし、同じく彫刻家のカノーヴァとともに学んだ。一八四六年にカニング家がイタリアで八カ月ほど過ごした際、ヴィクトリアはシャーロットにふたつの仕事を命じた。ひとつはパグ犬を手に入れること。もうひとつは女王の彫像を作成中のジョン・ギブソンを訪ねることだった。ギブソンの仕事場を訪問したシャーロットは、女王の彫像は制作も順調で、水準も素晴らしいと報告した。彼女が唯一賛美しかねると感じたのは、ギブソンの大理石に彩色する技術だった。ドレスの赤と青の縞はうまくできていたが、淡い黄色を使った靴や飾りの房、ティアラはいまひとつに見えたのだ。七月に完成した彫像がイングランドに到着したとき、ヴィクトリアは《とてもよくできています。けれど、顔の表情が少々いただけないようです》と評した。しかし、もうひとつの命令であったパグ犬のほうは成果がなかった。ローマにはパグ犬がいなかったので打つ手もなく、シャーロットは同僚の寝室付きの女官であるレディ・ゲインズバラのために、パグ犬を手配したマダム・ポテムキンに協力を仰ぎ、ボローニャがいい産地であると教えてもらった。

ヴィクトリアはクレアモントからシャーロットに返事を出した。《彫像に関してはアルバートも喜んでいて、ギブソン（とてもいい方で、親しみやすいです）を賞賛しておりました》と書いたあと、《わたしの絵もあなたと出会ってから上達しました。わたしが描いたミスター・リアの作品の模写を見たら、きっとあなたも驚いて、リーチと同じようにわたしが描いたとは思えないと言ってくれるはずです》と続けた。この手紙にはオズボーンハウスのスケッチが同封されていて、女王は《わたしが忍耐強く絵に取り組むようになりましたと彼に伝えてください》とシャーロットに言ってきた。当時、リアもローマで暮らしていたのだ。

サラ・リトルトンはオズボーンハウスを愛しており、女王がここを《情熱を持って支持なさる》のに疑問を覚えもしなかった。彼女は《わたしはいつも、女王陛下と殿下が地方の紳士とその家族のまねをしてお暮らしになるのは、物質的にはこれ以上望めないほどの幸福だと思っていました》と綴っている。自室で座って美しい夕日を眺め、開けた窓からアルバートが弾くオルガンの音が聞こえてくるなか、サラは完璧な満足を味わっていた。悲しみの原因となっていたのは唯一、娘たちの不在だ――オズボーンハウス付近にキャロラインとキティが《滞在する場所》を見つけるのは困難で、心の慰めといえば手紙を書くしかないサラは、自分が《ペンとインクを使ったダイエット》をしている気分にとらわれていた。オズボーンハウスを去るとき、いつも《複雑な心境》になると記している。そして、そのあと《朝はとても気分がよく、健康的です。……五〇もの連絡事項や商人たち、それに夜の悲惨なほどのけだるさとはまったく均衡が取れない忙しい仕事に邪魔をされませんから。こうした状況は少しも改善されません》と自身の生活ぶりを書き残した。

夜をけだるいと感じ、苦しんでいたのはサラだけではない。ほとんど来客がなく、娯楽も少ないうえに逃げる場所もない状況がもたらすそうした感情は、あるいはウィンザー城にいたときをうわまわっていた。一般的に、王室に仕える面々はサラほどオズボーンハウスに魅了されていたわけではなかった。ミス・スカーレットはこの地での生活を《尋常でないほど退屈》と評し、ロンドンの知人たちに会いたがった。《海と空気以外のすべてから切り離されてしまった》というのが彼女の感想だった。シャーロット・カニングの高揚した気分も冷め、彼女はオズボーンハウスが《ロンドン的な設計》だとして突き放すようになった。キュビットがロンドンのベルグラヴィア地区にあるほとんどの建物の設計にかかわっていたのを考慮すれば、これは驚くべきことではない。ただし、シャーロットも建物の快適さ（ヴィクトリアとアルバートのために配管付きの風呂が設けられたが、これは一八四〇年代にはきわめて珍しいものだったし、建物全体に完備された水洗式のトイレや暖房装置も同様だった）と景色については認めており、フランスのトリアノン宮殿になぞらえてもいる。また、《何にせよ、陛下と殿下のお気に入りであるには違いありません。おふたりが五人のお子さま方に囲まれながらそれぞれの記念樹を植えるご様子は、このうえなく幸せそうでした》とも書いている。ハイクリフ城の庭園を管理していたシャーロットは、アルバートの庭園整備に関して、《テラスがあり、アルコーヴ〔壁のくぼみ〕や彫刻もたくさんあって、とても美しい庭です。ですが、全体の眺めといささか大きすぎる人工物は手直しをする必要があるでしょう。それに、手を加えたくなる散歩道もいくつかあります》と、厳しい意見を残している。

女王一家は気温を重視していて、健康的な涼しさを保つため、宮殿のすべての暖炉のそばには温度計を入れた象牙色のオベリスク形の箱が設置されていた。オズボーンハウスは最新式の暖房装置を備えていたにもかかわらず、大きな板ガラスの窓を開け放していたせいで、必然的にひどく寒かった。ディナーのあとで集まる上品な黄色のカーテンが取りつけられた居間では気温が五度以下になることもしばしばで、女性たちのむきだしの肩が青白くなりそうなほどだった。女王のいちばん下の娘のベアトリス王女はある日、ドイツ人の家庭教師に窓は何のためにつくられるのかときかれ、《風を入れるためです》と答えた。閣僚たちもワイト島とロンドンの距離が遠いと不平をこぼし、ほぼすべての人々が、ときにはヴィクトリアでさえ、フェアリー号での渡航の際の揺れ具合に恐怖を覚えた。それを《むしろ楽しい》と評したのはエレノア・スタンリーだ。《みんな一緒に海を渡ってきたのに、まるで自分ひとりが大変な思いをしたかのように不平を並べるのですから》と彼女は書いている。

女王一家と同様に王室に仕える面々も、オズボーンハウスではいくらかの自由を享受できた。大型の遊覧馬車（ウー城のものを参考にしてつくられた）を使って島内をめぐり、散歩や馬での遠乗りに繰りだし、のちには自転車で出かけたりゴルフを楽しんだりもした。未婚の女官たちは、《ウィンザー城であれば全員が毛を逆立てるほどの反応を示す、内緒の散歩》もときには許されるようになった。領内で働く者たちのために夏には祭りも催され、ビールを飲んでダンスやサックレース〔両脚を袋に入れてジャンプしながら進む競争〕をしたり、王室専用船の船員たちが踊るダンスを見物したりといった娯楽も提供された。しかし、サラ・リトルトンはため息まじりに《にぎやかで陽気で、ひどく退屈です》と書き残している。夏になると、女王一家とそれに仕える面々は無気力なウィンザーでの生活からは考えられないほど活発に外へと繰りだした。女王は朝食を屋外でとるのを好み、ディナーもたびたび場所をテラスに移してとった。そうしたことに関しては、オズボーンハウスは理想的な場所だった。アルバートは景観の整備を指揮し、ヴィクトリアはそんな夫を見守りながらスケッチに精を出した。茶色のゆったりとした服を着て麦藁帽子をかぶった《解放された王室の子どもたち》は木陰を駆けまわり、豆の皮をむいたり芋を洗ったりした。子どもたちにはそれぞれに野菜を育てる畑があてがわれ、一八五四年にスイスから輸入された組み立て式のスイスコテージという建物でその野菜を調理することが奨励された。この建物は子どもたちが遊ぶ小屋をさらに大きくしたようなもので、小さな調理設備を備えていた。このほかにも王子たちが遊ぶための砦やウィンザーにあったものと同様の農園もつくられ、農園の管理はアルバート自身が行った。

しかし、繰り広げられる田園風景の下で、深刻で不純な問題が進行していた。オズボーンハウスの住人たちのあいだで過度の飲酒が横行するようになったのである。女王はいきすぎた飲酒には強く反対していたものの、それは自分自身の身分に近い者にかぎられており、使用人たちの飲酒に対しては信じられないほどの寛容さを示していた。ウィンザー城の貯蔵庫で働いていた者が飲酒のために職を追われることになったと知ったとき、ヴィクトリアはすぐに彼の味方をした。家政事務官がこの一件について、《陛下からあわれなR・アルバータンソンは貯蔵庫からは距離を置くべきだとのお達しがあった。以前から彼を酒の誘惑を受ける場所から引き離すことを考えていたそうだ。また、この件については残念だが、アルバータンソンを首にすべきではないとのことだった。……荷物運搬人のバーカーも同じ問題で貯蔵庫からは移されたものの、それ以降は問題を起こしていない。アルバータンソンには素晴らしい妻もいるのだから、彼女と家族のためにも別の仕事につけてやったほうがいいというのが、女王陛下のお考えだ》と記している。結局、アルバータンソンは銀細工の保管室に新たな職を得た。女王は、アルバータンソンが長年にわたって飲酒の誘惑にさらされる環境に置かれていたことが問題なのであって、彼の飲酒自体は重く見るほどではないと考えたのだった。

ウィッピンガム教会の教区牧師、キャノン・プロザロがオズボーンハウスの住人たちの〝不節制〟についてヴィクトリアの注意を喚起しようとし、特に前の猟場番人を務めていたランドという者の飲酒癖を指摘したところ、女王は激怒して弁明をした。プロザロの記録によると女王は、《そういった悪行》がオズボーンハウスで行われている証拠は見たことがなく、牧師が《ランドに関する誤った情報を聞かされた》のだと主張した。プロザロは《陛下にとっては、ことの真偽を確認するのが容易ではなく、ランドに対する非難を裏づける証拠が見つからなかったのだろう。よく仕え、忠誠を示している者に対する自分の評価を変えたくないという思いもあるはずだ》と書き残している。端的に言えば、忠実な奉仕はあらゆる罪を凌駕するということだ。プロザロは自分の意見を曲げなかったので、結局、特に要請があるまでは病人の見舞いなど、女王に仕える者たちと接触するのを禁じると申し渡された。ヴィクトリアは使用人の飲酒に目をつぶることはあっても、牧師のお節介には我慢がならなかったのだ。

第8章　ハイランドにて

オズボーンハウスのさまざまな長所も、ヴィクトリアとアルバートのスコットランドへの憧憬を抑えこむまでには至らなかった。ふたりのハイランドへの愛着は、一八四二年の最初の訪問で種をまかれたが、本当に根づいたのは一八四四年の二度目の訪問時であったのだろう。グレンライオン卿に屋敷を借りて三週間ほどパースシャーのブレアアソールに滞在したときのことだ。やはりスコットランドを愛していたシャーロット・カニング（夫の狩猟に同行してよくスコットランドを訪れていた）は、この訪問に加われたことと、ようやくザクセン・コーブルク公爵の半喪が終わったことに二重の喜びを感じていた。まだ黒い手袋とリボン、そして扇を身につけなければならず、ふたたびヴィクトリア・アンド・アルバート号に乗船しなくてはならないのは気が重かったが、それ以外はすこぶる上機嫌だった。シャーロットのほかにアバディーン卿やリヴァプール卿（このときは両名ともまだ政府内にいた）、サー・ジェームズ・クラーク、ジョージ・アンソン、カー・コックス、ヴィッキー王女の世話をするマドモアゼル・シャリエなどを含んだ一行はウーリッジを出港した。サラ・リトルトンはオズボーンハウスに皇太子やアリス王女、アルフレッド王子とともに残留した。内心で船旅に出ずにすむことを安堵し、《お子さまたちは顔色もよく、とても元気です》と女王に報告した。

ヴィクトリア・アンド・アルバート号は新しい換気装置を導入しており、乗り心地は改善されているはずだった。導入を担当したのはドクター・デイヴィッド・リードという暖房装置の専門家で、チャールズ・バリー設計の新しいウェストミンスター宮殿にも手のこんだ、しかし問題の多い換気装置を導入した人物だ。王室専用船に導入された装置もやはり問題が多く、蒸気を船外に排出するのではなくかろうじてかきまわすだけという状態だった。おまけに新しい装置を導入したからといって高波による揺れを抑えられるはずもなく、じきにシャーロット以外の全員が船室にこもってしまった。船旅を恐れていたマドモアゼル・シャリエや女王の着付け担当たちも、予想どおりに《動けない状態》になってしまったため、珍しく部屋で横になってい る女王の世話をする者がシャーロット以外にはいなくなってしまい、彼女はまたしても船長のアドルファス卿とふたりでディナーをとることになった。海がおだやかになるにつれて全員の船酔いもおさまり、ヴィッキー王女も《すごく楽しいの。どうしたらいいかわからない》と叫びながら船内を駆けまわるほどになった。やがて船は問題なくスコットランドのテイの港に停泊した。

シャーロットはブレア城を、形という点では《いままで見たなかでいちばん奇妙》だと評している。彼女とほかの王室に仕える人々は一階をあてがわれ、ヴィクトリアとアルバートは必要な改装が施され、家具も移されてより快適となった二階に滞在することになった。グレンライオン家は女王たちを迎えるにあたってかなりの出費をし、家具や絨毯を新調したほか、新たにふたつの間をつなぐ通路をつくったりして準備を整え、彼ら自身は別の家に移っていた。

滞在して感じる不便さは、時間とともに急速に気にならなくなっていった。アルバートは彼らしい几帳面さで義母に手紙を書き、そのなかで《全員が元気で、原始的ながらも情緒のある山の暮らしを満喫していま す。わたし自身、ここの生活で精神面がずいぶんと元気になり、自然と狩猟を愛する心が喜びで刺激されるのを感じます》と心境を説明した。そして、アルバートの喜びは、ブレア城に到着してからずっと上機嫌のヴィクトリアの喜びでもあった。景色や空気、乗馬、スケッチ、散歩（五週間前にアルフレッド王子を産んだばかりの女王は、少し長い距離となると車椅子に頼っていた）とすべてが楽しく、愛するアルバートが銃を撃つ姿を見るのにも、彼といつも以上に近い距離で生活をするのにも満足していた。ディナーが終わると女王はシャーロットの寝室にやってきて、《冗談を言っては楽しんだ》

ヴィクトリアもアルバートもすぐに、自分たちも驚くほどの親近感をスコットランドに対して抱くようになった。アルバートにとっては故郷のゴータの丘や森を思い起こさせる景色がその原因だった一方、ヴィクトリアにとってはハイランド自体の魅力が大きかった。気取りや見せかけとは無縁の人々は女王の心をなごませ、彼らの信仰すら彼女に安らぎをもたらした。ブレア城にいるあいだ、ヴィクトリアはシャーロットとともに長老派の教会へと礼拝に訪れた。こうした礼拝はシャーロットの意思に反したもので、彼女は《殿下はご自分がドイツにいた頃に通っていた礼拝と似ているとおっしゃっていましたが、つまりお気に召したということなのだろうと思います》と書き、アルバートはともかく、女王も礼拝をいやがっていると思いこんでいた。しかし、これは完全な勘違いであり、女王は事実、礼拝を喜んでいた。高教会派の信者だったシャーロットにとって、賛美歌を歌うあいだ椅子に座っているのは《奇妙なこと》だった。彼女はカーとともに、もっと自分たちの信仰に合った、より厳格な《監督派教会》にも出かけていった。床は地面がむきだしで、ひざまずくための板が置いてあるだけという教会だったが、シャーロットは礼拝に関しては《大変素晴らしかった》と評価している。

ブレア城では、アルバートは腕前よりも意識が先行している《大自然のなかで行う競技》に夢中になった。グレンライオン卿はライチョウの猟を企画したり、雄鹿をどうにかアルバートの前に追いたてようと森のなかを駆けずりまわったりしたものの、アルバートの射撃の腕前がいまひとつなのは隠しようもなかった。シャーロットは、彼が雄鹿を仕留め損なったことや間違って雌鹿を撃ってしまったことなどを、（意地の悪い喜びをもって）熱心に記録している。しかし、腕前以前の問題として、イングランド人の見解に照らしてみると、アルバートはスポーツマンシップに反する許しがたい行為をしていた。ブレア城の窓から鹿を撃つところをヴィクトリアに見物させ、恐怖に震えさせたことも何度かあり、やはり近くにいたヴィッキー王女の心に《深刻な苦痛》を与えてしまったこともあった。また、翌年にゴータを訪れた際には、柵のなかに入れた鹿を至近距離から撃って五五頭を仕留めるという〝虐殺〟を行い、イングランドの新聞を激怒させた。シャーロットはこの件について、《射撃の腕前が未熟なために急所に命中させられず、さらに悲惨な光景となってしまいました》と記した。ヴィクトリアでさえ、このときは《これは狩猟とは言えません》と感想をもらしている。

ブレア城にいるあいだ、シャーロットは午前中、手紙を書いて過ごすことが多かった。それから、女王からの命令がないときには機会を見計らい、スケッチの道具一式を持って仔馬で外出した。ヴィクトリアはシャーロットに風景画を描くよう求めることが多かったが、自身も筆をとってスケッチに精を出した。ある日、窓越しの風景を描いていた女王は、シャーロットに《元気に遊んで汚れた子どもたちの姿を描きたいものです》と希望を語った。シャーロットは結局、グレンライオン卿がアルバートのために鹿をお膳立てしたのと同じ役まわりを演じるはめになり、子どもたちと一緒に外に出た。そこへ女王が《こっそりとやってきて、こちらに気づかれないように》絵を描くのである。また、シャーロットは女官たちのためにヘザーの花冠をつくるのにも忙しかった。彼女がつくる花冠は、女王の髪を整える役目を仰せつかっていたムッシュー・イシドール・マルシャンのものより出来がいいとされていたためだったが、当然これはイシドールの嫉妬を生む結果となった。

シャーロットはブレア城での日々を楽しんでいたとはいえ、グレンライオン卿が短気で強権的だと感じており、彼が立てた旅程も女王には厳しすぎると思っていたために衝突を繰り返した。シャーロットが思うに、おそらくグレンライオン卿は彼女を《その場の興をそぐ、些細なことで騒ぎたてる厄介な人物》だと思っているに違いなかった。数年後にアソール公爵となったグレンライオン卿がシャーロットの《生真面目さ》を声高に非難したところからして、おそらくこのときの彼女の印象は正しかったものと思われる。その一方、シャーロットはレディ・グレンライオンには好感を持っていた。ただし、一八五二年にレディ・グレンライオンが女官長の候補にあがったときには、シャーロットは彼女を《聡明で礼儀正しいけれど、笑うことが多すぎる》と厳しい評価を下している。シャーロット自身、おかしくもないのに笑うような人物ではなかった。

滞在も終わりに近づいたある日、アバディーン卿が、カワウソがいるという話を聞きつけ、一行はカワウソをつかまえるところを見ようとギャリー川の岸へと繰りだした。実はこのカワウソは《四日間も箱に入れられたあとで動きも鈍かった》ために猟犬にはとうていかなわず、悲惨な光景が繰り広げられた。猟場番人が死んだカワウソを猟犬の頭の上にかざしているところを見て、シャーロットはランドシーアに思いを馳せた。《絵の題材には事欠かず、『パンチ』や『ロンドン・ニューズ』といった週刊誌や新聞は、この機会を可能なかぎり利用しようとしていました。みながキルトを身につけて歩きまわっていたのです。イシドールはカワウソをもっとよく見ようと近づいていき、記者たちもこそこそとあちこちを嗅ぎまわり、女王陛下はゴム引きレインコート《マッキントッシュ》姿で傘を差し、仔馬に乗っていました》と、彼女はこの光景を説明している。弟のエドウィンよりも無名で愛想もないチャールズ・ランドシーアは、女王のためにスケッチをする役を命じられてブレア城に同行していた。しかし、シャーロットによると、彼は自分が扱いにくい人物であることを証明するばかりで、家の前に集まった大勢の人々などといった題材にも納得していなかった。一方、やはりブレア城に同行していたシャーロットが目をかけているウィリアム・リーチは、《命令には喜んで従う》とみずからに言い聞かせ、実際に申し分のない振る舞いを見せた。

滞在を終えると、ヴィクトリアが全員に贈り物を配り、アルバートもシャーロットをはじめ地位の高い者たちに《自分からのちょっとした土産》があると言い、《琺瑯《ほうろう》の緑の葉に鹿の歯をドングリのようにあしらった》いささか悪趣味な記念品を配った。また、アルバートはブレア城での思い出にと、《アソール・インクスタンド》と名づけた特注品のインク台をみずから設計してつくらせた。銀と銀箔、御影石に大理石、さらに水晶と鹿の歯を使った豪奢なインク台は、翌年のクリスマスにヴィクトリアに贈られた。一〇月一日のよく晴れた朝、女王一行はスコットランドをあとにし、ウィンザーへと向かった。

ヴィクトリアとアルバートは一八四七年にもスコットランドを訪れた。今回は新しく雇い入れた家庭教師のミス・ヒルドヤードの監督のもと、上の子どもふたりも一緒だ。彼女はこの旅のため、植物学の知識をおさらいして準備をし、一行はヴィクトリア・アンド・アルバート号に乗ってウェスタンアイルズの沖合を進んでいった。アルバートは途中、ベン・ネヴィス山に登り、彼らはやがて目的地のアルドヴェリキにある、アバーコーン卿から借り受けたラガン湖畔の山荘に到着した。一日じゅう霧が立ちこめ、雨が降っているという環境だったものの、この場所も女王たちのハイランドへの憧憬と、スコットランドに自分たちの在所を持ちたいという願望をつのらせただけだった。スコットランドは真の意味で隔絶した環境を与えてくれる――オズボーンハウスではこうはいかない――うえに、天候が健康に与える影響についての理論を本に書いて出版したばかりのサー・ジェームズ・クラークがその効果を激賞するとおり、空気も澄んでいた。クラークの説によると、スコットランドは東部のほうが西部よりも空気が乾燥しているらしかった。翌年、ヴィクトリアとアルバートは、アバディーン卿からバルモラルのディー川の近くにある、小さな塔が立つ白い花崗岩でつくられた城を賃借した。

一八四八年、「革命の年」と呼ばれたこの年、ヴィクトリアはウィンザー城で新年を迎えた。遠い親戚が亡くなり、一週間の喪中にあったため、にぎやかとはほど遠い状態だったが、平和な年明けには違いなかった。妊娠七カ月に入っていたヴィクトリアが乗馬の訓練場でウィンザー城の住人たちと使用人たちに贈り物を配るあいだ、子どもたちはシェットランド産の仔馬が引く馬車——王太后からのクリスマスの贈り物だ——に乗っていた。一二夜の遊びにブランデーで火をつけたレーズンを食べるゲームが行われ、人々は『ジェーン・エア』という新しい小説について語りあった。《褒める人もけなす人もいました》とエレノア・スタンリーは書いている。《ですが、よく書けているという評価では一致しており、誰が書いたのかを不思議がっています》

しかしながら、前年はヨーロッパじゅう——オーストリア、ハンガリー、ドイツ、フランス、イタリア、スペイン、ポルトガル、そしてギリシャ——でナショナリズムと不景気が吹き荒れた不安定な年だった。イングランドでもチャーチスト運動——選挙改革を求める労働者階級の運動——が盛りあがりを見せ、アイルランドもジャガイモ飢饉が続いて苦しみのただなかにあった。シャーロット・カニングの義弟にあたるウォーターフォード卿のアイルランドにある領地カラモアも、領民を救おうとする彼の懸命の努力にもかかわらず、一八四八年までに完全な苦境に陥った。三月にはシャーロットも領民を救うための足しにと、ルイーザ宛に二五ポンドを送っている。しかしその三カ月後、愛するルイーザと離れ離れになるのを嫌っていたウォーターフォード卿も妻の安全に不安を覚えるようになり、ついにイングランドへ行くようにという指示を出さざるを得なくなった。

一八四八年の最初の革命は、意外にもフランスで起こった。二月にルイ・フィリップが退位を余儀なくされ、家族とともにヴィクトリアを頼ってイングランドに逃れてきたのである。サラ・リトルトンは、着の身着のままで金銭や宝石も持たずにバッキンガム宮殿へやってきた〝逃亡者〟たちの様子を書き残している。フランスの王族の子どもたちはみごとなまでにしつけが行き届いていて、《生まれのよさがひと目でわかる》雰囲気こそあったが、《とても小柄で弱って》いた。到着したときの様子を見れば無理もないとサラは思った。宮殿に着いた夜、子どもたちは《とんでもなく大量のスープ、ビーフ、チキンをたいらげ、ラズベリージャムのタルトをいくつも頬張りました。それからすぐ、体を清めようともせずにその足でベッドに直行してしまったのです！》というありさまだった。ヴィクトリアはルイ・フィリップの状況に同情を覚えつつ、凋落の原因の一端には彼自身が推し進めた《不幸なスペインとの結婚》があるのではないかと考えずにいられなかった（ウー城での女王との約束にもかかわらず、ルイ・フィリップは息子のモンパンシエ公爵をスペイン王女と結婚させた）。三月にはオーストリアの宰相だったメッテルニヒが失脚した。イタリアでもロンバルディアとヴェネツィアがオーストリアの侵略者に対して蜂起し、ナポリやシチリア、トスカーナやローマといった各地方で支配者に対する暴動が起こった。

こうした反乱や不安定化が背景にあり、チャーチスト運動の賛同者の集会が開かれるという情報に対して英国政府は警戒を強めた。チャーチストたちは下院に向けて行進し、歴史上三度目となる《大規模な請願》を行うとしていた。噂によると四月一〇日に一五万人がケニントンコモン〔現在のケニントン公園〕に集まるとされ、この危機を受けて、大衆の人気が高く、無用な刺激を招かないと考えられたウェリントン公爵がロンドン防衛のために招集された。大英博物館はバリケードで固められ、イングランド銀行の警備が強化され、橋にも人員が配置された。また、軍の部隊が主要な地点に振り分けられたほか、新たに八万五〇〇〇人の保安要員が採用された。四月八日、首相のジョン・ラッセル卿の強い要請があり、生後数週間のルイーズ王女を含めた女王一家は降りしきる雨のなか、追いたてられるようにしてオズボーンハウスへと向かった。九日の夜、侍従武官のチャールズ・フィップスは、女王の首都脱出が非難の的になっていないか、大衆の反応を見定めるためにロンドンの街を歩き、大丈夫だろうという結論を得た。

しかし、オズボーンハウスではシャーロット・カニングとエレノア・スタンリーが女王の行動を《とても臆病》だと考えていた。しかし、結局はオズボーンハウスへの脱出はまったくの杞憂にすぎなかったことが証明される。チャーチストの集会が不発に終わったのだ。集会は二万人にも及ばない規模の整然としたもので、請願の署名は三台の馬車によって下院に届けられた。のちにこの署名の多くが偽造であることが明らかとなった。このとき、志願して保安要員となっていたサラの息子のジョージ・リトルトンは、《青い警棒を持ち、王室の紋章のバッジをつけて》ペルメルを何度も往復したものの、《一般人よりも保安要員のほうが多い》とわかっただけだったと母に報告した。さらにジョージたちの部隊が、集まった群衆を排除するよう指示を受けてハノーヴァー教会の正面玄関に到着したところ、その場にいたのは一四人の女性とふたりの子どもだけだった。ジョージは《それでも子どもたちが激しく暴れたので、警官たちが強制的に玄関から排除し、わたしたちは意気揚々と引きあげました。将来、この日はチャーチスト運動の失敗を記念する日と呼ばれるかもしれません》と書いている。

ヴィクトリアの英国は一八四八年にヨーロッパを席巻した革命の嵐を無傷で乗り越えた。ジョン・ギブソンが制作中だった、クラシックな衣装を着た女王の彫像が危うく犠牲となるところだったものの、どうにか難を逃れた。ローマではその年の一一月、教皇ピウス九世が信頼していた暫定政府の首班が暗殺され、翌年二月には共和国宣言が発せられた。教皇に味方をしたフランス軍がローマに侵攻し、ガリバルディらが率いるローマ軍が激しい抵抗を見せた際に、ギブソンは自身も騒乱のなかに身を置いていることを自覚した。

一八四九年五月にスカーレットに宛てた手紙で、ギブソンは彫刻――アルバートの誕生日に彼を驚かせる贈り物として制作されていたもの――の発送が遅れる旨を知らせてきた。作品は完成して研磨師のもとへ渡っているものの、その研磨師が《仕事を途中で放りだして》息子と一緒にローマから脱出してしまったというのがその理由だった。三人の聖職者が路上で撃たれてからは、通りに人の姿も見られなくなってしまい、ギブソン自身も多くのローマ在住のイングランド人たちと同様にリヴォルノに居を移し、《嵐が去るのを待つ》ことにした。一一月になってローマに戻ったギブソンは彫刻に仕上げを施してようやくイングランドに向けて発送したが、到着はアルバートの誕生日にはわずかに間に合わなかった。この彫刻はオズボーンハウスのグランドコリドールに飾られ、現在に至っている。

ヴィクトリアとアルバートの地位に対する不安は、バルモラル城を手に入れた興奮で打ち消されたようだった。最初の訪問は一八四八年の九月で、シャーロット・カニングも同行した。ウーリッジから船で出発してアバディーンに到着し、そこからは馬車で移動した（鉄道網がパースに達し、やがて一八六七年にバラターまで広がったときにヴィクトリア・アンド・アルバート号での揺れる船旅は過去の話となり、多くの人々が安堵した）。バルモラルは小さいが、美しく快適な城だった。ヴィクトリアは日記のなかで《ビリヤード室を備えた素敵な大広間があり、その隣には食堂がありました。広い立派な階段をのぼって上階に行くと、すぐ右手の食堂の上にあたる位置にわたしたちの居間があります。ここは広くて素晴らしい部屋で、寝室と隣り合わせになっています。居間にはさらにアルバートの小さな衣装室の入り口があり、その反対にある階段を何段かおりれば、子どもたちとミス・ヒルドヤードが使う三つの部屋に行けるのです。レディたちは下の階、紳士たちは上の階でそれぞれ生活します》と説明している。

母親に宛てた手紙で、シャーロットは城の小ささを強調し、《とても小さな城で、少ない人数で滞在する分にはこの広さでも快適だろうと思います。ですが、八時のディナーで毎晩、三人の子どもたちと子どもたちの家庭教師が横にいるうえ、六〇人もの使用人がいるのです。ここの広さはほかのどことも違います。ですから、こんなにもたくさんの人々が何をするのか、そもそもいったい誰なのか、わたしには見当もつきません。家政婦たちなど忘れられたも同然で、ふたりはいままでとはまったく違う仕事につかなければなりませんでした》と書いている。また、同じ手紙には、シャーロットの女中であるレインが、バルモラル城よりカニング家の船のほうが広さも快適さもずっとましであると訴えたことも綴られている。さらに、シャーロットは女王が《一般的な家や小さな建物で暮らすうえでの常識や限界》についてはまったく無知であり、《女中が置かれた境遇など少しも気にしない》とこぼした。ヴィクトリア自身は使用人たちを気にかけていることを誇りとし、常に彼女たちの人生に関心を払っていた。しかし、実際のところ、女王は自分に仕えている身分の高い紳士淑女の快適さや利便性には気を配りもしたが、それ以外の身分の低い者たちに対して同様に思いを馳せることはなかった。

顔を突きあわせて暮らす以上、形式ばかりにこだわってもいられず、女王一家が《儀式的でない気楽な様子》でいるところを目にする機会も必然的に生じることになった。シャーロットが書き記したところによると、昼食は《ずいぶんと違う形》になり、女王をはじめ、アルバート、子どもたち、王室に仕える面々とミス・ヒルドヤードの全員がそろってとる形が定着した。また、シャーロットにとっては、自分の部屋の真下で暮らす皇太子とアルフレッド王子が陽気に歌う声を聞くのが楽しみのひとつにもなった。バルモラル城を訪れたチャールズ・グレヴィルは、女王夫妻の開放的な暮らしぶりを認め、《女王陛下はすこぶる上機嫌で口数も増えた。殿下も陛下以上に同様の傾向が見られ、話しぶりも優れている。形式張ったところもなく、みなが気楽に過ごしているようだ》と感想を書き残している。《夫妻は生きている》とグレヴィルは付け加え、《たんに身分の高い者が引きこもっているのとは違う。名もない貴族が小さな敷地にある小さな家でつましく生きるように、女王夫妻は生きているのだ》と続けた。バルモラル城で女王一家を守る役割を担っているのは、わずかひとりの警官にすぎなかった。

スコットランドにふさわしく、バルモラルはひどく寒い土地だった。窓を開けて健康にいいスコットランドの空気を室内に入れるべきだと主張していたヴィクトリアは意見を変えようとはしなかったが、寒さに弱い王室の面々とそれに仕える者たちの不満をなだめるためか、一日じゅう火をたいてよいとの指示を出した。シャーロットはこの指示について、《思いがけない慰め》と書いている。そこかしこを格子縞で飾った城内と同じく、王室の人々も格子縞の織物で身を包むことになり、ヴィクトリアはサテン、アルバートはロイヤルスチュアート〔スチュアート家の伝統的な柄〕のキルトをそれぞれ体にまとった。エレノア・スタンリーはアルバートが《お太りになってがっしりしていらっしゃる》ので隠したくなったのではないかと、皮肉をこめて書き残した。ディナーのあと、アルバートが同席者たちにその日の狩猟について詳しく話すあいだ（数年後、シャーロットは《殿下の狩猟の成績はあがっています。もっとも、腕をあげているのは殿下ではなく、狩猟の案内人でしょうけれど》と書いた）、リールをスコットランドのダンスの名人と踊るために食堂が片づけられた。シャーロットはその年の九月にアイルランドへ戻った妹のルイーザから定期的に手紙を受けとっていた。カラモアはあいかわらずの苦境にあって、二五人の兵士が邸宅内に常駐し、ルイーザは誘拐の恐れがあるとして窓に近づくことも許されずにいた。ヴィクトリアも《格別の関心》を持ってルイーザの手紙を読んだ。

ヴィクトリアもアルバートも、バルモラルの地に魅了されていた。ヴィクトリアはスケッチをしたり、忠実にアルバートの狩猟に付き添ったり――王室に仕える者たちのあいだでは、むしろ女王が付き添わないほうがアルバートはうまくやるのではないかという意見も多かった——地元の小作人の家をペチコートやドレスといった贈り物を持って非公式に突然訪れたりした。女王を相手にしてもふつうに話し、物腰も荒いハイランドの住人たちに囲まれて、ヴィクトリアは不思議と居心地のよさを感じていた。そのなかで、やがてあるひとりの人物の存在感が増していくことになる。一八五四年、バルモラル城に向かう馬車のなか、御者のうしろの席に座っていたエレノア・スタンリーは《たいそう素敵でハンサムな若いハイランドの住人》を見かけた。《名前はジョニー・ブラウンというそうです》

シャーロットもまた、バルモラル城での生活を心地よいと感じていた。ただし、ブレイマーで行われるハイランドゲームズ〔スコットランドの民族的要素を取り入れた競技会〕や、さらに恐ろしい使用人たちの舞踏会など、参加を強制される行事が苦手なのはたしかだった。後者は「アイアンハウス」と呼ばれた、波形の鉄を木枠にはめこんでヘザーとエニシダで飾った、初期の組み立て式の建物で行われた。王室に仕える者たちは——紳士たちは特にハイランドの伝統衣装の着用が推奨された——義務感から参加し、王室の子どもたちも大喜びで加わった舞踏会は、使用人たちがすぐに泥酔状態になるのが常だった。しかし、シャーロットはヴィクトリアと同じく、この土地の〝光景〟と、乗馬と散歩を愛した——彼女は《羊みたいに歩く》と言われていた。しかし、女王と一緒に仔馬に乗り、使用人の案内で四時間ばかりロッホナガー山を登ったときには、さすがに体が痛くなったと述懐している。女王の午後の外出に付き添うことになるのか、あるいは自分自身のために馬車を頼めることになるのかと、寒い部屋で何時間も命令を待ちつづけるのは簡単ではなかったものの、シャーロットにとってオズボーンハウスでの仕事は、それを埋めあわせて余りあるほど魅力的だった。クランベリーを摘むのは楽しかったし、クラシーにはいい青と白の綿のペチコートをつくる、ミセス・シモンズという女性が経営する店もあった。

シャーロットは、バルモラル城に滞在するヴィクトリアのために絵を描く仕事でも忙しくしており、やがてランドシーアもやってきて彼女に加わることになった。ランドシーアは魅力的でよき同行者としても有名だったが、厄介な性格で扱いの難しい男性でもあった。王室からの依頼でも仕事が遅れがちではあったけれども、女王はランドシーアの腕を認めて辛抱強く、機嫌を損ねることもなく待ちつづけた（彼は心気症と鬱病に悩まされていて、晩年は酒に溺れ、一八七二年には精神錯乱の診断を受けた）。ランドシーアのスコットランド訪問はスカーレットが手配したものだった。スカーレットはたびたびランドシーアと気晴らしの遠出をすることがあり、彼の旺盛な食欲に感心したことから、そうした遠出を「偉業」と呼んでいた。ランドシーアが不在のあいだに自分ひとりで手配した「偉業」について、スカーレットは誇らしげな手紙を書き送った。ヴィクトリアがミック湖を見たいと所望したために犬が引く車で出かけ、湖畔を進み、ふたつの滝を通過して、途中の雹や強風にも耐え、《これまでで最高の虹》を見ることができたという内容だ。二時半に戻って乾いた服に着替え、《陛下がいきいきとした子どものスケッチを描くのにおつきあいした》あと、やっと《座って手紙を書く時間ができました》と、彼女は古い友人のランドシーアに報告している。

シャーロットは一二月に女官の仕事に戻り、沈んだ心を抱えてオズボーンハウスでヌムール公爵夫妻（ルイ・フィリップの息子とその妻）を待った。どうにもならないほど退屈な夫妻を楽しませるのが彼女の仕事だったからだ。二月にイングランドにやってきたフランスの王族たちはクレアモントに滞在していた――滞在は一時的なものと期待されていたが、退去する気配は見られなかった――が、そこでつぎつぎと不可思議な病にかかった。一一月までにヌムール公爵とジョアンヴィル公爵、そしてマリー・アメリー王妃の病状が深刻化し、ようやく病気の原因が水槽に仕込まれた鉛であることが判明した。シャーロットはオズボーンハウスでヌムール公爵を見て、《顔色が黒というか青というか黄色というか……とにかく死人のようです》と驚いた。ヌムール家のふたりはたしかに心配すべき状態で、《回復しているどころか、とてもつらそうで、むしろ悪化しているふうです。公爵夫人は見た目こそ美しいままですが、疲れた声をしていて、話す元気もない様子です。どんな話題にもみなが口を閉ざし、わたしたちも話しかけるのをためらってしまう状況でした》と彼女は続けている。しかし、ヴィクトリアはヴィクトワール・ヌムールに対して献身的だった。ヴィクトワールは女王にとって家族であり（事実、いとこだった）、美しく高潔な女性だった。顔に浮かんだ疲労の色ですらヴィクトリアの目には一種の美しさに感じられ、疲労と認識されることはなかった。

ヌムール家とともに、シャーロットのいとこのカー・コックスもオズボーンハウスにやってきた。このときの天候は最悪で、ワイト島に渡る船も大いに揺れたようだ。彼女は《ひどい暴風雨をくぐり抜けた》と語っている。カーは一一年間女官として働いてきたが、ここへきて王室の奉仕者たちのあいだで注目の存在となっていた。チャールズ・レスリー・コートニー牧師と恋に落ちたためだ。牧師はウィンザーの主教座聖堂参事会員で、かの地における女王付きの牧師の役割も果たしていた。ミスター・コートニーは生まれこそよかった――デヴォン伯爵の息子――ものの、財産がなく、カーの両親のサマーズ卿夫妻はふたりの結婚に反対した。しかし、シャーロットを重用していたヴィクトリアは前向きだった。自身も幸福な若妻だった女王は、宮廷に咲いた恋を大いに喜んだ。

一八四九年一月、シャーロットとカーがそろって女官の仕事からはずれているのを知ったヴィクトリアは、結婚の行方について尋ねた。シャーロットは答えられる範囲で答え、カーに《陛下が焦れなくてすむよう、ちょっとしたゴシップをレディ・リトルトンに伝えておきました》と書き送った。カーからの返信には、《レディ・リトルトンからお手紙をいただきました。陛下はもっと知りたいといらだっていらっしゃるようです。

ミスター・コートニーは如才なく振る舞っていて、顔色は悪く、ことの行方を気にしている様子ですが、いい説教を行っています》とあった。二月までにコートニーの財産が充分な額に達し、話がまとまった。ヴィクトリアはシャーロットに手紙を送り、《問題が解決し、サマーズ卿夫妻がカーの結婚を認めたことをうれしく思います》と伝えた。ふたりは六月に宮殿の礼拝堂で式を挙げた。

その年の夏、ヴィクトリアとアルバートは上の子ども四人を連れてバルモラルに戻った。バルモラル城では隔絶した環境をさらにたしかなものとするため、城から八キロほど離れた場所にあるいくつかの作業用の小屋（使用人が使う石造りの小屋）を別邸に改築中だったが、このときまでには完成していた。ふたりは女官のキャロライン・ドーソンと、ヴィクトリアとキャロラインそれぞれの女中、アルバートの従者のレーイン、従僕のシャクル、バルモラル城の猟場番人のマクドナルド、そして別邸の管理をする夫婦だけを連れて、初めてこの場所を訪れた。ヴィクトリアは、《木造の建物が完成しました。こぢんまりとしたきれいな食堂や居間、寝室に衣装室がひと続きになっています》と描写した。さらにこの別邸には、女官のための小部屋があり、女中たちの部屋と食料の貯蔵室もそろい、壁と天井には上品な色の壁紙が貼られていて落ち着いた雰囲気を演出していた。回廊でつながるふたつ目の建物には厨房と倉庫、男性の使用人たちが眠る屋根裏部屋がある。この場所はみごとに外界から隔絶されていて、最小限の人数で、公文書や通信文からも解放された快適な生活が送れそうだった。夕暮れのなか、ミック湖に小舟を出して釣りをし、早めにディナーをすませて夜にはカードゲームをする。これ以上素晴らしい生活があるだろうか？　しかし、この別邸の魅力は王室に仕える人々には理解されず、彼らは顔をしかめてこの別邸を「小屋」と呼んだ。シャーロットも快適どころか見苦しいと厳しい評価を下している。

シャーロットにとっても、スコットランドで夏を過ごすのは習慣だった。カニング家は七週間にわたってフェア・ロザモンド号に乗ってウェスタンアイルズの島々をめぐり、それからアシュバートン卿夫妻とともにキンガイスにある彼らの狩猟用の別邸であるグレントルーインハウスに滞在した。このときはトマス・カーライル一行も一緒だったが、彼はこの別邸が不満で、《いかにも惨めったらしい外観で、粗末で小さいくせに尊大な造りの灰色の家》とこきおろした。また《樽のなかのニシンのように詰めこまれた》あげく、湯も出ないと不平をこぼしてもいる。だが、カーライルもほかのふたりの客である《太ったシドニー卿》と《痩せぎすのカニング卿》と同様に狩りには夢中になっており、話が尽きることはなかった。一方、彼らの妻に関しては、《礼儀正しく外見は優れているが、レディ・ベルチャーとさして変わらない》と評した（レディ・ベルチャーは《無駄口の多さ》で有名で、カーライルは我慢がならない対象をひとからげに彼女に投影していた）。

カーライルはシャーロットとのつきあいを続けるうち、彼女に対する評価を徐々に変え、彼女の花の知識を褒め、《いい人間》だと判断するまでになった。ただし、シャーロットのスケッチへの情熱に関しては皮肉な見解を示していて、《レディたちは石の上に腰かけて〝スケッチ〟に精を出し、遠くの山が生みだす〝趣〟とやらを探している》と冷笑的に書いている。また、カーライルはシャーロットが夫のいびきによく耐えられるものだと感心してもいた。以前に彼女の夫と寝室が隣り合わせになったとき、いびきがあまりにもすさまじく、それでなくても音に敏感なカーライルは一睡もできなかったのだ。一方、シャーロットもやはりグレントルーインハウスの狭さと不便さに注文をつけており《最悪なのは、浴槽がないことです。お金持ちの家のはずなのですが》と不満を訴えている。ただし、カーライルについては、わざわざ同宿を示唆する必要はないと考えていたようで、彼に対する記述は見られない。アシュバートンの別邸からバルモラル城に戻って女官の仕事についたシャーロットは、ヴィクトリアの状態について、《とても幸せそうで、単純で満ち足りた生活を楽しみ、行きあうすべての人々の名前だけでなく、人生も知っていることに喜びを感じていらっしゃいます》と書いている。

バルモラル城はあくまでも借り物の物件であり、王室の人々とそれに仕える者たち全員を収容するには狭すぎた。一八五二年、裕福なのにけちなジョン・カムデン・ニールドが独身のまま亡くなり、チェイニーウォークの屋敷、獣脂ろうそく、木製のベッド、一匹の猫とともに、女王に二五万ポンドの財産が遺された。この意外な授かりものの知らせは、シャーロットによると、まったく平静に受け止められた。彼女は《大金もたいした驚きではなかったようです。陛下はただ、「変ですわね」とおっしゃっただけでした》となかばあきれて書いている。それからヴィクトリアは、ニールドは女王に託せば遺産が無駄にならないと思ったのだろうと呑気な感想を述べた。たしかに無駄にはならなかった。遺産の一部（三万ポンド）はバルモラル城と一万七四〇〇エーカーの敷地――の購入費用にあてられ、アルバートと建築家のウィリアム・スミスの設計で新たに大きな建物が建てられることになった。一八五三年に工事がはじまり、二年後には人が住める状態になった。

第9章　教育の目的

サラ・リトルトンは、自分が北方への移動に参加せずにすむとわかるたびに喜びを感じた。《陛下は、愛着と情熱を感じているハイランドへ戻っていかれました。別れのたび、いつも涙が出そうになります》。ヴィクトリアとアルバートがバルモラルへの最初の訪問へ出たあとで、サラはキャサリン・グラッドストンに意味ありげな表情で伝えた。サラにとって幸運なことに、育児部門にはいつでも世話を必要とする赤ん坊がいた。ヴィッキー王女にはじまって皇太子、アリス王女、アルフレッド王子、ヘレナ王女と続き、一八四八年に生まれたルイーズ王女が、この時点での末っ子だった。そして、一八五〇年にはアーサー王子が、サラが宮廷を離れた一八五三年にはレオポルド王子が、そして一八五七年にはベアトリス王女が生まれることになる。

アルバートの信条によれば――この信条には、妻の全面的な支持と承認が与えられていた――増えつづける子どもたちを教育するには体系的な方法が必要だった。それを構築するため、彼はシュトックマー男爵に相談し、かなり長い回答を得た。《教育の目的とは》シュトックマーは書き記していた。《善の心を育てて強いものにし、悪の心を弱めて消し去ることにあります》として、ジョージ三世の子どもたちの家庭教師たちは《能力不足で、子どもたちが幼いうちに真実の大切さや道徳観念を植えつけることができなかった》と例をあげて、これが間違った教育の危うさをはっきり示しているとした。彼が言うには、ヴィクトリアとアルバートの子どもたちにとって何より重要なのは、《道徳的な人格を築き、かつ、やがて背負うであろう困難な義務を果たす人物に育てること》だった。シュトックマーの主張は明らかで、彼にとって教育でいちばん重要なのは、高い道徳規範を身につけさせることであった。

王室の教育の第一段階は読み書きに算数、宗教で、これはレディ・リトルトンの手にゆだねられていた。教えるという点については、サラは忍耐と柔軟性、そして楽しみを大事にする方法を支持した。衝突は無意味と考え、《子どもたちが少しでも強情な態度を示したら、わたしは自分に対して、言い争いになるくらいならレッスンはここでやめようと言い聞かせます》という手法を取った。また、彼女は《厳格に時間を区切って急いで行うレッスンのほうが、気楽で多少の邪魔が入ってもかまわないだけの時間的な余裕のあるレッスンよりもいらだちと疲労がつのります》と信じていた。

しかし、一八四六年には、六歳になったヴィッキー王女がサラの手に余る存在になったことが明らかになってきた。王女は高い能力を示して何に取り組んでもうまくこなしていたにもかかわらず、あるいはそれゆえに手がかかった。早いうちに知性に目覚めた子どもによく見られるように、ヴィッキーは飽きっぽく、周囲の大人たちを試すことを好んだ。サラは王女の嚙む癖やかんしゃく、嘘に耐えなければならなかった。一八四六年の夏に女王夫妻が上の子ふたりを連れて船に乗ったとき、ヴィッキー王女はサラにお別れを言う段になると、《とてもやさしい一面を見せ、わたしを置いていくことを心底残念がっていました。……もし最後の別れ際になってボンネットをいやがってわたしの手を嚙もうとしなければ、あれを素直な愛情の表れと受けとっていたでしょう》と、彼女は書いている。ヴィッキーには〝虚言〟（平気な顔で嘘を言う）の傾向があった。サラは、《わたしが殿下に夕食のあと、ピンクのボンネットをかぶって外に出るよう言ったというのです。もちろん、そんなことは言いませんし、示唆もしていません。やむなく手を縛って部屋に入れ、きつく叱りました》と、その一例を記録に残している。また、マドモアゼル・エイミー・シャリエに対しても王女は堂々と、サラに《「マムセル（マドモアゼル）」をつけず、「シャリエ」と呼び捨てにしなさい》と言われたと嘘をついた。《何年もの努力と全人格をもって、ようやく言っていないと信じてもらえました》と、のちになってサラは顚末を記した。

ヴィッキーはサラのもとを離れ、彼女の教え以上のものを身につける必要があった。一八四六年、「ティラ」のあだ名で知られる聖職者の娘、サラ・アン・ヒルドヤードが、年二〇〇ポンドの給金でヴィッキー王女の教育にあたることになった。ヴィクトリアは《新しい家庭教師は繊細でおとなしい女性で、子どもに教えるのにも慣れているようです。彼女ならば、残念ながらレディ・リトルトンが守れなかった権威も守れるでしょう。本当に、ヴィッキーときたらレディ・リトルトンに対して反抗的で、まるで言うことを聞きませんでしたから》と、叔父のレオポルドに宛てた手紙に書いている。サラにとっては、ミス・ヒルドヤードの登場は《まれに見る僥倖》で、彼女は大いに安堵して小さな子どもたちに集中し、ほかの仕事もこなせるようになった。《感傷的な性格、知性を求められる仕事、常に変わる目録、処理しなければならない請求書、冬の衣装の発注、家庭教師たちを円滑に、しかもウィンザーのやり方で動かすこと、そうしたすべてのせいでわたしは疲弊していきました》。一八四七年、サラは不安げに綴っている。彼女の時間の大部分は教えることではなく、優秀な者もそうでない者もおり、それなのに例外なくくだらない競争意識や不平不満にとらわれている乳母や子守女中、家庭教師たちの管理にあてられていた。ミセス・スライに代わって乳母頭となったミセス・サーストンは、当初は危うかったものの、やがて子どもの扱いにかけては名人級の腕を発揮し、二〇年以上もその地位にとどまりつづけた。サラが能力を充分に発揮していないと感じていたマドモアゼル・エイミー・シャリエは、しだいにマドモアゼル・オランドに取って代わられた。オランドは最初、雰囲気と品位を軽くするのではないかと危惧されたものの、やがてそれは杞憂だったことがはっきりした。サラはオランドを《仕事に関する自己満足の兆候は見受けられませんし、満足のいかない点はありません。彼女はフランス流の陽気さが身にしみついているだけで、意識は常に高いものがあります。きっとうまくやってくれるでしょう》と評価し、結局、マドモアゼル・オランドは自分が《うってつけの人材》であると立派に証明してみせることになる。また、サラはドイツ人家庭教師のマドモアゼル・グリュナーを、《勤勉な心》を持った《親しみやすい》人物だと高く評価した。

ヴィッキー王女と一歳違い――ただし、知性の点では数年の開きがあった――の皇太子は、生涯優秀な姉の陰に隠れた存在になってしまうのではないかと周囲に懸念されていた。体も小さく、話し方もゆっくりで、学習意欲も低かった皇太子が輝きを放つはずもなく、王室のほかの子どもたちにも同様の性向が見られたが、彼はとりわけ赤ん坊の頃から、両親に問題児だと見なされていた――絶望的に発達が遅く、自己を律する能力に欠け、応用力もない。要するに、父親の長所を何ひとつ受け継いでいないと判断されていたのだった。

サラは違う意見を持っており、皇太子が三歳のときには《とても利発でやさしく、おとなしい子です。ときおり興奮して足を踏み鳴らす癖がありますが、礼儀作法についてはそれはもうご立派で、きちんとお辞儀もしますし、優雅に手を差し伸べもします。ただし、軍隊式の敬礼は禁じました》と書いている。かんしゃくと足を踏み鳴らす癖はなかなか直らなかったとはいえ、皇太子は生まれながらの行儀のよさとやさしさという点では申し分なかった。尾のないスズメがパンくずを求めて教室の窓に飛んできたときには大いに悲しみ、あらゆる同情の表情を浮かべたあとで《奥さんが死んでしまって、悲しくなって自分で羽根を抜いてしまったのかも》と言ってサラを笑わせた。

皇太子は何でもできる姉に対して腹を立てることはなく、むしろ忠実で、《常に気を配って》いた。ヴィッキーが毎度のように罰を受けているときも、エドワードは外から鍵がかけられたドアのそばに立って《やさしい言葉》や《ちょっとしたいい知らせ》を伝えつづけた。また、皇太子は正直であり、サラも《本当に正直なのです！　陛下から受け継いだに違いありません》とこの美点を称えた。シュトックマーは皇太子が悪い意味で《母親をさらに大げさにした生き写し》だと思っており、そう考えていたのは彼ひとりではなかった。頑固で感情的、そして短気。そうしたふたりのよく似た部分が、女王の皇太子に対するいらだちや嫌悪の原因になったとも考えられる。ヴィクトリアは息子のなかに、自身が残念に思っているみずからの欠点を見ていたのだ。しかし、サラは皇太子の成長の兆候を見逃さなかった。一八四六年のヴィクトリア・アンド・アルバート号での船旅のあと、皇太子がより〝積極的〟になり、風景などを見る目も成長したと感じていた。その翌年のスコットランドへの旅のあとは、《体も大きくなって男らしくなり……精神面ではあいかわらずのやさしさと気高さを見せています》と書いている。

明らかに皇太子は、生まれながらの学者ではなかった。サラは女王に、皇太子が《機転がきき、吸収も早い》にもかかわらず《そのことを嫌い、不注意を装ったり絶え間なく邪魔をしたりしてこちらに辛抱を求めます。テーブルの下にもぐりこみ、本を投げ、あらゆることをして勉強を避けるのです》と報告している。彼は《君主となるにふさわしい情熱と決意を持つこともできる》一方、《本人が持て余すほどの激しい気性と少年らしい必死さ》ゆえに暴力的だった。しかし、結局のところ、こうした振る舞いは活力にあふれた男の子であれば珍しくもない。エドワードの《暴力と享楽》を好む性向という問題を解決するには、たんに何かに熱中させておくことだとサラは信じていた。ヴィッキー王女と皇太子という大きな挑戦のあとでは、ほかの子どもたちの教育は困難が少なかった。しかし、手がかからない分、報われることが少なかったのも事実だ。アリス王女とアルフレッド王子のレッスンは《おふたりが年長者を恐れていたこともあって、とてもおだやかなもの》だった。アリス王女は読む能力が高く、《堅実な音読》ができたものの、《勉強に熱心ではなく、ヴィッキー王女ほど聡明でもありません》とサラは評価している。アルフレッド王子はサラの膝に座って、《イングランドの昔話》を聞くのが好きだった。ほかの子どもたちよりも意地が悪く、人好きのしない面があった彼の性格を、サラは《高潔で芯が強く、純粋です……ですがこの先、適切な教育を必要とするでしょう》と描写した(先天的なものにせよ後天的なものにせよ、〝アフィ〟は驚くほど愛嬌と知性の欠けた大人になった)。そして、どちらの子も《機知に富んでいる》ほうではないと、サラは見なしていた。

サラにとって、《実りある》教育を実践するのに本質的に必要なのは《障害のないレッスン》だった。しかし、《残念ながらマダム・ロランド（マドモアゼル・オランドと代わったフランス語教師）は時間を守らない方ですし、マドモアゼル・グリュナーは病気、ミス・ヒルドヤードは精神的に落ちこんでしまい、しかも子どもたちはしょっちゅう〝楽しみ〟に気を散らされてしまいます》と彼女は嘆いている。とにかくレッスンに邪魔が入るのが、サラの悩みの種だった。シルクやリボンを持った商人がいきなりやってきたり、子どもたちが動物園やサーカス、劇場に出かけたりといったことは日常茶飯事だった。子どもたちは自分たちが演じる劇や活人画〔背景の前で扮装した人が静止して、絵のなかの人物のように見せるもの〕の予行演習で、定期的に劇場に連れだされた（一八五四年、エレノア・スタンリーはヴィクトリアに、アーサー王子が《肌を露出した》衣装を着ていて驚いたと報告した。乳母が《肌色の上品な》衣装を着せると約束したものの、王子はきちんとした服を着るために連れ戻された)。そのうえ、肖像画のモデルを務めるために呼ばれることも頻繁にあった。サラは、一八四九年にヴィンターハルターがウィンザー城にやってきたときの状況を《数えきれないほどの肖像画を描いています。レッスンは妨げられ、時間もすっかりずれこんでしまいました。邪魔されて当惑させられるので、子どもたちも荒れるばかりです》と書き残している。

楽しみは別にして、ヴィクトリアもアルバートも(特にアルバートは)、子どもたちの教育を重視し、気にかけていた。もっとも関心を向けていたのは、皇太子の教育についてだった。たんにいずれ継ぐべき地位のせいだけでなく、エドワードには明らかな欠陥が見られたからだ。皇太子の《勉強嫌い》と怠惰な性格を矯正するためには、《計画的な取り組み》が必要だとされ、一八四六年、夫妻はまたしてもシュトックマー男爵に相談した。

シュトックマーは当然、たくさんの言葉を並べたてた。彼は五歳の皇太子が《神経質であり、激しやすい性格で、抑制がきかず、一貫した行動が取れません》とし、《彼の体力を向上させ、能力を引きだすための肉体的、精神的な訓練を行うに際しては、細心の注意と判断が必要になる》と答えた。こうした子どもを扱うには脳の生理学を理解している者をあてることが重要で、《脳の知性と道徳をつかさどる部分の発達を促すためには、それらの機能を定期的かつ体系的に鍛えるしかない。それが唯一、効果の得られる方法である》と指南し、さらに《神経を健全にする》ためには《乾いたさわやかな空気》がいいと薦めた。

シュトックマーの指示に従い、著名な骨相学者である(教育学者でもあった)スコットランド人のドクター・ジョージ・クームに相談が持ちかけられた。彼の報告書は女王夫妻が歓迎できる内容ではなく、《わたしが見るところ、皇太子殿下の脳には異常が認められます……知性をつかさどる組織に欠陥があることが、殿下の興奮しやすい気性の原因だと考えられます》と書いてあった。《いまの皇太子殿下に必要なことをひとつあげるとすれば》シュトックマーは続きを読みあげ、《殿下の感情、愛情、道徳観念、知能の持続的で一定した活動を可能なかぎり促進することです。そのためには、常識とやさしさ、厳しさ、緻密さ、そして覇気、機転、自制心、決して尽きない我慢強さ、これらを兼ね備えた人物を先導役にあてることが必要でしょう》

と締めくくった。クームの説では皇太子の道徳と知性を磨くのが簡単な仕事ではないのは明らかで、傑出した人物を探す必要があった。

シュトックマーは自説を補完するため、さらに綿密な覚え書きを作成し、そのなかで五歳の皇太子と六歳のヴィッキー王女の今後の時間割を提案した。このなかでは、子どもたちはフランス語、ドイツ語、読み書き、算数、地理、聖書の授業を受け、午前中に二時間、午後に一時間の散歩をして健康にいい新鮮な空気をたっぷりと体に取りこむこととされた。さらに午後六時にはヴィクトリアかミス・ヒルドヤードとお茶をする。そして、わずか三歳のアリス王女までもが英語、フランス語、ドイツ語のレッスンを受けるとされた。さらに、シュトックマーは『幼児のための賛美歌』や『ロバート少年とフクロウ』や『デンマークのおとぎ話』などを学ぶべき本としてあげた。また、子どもたちは《日曜を憂鬱な日と思うべきではない》と忠告し（女王は日曜に取り繕ったいい顔をするのが大嫌いだった）、礼拝に参加するとともに自分たち自身で遊ぶ必要があると進言した。のちにシュトックマーはヴィクトリアに手紙を書き、自分の覚え書きが複雑すぎてわかりやすいものでなかったことを謝罪した。

数カ月後の一八四七年一月、女王夫妻はシュトックマーの意見を取り入れた自分たちの覚え書きを作成した。子どもたちは年齢別にクラス分けされ、五歳または六歳までの幼児クラスでは英語、フランス語、ドイツ語、そして数を数えることを学ぶ。ただし、この時期は肉体的な発達を重視し、四歳から宗教の教えについて学びはじめるとされた。ふたつ目のクラスはレディ・リトルトンの監督のもと、ミス・ヒルドヤードが教える。日曜には授業は行わず、子どもたちは全員でミス・ヒルドヤードがいるところで膝をついて祈りを唱える。皇太子は六歳か七歳までこのクラスにとどまり、それから個人教師がつく三つ目のクラスに移る。その後、一二歳か一三歳で四つ目のクラスに移るとされた。ヴィッキー王女については九歳か一〇歳まではミス・ヒルドヤードのもとにとどまるとされ、その後三つ目のクラスに入って《家庭教師役の女官》に教わるとされた。

時間割も作成された。一八四八年のヴィッキー王女の場合、午前八時二〇分から算数か句読法か筆記、九時に外出の時間が設けられ、一一時一五分から聖書の勉強か筆記か読書、一二時からドイツ語、午後になって一時からは音楽の時間が一時間半、昼食をとったあとでさらに一時間外出し、四時からはフランス語、五時からはダンス、ただし週に二度はエドワード六世の年代記か歴史か詩、そしてようやく最後のレッスンである六時からの読書にたどり着く。フランス語とドイツ語を除いては、すべて家庭教師はミス・ヒルドヤードが務めた。皇太子の時間割もこれとよく似たものだった。

こうした指示は、ヴィクトリアからレディ・リトルトンへのメモという形で下され、時間割を《厳格に守る》のが何よりも重要とされた。朝食は、皇太子とヴィッキー王女がミス・ヒルドヤードと一緒で、アリス王女はレディ・リトルトンと一緒とされた。アルフレッド王子は、それまでのアリス王女に代わってヴィクトリアと朝食をとることになった。上のふたりはミス・ヒルドヤードと外に出て運動をするとされ、宗教の教えについてはヴィッキー王女には女王みずからが説明する一方、皇太子にはレディ・リトルトンがついた。レディ・リトルトンはさらに、アリス王女の英語のレッスンを受け持った。シュトックマーと相談のうえ、ヴィクトリアはサラに、ヴィッキー王女がウィンザー城かバッキンガム宮殿といった王室専用の礼拝堂がすぐ近くにある場所にいて、かつ行事がない場合は、王女を午後の礼拝に連れていくよう告げた。ただし、皇太子については、《子どもすぎる》という理由で、礼拝への出席は一年間延期された。

ヴィッキー王女に聖書の教えを聞かせる役目がサラに回ってこなかったのは、偶然ではない。サラの育児部門を監督する能力を高く買っていたヴィクトリアだが、彼女の宗教観には疑問を抱いていたためだった。《レディ・リトルトンがあまりにも多くの意見を持っていて、すべてには賛成できないことを大変残念に思っています（全体としては、おそらくいい意見なのでしょうが、とても変わった点が多々あります）。ときにはこのために信頼が揺らいでしまうこともあるのです……》とヴィクトリアは書いている。このなかにある〝変わった点〟というのは、サラの《ピュージー主義〔オックスフォード運動をけなして言った言葉〕》を指している。女王の宗教的立場はみずからつくりあげた独特のものだった。ヴィクトリアはルター派の家庭教師に育てられてルター派の夫と結婚したこともあって、あまりにもあからさまな信仰を深く疑っており、女王の共感は厳格に広教会〔英国国教会の中で教会の教義的立場を広義かつ自由に解釈する立場〕にのみ向けられていた。一八四〇年代は宗教的な不安が広がっていた時代でもあり、ほんのわずかにピュージー主義が垣間見えただけで、女王の警戒心は一気に高まったのだ。

オックスフォード大学でヘブライ語を教えていたエドワード・ピュージーは、一八三三年にやはりオックスフォード大学で教鞭をとっていたジョン・キーブルの説教からはじまったオックスフォード運動の旗手であった。キーブルの説教は国民的背教を主題としたもので、彼はアイルランドのプロテスタントの監督区を減らすことで教会の力を弱めるべきではないと政府に呼びかけた。これに対してジョン・ヘンリー・ニューマンやピュージーたちオックスフォードの学者が神学に関する記事を書き、それを掲載した小冊子が出版されて運動が広がった。記事の内容は、高教会の教義を擁護するもので、アングリカンチャーチの教えを純化し、宗教改革以前のカトリック色の強い姿に戻して再興させようというものだ――ここでいうカトリックはアングロカトリックであって、ローマカトリックではない（重要な違いにもかかわらず、指摘する者は少ない）。この運動は一八四一年のニューマンによる九〇冊目の小冊子の出版で最高潮を迎える。英国国教会の信者が同意することを求められた三九箇条はカトリックの教えに矛盾しないと主張したこの小冊子は大きな反響を呼び、イングランド全土で怒りが広がった。

オックスフォード運動は、現在の視点で見れば賛同者も少なく、内輪の騒動のようなものだったが、当時それによって生じた警戒と不安の背後には、〝ローマカトリック〟の影がちらついていた。女王を含む多くの人々にとってオックスフォード運動の活動家たちはローマカトリック教徒そのものであり、数人の活動家が実際に改宗した（ニューマン自身、一八四五年に改宗した）のにともなって、疑念は確信に変わった。ヴィクトリアは宗教的な寛容さを信条として備えており、彼女の怒りはローマカトリックよりもオックスフォード運動の活動家たちや〝ピュージー主義者〟たちに向けられた。女王の目には、彼らがアングリカンのふりをしたカトリックと映っており、それが腹黒く思えたのだ。《心の底でローマカトリックを信じているというなら、それはひどく不誠実です。教会に帰属する誓いを立てたのですから》と彼女は書いている。ヴィクトリアのような率直な人間にとっては、不誠実であるというのはとてつもなく大きな欠点だった。

サラ・リトルトンは家族を〝ローマ主義〟に奪われる屈辱をじかに味わっていた。一八三〇年、アングリカンの聖職者だった弟のジョージ・スペンサーが改宗し、カトリック教会の叙任を受けた（彼は改宗を勧める祈りを唱えてまわり、のちに御受難会の修道士となってイグナティウス神父と呼ばれるようになった）。ジョージの改宗を知った母親のレディ・スペンサーは衝撃のあまり喪に服した。サラはこの件について《ひどい苦痛で……わたしたちは全員深く落ちこみました》と書いている。しかし、彼女はジョージとのつながりを絶とうとはせず、むしろ堅苦しい彼の手紙をありがたいとさえ思うようになった。《彼の手紙はわたしに大きな影響を与えてくれます。地面を引きずられているところを起こされて木の柱に縛りつけられ、知らなかった真実を突きつけられるような心境です。ジョージの手紙がわたしを強くしてくれると感じるのは、わたしの立場との違いのためでしょう。彼のわたしの立場に対する視点を知ることで、新たに落ち着いた気持ちになれるのです。そして、ジョージの「わたしは呼ばれてここにやってきた」という言葉を口にしている自分に気づいてからは、喜びをこめて同じ言葉を繰り返すようになりました》と告白している。しかし、修道士の服を着たジョージがサラを訪ねてくる場合、バッキンガム宮殿ではなく、ロンドンのグローヴナープレイスの自宅に来てくれるほうが大きな安堵感を覚えるのは事実だった。

高教会はサラにとって（シャーロット・カニングにとっても）、ローマカトリックはもちろん、アングロカトリックを意味するものではなく、たんに信仰と祈りに対する情熱、そして厳格な形式へのこだわりを意味するだけのものだった。熱狂的な高教会信者がそろったリトルトン家のなかにあっては、サラは開明的に見えた（妊娠で大きくなったお腹で教会に通う娘のラヴィニアに対して、サラは賛美歌や聖歌が流れるなかで座っていてもまったく問題はないと言っている）。オックスフォード運動は、中世のカトリック教の継続を出発点に置いていたため、夢想的な要素が大きかったが、サラもまた夢想家であった。そのため、アングリカンの信仰を再構築し、高教会に断食や告白を取り入れようとする考えにはたしかに惹かれるものがあった。しかし、それとカトリックを賛美するのでは大きな隔たりがある。そして女王を含めた大勢の人々と同様、サラも一八四〇年代なかばの〝ローマ主義〟への改宗の急増を危険視していた。《わたしは恐怖を感じはじめています……ですが、主教たちが動揺せずにいるかぎり、ただの厄介払いで終わるだろうと信じています》

レディ・オランドはサラについて、《信心深いにもかかわらず、社会を分断させている過激な考えとはまるで無関係です》と書いている。しかし、過激な宗教に恐怖を覚えていたヴィクトリアは、それほど確信を持てなかった。サラは《あらゆる機会》をとらえて聖餐を受ける必要があるのだろうか――イースター直後の五日間で三度も？　ベッドで姿勢を正せばいいところを、子どもたちがわざわざ膝をつく必要があるのだろうか（子どもたちはひざまずきつづけていた）。サラのピュージー主義的な思想が想像力豊かなヴィッキーの頭に植えつけられてしまったら？　ヴィクトリアは《わたしは過激を嫌悪します。宗教に関するばかげた考えが蔓延していると言わざるを得ません。……娘の心にそうした教義が入りこんでしまわないか心配なのです》と不安を明かしている。それこそが難題だった。レディ・リトルトンがどんな宗教観を持っていようと、それは彼女の問題だ。しかし、ヴィクトリアはヴィッキーがその宗教観に染まってしまうのを望んでいなかった。

そうした不測の事態を避けるために、女王はヴィッキー王女の宗教教育を買ってでた。一方でサラは皇太子に宗教を教えると決まったわけだが、おそらくこちらに関しては教わる側の吸収する能力がさほどでもないと考えていたのかもしれない。サラはサラで、ヴィッキーの宗教教育が充分なものにならないのではないかと不安視していた。だが、ウィンザーの牧師であるジェラルド・ウェルズリー（のちにウィンザーの主席司祭）が手をあげたおかげで不安は解消された。《修行者のように線が細く、黒い服を着て青白い顔をした……いささかウェリントン公爵に似た》ミスター・ウェルズリーは週に二度、ヴィッキー王女に教理問答を教え《聖書を参考に意味を理解》させていった。サラは《王女殿下は会話のすべてを自分の言葉で書きとろうとしています。……質問もするようになり、大いに関心を示しています。ありがたいことです！　これで殿下の宗教教育も不足ないものになるでしょう》と喜びを表している。

オックスフォードの高教会の主教、サミュエル・ウィルバーフォースを皇太子の個人教師に指名するにあたっては、いくらかの議論があった。一八四九年になり、〝計画〟に従って皇太子はミス・ヒルドヤードのもとを離れることになった。サラはウィルバーフォースの説教に魅了されていたものの、皇太子の家庭教師としては支持できなかった。彼は真剣さに欠けるところがあり、軽率な面があった。その例として、サラはある日曜、ウィルバーフォースがアルバートとチェスに興じていた事実をあげている。《もちろん、たいしたことではありません。ですが、従順で魅力があるだけでなく、それに匹敵する能力が必要です。たしかにあの方は常に大変な魅力を振りまいていますが、それはわたしが殿下の家庭教師に求めている資質ではないのです！》

最終的に、サー・ジェームズ・クラークの推薦を受けたヘンリー・バーチが年八〇〇ポンドで皇太子の個人教師を務めることになった。ハンサムな三三歳のバーチはイートン校の元教師で、皇太子の世話をする資格を充分に満たしているように見えた。ただし、彼には宗教的な野心とピュージー主義を思わせる雰囲気があり、レディ・リトルトンのときと同様、女王夫妻は一抹の不安を感じていた。バーチは問題の尽きない新しい生徒を見て顔をしかめ、先に待ち受ける仕事に対する決意を固めた。自分に言い聞かせるように、《殿下は従わなくてはならない。命令はわたしが出す。かんしゃくを打ち負かし、愛情を勝ちとる必要がある。ひとりの手でやれるかどうか、わたしにもわからない。シュトックマー男爵にお目にかからなくては》というメモを書き残している。

ミスター・バーチの指導のもと、皇太子の朝は午前七時一五分にはじまった。朝食をとったあと、八時一五分から九時までが宗教か算数のレッスンとされ、その後の一五分の休憩時間は両親と過ごすことになっていた。九時一五分から一〇時までは英語、それから一二時の昼食まで外で運動をし、一二時三〇分からは筆記と計算、一時からは英語かドイツ語、二時からの昼食をすませ、一時間半遊んだあとでレッスンを再開して三時三〇分から絵画（この教師はミスター・リーチ）、ダンスか音楽（教師はミスター・アンダーソン）、四時からは歴史か地理か自然史、五時からの夕食のあいだにはミスター・バーチが《何かおもしろい本》を読み聞かせ、七時に母親に会いに行き、八時にベッドに入る。これが週に六日続くのだから、八歳の男の子には過酷で容赦ないやり方というよりほかはない。

ヴィッキー王女と比較すると、宗教の教え方に差異があった。バーチは教理問答にはいっさい手を出すなと指示を受け、それならば辞任すると脅しをかけたところ、禁止は解かれた。一八四九年一二月、この問題をはっきりさせるため、アルバートがバーチに覚え書きを申し渡した。皇太子は教理問答の教えを受け、王室専用の礼拝堂が空いている場合は日曜の午後の礼拝に出席すること。ミスター・バーチ自身は日曜の礼拝への出欠は自由とすること（のちにバルモラルではこれが代わりに地元の長老派教会へ行けという意味であることを知り、バーチは驚いた）。呼ばれていない者がいじめを受けるのを避けるため、日曜に皇太子の遊び友だちは招かないこと（バーチはこれを誤りだと思った。ほかの子と遊ぶことで皇太子に得るものがあると信じていた）。そして、最後には《ミスター・バーチが日々の緊張の息抜きをしたいと望んだ場合、方法のいかんを問わず、これをかなえること》という条項があった。どうやらバーチの仕事の困難さは誰もが承知しており、彼の役職を名ばかりだと考えている者は誰ひとりとしていなかったようだ。

当初、バーチは苦しんだ。皇太子が《ひどく反抗的で目上の者に対する礼儀を知らず、規律に従うことを拒んだ》ためである。レッスンには遅れ、きょうだいたちには冷酷で、《とにかく手に負えない》状態だった。しかし、一年が過ぎた頃、バーチはシュトックマーに対し、ときに《教えることもしつけることもできないと、絶望に駆られそうになりました》と認めたものの、どうやら皇太子はみずからの《心の鍵を見つける》ことに成功したようだと報告できるまでになった。教師と生徒は互いの理解を深め、好感情を抱くようになっていた。一八五〇年一〇月、バーチはアルバートに、皇太子の悪い振る舞いは《子どもから少年に変わる過渡期の症状》として説明できると告げ、さらに《あらゆる権威に逆らい、自分がどこまでできるかを確かめていたのでしょう……この土地を継いだらキジ撃ちをするといった発言は子どもじみていますが、殿下の心の内の変化を示しています》と続けた。バーチは、皇太子が自分の地位を自覚していると感じており、彼自身も少年の内部で起きた変化に気づいたことを態度で示した。《殿下のかんしゃくを抑えて落ち着いた行動を取らせるには》バーチは報告を続け《辛抱強く見守っていかなければなりません。数カ月ではなく、数年単位で、やさしさと厳しさを使い分けて取り組む必要があります》という見解を伝えた。ただし、彼はたしかな進歩も感じており、それは骨相学者のジョージ・クームも同様だった。クームの診断によると、脳の知性をつかさどる組織がわずかではあったものの、三年前と比較すると大きくなっていたのだ。ただし残念なことに、《闘争心、破壊衝動、うぬぼれ、粘着性、頑固さをつかさどる組織》も大きくなっていて、その結果、わがままで強情な子どもになってしまっているというのがクームの意見だった。

サラ・リトルトンはミスター・バーチの手腕を認めていた。《熱意を持って、ここまでは成功に導いています。皇太子殿下は新しい部屋で飛び跳ねながら、上機嫌で歌うこともあるようです》と息子のジョージに対して、彼女は書き送った。また、バーチから聞いたという話をメアリー・リトルトンにも伝えている。ふたりで散歩に出たとき、バーチと皇太子が家具職人の店の前を通りかかり、作業をしている男性を見た皇太子が自分にもさせてほしいと懇願したという話だ。サラは《ミスター・バーチはお認めになり、一時間以上もその場にとどまって（これ以上のレッスンがあるでしょうか！）家具作りを一緒に学んだり、殿下に教えたりしたそうです。店の男性と話をしながら（ほんの少しだけ）殿下を手伝い、結局、殿下がとんでもなく大きくてつたない足置きを完成させるまで待っていたそうです》と興奮ぎみに書き記し、皇太子がその足置きを《誇らしげ》に肩に担いで宮殿まで持ち帰ったと付け加えた。バーチについても、サラは《あの方がずっと残っていてくださるといいのですが》とも書いている。

皇太子にとって残念なことに、ミスター・バーチは一八五二年に辞任した。アルバートが息子の進歩を不充分だと判断したためだ。〝計画〟は失敗しつつあり、さらに強力に推し進める必要があった。バーチが叙階を望んだのも気がかりだった（宮廷を去るにあたり、彼はウィルトン卿から相当の金銭を受けとった）。どちらにとっても悔いの残る結末で、エレノア・スタンリーはバーチが《悲しみをもらした》と書き残した。シャーロット・カニングもバーチの辞任で《皇太子殿下はひどく悲しんでいます》と記し、《三週間前に辞任の話を聞いてから、ずっと落ち着かない様子で何かに触れています。ミスター・バーチの枕の上に殿下からの手紙と贈り物が置いてあったという話を聞いたときは、本当に悲しくなりました》と続けている。バーチの後任にやってきたミスター・ギブズは、英国国教会の信者ではない中産階級出身で、その境遇ゆえにヴィクトリアとアルバートの目には高教会信者の上流階級よりも頼もしく映った。指名に先立って、ギブズは適性を見きわめるために、ジョージ・クームの診断を受けるよう申し渡された。結果は上々で、《人格、身体、道徳、知性、すべての強さを養うに足る脳の大きさです。野心と利己的な面をつかさどる部分が発達していて、環境によっては頑固さと容赦のなさを発揮できます。……子どもへの愛情と善意は問題ないでしょう》。〝頑固さ〟と〝容赦のなさ〟という点については問題とされたのかもしれなかったが、いずれにしても彼は採用された。

ミスター・ギブズは冷淡で厳格な男性で、容赦のなさについては充分に証明し、一八五八年まで地位にとどまったものの、皇太子と、新たに上のクラスにあがったアルフレッド王子のどちらの信頼も得られなかった。ギブズはバーチが去った翌日に着任し、ふたりの王子を連れて散歩に出た。このとき皇太子は自分たちが無口なのを謝罪し、《ぼくたちがおとなしいのは仕方がないでしょう。ミスター・バーチがいなくなって寂しいんです。これは自然なことです、違いますか？》と説明した。ギブズはアルバートの計画どおりにすべてを進めようとしたものの、暴力的な反発――怒声や悲鳴や足を踏み鳴らすなどの行動――を招くばかりで成果をあげられなかった。ウィンザー城の図書係で王子たちにドイツ語を教えていたドクター・ベッカーはアルバートに、皇太子の怒りは勉強で忙しすぎるのが原因だと警告の手紙を送ったが、この手紙が顧みられることはなかった。

知性を伸ばそうという強引な手法が功を奏したのか、あるいはたんに成長の結果なのかは不明だが、ミス・ヒルドヤードのもと、ヴィッキー王女はフランス語とドイツ語を完璧に習得した。その後、新たにラテン語に取り組み、読書の幅もギボンの『ローマ帝国衰亡史』やジョージ・エリオット、ディケンズ、ブロンテにシェークスピアなどに広げていった。サラは年を経るごとにヴィッキー王女の振る舞いが確実に改善されていくのを見てとり、王女が《立派な人格》を築きつつあると確信した。一八四九年にバルモラル城から戻った女王一家を見た彼女は、子どもたち全員がスコットランドでの生活で成長したと感じ、なかでもヴィッキー王女の変化は目覚ましいと感心した。《作法の面でも感情の面でも、振る舞いまでもが驚くほど改善していました。すべてがうまくいくと思わせる変わりようです。……生まれついての才能や気品はもちろん損なわれるはずもなく、この先、素晴らしい方になるかもしれません。たったいま、殿下が窓の近くに立ち、とても自然に異国の身振りをしていました。スコットランドを懐かしがっているのか、「山はどこ！　素敵な山を探しているの。川はどこ！　銀のリボンを集めたみたいで、とてもきれいだったのに！」とつぶやき、それからレッスンで覚えたのか、ドイツ語の長い単語をいくつも口にしていらっしゃいました》

しかし、ヴィッキー王女は個性と機転を失ったわけではなかった。ヴィッキーとミス・ヒルドヤードが乗馬に出た際に起きた一件をサラが書き残している。ミス・ヒルドヤードが、新しいフランス語教師のマダム・ロランドも自分が子どもたちと乗馬に出るときにいつも使うような壊れた鞭を使ったほうがいいのにと言うと、王女はすぐに突き放した陰険な口調で《だめよ！　あんな鞭を彼女が使うものですか。彼女はそれは立派な方だから、あなたが使うようなものは使わないわ。あなたはただのミス・ヒルドヤードなのよ。彼女はマダム・ロランドだわ》と言った。サラは《まるで美しい服を身にまとうかのような変貌ぶりです。王女殿下の場合は、恐ろしいほどの辛辣さをまとうわけですが――人をあざける癖も、ほかの短所も消えていなかったということでしょうか。運のいいことに、ミス・ヒルドヤードはこうした冗談が出るものと覚悟して、警戒していたそうです》また、サラがピアノで和音を弾くのを聞いていた王女が、《和音は好きよ。感情が伝わってくるから。陽気なときもあるし、悲しいときもある。前はあまりにも感情的で好きになれなかったけど》と言ったという話も、サラの記録に残っている。

ときおり訪れるヴィッキー王女のかんしゃくもあいかわらずだった。サラはクレアモントで過ごした夏のある日の出来事を綴っている。《ついさっきまで、この暑い夏の朝に何の理由もなく泣き叫ぶ王女殿下の隣にいなくてはなりませんでした。かんしゃくは三〇分ばかり続き、殿下はあらゆる叫び声をあげ、身を震わせて落ちこんでいらっしゃいました。不思議としか言いようがありません――誰にも原因はわからないでしょう――理由もなく本物の涙と惨めさが襲ってくるのです。陽気な夏に素敵な場所にいて、感じのいい人々に囲まれています。しかも、みなに親切にされ、楽しい育児部門の出来事もあって、すべてがうまくいっていて、少し咳が出る以外は健康でもあります――これ以上、何を望むのでしょう？　わたしは、自分が恵まれているということをよくわかっています。しかし、それでも後悔してしまう自分がいやでたまらないのです》自分の地位がどれほどの満足感をもたらすものであっても、求められた仕事をみごとにこなして能力を証明してきたとわかっていても、必要とされ、感謝されていると知ってはいても、サラは心から後悔を追い払うことができなかった。

第10章　別れ

サラ・リトルトンは、一八四九年の夏をワイト島で、王室の幼い子どもたちと過ごした。雲のないイングランド南部は蒸し暑く、海からオズボーンハウスに向かって吹く風がとてもありがたかった。オズボーンハウスはこのとき新しい建物の建設中で、パヴィリオンとハウスホールドウィングをつなぐ回廊（のちにガラスがはめこまれる）の工事も行われていた。サラは女王に手紙を書き、《開放的な回廊はたいそう美しく》、おかげで《この夏のあいだ、素敵な日没と月光に包まれた真に幸福な特別な時間が過ごせます》と伝えた。滞在中にアルバートの誕生祝いも催され、子どもたちは花束をつくって父親の銅像を取り囲むように置き、像の足元にあった贈り物に大喜びした。《子どもたちもお祝いと、贈り物でいただいた上等のワンピースや水兵服、そしてちょっとしたごちそうにすっかり興奮しています。この幸せな日を祝おうと、わたしたちは頑張って起きたのです》ヘレナ王女は女王と別れたあとに《最初のかんしゃくを起こし》、そのためにサラは《閉じこめた》という言葉を手紙に書かざるを得なかった。

一〇月までにヴィクトリアとアルバートがオズボーンハウスへ戻り、女王はかつてないほどにスコットランドの素晴らしさを並べたてた。《空気、人々、丘、川、森、この世界のどこを探しても、あれほどいいところはありません。歩いている鹿も本当にかわいらしくて、（以下省略）》サラは女王の言葉を書き留めたものの、彼女自身は懐疑的だった。《たとえ素晴らしいものを見聞きできなくても、故郷を遠く離れずにすむというのは、わたしにとって心の支えです。その支えがあればこそ、わたしは笑顔でいられます》というのが彼女の心境だ。やがて雨が降って風が吹きはじめ、子どもたちが廊下を駆けまわって遊ぶなか、サラは《請求書や商人たちの手紙、女中たちのもめごと、体に合わないワンピース、ルバーブやマグネシアといった薬が必要な状況、そして子どもたちの知性の追求のため、間違ったフランス語の語形変化を指摘し、掛け算表と格闘する作業》にまたしても没頭した。

しばらくして、衝撃的な知らせが舞いこんできた。アルバートの元秘書で、一八四七年から王室出納長官を務めるジョージ・アンソンが突然、妻の前で倒れたのだ。アンソンは最近ひどい頭痛に悩まされていて健康状態がすぐれなかったため、まったく予想外の事態ではなかった。しかし、三七歳という若さで、しかも度重なる流産に苦しんだ彼の妻が妊娠七カ月ということもあり、みなが大きな衝撃を受けた。アルバートは出会った当初こそアンソンに不信感を抱いていたものの、いまでは真の友と言える関係を築いており、受けた打撃はひときわ大きかった。《あの方の死がここにいる全員にとってどれほどの損失か、説明する言葉もありません》サラはキャサリン・グラッドストンに宛てた手紙に書いた。《殿下はすっかり打ちのめされてしまい、おやつれになっています。二度と笑顔を見せなくなってしまうのではないかと心配になるほどです》そして、女王もまた苦しんでいた。唯一無二の存在が失われた。《効率的で有能な》使用人がいなくなったわけではなく、《おだやかで忠実な、個人的な友人》が亡くなってしまったのである。

ウィンザー城に戻る女王の旅に同行するため、オズボーンハウスにやってきたシャーロット・カニングは、アンソンがアルバートの《イングランドにおける、たったひとりの親しい友人》であることを知っていた。アルバートは《とても傷ついて、人が変わったみたいに沈んで》おり、一方の女王は《午後のあいだずっと泣き通し》で、そのあとシャーロットの部屋にやってきて、ずっと話をやめようとしなかった。それから三日間、夫妻は自分たちだけで食事をし、ほとんど姿を見せなかった。アンソンの死は王室の側近の再編を意味する。一八四七年からアルバートの秘書を務めているチャールズ・フィップス大佐が王室出納長官となり、フィップスの後釜にはチャールズ・グレイ将軍がついた。

ウィンザーでコレラが発生して――このときはイングランドとウェールズで大流行し、五万三〇〇〇人が亡くなった――女王夫妻のオズボーンハウスからの出立も延期となったため、一時期全員の精神が〝不安定〟になった。やがて戻っても大丈夫という情勢になったものの、レディ・リトルトンと子どもたちは念のために残留する決定が下された。サラはウィンザー城からの帰宅許可を待ち焦がれた。《疑念と期待が吹き荒れる強風に飛ばされて入りまじり、嘆きに似た音をたててわたしたちに吹きつけてくるようです。どんよりと曇った空や落ち葉が舞う様子がなんとも寂しく、ミスター・アンソンの死と未亡人の姿が頭から離れません。気分が落ちこむばかりです》陰鬱な気分はウィンザー城でも広がっていた。エレノア・スタンリーがウィンザーの雰囲気について、《夜の陰気なことといったら、描写する言葉も見つからないほどです》と報告している。

一〇月も終わりに近づいた頃にサラはウィンザー城に戻ることができ、どうにか新しい石炭取引所の開所式に間に合った。この開所式には、初めての公務となるヴィッキー王女と皇太子の出席が予定されており、サラも付き添うことになっていたのだ。女王は水ぼうそうを患って公務からはずれていた。サラは女王の様子を《子どもたちが初めて国の行事に参加する姿を見られず、ひどく落ちこんでいらっしゃいます》と記している。アルバートが女王の代わりを務め、サラ、ミスター・バーチとともに出席することになった。一行は王室専用船に乗り、何艘もの小舟――一艘には女王の白鳥も乗っていた〔英国では一般に白鳥は女王の所有物とされる〕――を引き連れてホワイトホールからロンドンブリッジまで航行した。このときの素晴らしい景色をサラは記録している。

天気は〝快晴〟で、セント・ポール大聖堂のドームにまで人が座っていた。《地面も橋も、屋根も窓も、それに川を埋めつくした船の上も人があふれんばかりで》、その大観衆が歓声をあげていた。石炭取引所では王女と皇太子は建物の二階に案内されて昼食が供されたうえ、感激のあまり《本物の涙を流していた》男性からワインまで注がれた（この男性は興奮のしすぎで退場を命じられた）。サラは、子どもたちがきちんと振る舞っているのを見て大いに安堵した。一方の彼女も、一度だけロンドン市長を「閣下」ではなく「サー」と呼んでしまったことを除けば、〝大失敗〟を犯さずにすんだ。誇りがこみあげて感情が高ぶるなか、景色を堪能し、のちに《ロンドンじゅうの忠誠心が光り輝いて見える様子は感動的で、景色と歓声を存分に楽しみました》と書き残した。ヴィッキー王女は式が終わってから着付け担当に、《みんなにとってたったひとりの偉大な女性になるのは気分がいいものね》と告げた。ちやほやされて上機嫌の王女だったが、プディングが食べられなかったのには大いに失望を感じていたようだ。

一八四九年の輝かしい夏のあとには、寒くて厳しい冬がやってきた。《雪と暗がりに包まれ、朝食のときもろうそく（ウィンザーの私室ではいまだろうそくが使われていた）が必要です》。黒い霜がおりたウィンザーの城内で、サラは書いた。アルバートに請求書の確認を願いでたところ、彼は《いいとも。もしわたしがずっとリールのステップを踏むのを許してくれたらね。とにかく寒くてたまらないんだ》と答え、本当に優雅なステップを踏みはじめた。クリスマスイヴ、サラはディナーにやってくる予定のキャロラインとキティを待っていた。《またしても古ぼけた書き物机に向かっています。関節はいまのところ、まだきちんと震えを伝えてくれるようです》

サラが関節などを話題にするのは珍しい。一八五〇年まで八年にわたって育児部門の責任者を務めた彼女のいらだちは年々大きくなり、《とても孤独な人生》を嘆くことも増えていた。《人の姿はたくさん目にします。でも、赤ん坊を除いては関心が持てる人、つながりを感じる人はいません》と書いている。さらに、《自分の人生に満足できないのです……じきにその考えは間違っていると気づいて、もっと感謝しなくてはいけないと思うのですが》とも告白している。孤独と心痛、子どもたちに会えない寂しさはいつまで経っても消えず、反対に大きくなっていた。六三歳になり、サラは単純にいまの仕事を続けるには年を取りすぎたと感じていたし、責任も負担に感じられるようになっていた。娘のラヴィニア宛の手紙に、サラは《わたしの将来はしぼんでしまい、前にも増して宮廷や仕事、小さないらだちや不安にとらわれている感覚が強まっています。娯楽の場でも孤独なときでも、支えになっているのは愛する人たちがいる場所、ドアの外の自由な世界にある幸せな場所を想像することです……愛する孫にキスを。謎めいた祖母より》と書いた。もはや義務感ですら彼女の《細い下り坂をのたうち回りながら転がり落ちる気持ち》を支えるのに十分ではなく、《ドアの外の自由な世界》を取り戻したいと切望するようになっていったのだった。

一八五〇年三月、悪寒を感じたサラは処方された薬をのんだところ、麻痺に似た〝発作〟を起こした。サー・ジェームズ・クラーク――誤診の名人――はここでも誤った診断を下し、サラが《心臓発作》を起こしたと断定した。サラは回復したものの、家族は引退すべきときだと考え、スペンサー卿がアルバートに手紙でその旨を伝えた。しかし、ヴィクトリアとアルバートはサラを失うなど考えてもいなかった。仕事の量を減らすという妥協案で両者は合意し、サラはレッスンから身を引き、監督の仕事に専念することになった。

さらに悲劇は続く。一〇月、サラはラヴィニアが四人目の子どもを産んだあと、重体に陥ったという知らせを受けとった。急いでハワーデンに向かったものの、サラが到着したとき、ラヴィニアはすでに帰らぬ人となっていて、あとに四人の娘とやもめとなった父親のヘンリー・グリンが残された。ウィンザー城に戻ったサラのもとを何人かがお悔やみを言いに訪れ、そのなかにシャーロット・カニングもいた。サラはこのときのシャーロットの来訪について、《礼儀正しく心から同情してくれて、わたしたちのために深く悼んでくれました》とメアリー・リトルトンに語っている。ラヴィニアの死で、サラの宮廷を辞する決意が固まった。いまや果たすべき義務は家族にある。それに、娘のキャロラインもハワーデンを助けるのを手伝ってくれるに違いなかった。《これ以上、仕事に縛られ、家族のもとを離れているわけにはいきません、わたしとわたしより頼りになるキャロラインで力を合わせて、ハワーデンにいるかわいそうな子どもたちを必要なときに助けてあげないと。ずいぶん前に家族の輪が壊れてしまってから、わたしはまだ残っている子どもたちと一緒に暮らしたいとずっと願ってきたのです。もうその願いを拒絶すべき理由はありません》シュトックマー男爵と話し、サラは辞任を申し入れた。女王は《有無を言わさぬ強い理由がある》として、今回はすぐに辞任を受け入れ、新年に城を出ることを応諾してくれた。《お仕えしてきた一二年間、ずっとよくしていただいてきたのと変わらず、やさしく心のこもった言葉をかけていただきました》とサラは書き、精神的な支えであったガードルストン教区牧師にも、自分が踏みだす《新たな一歩》を認めてもらいたいと手紙を書いた。

　当面の問題となったのは、サラの年金がいくらになるのかだった。《陛下とはいつもの仕事の話をいろいろとしましたし、殿下とも一度長話をしました。しかし、年金の話はひと言も出ませんでした》と彼女は不安を綴ったが、クリスマスまでにすべてが解決した。年金の額が年八〇〇ポンドに決まったのだ。サラは《こんなにたくさんだなんて。一〇人も子どもがいる聖職者が見たらどう思うでしょう！》と驚きを書き残している。この金額はあまりにも大きすぎて、サラが《恐縮する》ほどだった。最後に残った心配事は、彼女の辞任を《嘆いている》王室の子どもたちとの別れだ。ただし、少なくとも後任のレディ・キャロライン・バリントンはサラも承認できる女性だった。これまで、女王の寝室付きの女官を務めていたレディ・バリントンはやさしいうえに子どもが大好きだった。どちらも新しい仕事にとって重要な資質である。《陛下との関係も良好で、宮廷内での評判もいい方です》と、サラはバリントンを評した。これでいよいよ《待機の合間》の気まずい時間との別れを待つばかりとなった。

一月になり、暇乞《いとまご》いの日がやってきた。サラにとってはつらい体験だった。《最終日は一日じゅう落ち着きませんでした。お別れを言う以外にはすることもないのです。やがて午後になって、陛下に呼びだされました。陛下の部屋を訪れるのもこれで最後だと思うとたまらず、わたしはなかに入るなり泣き崩れてしまいました。話すことも話を聞くこともできなくなってしまったのです。殿下のお顔は覚えています（灰のように真っ白でした）。それから、おふたりにねぎらいと感謝の言葉をかけていただいたのですが、ぼんやりとしか思いだせません。自分の境遇をいいことに、いつまでも泣いていてはいけない。わたしはそう思い、立ちあがる前にどうにか涙をこらえようとしました》。サラは別れの場面をそう描写した。このときのサラの様子をヴィクトリアも記録していた。《かわいそうなレディ・リトルトン》と書き、《彼女は打ちひしがれていました》とサラを思いやっている。それからサラは、用意した贈り物を《首尾よく配り終え》、子どもたちからお返しに全員の小さな肖像画がぶらさがったブレスレットを受けとった。サラは最後の別れの場面を《子どもたちがいっせいに駆け寄ってきて、通り抜けることもできません。わたしは前でもうしろでもなく、上を向いていました。体が震え、恐怖と屈辱がこみあげてきて、上を見ているしかありません。子どもたちへの希望と信頼のようなものも感じるのですが、充分ではないのです。わたしは多くを託されたにもかかわらず、ほとんど何もできませんでした――あの子たちの罪やこの先の運命に対して何らかの答えを出してやらなければならなかったのに、結局、わたしにはその方法がわからなかったのです。子どもたちは全員泣いていて、感情を高ぶらせていました。最近はほとんど顔を合わせていなかった皇太子殿下も泣いていて、いちばん感きわまっているようでした。ヴィッキー王女は厳しい言葉や感情的な言葉、賢い言葉をたくさん並べたてていました》と説明している。数カ月後、バーティ皇太子から二羽のチャボが届き、サラは深く感動した。

キャロラインとキティにも後悔があった。宮廷の〝関係者〟として暮らしているあいだ、《得をしたことや楽しかったこと》はほとんどなかった。しかし、これから訪れる生活の変化は大きなもので、ふたりとも《ウィンザーと永遠に離れる》感傷に浸らずにはいられなかった。サラの乗った列車はロンドンに向かって進んでいった。一月の暗くなりかけた空のなかで《気高さの象徴》の城がシルエットへと変わっていき、彼女はようやく安堵感に身を任せた。《列車でずいぶん眠ってから目を覚ましたとき、やっと自分の仕事は終わったのだと感じられました。ゆったりとした快適な気分で身を起こすと、人生最悪の時期がとうとう終わったとでもいうように、残りの人生がはじまったという思いが頭のなかを占めていきました》

シャーロット・カニングにとって女官の仕事は、結婚生活の屈辱と失望から一時的に身を隠して気を紛らせるための手段でもあった。一八四〇年代後半までに、シャーロットの結婚生活は夫の不貞によっていっそう暗いものになっていた。オックスフォードでチャールズ・カニングとともに学んだエルギン卿は、この結婚を《真実の愛が不幸に転じたもっとも悲しい実例》だと評している。一八四九年一一月、シャーロットが出仕しているときに、チャールズがウィンザーでの射撃の集まりに招待された。仕事中だったサラ・リトルトンは、グレイ将軍と皇太子が死んだキジを拾いに行ったところ、チャールズが撃った銃弾がグレイのこめかみをかすめ、グレイがもんどりうって倒れたのを目撃した。シャーロットも撃った当人の夫がその場で卒倒するのを見ていた。チャールズは《死人のようにふたりの男性に引き起こされ》、立ちあがるなり悲鳴をあげてグレイのほうに走りだした。シャーロットはサラに夫が死んだと思ったと語ったが、実際にはチャールズは皇太子を撃ってしまったと勘違いして動揺し、気を失っただけだった――チャールズは感情が高ぶると気絶することがときおりあった。ところが、この一件が醜聞となり、まったく違う話になって広まった。チャールズが倒れた原因は最近の愛人との《激しい口論》にあり、それが女王の耳に入るのではないかという不安が重なったためだというのである。シャーロットは、《その女性に関してはまったく気にする必要はないと言われました》と綴っている。もちろん、シャーロットの手紙には夫を責める記述も、不幸を嘆く記述も見あたらない。しかし、醜い裏切りであり、義務の放棄であるチャールズの不実を文章の形でほのめかすというのは考えられなかったのだろう。彼女はみずからの不幸を認める人物ではなかった。ただし、寂しさは表情に表れていたかもしれない。

《なんとひどい一週間だったことでしょう》シャーロットは一八五〇年七月一日に書いている。ケンブリッジハウスで病に臥せるケンブリッジ公爵を見舞った帰りの馬車で、女王が（五月のアーサー王子の出産から回復したばかりだった）軽騎兵第一〇連隊を退役した元中尉、ロバート・ペイトにより、鉛を先端に仕込んだ杖で眉間をしたたかに殴打される事件が起きたのだ。女王が精神錯乱者の攻撃を受けたのはこれが五度目になる。ボンネットの縁が殴打の衝撃を吸収したとはいえ、しばらく気を失うほどの一撃で、ひどいあざができてしまった。馬車には女王の子どもたち三人と女官のレディ・ジョスリンが同乗していて、シャーロットが駆けつけたときには、ペイトが警官に連れていかれるところだった。シャーロットが見たところ、ペイトは《なかなかの紳士》で、庭園の散歩を日課にしていた彼を多くの人が目撃していたが、彼女は《頭がどうかしているに違いありません》と書き残している。その日の夜、女王がオペラ鑑賞に劇場へ姿を見せると、観衆は大歓声で彼女を迎えた。一週間後にカニング家がウィンザー城で女王とディナーをともにしたときも、額のこぶはまだ痛々しかった。

ペイトの襲撃から数日後、サー・ロバート・ピールが博覧会委員の会議に出席し、ロンドン万国博覧会についての議論が行われた。万国博覧会はアルバートがピールの支持を受けて推し進めていた一大行事だ。ところが、サー・ロバートはコンスティチューションヒルの自宅に戻る途中で落馬し、すさまじい痛みとの格闘の末、三日後の七月五日に亡くなった。シャーロットは訃報を聞いて《国にとって大きな損失です》と書き残し、特に女王とその夫に与える影響を案じた。ピールの死を悼んだ者は多かったが、一八四六年にピールが首相を辞任してからも緊密な連絡を取りあい、彼を尊敬するようになっていたアルバートの悲しみはひときわ大きかった。また、ヴィクトリアもピールを《ふたり目の父親》と見なして慕っていた。

ほぼ一年後の一八五一年五月一日に開会した万国博覧会は大きな賞賛を受けることとなり、アルバートは個人的な大勝利をおさめた。訪問者たちはジョセフ・パクストンが設計した巨大な光り輝く温室（クリスタルパレスと呼ばれた）を見て驚愕した。この優雅な光あふれる巨大な建造物は鉄とガラスでつくられていて、そびえたつ袖廊はハイドパークにある大きなニレの木を三本すっぽりとおさめていた。多彩で創意に富み、いささか風変わりな展示物が世界各地から集められ、その数は一万四〇〇〇点にも及んだ。サラ・リトルトンは開会式に出席し、のちに女王宛に《気高さと魅力、そして慈しみの心にあふれた計画のご成功をお祝いいたします》と綴った手紙を送った。まさにアルバートにふさわしい成功の証だと、サラは心から思っていた。ヴィクトリアはこの手紙に対して、感謝と思いやりにあふれた返事を送った。《たしかに、わたしの幸福な人生のなかでも最高に誇り高く、幸せな日でした。愛する夫の偉大で正しい心のなかにある想像力が花開くのを見るのは大きな喜びです。夫はいつも人々のために働いています。彼のそうした思想と行動が勝利で称えられるのは素晴らしいことだと思います。ここにくるまで、ありとあらゆる困難と反対に遭ってきたのですから。失敗をもくろむ嫉妬や中傷もありましたが、それもすべて乗り越えたのです。そうしたすべて

を含めて、わたしたちはずっと幸せです》

宮廷を出たサラ・リトルトンは、ロンドンのストラットンストリートの邸宅で、キャロラインやキティと一緒に暮らしていた。ハワーデンの牧師館とハグリーを頻繁に訪れ、彼女を「おばあさま将軍」と呼ぶ孫たちを相手にクリケットのボールをよけたり、フランス語を教えたりして忙しい日々を送っていた。万国博覧会についてより率直な見解を持つキャロラインは、自分が《貿易にも産業にも興味がありません》と認めたうえで、《アルバート殿下のスピーチもドイツ的な哲学にしかすぎず、よく言っても役に立たないものです》と書いた。ただし全体としてみれば、事業としての価値はあったと一定の評価をしている。報われるべき人々に利益をもたらす効果があったし、さらには冷笑や批判を浴びせた人々に対し、アルバートはみずからが信じ、懸命に努力して実現したものの価値をみごとに証明してみせたという見解だ。キャロラインは女王の喜びに共感を覚えずにいられなかった。《夫の手がけた大事業が予想外に完全な成功をおさめたのですから、喜びもひとしおでしょう。これでアルバート殿下の評価が高まるのは間違いありません（ロンドンを除いては）。殿下の信条、才能を示した好例にもなるでしょう。ただし、ロンドンの社交界では嘲笑され、嫌悪されるに違いありません。上流社会のなかでは殿下への軽蔑が増すはずです。もっとも、殿下が何をなさったところで同じ結果にしかならないのですが》と総括している。

結局、六〇〇万人（グレートブリテン島の全人口の三分の一）もの人々が万国博覧会を訪れた。女王自身をはじめ、複数回来る人も多かった。シャーロット・カニングも王室の人々の付き添いで、一〇月の閉会までに何度か訪れている。一〇月一五日、シャーロットは女王が最後のスケッチをするのに同行して、翌日の閉会式にも出席した。式ではアルバートが博覧会の成果を報告し、感謝の意を示した。続いてロンドンの主教が祈りを唱え、万国博覧会は成功裏に幕をおろした。

万国博覧会は平和と繁栄、自由貿易の王者としてのイングランドの地位、産業と帝国主義の力を示す場であり、アルバートの見解と決意を示す記念碑でもあった。ただし三年後、英国は四〇年ぶりとなるヨーロッパでの戦争に乗りだし、アルバートは裏切り者と呼ばれることになった。クリミア戦争では、宗教、国家主義、帝国主義がそれぞれの役割を果たした。聖地では長年にわたり、カトリック修道士（フランスが支援）と正教徒（ロシアが支援）が重要な聖堂などをめぐって争いを続けていた。しかし、一八五〇年代初頭、オスマン帝国の領内にいる多数のギリシャ正教会の信徒の保護をめぐってロシア人とトルコ人の対立が激化し、一八五三年六月、ロシアがキリスト教徒の保護を名目にトルコ人の公国、ワラキアとモルダヴィアを占領した。一〇月にはオスマン帝国がロシアに宣戦布告をし、ひと月後にシノープでロシア艦隊がオスマン帝国の海軍を撃滅した。この戦いは、完全な戦争行為だったものの、英国の報道がロシアによる〝大虐殺〟と伝えたために国民のあいだに怒りが広まり、《ロシア恐怖症》が拡大した。平和を愛するアバディーン首相は、オスマン帝国の側について参戦する気はなかった。しかし、好戦的なパーマストン卿に率いられ、多数の国民の支持を受けた一派がロシアの脅威の排除を主張し、弱体化して崩壊しつつあったオスマン帝国にてこ入れをし、英国のインドにおける権益を損なう可能性があるロシアの拡張主義に対する防波堤にすべきだという意見を展開した。

英国に広がった外国恐怖症はアルバートにも向けられ、彼と女王は狼狽した。万国博覧会で得た人気は忘れられ、いまやアルバートは親ロシア派、反パーマストン派とのレッテルを貼られて、外国の王室と協調し、閣僚に依存して女王に対して過度に影響力を行使し、軍の妨害をしていると批判されるようになった。こうしたアルバートへの批判のなかには、たんにあまりにも〝外国的〟でありすぎるというものもあった。批判はやがて攻撃と言っていいほどの激しさに発展し、一八五四年一月には、議会で英国政府がアルバートの忠誠心には絶対の信頼を置いているという宣言を発する事態にまで至った。この宣言により、女王の狼狽はどうにかやわらげられた。

《紳士たちは例外なく、戦争への情熱で熱くなっています》二月にエレノア・スタンリーは書いている。この頃までには宮廷でも主戦論が支持を集めており、当初はアバディーン同様にオスマン帝国のために戦う必要はないと考えていたヴィクトリアとアルバートも（女王は一八四四年にロシア皇帝がウィンザーを訪れた際に見せた温和な人となりを記憶していて、その皇帝を悪く考えたくないと思っていた）、徐々に《ロシアの力による侵略は排除されるべき》と考えはじめた。そして一八五四年三月、ついに英国はフランスと手を組み、ロシアに対して宣戦布告し、国も宮廷も戦争の報道に熱中するようになっていった（クリミア戦争は、写真と記事による現代的な報道がなされた最初の戦争だった）。その年の秋、バルモラル城では王室に仕える人々がじりじりしながら、〝電報〟と新聞を心待ちしていた。特に人気が高かったのは、ウィリアム・ラッセル・ハワードの記事と、英国軍の進出した位置とその作戦行動の目的であるセヴァストポリの港と要塞を示した地図を載せた『タイムズ』だった。アルマでの勝利は大きな興奮を生んだものの、代償となった大きな損失が知れるにつれて高揚感も急速に冷めていった。セヴァストポリ陥落の報を受けたときは、祝賀の大規模なかがり火の準備がはじまったが、じきにたんなる噂だったと明らかになって中止された。しかし、しだいに報道はクリミアでの驚くべき現状を伝える内容が増えていき、物資の不足、医療施設、看護婦の話が盛んに報じられ、スクタリの軍病院の悲惨な現状や兵士たちの苦しみに関する記事なども掲載された。クリミアにおける犠牲者の死因は三分の二が戦闘によるものではなく、コレラや赤痢、壊血病といった病気によるものだった。

一〇月、シャーロット・カニングは母親に宛てた手紙に、《政府は、ミス・ナイチンゲールが率いる看護婦たちをスクタリに送ります。彼女の家族の承認が得られたようです。こうした仕事に関して、彼女の右に出る者はいません。勇敢で技術に優れ、親切で賢く、物静かな女性です。大変な仕事を引き受けたにもかかわらず、まるで慌てた様子もありません》と書いた。シャーロットはフローレンス・ナイチンゲールと面識があった。前年、「恵まれない境遇にある貴婦人のための施設」の運営委員会で委員長を務めている関係で、ナイチンゲールにハーリーストリートにある新しい病院の再編を監督する仕事を頼んだのだ。ナイチンゲールについて、シャーロットは《背が高くて痩せていて、黒髪のはっきりした顔立ちをした女性で……とりたてて美しく振る舞いが魅力的というわけでもなく、口数が少なくて事務的な感じでしたけれど、とても頭の回転が速くて、あらゆることについて博識でした。典型的なよき学者であり、ギリシャ語とヘブライ語、その他の言語にも通じていて、そして何より――おそらくこれがいちばん大切だと思うのですが――話している相手に自分の思うところを信じさせるすべを心得ていました。……静かというより厳格にも見えますが、とてもユーモアのセンスがあって、物事の明るい面を見る方です》と記している。それから時間が過ぎ、シャーロットはスクタリに派遣する看護婦を選ぶ役まわりにあった。全力をあげて人選にあたらなければならない。彼女は決意をこめて、《志願者がたくさんいるのですが、本当に優秀な人でないかぎり採用するわけにはいきません》と書いている。

ウィンザーではクリスマスに向け、《みなが編み物をしています》とシャーロットは報告した。女王は、女官たち全員が兵士たちに贈る毛糸の襟巻きや靴下を編んでいると報告を受けており、彼女自身もまた、いとこのジョージ――クリミアに送られたもっとも若い指揮官であるケンブリッジ公爵のために襟巻きを編んでいたのだった。

一八五五年六月、シャーロットはルイーザへの手紙で《お母さまが話していた件をどう思いますか?》と尋ねた。ダルハウジー卿がインド総督の地位から引退することになり、チャールズ・カニングが後継者の候補として打診を受けているというのだ。《どういう結論になるのか、まだあなたに教えることはできません》彼女は続けた。《ただ、特に理由はありませんし、あの人が望んでいないのもわかっているのですが、行くことになるだろうと思っています。それでもいまのところは、やはりわからないというのが正解でしょう。この決定にわたしの意思が反映されるはずもありませんし、わたしはただ、犬のように連れていかれる準備をするだけです。一年だけならこんなにいい話もないと思います。でも、六年というのは絶望的な長さに思えてなりません》。チャールズは結局、総督の職を引き受けた。のちに、この人選は家族の友人であったランズダウン卿が画策したもので、チャールズを浮気相手から引き離そうとしたのだという噂がささやかれた。

この赴任についてシャーロットが何を思ったか、その心境がわずかにうかがえる手紙を、子どもの頃からの友人であるキャサリン・グラッドストンに送っている(シャーロットはキャサリンの娘の名付け親だった)。シャーロットはキャサリンとじかに話したかったものの、手紙に託さざるを得なかった。《これは人生にかかわる大きな変化です。けれど、思い悩んで心が定まらないのは誤りだと思います。夫には拒否する理由が一〇〇ほどもありますが、本当に拒否してしまったらかならずや後悔するでしょう。あの人がこの義務を果たすとわたしは確信していますし、自分の都合だけでこうした義務から逃げるのは正しいことではありません。……問題は期間が長く、離れ離れになってしまう愛する人々が大勢いるという点です。ただ、わたしたちには子どもがいませんし、責任を負うべき領地もイングランドにはありません。体も健康で、病気の疑いすらない。こうした状況では、言い訳など許されないでしょう。わたしならむしろ喜んで行きそうだとあなたは思うでしょうけれど、故郷をこれほど長い時間離れるとなると……たしかにわたしは〝上流社会〟などほとんど気にかけていませんし、新しい場所を訪れて新しいものをこの目で見るのが好きです。それも遠ければ遠いほどいいと思っています。ですから、インドへの旅と、かの地での生活がうまくいくよう祈ります。それに、向こうでは義務や利害関係に悩まされることもないでしょう。……あなたなら、わたしが文字に書き表す以上にわたしの心情を理解してくれると思います。あなたの愛情に心から感謝します。六年後、わたしがいまと変わらず頼りにするであろう人々が何人かいますが、あなたもそのうちのひとりです》

《長いあいだ故郷を離れる痛み》――苦しみが生む小さなため息は、〝義務〟の重さに押しつぶされて消えてしまう。女王に仕えて義務を果たしてきたシャーロットは、続けて夫に対する義務を果たし、六年という長い任期を承知のうえで、大切なすべてのものから遠く離れた場所へついていくことになった。シャーロットが出発する直前、友人のキャサリンは祈禱書を贈り、髪をひと房分けてくれるよう願いでた。

九月のウィンザー城で、シャーロットが女官として仕える最後の日がやってきた。《ヴィッキー殿下とプロイセン皇太子が幸せそうに、仲睦まじく歩いているのをお見かけしました》と彼女は記している。その年の夏、バルモラルでヴィッキーはひそかに、プロイセンのフリードリヒ・ヴィルヘルム（フリッツ）皇太子と婚約していた。ヴィッキーはまだ一四歳だったため、向こう三年間は結婚式を挙げないこととされた。《朝食のあと、カニング夫妻から別れの挨拶があり、大変に残念な気持ちでこれを受け入れました》とヴィクトリアは一一月二二日の日記に書き《出発は二六日です》と付け加えた。チャールズとシャーロットは、彼女の女中のレイン、ウェストのふたりとともにマルセイユに向かい、そこからエジプトに向かう船に乗りこんだ。年が明けて二月、ふたりはインドのカルカッタ〔現コルカタ〕に到着した。

第11章　女官、メアリー・ポンソンビー

インドへ旅立つ前、シャーロット・カニングは別れを告げるため、最近新たに宮廷での友人となったメアリー・バルティールを探しだした。メアリーは一八五三年に女官となった女性で、一五歳の年齢差にもかかわらず、彼女とシャーロットは出仕が重なった数カ月のあいだに友情をあたためた。基盤となったのは、ふたりに共通する知性と宗教的な共感だ。《わたしには友人は数えるほどしかいません》とシャーロットはメアリーに語った。《それに、人とやたらに仲よくする趣味もありません。そのわたしがあなたを親友だと思い、気にかけているのですから、どうか信用してもらいたいと思います》。ふたりには高教会への深い信仰という共通点もあり、またどちらも宮廷生活とは距離を置いていた。ただ、シャーロットがみずからを律する慎重な性格である一方、メアリーは情熱的で率直な性格であり、シャーロットが言わずにおいたことを口にするのをいとわなかった。

メアリーは演技の才能で宮廷の指名を得たのを誇りとしていた。サザーランド公爵夫人がメアリーの芝居を見て、乗馬や散歩、ピアノの演奏といった女官にとって望ましい活動も得意なのを知り、彼女が典型的な宮廷の住人とは違うという意見と合わせて女王に推薦したのだった。この経緯からは、メアリー自身よりも、むしろヴィクトリアの人となりがうかがえる。女王がメアリーの宮廷人としての人格の欠如を美点として受け止めたことは、彼女が王室の奉仕者を選ぶにあたり、ふさわしいかどうかという固定観念ではなく、みず

からの想像力を判断の基準に置いていた証だろう。もっとも、メアリーの両親であるグレイ夫妻が宮廷の廷臣ではなかったとはいえ、彼女の指名もまた血縁によるものには違いなかった。叔父にあたるチャールズ・グレイ将軍はアルバートの秘書であり（のちに女王の秘書官となる）、叔母のキャロライン・バリントンもサラ・リトルトンのあとを継いだ育児部門の責任者だった。

しかし、メアリー・バルティールが宮廷に仕えるべくして生まれてきたような、レディ・ジェーン・イーリーやレディ・オーガスタ・ブルース、ハリエット・フィップスといった宮廷の女性たち――柔軟で分別があり、王権に対して敬意を払い、王室での仕事を〝聖なる義務〟と考える女性たち――とはまったく違うたぐいの人物であったのはたしかだ。メアリーは組織に属するにはあまりにも独立精神が旺盛であり、あまりにも個性的で、おそらくは傲慢でもあった――一方、ヴィクトリア朝の宮廷は疑う余地のない〝組織〟である。メアリーは日頃から王権を絶対的なものとする見方に疑問を持っており、彼女にとって王室を崇拝することは（彼女は「王室礼賛」と呼んでいる）何にも増して軽蔑すべき思想だった。

女官たちは貴族のなかでは中流にあたる家柄の出身者が多く――バルティール家もそうだった――年三〇〇ポンドという給金は彼女たちにとってありがたい収入だった。女王に宛てた、ある女官候補者（ファニー・ドラモンド）の推薦状からは、当時求められていた資質がうかがえる。ミス・ドラモンドは《人見知りが激しすぎず、その反対でもなく》、また《開放的すぎず、内にこもりすぎることもないうえ、機転がきき、勇気と情熱があります。さらに親切で従順でとても素直なため、少々の叱責も平気でしょう》とある。さらに《活発》ではあっても《舞踏会や外出を過剰に好きではなく》、そのうえ《節操と落ち着きもあって》決して《退屈》ではなく、《音楽と絵の素養》を備え、《個性的すぎない》と同時に《狡猾でもなく》、冗談が好きで《教会の問題について強い意見を持っていない》と評価されていた。

一方のメアリーは、叱責に対して常に《従順》というわけではなく、舞踏会と外出が大好きで、《教会の問題について強い意見》を持っていた。しかし、人見知りや退屈とは無縁で、勇気と情熱には事欠かず、音楽などの素養も充分に持っていた。少なくともメアリーは適格と判断されて指名を受け、女官として一年のうち、一カ月を三回、宮廷で女官の監督のもとに過ごすようになった。彼女に期待されていたのはおもにフランス語とドイツ語、乗馬、ピアノの演奏だ（特にピアノに関しては、楽譜を初見で弾ける能力は大いに役立った）。一日おきに、ディナー前の女王にブーケを渡すのが役目で、ときに肖像画のモデルを務める女王の話し相手になったり、乗馬や散歩に付き添ったり、スキットルズをしたりもした。王室の子どもたちを楽しませるために呼ばれる日もあり、ウィンザー城のコリドールで投げ輪やスキップにつきあった。そのほかにメアリーの能力が必要とされたのはカード、ダンス、針仕事、スケッチなどで、とりわけ素人役者としての才能は重宝された。

メアリー・バルティールはホイッグ党の貴族の家に生を受けた。母方の祖父は一八三二年、彼女が生まれた年にホイッグ党政権の首相として選挙法改正案を成立させたグレイ卿だ。リベラルな政治思想と社会的な地位に対する自覚——自分でも矛盾する要素だと知りつつ、このふたつがメアリーにとっては常に重大事だった。幼少時をフレットにある父のジョン・クロッカー・バルティールが継いだデヴォンハウスで過ごし、一八四三年、かなりの額の借金を遺して（フレットを整備する大計画を乱発したのが原因）ジョン・バルティールが死去したあと、彼の妻のエリザベスはメアリーと三人のきょうだいたちを連れてロンドンに向かい、イートンプレイスに質素な家を構えてそこで暮らした。

若い頃のメアリーは、道徳的な潔癖さと自分を高めたいという強い願望を持ち、鮮烈なまでに宗教色の強い生き方をしており、ジョージ・エリオットの『ミドルマーチ』に登場するドロシア・ブルックとどこか重なるところがある。一五歳のときにオックスフォードの主教だったサミュエル・ウィルバーフォース（サラ・リトルトンも敬愛していた）と出会ってから、メアリーはオックスフォード運動に傾倒し、熱狂的と言っていいほど宗教に打ちこんだ。二〇歳になったときには「自己批判日記」をつけはじめ、日常生活での行いを厳格に振り返って記録した。《この日記は、わたしの思考、言葉、行動に潜む罪の告白を残そうとしたものです（死後には燃やしてください）》メアリーはそう書いたものの、この願いは無視された。罪はたしかに正当に書かれていて、きょうだいを強く叱りすぎた、朝食の前後に感謝を捧げなかった、教会でいい人だと思われたいと願った、昼食で欲張りすぎた、《お母さまから頼み事をされたときに文句を言って口論になってしまった》などといった事柄が綴られている。そうして時間が過ぎ、メアリー自身が「自然科学の学校」と呼んださまざまな作品と同様、ジョン・スチュアート・ミルやジョージ・エリオットの著書を読んでいくうちに宗教に対する疑問が芽生えはじめ、やがて高教会への情熱は冷めていった。しかし、皮肉な性分によって助長された感情の激しさは消えずに残り、のちに他の女性との疑似恋愛的な関係へとつながっていくことになる。

メアリーは小柄で痩せており、はっきりとした顔立ちに険しい表情を浮かべていた。長いまつげに囲まれた灰色がかった青い瞳は、冷徹で見定めるような視線を発していて、見る者を困惑させる。実践的で男性的な嗜好があり、大工仕事や銀細工、水泳や製本作業などを好んだ。自分に対しても他人に対しても厳しく、エセル・スマイス（作曲家で、メアリーと恋に落ちた若い女性のひとり）は、メアリーの《張りつめた深刻さ》は《議論のなかでたびたび披露される、一八世紀的な皮肉なものの見方》の現れだと正しく喝破している。

一八五三年三月に指名を受けて、メアリーは女王の《手にキスをするため》、バッキンガム宮殿に招請された（新しい女官が宮廷に出仕する際にかならず行う儀式）。麦藁のボンネットと外套を手に宮殿へ向かった彼女は、馬車が門をくぐったときも、それほどの高揚感は覚えなかった。待っていた叔母のレディ・バリントンから女官のバッジを受けとると、そこにはダイヤモンドで縁取られた女王の小さな肖像画が赤いリボンにつけられていた。メアリーはレディ・バリントンに案内されて女王の居間に入り、深く頭をさげて手にキスをすると、女王もお返しに彼女の手にキスをした。ヴィクトリアは上機嫌で愛想がよく（女王は《あたたかい心の持ち主で才能もあり、賢いうえに親しみやすい》とメアリーを評した）、メアリーに家族について質問し、歌が聴きたいと所望した――彼女を連れていけばオズボーンハウスでも歌が楽しめることを確認したかったのだ。面会が終わると《叫びだしたくなるのを我慢しながら》メアリーは軽くお辞儀をして部屋を出た。《ドアの外に出ても、説明しがたい、その場に倒れこみそうになる心境が消えず、九回ほどピルエットをしました》と、彼女は女王との初対面を振り返った。

メアリーは、宮廷の〝贅沢〟な部分が好き（格調の高さに戸惑うこともなく、ただ家具が《悪趣味だ》と頻繁に書いている）であり、宮殿で彼女が暮らす一画は期待を裏切らないものだった。《快適さが詰まっているような》ベッドには《真綿にも見える》シーツがかぶせられていて、《充分な湯と浴槽》もあった。同僚の女官であるルーシー・カーと共用の居間には、赤い書き物机と安楽椅子、足置きと銀の燭台がそれぞれふたつずつ置いてあり、さらにソファがひとつ、本棚がふたつ、道具箱がいくつかとピアノが一台備えられているうえに、バルコニーまであった。ウィンザー城の自室も同様に満足のいくものだった一方、オズボーンハウスではあまりの寒さに閉口し、部屋のカーテンを閉めてろうそくをともし、暖炉の火を《つついて》紅茶を持ってこさせるのが《快適さの限界》のようだと記している。

オズボーンハウスで、メアリーは王室の正式なディナーを初めて経験した。神経が疲れる機会にもかかわらず、彼女は難なく乗りきった。〝命令〟を受けたのは午後になってからで、デヴォンのバルティール家の隣人でもあり、メアリーとも知り合いだった女官のレディ・マウント・エッジカムを通じ、王室の人々とそれに仕える者たちが一堂に会してディナーをとるとの指示があった。命令を待つ——女王と馬車で出かけるのか、乗馬に行くのか、あるいは食事をともにするのか——ことは、メアリーの宮廷生活において主要な部分を占めるようになっていった。命令は新たな命令によって取り消されることも多かった。エレノア・スタンリーは、ヴィクトリアが《四時に散歩をともにするようにお命じになったのですが、そのあとすぐに「陛下の気が変わられた」との伝言があったと報告しました。それを聞いたレディ・チャールモント（寝室付きの女官）が反発し、気が変わっただなんて陛下が気まぐれであるかのような言いようで、尊敬の念が足りないと言いだしました》と一例をあげている。メアリーはこうしたなか、判断を保留し、決して質問しないというやり方を身につけていった。《食事をするのか、あるいは世界の果てまで行くのか、陛下のご意向が一〇分前に伝えられます……わたしとしては、言われるがままに動くだけです》と書き残している。

初めての王室の人々とのディナーを楽しみに、メアリーは白いシルクのドレスに着替え、青と銀色のヤグルマギクを髪に挿し、女官のバッジを身につけた。八時までにはすっかり用意が整って《開けられるのを待つジンジャービールの瓶みたいに震えていました》という状態になったのだが、レディ・マウント・エッジカムが気をもんで手袋やショールをしきりにいじるなか、さらに待機が続いた。ようやく食堂へ来るようにと指示があり、メアリーは、宮廷を定期的に訪れていた《青白くやつれて、胸やけでげっそりとした》シュトックマー男爵と、侍従武官のワイルド大佐に挟まれて座った。ワイルド大佐が同席していたメアリーの叔父のグレイ将軍に話しかけようとし、彼女がシュトックマーに《あのふたりでは会話になりませんわ。どちらも耳が聞こえないのですもの》と言うと、驚くほど耳のいい女王がそれを聞きつけ、テーブルの反対側から《そうです、そのふたりは耳が聞こえないのです！》と大声を出した。

ディナーのあとで居間へ移ってからメアリーは、半円を描いて取り巻いている人々が見ているなか、自分が長椅子に座った女王とふたりで話をしているのに気づいて警戒した。幸いにも自分の母が膝を悪くしている話を思いつき、ヴィクトリアも健康には深い関心を寄せていたために会話は盛りあがった。翌日のディナーのあと、ピアノと歌が得意だったメアリーは、演奏しながら歌うという大変な経験をした。身分の高い人々が座って静かにゲームをし、叔父のチャールズとアルバートがビリヤードに興じるあいだ、一曲目を間違いなく歌い終え、続けて女王がシューマンの『メアリー・スチュアート女王の詩』を歌う伴奏をした。音楽の才能は女官にとって重要で、女王とその夫がディナーの前にする練習や、ディナー後に披露する本番のために呼ばれるケースも多い。女王夫妻や訪英中の他国の王族がドイツ語の合唱やモーツァルトの『レクイエム』を歌う場合には、《初見で》演奏するよう命じられることもしばしばだった。

宮廷生活の物珍しさからくる喜びは急速に色あせていった。二一歳の活発な女性であるメアリーは、女官が従うとされたつまらない規則を守らなければならない日常に満足できなかったからだ。家族を含めて外部からの訪問者を自室に入れるのは厳禁であり、面会は階下の居間で行うと決められていた。日記をつけることも許されず、付添人《シャペロン》と一緒に遠乗りに出るかスロープを少し歩く以外は宮殿から出るのも禁じられ、さらに、女王がいる部屋の窓の前を通過することもできなかった。こうした決まりは、使用人たちの道徳心が堕落してはいけないという理由で定められたものだった。エレノア・スタンリーがバルモラル城からアバーゲルディ（ケント公爵夫人のスコットランドの家がある）までの数キロを、メアリーの叔父で年上、しかも既婚者のグレイ将軍の馬車に同乗したいと願いでたときも、女王は不機嫌だった。許可はしたものの、《ただし、これを前例と認めてはなりません》と繰り返したほどだった。

メアリーは洗練された相手との活発な議論を好み、ホイッグ党支持者の集まりに加わって、ウォバーンやアンプトヒル（どちらも知識階級が集う邸宅）での週末を楽しんだ。そんな若い女性として、ディナーの席で無害なからかいに興じ、そのあとでゲームをする生活は満足からはほど遠かった。貴族としての自信と理知的な思考法を持つメアリーにとって、ヴィクトリア朝の宮廷は信じがたいほどに中産階級的で、《これ以上ないほど退屈》だった。自分自身を同僚の大半よりも《優れている》と見なし、周囲にカーライルやラスキンを読むよう勧めてまわったりもした。ただしメアリーは《状況に合わせて振る舞う能力》のおかげで、《過度の熱心さを大目に見てもらっていた》のである。メアリーは優秀な人材であり、彼女が加わったことは王室にとっても歓迎すべき出来事だった。

メアリーが一八五三年に仕えはじめた頃のヴィクトリアとアルバートはまだ三〇歳代だったにもかかわらず、すでに一種の中年の苦しみにさいなまれていた。アルバートは過労——特に万国博覧会の過労——によって老けこんで、かつて女王の胸をときめかせた繊細な容貌と若さを失い（それでも女王のときめきは不変であった）、青白い顔をして太鼓腹を抱え、責任と義務の重圧に苦しむ雰囲気を漂わせる男性に変貌していた。そして女王自身もまた、一三年で八人の子どもを産んだ影響を自覚せずにはいられなかった。ヴィクトリアはこの時期、四人目の王子となるレオポルド王子を産んだばかり（初めてクロロフォルムを使用した）で、《落ち着かない気分》が抜けず、短気になっており——これは産後鬱の症状と一致する——アルバートとの関係もぎくしゃくしていた。あるとき、ヴィクトリアが《不注意で》本の間違ったページを開いたとアルバートが不平をこぼし、その《つまらない》きっかけで女王の怒りに火がつき、たちまち燃え広がった怒りは彼女がヒステリックに泣き叫んで夫に非難を浴びせるまでに発展した。アルバートはいったん引きさがり、机に向かって妻宛に手紙を書いた。忠告をちりばめ、いくらかの失望をにじませ、一貫して筋を通して我慢強く説得する、要するに子どもに対して言い聞かせるような内容の手紙だった。《もしきみが暴力に訴えるというなら、わたしとしてはきみのもとを離れ、きみがひとりで自分を見つめ直す時間をつくるよりほかない。しかし、きみはわたしのあとを追いかけ、議論を蒸し返して〝気ままに〟振る舞おうとする》と、アルバートは書いている。彼は女王の苦しみや《不安定な精神》、そして周囲を――特に子どもたちを――支配し操ろうとする性向に対して心から同情を寄せていた。《もし》アルバートは続けた。《きみが自分自身と自分の感情にばかりとらわれず……もう少し外の世界に関心を向けられたら、もっとも偉大な助けが得られるはずだ》。こうした手紙に人の怒りをやわらげる効果があるかどうかは疑問だが、それでもヴィクトリアはアルバートの優れた判断力と正しさを疑ったことはなかった。責任は自分にあると感じた女王は自制心のなさを猛省し、改善に向けた懸命の努力をはじめた。

メアリーがこうしたゴシップを耳にしていたかどうかは定かではなく、おそらく知っていたとは思われるものの、記録には残っていない。残念ながら、メアリーの記録はわずかな手紙と簡単な回想を記したものがあるだけで、高い知性と率直さを兼ね備え、〝王室礼賛〟の思想が欠如していたメアリーが、率直なところヴィクトリアと宮廷をどう見ていたのかは不明である。その回想のなかで、宮廷に入った頃にさかのぼり、当時は〝熱心な高教会派〟としての視点から女王とその夫を見ていたと認めている。アルバート（彼は敬虔なルター派であった）については特にそうで、《当時の女王陛下は意見を持っていたとは思えませんでしたが、殿下はご自分なりの多くの意見を持っていらっしゃいました。殿下の意見はわたしが好んでいた教会の教義とはまったく異なっていて、内心、強い反発を覚えずにはいられませんでした》と彼女は書いている。また、ヴィクトリアとアルバートが《自己批判と目的意識の高さという点において、わたしがおふたりに求めていた水準にはほど遠かったのです》とし、そうした審判を下すことが《傲慢で理に反したこと》だとのちになって気づいたと述懐した。

しかしながら、アルバートに対するメアリーの考えは変わることがなかった。彼女はオズボーンハウスで家具を動かし、部屋の模様替えをしようとしたときのことを母親に書き送っている。壁からピアノを離し、《部屋の中央に鎮座している》ソファを斜めにずらし、肘掛け椅子を《快適な暖炉のそば》へ移したと記したあと、メアリーは《もし殿下がピアノを動かしたことにひと言でも文句を言おうものなら、石の壁が音を吸収する科学的な仕組みを並べたてて黙らせてさしあげます》と続けている。シャーロット・カニングやほかの女官たち同様、メアリーもまたアルバートの話になると、いささかの皮肉をまじえずにはいられなかった（ジョージー・リデルは、カードゲームをしていたアルバートが《誰かが相手に対してチップの受け渡しを請求し損ねるたびに喜んでおりました》と意地悪く書き残している）。彼女たちのこうした見方は、イングランド貴族がアルバートを内心で軽んじていた傾向を示している。メアリーが正しく指摘したとおり、社交界は彼を絶望的なまでに機転のきかない《外国の学者》として見下していた。クリミア戦争に至る経緯のなかで、社交界におけるアルバートへの悪口があっという間に広がり、中産階級にも彼を敵視する風潮が浸透していった。

メアリーのアルバートに対する評価はひときわ厳しく、彼女自身の上流階級へのこだわりと偏見を裏切っている。アルバートの美徳（やさしさや信頼度の高さ、無私の精神）に気づき、サラ・リトルトンと同じように、彼自身も認めようとしない《内に秘めた詩的な感情》が音楽への愛情からうかがえると指摘し、彼の正しさと判断力にときに感心しながらも、メアリーは《静かで自信ありげに問題をじっと見つめるときのご様子は……いかにもドイツ人的な冷静さで、理論的にことの成否を秤にかけているように見えます》と書いている。この言葉がすべてを物語っているのだろう。アルバートは、当時のドイツ人に対する偏見の被害者だった。握手、声音、乗馬の姿勢、服装（狩猟のとき、彼は白いズボンに腿まで長さのある赤のブーツを合わせ、襟を開けたシャツの上に黒いヴェルヴェットの上着を着た。これは妻の目には魅力的に映ったかもしれないが、それ以外の狩猟を知っている人々にとってはたんなる間違いでしかなかった）、すべてが絶望的なほど、救いがないほどにイングランド人とは違っていたのである。それに加えて、アルバートにはユーモアのセンスが欠けていた（メアリーの目にはこれが致命的な欠点と映った）。彼に通じるのは想像力に欠けるあからさまな冗談だけで、それも《節度のない笑い》で応じるのが常だった（グランヴィル卿はメアリーに、《ドアに指を挟んだふりをしたほうが喜ぶのだから、王室の方々にしゃれた冗談を聞かせても仕方がない》と述べた）。またアルバートは《みずから行動することがまるでなく》、女王が持っている〝率直さ〟や〝衝動的なところ〟も持ちあわせていなかった。女王が示す《他人の些細な不安への関心》を共有することもなく、知性も《ドイツの二流の知識人》といったところだとメアリーは書いている。彼女が信じるところでは、アルバートは王室に仕える人々のあいだでもっとも嫌われている存在であり、みないやいや話しているだけで、すぐに退屈させられると知っている女性が進んで相手をするはずもなく、男性のあいだでも友人になりたがる者などいなかった。

ある意味ではメアリーの指摘は正しい。アルバートは厳格な合理主義者で、人見知りが激しく内気な点は、頑固さと形式へのこだわりにつながった。媚を売られるのを嫌っていたために女性に慕われず、ユーモアのセンスは事実他人からすると退屈な水準であり、イングランド人の典型とされる皮肉のきいた会話もできなかった（この点は女王も同様である）。ただし、こうした事柄は個人の嗜好の範囲内のものだ。メアリーはアルバートの知性を過小評価し、驚くべき活力や高潔さ、文化的素養、妻や子どもたちへの愛情、情熱が及ぶ範囲の広さ――設計、音楽、建築、向上心など――を無視している。彼と深くかかわり、一緒に仕事をして人柄を知るに至った人々――全員が男なのも象徴的だ――は、政治家（サー・ロバート・ピール、クラレンドン卿、グランヴィル卿、パーマストン卿）も、王室に仕える高官（チャールズ・フィップス、チャールズ・グレイ、のちにヘンリー・ポンソンビー）も、総じて彼を敬愛し、尊敬している。

しかしながら、女王はそうしたメアリーの非難からほぼ逃れられていた。メアリーとヴィクトリアはどちらも小さな体に大きな自尊心を秘めていたとはいえ、共通点はそこで終わっている。知性の面でも、精神的、政治的な面でもふたりは対極に位置していた。メアリーはみずからの自由主義の思想を隠そうともしておらず、W・T・ステッドが編集長を務めるリベラル紙『ペルメル・ガゼット』を愛読していた。一方の女王は初期にメルバーンのホイッグ党の支持を受けていたものの、以降は年を追うごとにトーリー党に近づいていた。メアリーは、女王がまったく関心を示さなかった女性の権利獲得運動を支持し、ケンブリッジの最初の女子校であるガートンカレッジを創設した委員会に名を連ねていた。ルソーとジョン・スチュアート・ミルを学び、ジョージ・エリオットの熱心な崇拝者にもなった。女王もエリオットの最初の小説『アダム・ビード』に勇敢にも挑んだとはいえ、彼女の好みは《おもしろくて単純な筋で、真実と感情に富んだ作品》であり、既婚者のジョージ・ルイスと堂々と共同生活を送っていたエリオットが宮廷に呼ばれることがあるかどうかは言わずもがなだった。

A・C・ベンソン（大主教の息子で、作家のE・F・ベンソンの兄、のちにヴィクトリアの手紙を編纂した）はメアリーの友人となり、彼女を《人生という道をのろのろと非活動的に歩むことなく、駆け抜ける女性》と評した。また《ヴィクトリア女王とはまるで違うのに、なぜか彼女を見ていると女王を思いだす》とも書き残している。このベンソンの見方は正しい。メアリーもヴィクトリアも、非活動的でのろのろしている女性ではなかった。どちらも鋭く強い感情の持ち主であり、そうした自分の感情を他人に知られるのを恐れなかった。多くの違いはあったものの、この共通点があるために、メアリーが《一見して単純にもかかわらず非常に複雑で、情熱を内に秘め、強固な人物像をつくりあげていた陛下の気性と性格を誰よりも理解できた》のだとベンソンは推測している。

メアリーは、ヴィクトリアが〝聡明〟な女性を警戒していると信じていたが、この見解はおそらく正しかったのだろう。女王はメアリーに対して警戒心を抱き、特に政治的な信条を不安に思っていた。しかし、女官たちのなかでは珍しい誠実さという長所を持っていたメアリーを認め、尊敬していたヴィクトリアは、彼女の風変わりな点に目をつぶった。メアリーにしても、女王から特別な信頼を寄せられる日などやってこないと承知し、ときに《家政婦のように》扱われながらも、ヴィクトリアに対して《深い愛情》を感じはじめ、やがてその愛情がやさしさで報われるようになった。それはふたりの互いに対する敬意の表れでもあった。

女官たちに対して、宮廷は効率的で、尊厳を重んじた結婚の機会を提供していた（機会の提供は過去にもあったが、尊厳を重んじていたとは言えない。エリザベス一世は女官たちにつらくあたり、しばしば平手打ちなどをしていた。女官の結婚についても女王の許可が必要だとし、ベス・スロックモートンがサー・ウォルター・ローリーの子を身ごもったとわかると、彼女をロンドン塔に幽閉した）。ヴィクトリア時代の初期には、若い女性が身分の高い理想的な男性を獲得するために宮廷内に入りこむといった例もあった。ただし、いまや女官たちは良家の節度ある娘たちで固められており、輝かしい将来を約束された男がいないならいないで、堅実な相手を夫に選ぶという流れができあがっていた。カー・コックスとチャールズ・コートニー牧師、メアリー・シーモアとトマス・ビダルフ大佐（家政事務官）、そしてメアリーその人がこの例にあたる。

結婚に際しては、女官に女王から一〇〇〇ポンドの持参金が下賜されるのがならわしだった一方、婚約を急がないという暗黙の了解も存在した。

しかし、一八五四年、指名を受けてからやっと一年が経ったばかりのメアリーは、自由党〔旧ホイッグ党〕で将来を嘱望されていたウィリアム・ハーコートの求婚を受け入れた。ハーコートは頭が切れる雄弁家で、メアリーも彼と話すのが何より好きだった。しかし、婚約はすぐに苦痛の種になっていった。《ウィリアム・ハーコートと結婚をするために婚約したのです》と彼女は日記に書いた。《ですが、このどこかへ連れ去られる恐怖に打ち勝つには、いまよりも強い情熱と愛情が必要なようです――この行動が呪いにつながるのか祝福につながるのか、わたしにはわかりません。焦りと不安で押しつぶされてしまいそうです》結婚を控えた幸福の発露とはほど遠い内容だ。そして翌年、メアリーは女王の不興を買うことなく、婚約を解消した。この経験はメアリーに自分は結婚に向いていないのかもしれないという深刻な疑念を抱かせ、彼女はいっそ神に仕える道を選んだほうがいいのではないかとの思いを強くした。

女官は通常、仲のいい者どうしで出仕にあたれるよう望む。長い夜にぎこちない会話をし、子どものゲームにつきあい、冷えきった居間で時が経つのを数えながら王室の人々が退出するのを待ちつづけるのだから無理もない。メアリーの同僚（女官はふたり組で待機する）のなかに、彼女の関心を引く女性はいなかった。メアリーが慕っていたのは、寝室付きの女官のレディ・ジョスリンとレディ・マクドナルド、そしてもちろんシャーロット・カニングだった。修道院入りを考えたときに相談相手となったのもシャーロットだ。インドからの手紙で、シャーロットはメアリーを翻意させようと懸命に辛抱と注意を呼びかけ、まだ若いのだからこの世界でできることがあると訴えた。《神からのお声がかかるときは、いまの道をはずれなくても、あなたが望んでいればおのずと訪れます。あなたが与えられた義務を真摯にこなし、その義務をより深く、広く遂行する機会を見逃さずにいれば、かならずそのときが来るでしょう》と書き、メアリーが《ローマカトリック教会へ気持ちが傾いているのではない》とわかり、大いに安心したと告白している。また、自分自身のインドでの生活に関しては、シャーロットは自虐的に《物好きという言葉では上等すぎます。役立たずと言ったほうが真実に近いでしょう》と伝えた。

メアリーは宗教の世界に加わるのを断念したとはいえ、宮廷への出仕中に起きる事態は精神的な報いが欠けているだけで、厳しさという面においてはその道とさして変わらなかった。彼女が王室に仕える道で評価していたのは、《他者に仕えるうえで、自分自身を完全に忘れる必要がある》ため、《宗教の決まりに似た規律》を毎日守らなければならないという点だ。よりよい善のためにみずからの身を抑圧する――こうしたことがシャーロットと同様、メアリーにとっても宮廷生活における長所だった。しかし、〝自己〟が顔をのぞかせるのを完全に抑えるのは難しい。メアリーが日記で振り返る事柄を見ると、宮廷は彼女にとって不当な役得や、数多くの虚栄に至る誘惑、ゴシップ、怠慢、功名心があふれている場所だったことがわかる。メアリーは最初の出仕中に《馬車のなかで、自分について話しすぎました。会話の内容に気を配っていなかったせいです。陛下に対して、もっと話してくださらないことに腹を立ててしまいました。シュトックマー男爵が陛下にお話しになった内容が気になって仕方がなかったのです》と記し、のちには《レディ・ジョスリンの外見や振る舞いの素晴らしさに魅入ってしまいました》と書いている。そのほかにも《レディ・カニングと話すとき、効果を気にして大げさに語りがちでした》といった記述や、《レディ・カニングが宮廷から去ることになり、冷静さを失うのを自分に許してしまいました》という記述、さらには《不注意から陛下やほかの方々の性質や些細な欠点について語り、自分の歌にうぬぼれ、また冷酷にもルーシー・カーに関する真実を知りたいとレディ・チャーチルにお願いしてしまいました》といった言葉が並んでいる。また、教会に通うのが熱心でなくなったこと、祈りに真剣に取り組んでいないこと、無分別な傾向があり、《わたしの意見に賛成しない方々》と荒々しい口論になったこと、好かれているかどうかを気にしすぎていること、聡明だと思われて喜びを感じすぎたことなど、さまざまな事柄が並ぶ。

そういうふうに感じたとき、メアリーを支えたのは、シャーロットから受けた忠告だった。《あなたはバルモラル城やオズボーンハウスへの出仕に喜びを見いだすはずです。陛下が乗馬をしたり、踊ったり、遊んだり、食事をしたりする姿に親しみを感じるでしょう。そしてある日、あなたはウィンザー城に戻り、ほかの誰かがあなたの位置につきます。するとあなたは、自分がリストに載ったただの番号にすぎないことを思い知るのです》メアリーはこの忠告を心にとどめ、自分が替えのきかない存在であると考える過ちを決して犯さなかった。

第12章　異国の風景

一八五五年二月、英国軍のクリミアにおける冬のあいだの苦戦と、戦争遂行に対する怒りが高まってアバディーン卿が辞任に追いこまれ、女王はしぶしぶ世論の圧力に屈してパーマストン卿に組閣を命じた。ヴィクトリアほど戦争を支持している者もいなければ、兵士に思いを馳せている者もいなかったが、それでもアバディーンの辞任は彼女にとっての痛恨事だった。ヴィクトリアは日記に《信頼する素晴らしい友人のアバディーン卿をパーマストン卿と交代させる件は、わたしにとっても試練でした》と記している。彼女とアルバートは、パーマストンが外務大臣としてはあまりにも高圧的すぎると感じていた。しかしながら、大衆世論と報道機関の重要性を知っていた七〇歳の〝パム〟は幅広い人気を誇っていた（実際、女王夫妻はパーマストンを外務大臣よりも首相にしたほうが害悪が少ないと思ったにもかかわらず、戦争指導者としては失望を残す結果に終わった）。

四月にフランス皇帝ナポレオン三世とウジェニー皇妃をウィンザー城に招く計画を推し進めたのはパーマストン卿だ。皇帝はみずから親征してセヴァストポリの包囲戦を指揮する意思を表明していたが、英国政府とヴィクトリア、そしてアルバートはこの案を危険視していて、滞在中に説得してやめさせることを望んでいた。一八四八年のルイ・フィリップ退位から一八五一年のクーデターを経て、ルイ・ナポレオン・ボナパルトはフランスの初代大統領を名乗り、続けて皇帝に即位した。この一連の流れに対して、ヴィクトリアは複雑な心境だった――オルレアン家の人々をクレアモントにかくまいつづけていたためである――皇帝がかつて《あわれなルイ・フィリップ王》が使ったのと同じベッドで眠るという事態は悲しい皮肉としか言いようのないことだった。差し迫った訪問が女王の心をいささか不安にさせる一方、ウィンザー城の豪奢な改造計画が急いで進められた。

結局、訪問は完全な成功に終わる。すべての不安は解消し、ヴィクトリアは皇帝夫妻にすっかり魅せられた。ナポレオンは奇妙な外見をしており、とても背が低いのに釣り合いが取れないほど頭が大きく、見ている者が思わず笑ってしまいそうになる口髭を生やしていた。しかし、ナポレオンの性格――他人には決して理解できず、謎めいていて、かつ常軌を逸しているという、すべてにおいて女王とは違う性格――は、ヴィクトリアを喜ばせるために生まれてきたと思わせるものがあった。皇帝がフランス人というよりドイツ人のように見える点も女王にとっては喜ばしかった。女王はナポレオンの縁起を担ぐところや〝宿命〟にロマンを見いだし、不幸なオルレアン家の人々に対して見せた彼の尊厳ある振る舞いに好感を持ち、さらに彼女の子どもたちに関心を示すやさしさに感謝した。クリミア情勢についても話しあい、特にセヴァストポリの包囲戦について時間が割かれたが、ナポレオンは徐々に親征の計画をあきらめる姿勢を見せはじめた。ヴィクトリアはジョージ三世の孫娘の自分が、祖父の《憎き敵だったナポレオン・ボナパルトの甥にあたる皇帝と、もっとも親しい同盟相手としてウォーターループルームで踊る》のは《信じられない》出来事だと綴っている。

皇妃ウジェニーについては、ヴィクトリアが抱く彼女の美しさと気品（女性の魅力には鈍感なアルバートですら感嘆した）に対する賞賛が再認識されただけであった。女王はウジェニーの気品に感じ入るあまり、この前年には女官たちに皇妃に似せた髪型でディナーに出席するよう命じたこともあった。それには髪を巻き毛にしてうしろに流し、顔をあらわにしなくてはならない。エレノア・スタンリーは、自分と同僚の女官のベアトリス・ビングとレディ・イーリーが（レディ・カニングはうまく逃げおおせた）《充分に皇妃らしく仕上がった》にもかかわらず、アルバートを除く男性全員に《情け容赦なく》笑われたと報告している。自分も同様の髪型で現れた女王はその件については証言を残していないが、女官たちは《優雅さとはほど遠い》と評価した。

返礼にあたる八日間のパリ訪問が八月に開催されるパリ万国博覧会に時期を合わせて実施されることになり、メアリー・バルティールも同行が決まって大いに喜んだ。ウジェニーの隣に身を置きたかったヴィクトリアは、彼女らしくもなく《化粧室やその他のこまごましたことについての質問》に夢中になり、女王の衣装担当たちは、八月一八日に女王夫妻がオズボーンハウスを出て、新しいヴィクトリア・アンド・アルバート号に乗って（この船をメアリーは《とても優雅で……真鍮とマホガニーでつくられた巨大なおもちゃのようだ》と評している）出航するまでの数日間、忙しく荷造りに励むことになった。衣装担当の女中ひとりとともに女王に同行する着付け担当のフリーダ・アーノルドも（もうひとりの着付け担当ソフィ・ワイスは荷物と一緒に先行していた）、船のみごとさに感心した。フリーダによると、新しい船は三層構造になっており、いちばん下を使用人と船員たちが占めた。半分が水面下に位置する二層目に彼女自身の小さな船室があり、そこには小さなソファベッドとテーブルと椅子が置いてあった。そして、その上層に女王の贅を尽くした部屋が連なっていた。家具はすべて動かないように《固定して》あり、テーブルの縁には《金属製の囲いを取りつけて、ものが落ちない》ようにされていた。さらに、《秘密の小さな通路》が張りめぐらされ、使用人たちが姿を見られることなく船内を移動できる仕組みになっていた。

一行のなかには皇太子とヴィッキー王女もいて、メアリーは船旅のあいだ、相手をするようにと指示を受けた（これがきっかけとなり、メアリーとヴィッキーは生涯にわたる親交を築くことになる）。また、メアリーの叔父のグレイ将軍（アルバートの秘書）、ビダルフ大佐（家政事務官）、アルフレッド・パジェット卿（主馬寮事務官）、フィップス大佐（王室出納長官）、アバーコーン卿（宮内官）、クラレンドン卿（外務大臣）、ブレッダルベーン卿（宮内長官）、サー・ジェームズ・クラーク、ミス・ヒルドヤード、ミスター・ギブズ、レディ・チャーチル、レディ・イーリーが同乗していた。

背が高く、上品な姿がひときわ目立つレディ・チャーチルは一八五四年から寝室付きの女官を務めていて、レディ・イーリーは一八五一年から同じ職にあたっている。ジェーン・イーリーはかわいらしくて人がよく、臆病なところがある（数年前、シャーロット・カニングは、馬車がトンネルをくぐっただけで泣きだしたと報告したことがある）未亡人で、女王から愛されると同時につらくあたられていた。メアリーは、彼女を受け身で媚を売る宮廷人の典型と見なして軽蔑し、《愚かにも、こまごまとした作法にいちいち身をすくませる》と酷評した。メアリーは自分が愚かだと思う相手にやさしくできる性格ではなく、レディ・イーリーは彼女の基準では間違いなく愚か者だった。またメアリーは、レディ・イーリーを〝退屈〟だとも断じている。これもまた、メアリーにとっては非難されるべき欠点だった。

女王とその一行は皇帝夫妻の出迎えを受けたブローニュから、列車でパリへと向かった。《パリへ入っていくときの光景の素晴らしさといったら、想像の範囲を超えていました》とメアリーは書いている。金色の房飾りがついた真紅のヴェルヴェットが無数にたなびく駅がまばゆい光を放つ様子や《美しく着飾った》群衆、《華麗な制服》を着て通りに整列する軍隊に深い感銘を受け、メアリーは初めて訪れるパリに大いに喜んだ。当時、パリは皇帝の命を受けたオスマン男爵による改造計画でリヴォリストリートやルーヴル美術館、裁判所庁舎のパレ・ド・ジュスティスの整備や、チュイルリー宮殿の改造、ブローニュの森の景観整備などが進められ、大きな変貌を遂げていた。

女王一行はパリの南西部にあるサン・クルー宮殿に滞在することになっていた。前年にこの宮殿を訪れたシャーロット・カニングは、《部屋の多さと、家具と花の質の高さ》に衝撃を受け、《イングランドの宮殿よりも素晴らしい》と感嘆している。皇帝の宮廷は見た目がすべてであって、魅惑的で豪華な光景が繰り広げられていた。この光景にまじってしまうと、ヴィクトリアは実際以上に中産階級的でさえない様子に映った。到着早々、女官たちの荷物が行方不明になっていることが判明し、着るものが舞踏会用のドレスしかないという状況に陥った。レディ・イーリーは当然のように《大いに取り乱した》ものの、メアリーと、メアリーがレディ・イーリーと比べて《きわめて優秀》と評価しているレディ・チャーチルは、たんにディナーの席に出なくてすむと安心しただけだった。メアリーにとって、サン・クルーの滞在は楽しいものだったらしく、彼女は喜びとともに記録に残している。メアリーには《多弁な》従僕がひとりつけられたが、この従僕は事前にイングランド人が定期的に入浴することに固執すると教えこまれていて、彼女のもとから離れようとせず、身支度を手伝うと言いだしたり、身を清めようとするたびに部屋に飛びこもうとしたりで彼女を大いに悩ませた。メアリーはどうにか《入浴しながら》彼と口論したが、相手は彼女が何度叫ぼうが抗議しようが、部屋に入ってこようとするのをやめなかった。サン・クルー宮殿でのディナーはにぎやかで、白い手袋をつけた腕がひっきりなしに伸びてはテーブルの上に散らばったパンくずなどを拾い集め、メアリーが座る椅子の背後で乱闘になり、罵倒の声が響き渡るといったことも起きた。レディ・チャーチルは朝食の席で、自分の皿の横にワイングラスが三つ置かれているのを見て、恐怖に身をすくませた。

太陽が照りつける八月の日々が長く感じられるようになり、メアリーははっきりと疲れを自覚した。三時間半にわたる博覧会見物のあとに《身を溶かす強烈な日差し》のなかを馬車で出かけ、その後さらに一時間の待機に入った。《話をしようと訪れる》帽子販売人の応対をし、長いディナーをこなし、一時間ほど立ちつづけ、二時間を娯楽に費やし、総仕上げとして延々と続く公式謁見会と接見が行われるのである。あまりにも疲れていたため、一日の終わりに捧げる祈りの言葉も《大急ぎで、内容もまとまりのないもの》になり、自分を振り返ろうにも途中で挫折を余儀なくされた。着付け担当たちもメアリーと同じように疲れ果てていた。フリーダ・アーノルドは女王の身支度のためにひっきりなしに階段を往復し、午前二時、三時よりも早くベッドに入れる日はなかった。《皇帝の宮廷では水のように飲まれている》のに、自分にはなかなか回ってこないシャンパンをときおり手にしただけで、大変な喜びを感じてしまうほどの忙しさだった。

ただし、ヴィクトリアのみは疲れも見せず、並木道や煙のない明るく澄んだ空気、《金箔の量》や《景観の効果の素晴らしさ》などパリに魅了されつづけた。〝本当に楽しく、すっかり魅せられて喜びと関心をかきたてられます。パリの宮殿ほど陽気で美しく壮麗な場所を、これまで見たことがありません〟と、ヴィクトリアは叔父のレオポルドに書き送った。《女王陛下ほど疲れを知らない王室の方は歴史上誰もいない》。うだるような暑さのなか、チュイルリー宮殿やルーヴル美術館へ女王をエスコートしてまわったクラレンドン卿は断言した。

メアリーは、女王夫妻がお忍びで買い物に出るのにも同行した（彼女と女王は綿のボンネットをかぶり、女王はさらに黒いヴェールをつけた）。ヴィクトリアはみなに気づかれなかったのが不満だったらしい。メアリーは《陛下はいつもなら変装しても気づかれるのにと愚痴をもらし、あの人たちは本当にわたしが誰だかわからないのですねとおっしゃいました。これは退屈している証です》と書いたうえで、女王はこれまでにもしばしば見られたように、ふつうの人々の暮らしぶりに興味がわいたらしいと記録している。カフェの外で食事をする人や、ナイフが並ぶ研ぎ師の店先、はさみが円の形に飾られた窓を見て、ヴィクトリアは《イングランドもこうあるべきなのに》と言った。これに対してメアリーは、《イングランドでもこうした風景はあり、陛下がご存じないだけだということを説明するのに苦心しました》と閉口している。レディ・イーリーは、突然女王一行を訪ねてやってくる帽子やレースの業者や、その他の商人たちを相手に、あいかわらず《大いに取り乱した》ままだった。

当人なりに考え抜いた女王の衣装は、いつものように辛辣な批評やからかいの対象になった。特にパリに到着した際の格好は不評で、飾りリボンと鳥の羽根をあしらった房がついた大きな白い綿のボンネット、緑のマント、ドレスと合わないパラソル、腕についた《何か大きなもの》にしか見えない大きな金色のプードルの刺繡を施した白いサテンのバッグなど、小物を含めてすべてが酷評された。メアリーも時代遅れのドレスとなぜかひいきにしている、女王が言うところの《ライラック色のクラヴァット》についての感想を書き記し、ウォルト〔服飾デザイナー、オートクチュールの創始者〕が衣装を担当し、妊娠中にもかかわらずこのうえなく優雅に見えるウジェニー皇妃と対比させている。しかし、皇妃は気品がありつつも《些細な事柄を気にせずにはいられない》ように見えるのに比べ、女王の《天性の態度と素晴らしい威厳、観衆に向かってお辞儀をする作法、すべての注目を一身に集めようとする意欲》は、見る者に力強い印象を残すと評価した。オペラ鑑賞に出かけたとき、国歌の演奏が終わって椅子に座る際にウジェニーは本能的にうしろを振り返って椅子の位置を確かめた。ところが、椅子が常にあるものと確信しているヴィクトリアはまったくうしろを気にせずにそのまま腰をおろした。女王としての威厳とは、趣味の悪いバッグやライラック色のクラヴァットを持っているからといって、損なわれるものではないということだ。

訪問の締めくくりとして、皇帝は目もくらむばかりに華やかな舞踏会をヴェルサイユ宮殿の鏡の間で開催した。列をなした鏡が、並べられた花や花綱を鮮やかに映し、制服姿の紳士たちや白いドレス姿のレディたち、ヌビア人〔エジプトのナイル川流域の民族〕の使用人たちが行き交い、シャンデリアやたいまつ、ダイヤモンドがきらびやいていた。驚くほどみごとな花火がつぎつぎとあがって最高潮に達したとき、夜空にウィンザー城の絵が浮かびあがり、ヴィクトリアはたいそう喜んだ。メアリーは《冷静な》様子の皇帝を目の端にとらえ、《かなり向こう見ず》な心境になって踊ろうと決意した。

ヴィクトリアが皇帝との友情を深めたことに（王室の犬を一匹、フランスへ送ることにも同意した）、女王の閣僚たちは混乱した。メアリーは、クラレンドン卿が《陛下は何をたくらんでいるんだ？　楽しんでいるようにも、皮肉を顔に浮かべているようにも見える》とつぶやくのを偶然耳にしている。女王は困惑するクラレンドンに対して《不思議なこともあるものですね》と無邪気に声をかけ、《皇帝陛下は、わたしが着ていたドレスをすべて覚えているそうですよ！》と続けた。ヴィクトリアは皇帝との差し向かいの会話の大半がそうしたお世辞であると気づいており、自分も《恐れずに何でも言うべき》だと感じていた。クラレンドンも皇帝の意図は完全に理解していて、彼はチャールズ・グレヴィルに、皇帝が《陛下の美徳や道徳心に警戒を起こさせずに、虚栄心をくすぐるための芝居を打っている》と告げた。

メアリーがヴェルサイユ宮殿で踊り、ジェーン・イーリーへの舌鋒を鋭くさせつつあった頃、シャーロット・カニングは、うだるほどの暑さと湿気（本や手袋、靴などはすべて《一日で黴だらけ》になった）、大量発生する虫（鼠ほどの大きさのゴキブリ、蟻、虫ではないがコウモリもいた）、黙ったままでうろつく奇妙に威圧感のある使用人など、カルカッタでの新しい生活と苦闘していた。シャーロットは頼まれたとおり、六週間に一度手紙を女王宛に送りつづけていて、ヴィクトリアはその手紙を読んで心を弾ませるようになって――《暑さと虫がなかったら、わたしもぜひインドを見てみたいところです》という返事も送っている――定期的に手紙を書き、最後に生まれた末子のベアトリス王女のものを含めた子どもたちの写真を同封したりもした。国としてのインドは、シャーロットが愛すべき長所もたくさんあった。だが、総督官邸での生活となると、形式張ったところも退屈なところも、宮廷での経験を大きく超えていた。《本当にとても厳格なところです》シャーロットは母親宛に書いている。《いちばんの罪は身が切られるほどの退屈さです。どこか軽薄さが漂う退屈さでもあります……人は、わたしがいいことをしていい影響を与えていると言います。でも、そんな自覚はまったくありません。それどころか、意識的にではありませんが、ひたすら役立たずでわがままな道を突き進んでいる気がします。こんな経験は生まれて初めてです》

一八五七年、退屈さは突然かき消え、反乱の恐怖と不安にのみこまれた。反乱の動きは当初、東インド会社のベンガル軍（東インド会社は独自の陸軍、海軍と租税制度を有し、インドの三分の二程度を支配下に置いていた）のインド人兵士たちに限定されていた。インド人兵士たちのあいだでは、もともとそれこそ無数の不満が鬱積していた――住居、給金、制服、士官との関係、一八五六年の英国によるアワド併合、宗教とカースト制度への干渉――という事情もあったが、反乱の直接のきっかけとなったのは、インド人兵士たちが噛んで使用する新式のエンフィールドライフルの薬包〔火薬などを紙で包んだもの〕に牛と豚の獣脂が使われているという噂が流布したことで、これがヒンドゥー教徒とイスラム教徒の兵士たちの怒りにつながった。四月、シャーロットは女王に薬包が回収されたと伝え、《カースト制度が廃止されてキリスト教への改宗を強制されるという誤解が広まったようです》と反乱の理由を説明した。最初に反旗を翻した一九連隊はシャーロットの誕生日にバラックポール（カルカッタ郊外にある総督の別邸）で解散させられることになっていたが、五月になると北部メーラトの全インド人部隊が蜂起し、反乱が本格化した。カニング夫妻は女王の誕生日の五月二四日に総督府で舞踏会を開催したものの、すぐに反乱はデリーに達し、さらに拡大する様相を見せはじめた。

反乱はベンガル軍のごく一部が起こしたものにすぎなかった。ところが、恐怖と英雄的行為を賛美する心情がインド国内に一気に広まり、それが英国にも伝わって国民の想像力を強く刺激した。報道がカウンポールの虐殺（英国人の女性と子ども一二五人が惨殺されて井戸に投げこまれたとされる）やラクノウ（アワド州の州都）の包囲戦、アンソン、バーナード、ホイーラー、ハヴロックといった将軍たちやサー・ヘンリー・ローレンスの戦死などを伝えると、インド人部隊による残虐行為の噂が一気に広がった。宮廷でも《逃げてきた女性の鼻と耳が切りとられていた》という話や、ファーカーソン大佐夫妻が《バラバラにされた》という話などがまことしやかにささやかれた。ヴィクトリアはもともと、残虐行為は戦争の《避けられない副産物》だという見解を持っていたが、こうした噂が誇張されたものであるのを願ってレディ・カニングに質問の手紙を送った。シャーロットは情報の入手が困難をきわめるという前置きをしたうえで、自分の知るかぎりではカウンポールの一件が〝最悪〟だと返事をしたためた。《子どもと女性が殺された家で、ふたりが女性の母宛に〝さようなら〟と書いた雑誌の切れ端が見つかったそうです。殺害現場は、大の男ですら気を失うような凄惨な状況だったと聞いています》と記している。

　インドとインドの人民は、ヴィクトリアの長所である偏見のなさや寛大さ、人道主義を呼び起こした。チャールズ・カニングは反乱に対する穏健な態度と限定的な対処（彼の《寛大な措置》はむろん、是認を意味するわけではなかった）によって猛烈な非難にさらされていたが、女王は彼を一貫して支持しつづけた。シャーロットへの手紙にも《わたしたちはカニング卿を信頼しています》と書き《そして、じきにデリーを陥落したという報告が入るものと確信しています。ただ、わたしが心配なのは、インド人部隊の危うい精神です。これで彼らの宗教が根本から変わってしまうのではないかと危惧しています。彼らの宗教には立ち入らないよう、細心の注意を払わなくてはなりません……》とあとに続けている。この手紙の文面からも明らかなように、女王はインドとカニング夫妻に心から同情し、かつ彼らを心配していた。さらに女王は《かつてはやさしかった人々によって、恐ろしい行為がなされたことに心が引き裂かれる思いです。……あなたとカニング卿を心底案じています！　……成功している国、まさに事態が改善しつつある国でこうした流血の惨事が起きています。わたしがどれだけ悲しんでいるか、言い表す言葉もありません。インドと、そこで暮らす人々にわたしの心は向いています》と綴り、心境を説明している。

シャーロットにとっては、反乱がもたらす緊張は計り知れないものがあった。夫に向けられる敵意や批判がその緊張をいっそう高めていたのは言うまでもない。以前、妹のルイーザに対して、シャーロットはチャールズの総督就任を望んでおらず、イングランドを離れるのも気に入らないと認めていた。しかし、いまや彼女も《インドがふたたび安定するのを見届けたい》と思うようになっていた。一二月までに、事態は安定に向けて動きはじめた――デリーは陥落し、ラクノウも奪還した。女王はこうした推移を《明るい》知らせと書いているものの、実のところ、年明けに結婚を控え、間近に迫ったヴィッキー王女の巣立ちのことで頭がいっぱいだった。《愛情と思いやりをすべて捧げている場所から離れることになり、ヴィッキーはひどく落ちこんでいます。すべてのお祭りや催しものが、あの子が幸せで無垢な子どもとして故郷で迎える最後の機会になるなんて！　とても幸福なわが家を離れるのですから不安でしょうし、最初は孤独で悲しい思いもするでしょう。でも、あの子とフレデリック（ママ）は互いを思いやっていますから、きっと乗り越えられるに違いありません》と女王は思いを綴った。そしてヴィッキー王女の嫁入り道具にインド産のモスリンをひと箱そろえるよう女王から頼まれたシャーロットは、共感あふれる手紙を書き、個人的な贈り物として刺繡の作品を一枚、一緒に送った。

シャーロットにはもう一通、同情をこめて書かなければならない悲しい手紙があった。宛先はキャサリン・

グラッドストンだ。キャサリンの妹で、サラ・リトルトンの息子ジョージと結婚したメアリーが、一八五七年八月にハグリーで亡くなった。最後の数日間、家族の面々とともに枕元で義理の娘に付き添ったサラが記録を残している。サラにとって、一二人の子を残して四四歳で亡くなったメアリーの死は、あまりにも安らかだったために、かえって悲劇的に思われた。サラは《とてもおだやかな最期でした。あまりにも安らかできれいだったので、本当のこととは思えません。彼女は枕を支えに身を起こしていました――たしかに顔は真っ白で痩せ細り、厳粛な表情をして別人みたいでしたが、気品とやさしさは残っていて、いかにもじきにわたしたちのもとを去ってしまうキリスト教徒らしく見えました……表情は神々しく静かな尊厳に満ちていて――心がすでにこの世界から天上に旅立ったあとのようでした……それからメアリーはわたしに顔を向け、「子どもたちのことであまり悩んでいてはだめですよ。もうお年なんですから。それより、彼(ジョージ)を頼みます。彼を慰めてあげてください」と言いました》とメアリーの最期の様子を説明した。一方、自分にも妹がいるシャーロットには、キャサリンにとってメアリーがどういう存在なのか痛いほどわかっており、手紙にも《わたしは以前から、あなたたちのように親しい姉妹は、わたしとルイーザを除けばほかに存在しないと思ってきました。あなたが失ったものの大きさを思うと、体が震える思いです》と書いた。

反乱のあと、インド統治の管轄は東インド会社から王権のもとに移され、ヴィクトリア女王が皇帝に、チャールズ・カニングが副王になった。結局、チャールズが愛人と離れたところでさしたる意味はなく、副王夫人のシャーロットの孤独はより深まった。周囲の人々が、彼女の悲しみについて書いている。《カニングの隣には悲劇の影を背負った献身的な妻が立っている。彼女の若さと美しさは極度の緊張で失われ、彼女の忠誠心には一点の曇りもないものの、幸福には陰りが見える。すべての責任はカニングひとりにある》と、のちに副王となるカーゾン卿は記した。また、チャールズの若き副官で、シャーロットにほのかな恋心を抱いていた形跡のあるジョニー・スタンリーは、チャールズの妻への態度に頻繁に腹を立てている。ある晩のディナーでチャールズが《何の咎《とが》もないのに奥方をひどく怒鳴りつけ、あわれな奥方が心痛に表情をゆがませた。奥方は笑って受け流そうとしていたものの、あれほど苦痛に満ちた笑いをわたしは知らない。……夫を思い、夫を喜ばせることを考えているのに、夫のほうは可能なかぎりの陰険さで応じている》と記録した。

モスリンのドレスで孤独を隠し、不幸という名のバリケードを築くことで心の行き場を失ったシャーロットは、英国統治下に入ったインド社会にわずかな同情を覚え、代わりに誇りと寂寥を得た。「陽気な従者」と呼んでかわいがっていたスタンリーは、彼女の心にあたたかい感情をもたらす数少ない人々のうちのひとりだった。シャーロットのいとこのスチュアート大佐が陸軍長官となったとき、大佐もまた《あわれな！偉大な人格者の夫がおさめた大きな成功を喜んでいいはずなのに、奥方はそうできないつらい境遇にある》と怒りをこめて書き残した。スチュアートの妻のミニーは友人に近い存在、あるいは友人を自認する存在になったものの（スタンリーは彼女を《平凡なキリスト教徒》で退屈だと評している）、妹であるルイーザに代わる者などいようはずもなかった。

一八五九年五月、シャーロットは、ウォーターフォード卿が狩猟事故で亡くなったという知らせを受けとり、大きな苦しみに見舞われた。驚きのあまり現実を受け入れられなかった彼女は、すぐさま母親に手紙を書いた――知らせの内容は本当なのか、本当ならば事故のとき、ルイーザは夫のそばにいたのだろうか（事実、ルイーザは現場にいた）と問い、さらに《ルイーザがこれからどうするのか、どうやってこの大きな悲しみに耐えていくのか、わたしには想像もつきません。ルイーザが悲しみに耐える長い人生を静かに送っていかなければならないなんて、なんという悲劇でしょう》と書いた。シャーロットはウォーターフォードが妻に対して向けていたあたたかい愛情をよく覚えていた。女王からも姉妹ふたりに対する同情を綴った手紙が届いた。ヴィクトリアの手紙には、《訃報を聞き、驚きました。わたしの心は孤独な若い未亡人とともにあります。この世でもっとも愛する者が、突然亡骸となって家に戻ってくるなんて！　レディ・カニング、わたしたちは心から彼女に同情し、こんな痛ましい悲劇を遠く離れた地で聞き及んだあなたに同情します。わたしたちのどんな慰めも、彼女の深い悲しみを癒やすことはできないでしょう！》とある。何よりシャーロットはルイーザのそばにいたいと望んだ。この先ルイーザの話を聞かせる機会が増えていくジョニー・スタンリーの存在だけが、ほんのわずかに彼女にとって慰めとなった。

シャーロット・カニングがインドにいるあいだ、ひとりの若い女性がメアリー・バルティールの宮廷生活で大きな位置を占める存在になっていた。ウィンザーの主席司祭ジェラルド・ウェルズリーの若く魅力的な妻、リリー・ウェルズリーだ。一八五〇年代後半、メアリーはセント・ジョージ礼拝堂に隣接する主席司祭宅をよく訪れた。一種の逃げ場所を求めていたわけだが、そこでリリーと出会い、求めていた慰めと支えを見いだした。メアリーはリリーについて、《彼女はわたしが重荷を背負う手助けをしてくれます。主席司祭の邸宅の静かさと平穏さ、奉仕と義務を果たす毎日の繰り返し、そして辛抱強く共感を示してくれる存在が、わたしをこのうえなく幸せにしてくれるのです。彼女はわたしにとって初めての親友で、無限の信頼を寄せています……もちろん、レディ・カニングはもっと根源的な意味で大切な存在です。けれど、あの方はずっと年上ですし、個人的な共感はそれほど強くありません》と書いている。メアリーは生涯で幾度か恋に落ちたが、これはその最初だった。この新しい要素は、この先の彼女の心象風景に大きな影響を与えるようになる。

ともに深い信仰を持っていることがメアリーをリリーに近づけた。しかし、やがてメアリーは、リリーへの愛着の核をなしているのは信仰よりもむしろ《個人的な共感》だと気づき、後悔するようになっていった。

《リリーに夢中になりすぎて、ほかのことを忘れがちになっています》一八五九年の日記で、メアリーは告白している。シャーロット・カニングのときと同じように、彼女はリリーの気高い雰囲気や悲しみを帯びた自己犠牲の精神、《義務への献身》など、自分に足りないと思い、追い求めていた理想的な資質に惹かれた。ところが、《小さな力に対する執着、賞賛されることへの愛着、ゴシップに走る傾向》といった望ましくない資質も徐々に明らかとなっていき、幻滅が生じてきた。さらに《わたしがいま知っている彼女と、以前、台に据えて崇めていた彼女のイメージが重なりません》と感じるに至って、メアリーのなかでリリーの虚像が崩れ、ふたりの友情は冷めていった。ただし、彼女が主席司祭宅を訪れる習慣はそのまま残った。

一八六〇年の秋、メアリーはヴィクトリアとアルバート（一八五七年に、王配殿下《プリンス・コンソート》の称号を正式に授与された）に付き従ってコーブルクを訪れた。最近引退したシュトックマー男爵と、プロイセン皇太子妃となったヴィッキーを訪ねるのが目的で、やがてプロイセンの皇帝《カイザー》となるヴィッキーの最初の男の子と、生まれて間もない二番目の女の子に会うことにもなっていた。ところが、九月二五日にコーブルクに到着した一行は、前日にアルバートの継母であるザクセン・コーブルク・ゴータ公爵未亡人が亡くなったと知らされた。この出来事は訪問に暗い影を落とし、すぐに全員が《ドイツ式の最高水準の服喪》に慌てて取りかかった。メアリーも《あらゆる種類の喪服》を送るよう使いを走らせなければならなかった。彼女が手配しなくてはいけなかったもののなかには、女王がいつもの喪に対する緻密な情熱をたぎらせ、《ばかげた黒い花》の代わりに髪につけるよう無謀にも要求した《クレープでできた喪章》（長い帯か飾りリボン。一八六〇年までにはほとんど見られなくなった）も含まれていた。不幸な出来事はさらに続く。一〇月一日、コーブルクからゴータに戻る途中、アルバートが事故に遭った――乗っていた馬車の馬たちがいきなり暴走し、どうにか飛び降りた直後、交差点で停まっていた荷馬車に激突したのである。幸い小さな切り傷とあざがいくつかできただけですんだものの、彼に似合わず、しばらく体の震えがおさまらなかった。アルバートはヴィッキーに、事故が起きた瞬間はこれで終わりだと確信し、死を受け入れる心境だったと語った。一〇日後、ゴータの郊外を兄のアーネストと歩いていたとき、アルバートはふと立ち止まって美しい景色をじっと眺め、この風景を見るのも最後だと言って唐突に泣きだした。

美しい景観にもかかわらず、メアリーはアルバートが愛してやまない少年時代を過ごしたローゼナウ城と同様、コーブルクの宮殿も落ち着けない陰気な場所だと感じていた。特に夜はわびしいもので、部屋の壁際に椅子を並べるやり方ひとつをとってみても、ドイツ式のこだわりの強さを新たに見せつけられる思いがした。皇太子妃はベルリンでの暮らしが監獄のようだと嘆き、メアリーに訪ねてきてくれるよう頼みこんだ。願いに応えて、メアリーはのちに、ヴィッキーの人生が少しずつ不幸の度合いを増していく（フリードリヒ・ヴィルヘルムの死後に加速した）プロイセンを幾度か訪れた。ちょっとした気晴らしを求め、《チャールズ叔父さまとポンソンビー大佐と一緒に宮殿を抜けだし》《街を散策して石鹸を買おうと探しまわりました！》と手紙に書いている。ヘンリー・ポンソンビーは一八五七年からアルバートの侍従武官として仕えており、ふたりは顔を合わせたこともあったが、彼の名がメアリーの手紙に登場するのは、これが初めてだった。

一八六一年一月二六日、ヴィクトリアはヴィッキーに手紙を書いた。《一昨日、王室に仕える者たちの結婚が決まりました。メアリー・バルティールとポンソンビー大佐です！》と記してから、詳細を告げた。《この二週間ほど、わたしは（過去に何度も見てきたように）大佐がただの関心とは違う意識をメアリーに向けているのに気づいていました。メアリーは興味を示さず、彼に機会を与えなかったのですが、出仕を終えた木曜、主席司祭宅へ向かおうとした彼女を大佐が回廊で呼び止めて――求婚したのです。メアリーは返事をせず、苦しげに悩みこんでしまいました。これまであらゆる結婚の機会から顔をそむけてきたのです

――彼女は「困ったことになりました」と言って、ひどく動揺していました》。この続きを、リリー・ウェルズリーが書き残している。リリーは《あんなに親しみやすくていい方》を拒絶してはいけないとメアリーを説得した。ただし、《いくぶんか軽薄なところもありますが》と付け加えている。結局その日の夜、ウォータールールームでの観劇のあと、ヘンリーの求婚は受け入れられた。女官を失うことになるヴィクトリアは冷静だった。《メアリーを失うのですから残念に思うべきなのでしょう。でも、彼女の場合は、わたしも心情的に王室の一員でありつづけるような気がしていますから、この結婚を心から喜んでいます》また女王は、《友人たちが背中を押さなければ、彼女はおそらく求婚を断っていたでしょう》とも記し、抜け目なくメアリーの心中にある矛盾を匂わせている。婚約をした当のメアリーは《困惑していますし、自分でもどんな感情を持てばいいのかわからずにいます》と心境を日記に吐露した。

感情的にも、もしかすると性的にも、たしかに矛盾はあった。二九歳となったメアリーは結婚に背を向け、自分は修道院に入るのだろうと予想していた。失敗に終わったウィリアム・ハーコートとの婚約も消えない痛みとなって心に残っていた。婚約の失敗以降、メアリーは女性と感情的に親しい関係を築くようになっており、おそらく今後もそれに変わりはないと思われた（また、彼女は甥のモーリス・ベアリングやアーサー・ベンソンといった年下の同性愛者の男性たちと親しいつきあいがあった。このふたりはともにヘンリー・ジェームズ〔アメリカ生まれの英国に帰化した作家〕のグループに属していた）。ヘンリー・ポンソンビーのことは好きだし、賞賛すべき人物だと認めてはいるものの、それは愛する必要がないうえでの話だ。いっそ夫など望まないほうがいいのかもしれないし、相手が廷臣となればなおさらだった。王室に仕える者どうしで結婚などすれば――その人生は宮廷に縛りつけられる。妻や子よりも優先すべき要求を発する女王陛下に束縛される人生になってしまうのだ。

それでも、結婚式は四月に執り行われた。一〇〇〇ポンドの持参金のほかに、女王はメアリーにロケットとアイルランド産のレースのショールを贈った。フランスとイタリアへの新婚旅行のあと、メアリー・ポンソンビーは《幸せですが、主への奉仕の代わりにこの世界を選んでしまったことへの不安を感じます》と記し、また《わたしは夫を尊敬します。なぜなら、彼は本当に誠実で、恐れ知らずで、正直で、そして自己犠牲の精神に富んだ、わたしよりもずっと優れた人間だからです。でもわたしは、自分自身の信仰やそのほかの空想は隠し通さなければならないのだと悟りました》と続けている。ただし、《夫の愛情に思いを馳せなくてはならないと、信じられないほどの強さで痛感しています》とも認めている。ふたりはセント・ジョージ礼拝堂の向かい、ウィンザーのクロイスターズ六番地にある新居での生活を開始した。

もし少なくともメアリーにとって、この男女の組み合わせが情熱ではなく実利主義を基盤にはじまったものだとしたら、それは結果的にもっとも愛情深く、相性のいい結婚という形に成就した。ふたりはこの世界の、特にヴィクトリア朝の宮廷の滑稽な面を皮肉な視点で見ておもしろがるすべを心得ていた。ポンソンビー夫妻は同階級の多くの人々と同じように、女王一家に対する冷笑的な〝傾向〟——知性の高い上流気取りの価値基準に、いささかの外国恐怖症が混じった思考の傾向——の影響下にあり、夫婦間では偉大な君主とその夫を《エリザ》と《ジョセフ》（一九世紀版のシャーリーン・ホルト〔アメリカの女優。『エル・ドラド』でウェインと共演〕とジョン・ウェイン〔アメリカの俳優。西部劇のヒーロー〕）と呼んでいた。メアリーはヴィクトリアとアルバートが廷臣たちよりも《使用人たちと打ち解けて》いて、その結果《趣味の基準が下品なものになる危険を冒している》と書いている。しかし、これはさまざまな面で顔をのぞかせる女王の中産階級的な性質を言いあてているとはいえ、アルバートにとっては公平ではない評価だろう。ヘンリーとメアリーの息子のアーサー・ポンソンビーはさらに踏みこみ、趣味と形式という点で王室の人々は使用人たちに似ていると書いている。アーサーは《王室の方々は文法の怪しい古い言語を使いますし、葬儀や災害が好きなところも共通しています。感激屋で気難しいといった特徴も同じです》とし、《下流の家族とはいかないまでも、きわめてふつうの家族像に近いのです……ただし、陛下だけは際立った例外で、本質的かつ完全に女王そのものです》と王室を分析した。これと同じ見解をメアリーも繰り返している。女王はあまたいる王室の人々と同様の欠点があるとは考えられていなかった。

結婚して一年後、メアリーは《ヘンリーと一緒にいるおかげで、利己的な面が抑えられているようです――虚栄ともわがままとも無縁の彼を見ていると、ほかの人よりも大きな自分の欠点がはっきりとして、嫌悪感を覚えるくらいです》と書き記した。また宗教的な問題に関して、《もっと共通した意見》があればいいのにと残念がってもいる。メアリーはあいかわらずリリー・ウェルズリーを思わずにはいられなかったものの、ヘンリーのほうが自分より人格的に優れていると見なしていて、それゆえに自己を磨きたいという焦燥感や、欠点を正したいという思いをつのらせた。たしかにメアリーは愛情のために結婚したわけではない。ただし、本人がエセル・スマイスに告白したとおり、愛情はあとからついてきたのだった。

第13章　三つの死

一八六一年一月、最近、特別任用医に指名され、年老いたサー・ジェームズ・クラークの後継者と目されていたドクター・ウィリアム・ベイリーが亡くなった――列車の事故で馬車ごと押しつぶされたのだ。新任の医師に心を許すようになっていたアルバートは大いに嘆き悲しんだ。女王はヴィッキーに、《完全に精神的にまいってしまったようです》と書き送っている。ただしドクター・ベイリーの死は、これからつぎつぎと襲いかかり、さらにアルバートを落ちこませる打撃の最初の一撃にすぎなかった。

三月一五日、女王と王配殿下はサー・ジェームズ・クラークの呼び出しを受け、フロッグモアへと急いだ。七五歳のケント公爵夫人が余命いくばくもない状態に陥ったためである。公爵夫人は幾度か丹毒（伝染性皮膚炎）にかかっていて、いまは腕の症状が悪化してひどい痛みにさいなまれていた。その夜、公爵夫人の女官のオーガスタ・ブルースは女主人の寝室で椅子に座り、ときに床に横になって看病を続けた。彼女は、白いドレス姿のヴィクトリアが着付け担当のソフィ・ワイスに付き添われて三度姿を現し、ベッドに横たわる意識のない母を眺めていた姿を目撃した。翌朝、公爵夫人は亡くなった。女王は声をあげて泣き、アルバートも打ちのめされた様子を見せたが、オーガスタは彼がもっとも死者に対して〝愛情〟ある態度を示していたと感想を記した。

ヴィクトリアは悲しみがもたらす陶酔に身を沈めてしまったかのようだった。頻繁に喪に服してはいたものの、女王にとっては初めて体験する身近な死であり、喪失感に心を揺さぶられた。ヴィクトリアは持ち帰った母の手紙を読んでいかに自分が愛されていたかを痛感し、即位したあとで仲たがいした罪悪感によってさらに悲しみを増幅させた。すでに働きすぎの状況にあったアルバートは、公爵夫人の死に関するいっさいを取り仕切り、より大きな重荷を背負うことになった。

悲しみのなか、ヴィクトリアはオーガスタ・ブルースに頼った。皇太子の家庭教師だったロバート・ブルース将軍の妹のオーガスタは、一八四六年にケント公爵夫人の女官になり、宗教的熱意に近い情熱で義務に取り組んだ。ユーモアがあり、知性を備え、洗練されていた（彼女はパリの上流社会の集まりであるサロンで育った）にもかかわらず、彼女は王室を一種の尊敬の対象と見なしていた。オーガスタを《賢くて親しみやすい》が、《やや洗脳されている》と評していたメアリー・ポンソンビーにはできなかった見方だ。ヴィクトリアの母に愛され、忠実に仕えてきたオーガスタは、今度はヴィクトリア自身の支えとなり、頼みの綱となった。

公爵夫人の死から数週間後、ヴィクトリアは心の支えだったオーガスタを、正式に寝室付きの女官に迎え入れた。《母にとって娘も同然だったあなたを近々迎えることは、わたしの傷ついた心にとって何よりの慰めとなります。きっとあなたも、いまや天国でやすんでいる祝福されたあの方の娘を愛することでしょう！》とヴィクトリアは綴っている。新しい仕事を得たオーガスタは、エドワード三世の名を冠した塔の一画に移った。彼女が暮らす一画は、ラウンドタワーに臨む寝室と、ロングウォークを一望できる小さな居間からなっていた。ロンドンではセント・ジェームズ宮殿に仮の住まいを与えられるなどの厚遇ぶりだったものの、ヴィクトリアはさらにオーガスタを束縛しようとした。ミス・スカーレットはみずからの立場が脅かされると感じて引退を望んだので、女王はオーガスタに《私的な部門を取り仕切らせて数多くの仕事を任せたい》と考えた。女王が提案する《かなりの束縛》が要求するものに気づいていたオーガスタは、《精神と魂の回復》に必要なそれなりの休日と馬車を使用する権限を求め、当然のこととして育児部門の責任者であるレディ・キャロライン・バリントンと同様、ときおり女王とのディナーに出席できるよう願いでた。給金は定かではなかったが、住み込みの寝室付きの女官として宮内長官からもらう年三〇〇ポンドに加え、王室手許金からも一〇〇ポンドほどを受けとれるのではないかと彼女は期待した。

四月、女王一家とともに入ったオズボーンハウスで、オーガスタは新しい女主人とふたりきりの日を何日か過ごした。手紙を代筆したり、女王が亡き母の形見の品に選んだもののリストをつくったりといった仕事に熱中し、そのあいだの時間を《祝福されたひととき》と表現した。《陛下と一緒》であり、《わたしたちがともに愛した、亡くなったあの方のため》の仕事だったからだ。王室に仕える面々と一緒にディナーをとる必要はないとされ（女王夫妻もふたりだけでディナーをとっていた）、彼女はひそかに安堵した。

オーガスタにとっては、ヴィクトリアが繰り返し泣いたり、過去について語りたがったりするのはやさしさのせいであり、母を失った娘が見せる自然な感情の発露だった。ただし、ほかの人々にしてみれば、女王の悲しみぶりはいきすぎであり、甘えであり、異常ですらあった。いきすぎと甘えについては正しい。ヴィクトリアは、親しい者に対しては亡くなっても生きているときと同様の強い執着を見せ（ケント公爵夫人に関しては、本人というよりもヴィクトリアが抱いていた母親という概念に対してだったのかもしれない）、その執着が高じて悲しみそのものが存在理由と言ってもいい状態にまでなってしまうのだ。もともと感情を抑えるのが苦手なこともあって、途方もなくふくれあがった悲しみは外に向かい、長期間にわたって繰り返しあふれでるのだった。女王本人もヴィッキーに認めている。《わたしは楽な気分になどなりたくありません。もっとお母さまのことを思っていたいのです……悲しみから抜けだそうなどとは考えてもいません》。女王は毎日、クラレンドン卿が書き残した言葉によると、《悲しみをさらに増大させることで満足を得ているかのように》朝と夕方に公爵夫人が眠るフロッグモアの墓所を訪れた。さらにクラレンドンは、《この状態は長くは続かないはずだ。陛下の心はふだんからこうした方向に傾きがちだが、もしこのままの状態が続けば、アルバート殿下がいつも心配しているように、陛下は重度の気ふさぎに落ちこんでしまう》とも書いている。そして、ついには女王が精神に異常をきたしたという噂が流れはじめた。

八月、ヴィクトリアはシャーロット・カニングからの悔やみ状に対して返事をしたためた。二一ページにも及ぶ感情の吐露である。五カ月という時間は悲しみをやわらげるのに、何の役にも立たなかったようだった。《ほんの短い一時期を除いてずっとそばにいてくれた母を、あんなにも素晴らしい母を失ってしまいました……体は健康に違いないのです。でも、（もともと決して強くない）神経がすっかり粉々に砕かれてしまいました。もう何週間も夢の世界で生きていて、あとになって受けた衝撃の強さに気づいたようです。わたしはとても静かで、そして弱っています。田舎にこもることもできるのでしょうけれど、ロンドンに戻って果たさなければならない義務があります……ですが、ロンドンは傷ついた心にとって、とても恐ろしいところです！　公式謁見会を二度行い、何人か（本当に数人）とディナーをとりました。もちろんそれ以外は、引きこもって静かにしています。ただ、わたしのような地位にある者は、心がどれだけ孤独を切望しても、そうした義務を果たさなければならないのです。すべての記念日が恐ろしく、すべての誕生日が苦痛に感じられます。七月にここに戻ってきました――七月といえば、わたしたちがスコットランドに出発する前に、お母さまがここにいらして、わたしたちと一緒に過ごした月です――ああ、なんと惨めなことでしょう！　時間が経つほどに、心の空白が大きくなっていくように感じます。そのあいだも愛する人に戻ってきてほしいと願いながら、そう願う理由にしがみついているのです！　……わたしは、神に感謝すべきことがたくさんあります。素晴らしい夫や、愛すべき子どもたちを思うと、失ったものを嘆いてばかりではいけないと強く感じます。でも、決して替えのきかないものを失ってしまったのです……》

シャーロットは義理の姉に宛てた手紙で、女王の手紙を《子どものように単純で正直》と評している。そして、《わたしはかねてから、世間でささやかれる女王の人間像は本物の陛下の姿ではないと感じていました。陛下なりにお持ちになっているやさしさや感情を知る者がどこにもいないのです。船酔いもしないのだから、陛下の心を〝揺さぶる〟ものなど何ひとつ存在しないに違いないとみなが言うのがいい証拠でしょう。人々は陛下の強固な思考と断固たる意思こそが敬愛すべき長所だと思っています。ところが実際には、陛下はご自身の気の小ささに苦しまれているのです》と続けた。シャーロットの見るところ、まさにこの点こそが《陛下の精神がゆがんでしまったという考え》が広まった根源的な原因だった。しかし、もろい神経、孤独への切望、慶事がもたらす強烈な痛みといったヴィクトリアの悲しみの症状はこのあと、王室に仕える人員のなかで知らない者はいない事態となっていった。

感情をほとばしらせた女王の手紙を受けとる二、三カ月前、シャーロットはある人物からの手紙に大いに驚いた。差出人は、妻を亡くして四年になるジョージ・リトルトンで、シャーロットの妹であるレディ・ウォーターフォードが、自分との結婚をどう思うだろうかと問う内容だった。ジョージは財産に乏しく、ルイーザは裕福だった。ジョージにはかわいい子どもがたくさんいて、ルイーザにはひとりの子もいなかった。実際、彼はルイーザとは面識がないに等しかった。二〇年ほど前に会ったきりであり、それ以降は《先日、話したわけではありませんが、少しばかりお見かけいたしました》というだけである。そのわずかな邂逅がこの異例の求婚につながったらしく、面識がないという事実はジョージをひるませる材料にはならなかったようだった。シャーロットの返事は現存していない。だが、おだやかに、かつ巧みに断ったのはその後を見れば明らかだ。

気候と不幸、そして反乱による緊張――そのすべてがシャーロットにとっては重い負担となった。一八六一年に撮った写真が、四四歳の彼女の姿を伝えている。美しさはあいかわらずであっても、線が細くやつれていて、黒髪には銀色の筋が走っている。シャーロットは母親とルイーザのもとへ帰るのを何よりも望んでいただけに、二度も延期になっていたインド出発の日が一八六二年一月と決まったことは彼女に大きな喜びをもたらした。六年半という長い歳月を経て、ようやく帰郷が実現しようとしていた。ちょうど、一度は行ってみたいと切望していたダージリンを訪れる時間もある。《年齢を重ねた強さ》は感じられなかったし、旅のつらさを思えばむしろ怖くもあった。それでも出発の決意を固めたシャーロットは、軍の士官ふたりと女中ひとりを連れて一〇月の初めにダージリンへ旅立った。

駕籠《かご》と仔馬に揺られる旅は体力的にはきつかったものの、目的地に到着し、森が茂り、青々としたなかにランが咲き誇る山々の神々しい景色を見ると、疲労など吹き飛んでしまったように感じられた。シャーロットは上機嫌で喜びに満ちた手紙を《愛するカルロ》に書き送った（この頃までに、夫妻の結婚生活がやや改善したと見る者たちもいた）。シャーロットの魂の高揚感は、降りつづく雨やすっかり常習化した不眠にもかかわらず消えなかった。ただし、どれだけ素晴らしい景色であろうと、家に帰ると想像しただけでふつふつとわき起こる興奮の前では二番手にすぎなかった。女王は、チャールズにグリニッジパークの王室森林保護官の職を用意していた。ブラックヒースの端にあるやや大きめの赤煉瓦造りの邸宅に住める仕事で、シャーロットはこの邸宅のためにたくさんの計画を立てていた。太陽の光をもっと取りこむため、上げ下げ窓を何枚か設置しなくてはいけないと考えていたのもそのひとつだ。庭もガーデニングをするだけの充分な広さがあり、あるいは養鶏場と酪農場もつくれるかもしれなかった。おそらく四人乗りの馬車は処分しないほうが賢明かもしれない。全体的に見て、《建物は収納という点でも申し分なく、これなら友人たちを招いて楽しいディナーを催し、新鮮なシラスを出すこともできる》状態だった。一一月の初め、シャーロットたちはブラックヒースで植える植物を荷物に加えて、カルカッタへの帰途についた。友人たちを招いてシラスのディナーを開くまで、あとほんの数カ月待つばかりだった。

メアリー・ポンソンビーは、首を長くしてシャーロットの帰国を待っていた。《やつれて元気のない様子のメアリー・ポンソンビーがやってきました。あわれな新妻なら誰もが経験する幸福な運命です！》。一〇月に女王は楽しげに記した（みずからの幸せな結婚生活に照らして、ヴィクトリアは新妻を引かれていく羊と考えるのを好んだ）。一二月初旬、メアリーは新聞を開き、シャーロット・カニングが《ジャングル熱》で亡くなったという記事を目にした。《この何時間か、ひどくまいっています》と彼女は日記にしたためた。衝撃のためか、記述が乱れている。《ふたたび何かに関心を持てるときが来るのかどうか、自分でもわかりません。何をするにも、無意識のうちにあの方が戻ってくるという期待がわたしを支えてくれていたようです。あの方が死んだなど、とても信じられません。あんな方はほかにいません。あらゆる機会において、あの方の言葉、考えに接しているだけで、わたしは労なくしてより高潔に、より純粋になれましたし、より向上できました。誠実で単純で謙虚なため、あの方は自分が神から授かった才能にも、他人に与える影響力にも気づいていませんでした。だからこそ留守中も、わたしはあの方を思い、尊敬しつづけずにはいられなかったのです。わたしはあの方を愛しています。その方が亡くなってしまいました》

メアリーの日記のそのページには、シャーロット・カニングの訃報の切り抜きとリリー・ウェルズリーからの手紙が挟まれている。《親愛なるあなた――今夜はあなたをひとりにしておきましょう。あなたがわたしをそばに置きたくないだろうと考えるからではありません。あなたを襲った悲しみの大きさを知っているからです。あなたの心にできてしまった穴を埋められる人などいないのもわかっています。最初の悲しみの波が去ったあと、この衝撃をあなたに課した神は、かならずやあなたの心に平穏と安らぎをもたらしてくださるでしょう。ですから、わたしはあなたを神にゆだねることにします。部屋であなたのために祈りを捧げるとき、あなたもわたしの隣で祈っているのをわたしは知っています。しばらくのあいだ、この件には触れないようにしましょう。もちろん、あなたが安心できるなら話は別ですが、わたしにはそうは思えません。わたしがこんな手紙を書いているのは、少なくともあなたの心に寄り添っている者がひとりはいるのだと、必要とされればいつでも、神に与えられた命あるかぎり、昼も夜もあなたに仕えるつもりでいる者がいるのだとあなたに知ってほしいからにほかなりません。わたしは彼女の代わりにはなれません……でも、あなたを愛する思いは絶対にわたしのほうが強いと信じています》メアリーはリリーに対してもはや幻想を抱いてはいなかった。しかし、悲しみのなかで彼女が頼ったのはやはりリリーだった。

一二月五日、アルバートはヴィクトリアからシャーロットの死を告げられた。この一年でアルバート自身の健康状態も悪化しており、この頃までにはかなり体調不良が深刻化していた。常に熱っぽく、いらだちと不安がつきまとう状態で、食欲がわかず眠れないため、居間のソファに横になったり、ウィンザー城の部屋から部屋へとさまよったりした。これよりも数週間前、仲がよかったいとこのポルトガル王が腸チフスで亡くなったと知らされてすでに落ちこんでおり、息子の皇太子を心配するあまり、落ちこみの度合いは増すばかりだった。

両親が見るかぎり、バーティ皇太子は服以外には無関心だった（女王は長男について、繰り返し悲嘆している――《ああ、バーティ、なんてことでしょう。そんなことをしてはいけません！》）。結婚で落ち着くのではと周囲は期待したものの、皇太子自身は最有力候補とされたデンマークのアレクサンドラ王女にさほどの関心を示さなかった。それから、軍隊経験を積むために派遣されたダブリン近郊のカラ基地で、彼はネリー・クリフデンという女優と関係を持った。これ自体は特に衝撃的な話ではなかったが、体調がすぐれず、もともと性的な不品行を嫌う性格だったアルバートにとっては打撃となった。彼は息子が《悪徳に染まり、放蕩の道に堕ちた》と感じた。一一月二二日、すでに不眠とリューマチによる痛みに苦しんでいたアルバートは、サンドハーストの新しい建物の視察に出て風邪を引いてしまった。その数日後にはバーティ皇太子が学んでいるケンブリッジ近くのマディングリーに赴き、不肖の息子の不名誉な行いを叱った。寒いなか、反省をしているバーティ皇太子とともに長時間湿った草地を歩いたせいか、ウィンザー城に戻ったとき、アルバートは《ひどく元気がない》状態だった。

それでもアルバートはみずからを励まし、トレント号事件に取り組んだ。アメリカでは前年の四月から南北戦争がはじまっており、英国政府は南部の諸州寄りの立場だった。一一月、アメリカ連合国（南部諸州）の特使ふたりを乗せてヨーロッパを目指していた英国の郵便汽船トレント号が、北軍の軍艦によって停船させられ、ふたりの特使が拘束された。激怒したパーマストン首相と閣僚たちは、この行為が明白な国際法違反で受け入れられないとし、巨額の賠償を求める外交文書を作成した。一二月一日、午前七時に起床したアルバートはこの文書を目にし、戦争の危険性を察知して警戒心を強めた。体調不良でペンを握れる状態ではなかったにもかかわらず、彼は内閣が作成したものに比べてずっとおだやかな内容の修正案を書きあげ、そのなかで軍艦の行為がリンカーン大統領のあずかり知らないところで行われたことを示唆した。アルバートの修正案は受け入れられ、外交文書は書き直されたのちにワシントンへ送られた。結局、特使ふたりは解放され、アメリカとの戦争は回避された。結果として、これがアルバートの最後の国への貢献となる。

アルバートの医師であるサー・ジェームズ・クラークとウィリアム・ジェンナー（ドクター・ベイリーの後任、腸チフスの専門家とされていた）は、打つ手がなかったらしく、女王に対しても心配すべき大きな兆候はないと告げただけだった。クラークを信用していなかったパーマストン卿は、アルバートの健康についてチャールズ・フィップスから定期的に報告を受けており、別の医師に診せるよう強硬に主張したが、フィップスは別の医師を呼べば女王に気づかれると感じて躊躇した。女王を落ち着かせておくことが重要だったのだ。そのヴィクトリアは、頑固にクラークとジェンナーの能力を信じ、絶対に疑念を抱こうとしなかった。一二月六日、アルバートの病状はやや回復したものの、翌日になって腹部に湿疹が現れた。ジェンナーは腸チフスの症状だと女王に説明したものの、なお楽観的な見方を伝えた。腸チフスでも完治する人はおり、アルバートは体力のある若い男性だからというのがその理由だった。

アルバートは、自分をウィリアム四世とジョージ四世が亡くなった青の間に移すよう命じ、窓のそばにベッドを運ばせた。音楽が聴きたいという彼に、献身的な看病を続けていたアリス王女（ヘッセン・ダルムシュタット大公国のルートヴィヒ公子との婚約が決まったばかりだった）が、隣の部屋のピアノを弾き、父のお気に入りであるルター派の賛美歌を歌って聴かせた。ヴィクトリアは夫の枕元に座ってウォルター・スコットの作品を読み聞かせた。ここに至ってようやく、さらに医師がふたり呼ばれ、サー・ヘンリー・オランドとドクター・ワトソンがウィンザー城に駆けつけた。ワトソンの見立てではアルバートの病状は深刻だった。ところが一二月一〇日から一一日にかけて、病状に改善の兆しが見られた。一二日に出仕したヘンリー・ポンソンビーは、王室に仕える面々とのディナーの席で殿下の病状は深刻ではないと聞かされ、母親への手紙でつぎのように書いた。《殿下は元気がなく弱っておいでですが、不安を感じている医師はいません》。アルバートはもうろうとする意識のなか、壁にかかっているラファエロが描いた聖母をじっと見つめ、その美しさを称賛する言葉をつぶやいた。女王はこれに対して《少々気をもんだ》だけだった。片やヘンリー・ポンソンビーは、英米間の緊張の高まりにより、自身が所属する近衛歩兵第一連隊がカナダに派遣されるかもしれないという噂で頭がいっぱいになっていた。

この不安な日々のあいだ、断固とした意志を示して女王を支えていたのは、オーガスタ・ブルースだった。彼女はヴィクトリアのためにアルバートの容態を詳細に記した報告書を書き、ほぼ毎日、女王と女官のアソール公爵夫人が午後に徒歩や馬車で出かけるのに付き添った。アソール公爵夫人は、一八四四年に女王がアルバートと一緒に幸福な訪問をしたブレア城の女主人でもあった。《胃腸の風邪》(腸チフスの婉曲表現)という診断が下っていたにもかかわらず、オーガスタが見るところでは、アルバートの外見は《それほど悪くない》印象で、むしろ心配なのは覇気の衰えだった。そして一三日、ヴィクトリアが散歩に出ているときに、オーガスタはジェンナーからアルバートの容態の悪化を聞かされた。アルバートは呼吸困難に陥ってなかば譫妄《せんもう》状態となり、肺炎も併発していた。アルバートと、自身の重病の妻とのあいだを忙しく往復していたサー・ジェームズ・クラークは、女王が覚悟を決めるときが訪れたと判断し、オーガスタに伝言を命じた。オーガスタとミス・ヒルドヤードが全力で慰めようとしたものの、ヴィクトリアは悲嘆に暮れて号泣し、《この国はどうなってしまうのでしょう。わたしは自分自身の惨めさには耐えられます。ですが、あわれなこの国はこの先いったいどうなってしまうのでしょうか》と訴えつづけた。城じゅうが恐ろしいほどの切迫感をもって動きはじめた。皇太子宛の電報が打たれ、ビダルフ大佐、ブルース将軍、そしてグレイ将軍の三人がアルバートのベッドを部屋の中央に移した。

その夜、オーガスタはヴィクトリアタワーのソファで眠って夜を過ごした。翌朝、アルバートは《うわごとを言って》いたが、容態は〝安定〟していたようで、妻に対して《あらゆる愛情といたわりの証拠》を見せた（ヴィクトリアが顔を寄せてキスをねだると、彼は妻の願いをかなえてやった）。これで安心したのか、ヴィクトリアは落ち着きを取り戻した。ただし夕方までには、医師たちの落胆の色は少しずつ濃くなっていった。急いでウィンザーに駆けつけた皇太子が入室を許され、そのあとにほかの子どもたちが続いた。父親は子どもたちに微笑みかけたけれども、もはや話す力は失われていた。アルバートに呼ばれたチャールズ・フィップスは彼の手にキスをし、トマス・ビダルフとチャールズ・グレイは同じようにしたあとでその場に泣き崩れた。女王はベッドの脇に置いた椅子に腰をおろしたまま、夫の脈をあげようとする無益な試みのために出されたブランデーを静かに飲んでいた。

コリドールの外では王室に仕える面々が集まり、行き来する医師たちの顔をのぞきこんでいた。一〇時半、ウィンザーの主席司祭が血の気の引いた顔で青の間に入っていった。一一時前にはアリス王女が隣に座っていたオーガスタに《あれは亡くなる前の喘鳴だわ》とささやき、母を迎えに走った。ほぼ真っ暗ななか、ヴィクトリアとアリス王女がベッドの両脇に膝をつき、皇太子とヘレナ王女がアルバートの足元に立ち、そのふたりを偶然城に来ていたライニンゲン侯夫妻、チャールズ・フィップス、チャールズ・グレイ、トマス・ビダルフ、ブルース将軍、ジェラルド・ウェルズリー、アソール公爵夫人、ミス・ヒルドヤード、医師たち、アルバートの従者レーライン、オーガスタが取り囲んだ。全員が口を閉ざして見守るなか、アルバートがついに息を引きとり、ヴィクトリアのあわれを誘う泣き声が響いた。《これが死なのね。わかっています。前にも見たことがありますから》。彼女はそう言うと、夫の亡骸にすがりついた。

ヴィクトリアは数人の紳士たちに運ばれて赤の間に入った。ソファに横になって子どもたちを呼び、集まった子どもたちを抱きしめ、命あるかぎり彼らと義務のために生きるよう努めると約束した。それから医師たちに感謝の言葉をかけ、紳士たちに対して、《いまわたしのもとを去り、わたしを見捨てることは許しません》と訴えた。オーガスタは着付け担当たちが女王をベッドに寝かせるのを手伝ったあとで隣室のソファで眠りにつき、朝の五時に女王に呼ばれてその後二時間ほど、《泣きながら話しつづける》ヴィクトリアの相手をした。翌日、宮内長官の執務室から命令が発せられ、レディたちは《裾にクレープのついた黒い毛織りのドレスと飾り気のない肌着を着用し、黒の靴と手袋、クレープの扇を身につけ》、紳士たちは《黒服に飾り気のない肌着を着用し、帽子に黒い喪章をつけ、黒い剣とバックルを身につける》ことになった。

チャールズ・フィップスはパーマストンに手紙を書き、《陛下は悲しみに苦しんでいらっしゃいますが、完璧に自分を保っておいでです。あの自制心にはすさまじいものがあります。ですが！　陛下はまだ自分が何を失ったのかに気づいていないのです。失ったものの大きさを陛下が理解したときのことを思うと、わたしは体が震えます。しかし、それは陛下の悲しみの深さを思ってのことです。そのあとはどうなるのでしょう？　陛下は人生における些細なことから重要なことまで、すべて殿下を頼りにしていました。その殿下を失ったいま、陛下は誰を頼り、何を支えにするというのでしょうか？》これは難問だった。自身の人格と置かれた状況があいまって、ヴィクトリアは特にアルバートに対して依存するようになっていた。彼女自身も認めている。《わたしはアルバートの許しを得ずに指を動かしたことも、新聞や写真を手配したことも、ドレスやボンネットを身につけたこともありません》それが四二歳にしてヴィクトリアは突然、孤独になってしまったのだ。

情報の不足や、医師が助長した誤った希望など複合的な原因から、アルバートの死は多くの人々に驚きをもたらした。王室に仕える人々が受けた衝撃も女王と大差なく、互いに口をぽかんと開けて顔を見あわせ、それから《なんとおかわいそうな女王陛下》とか《最悪の事態です》とささやきあうくらいしかできなかった。

ヘンリー・ポンソンビーが一六日に書いている。《ほんの一週間前には、わたしたちは殿下の病が深刻だとは誰ひとり考えていなかったのです。けれど、それから急速に現実が全員に浸透していきました》ヘンリーによると、皇太子は母の腕にすがって泣いていた。《できることは何でもしますと言う皇太子殿下にキスをし、陛下は「わかっていますとも」と声をかけました》と彼は書き、《おふたりが将来に目を向けたのは望ましいことだと思いました》と感想を続けた（実際に、女王がバーティ皇太子の〝堕落〟は父親の死が原因だと考えたおかげで、しばらくふたりの関係はうまくいっていた）。前日の夜にアヘンを処方されていたせいか、ヘンリーの目にはヴィクトリアは冷静に映った。女王はオズボーン行きを宣言した。メアリー・ポンソンビーは母に、《陛下は完全に絶望し、わたしたちは完全に驚きで茫然自失の状態です。きっと停滞期がやってくるでしょう。たとえ陛下が意志を強く持とうとも、陛下には殿下の仕事をするだけの力も能力もないのです。陛下がいったいどうなさるのか、わたしには想像もつきません。とにかく陛下の悲しむ様子を見ていると、胸が痛くなります》と書き送った。

アルバートの葬儀にヴィクトリアが出席するのかと問う者はいなかった。これは珍しいことではない。一九世紀のイングランドでは、近親者の葬儀に女性が出席することはまれだった。精神面で負担が大きすぎると考えられていたためだ。その代わりに女王は医師たちに勧められ、一二月九日にしぶしぶオズボーンへと旅立った。女王の供をしたオーガスタ・ブルースは《まったく、ひどい状態でした。陛下は何もかも、すべてを奪われると感じていらっしゃいました》と書いている。その前夜、ミス・スカーレットはエレノア・スタンリーに手紙を書いた。いつものように情報や見解、不合理な結論が寄せ集められた脈絡のない内容が、喪に際して使う黒い縁取りが施された便箋ではなく、ふつうの紙にしたためられていた。その理由をスカーレットは、《昨夜はひたすら荷造りで忙しく、ほとんどすべてのものを一階におろしました。午後七時になったところで、荷造りを中止するようにとの命令があり、出発を一日延期するという陛下の指示が伝達されました。そのために、こんな不適切な便箋を使ってお手紙を差しあげることになった次第です。本物の不幸の最中なのですから、本当はきちんと便箋も選ばなくてはいけないのはわかっています！　ですが、喪の際に使う便箋はほとんど荷物のなかに入れてしまいましたし、残っていた分も使い果たしてしまったのです。こんなことをわざわざ書くのは、常識を無視する行為がそれに執着する行為と同様に、うわべだけの見せかけにすぎないとあなたに知ってほしいからです》と説明した。さらに、いまの女王に必要なのは多忙でありつづけることだと述べ、《陛下のような状況に陥ってしまったら、時間ばかりを取られる些細なことにではなく、完全に没頭できる何かに打ちこむよりほかありません。ですが、陛下の場合はその両方をしようとするのではないかと、わたしは心配しています。人にとって、人の心を理解することほど難しいものはありません。人の心に何があるのか、何を感じているのか、自分自身をどう考えているのか、なぜ喪失感をみずからあおるのか、正しい判断をするのは不可能だと言ってもいいでしょう。ある芝居で「心はいつも平静に！」というせりふを聞きましたが、わたしにはそれしか言えません。方法はさまざまですが、この世界にあるものはすべて移り変わっていきます。人の心のなかに入りこもうとするほど無益なことはない気がしています》と続けた。

　訃報はまたたく間に広がった。ハグリーで回復の朗報を待っていたサラ・リトルトンは（一〇日に女王の代筆をしたオーガスタ・ブルースから、楽観的な見解の手紙を受けとっていた）、一七日にキャサリン・グラッドストンから、リリー・ウェルズリーの手紙を引用した知らせを受けとった。その手紙には《みな打ちのめされていて、手紙を書くのもやっとの状態です。陛下は神のご意志に従おうと、全身全霊をかけて努力なさっています。国を襲ったこの不幸がどこまでの広がりを見せるのか、誰にも想像がつきません。乗り越えられることをみなで祈りましょう。そしてこの困難なときに、陛下がよき人々によって支えられていることを神に感謝しましょう。神のお導きもあり、陛下が最初にお考えになったのは皇太子殿下のことでした。陛下とかかわりを持った方々も、これからかかわりを持つ方々も、皇太子殿下こそ——あらゆる意味で——陛下にとって、さらには国家にとって唯一の希望であると心にとどめておいてくださるよう、王室に仕える者一同が心から祈っています。乱文にて失礼いたしますが、きっとご理解いただけると信じています》とあった。キャサリンは夫妻で喪服を買いにチェスターへ出かけ、《いつもとは違う雰囲気に驚きました——人々がそろって悲しみの表情を浮かべていたのです》と、そのときの様子を記している。彼女の夫のウィリアムは葬儀に向け、《心の準備を固めて》いた。サラが心情をしたためた返事を送ってくるかどうか、このときのキャサリンにはわからなかった。

　キャサリンにとっては、シャーロット・カニングが亡くなった知らせのほうが、より大きな悲しみをもたらすものだった。キャサリンは《インドからの便りがなくて寂しく思っていたところ、「レディ・カニングはジャングル熱で亡くなり、バラックポールに埋葬されました」という知らせが死後九日経ってようやく届きました。なんと衝撃的で恐ろしい知らせでしょう。しかも彼女のお母さまとルイーザは何もわからないまま、ひたすら待たなければならないのです。人生は続き、人々が亡くなっていきます。どこにいるのかと問う友人たちがいなくなるまで、これは続くのでしょうか？　わたしたちはいったいどうすればいいというのでしょう？》と悲しみを綴った。

　ルイーザは、現にシャーロットが亡くなったという驚くべき知らせを受けた以外は何の情報も得られず、とにかくハイクリフにいる母のもとへと急いだ。そこからいとこに宛てて送った手紙には、《放置されて待ちつづけるあいだの恐怖は誰にも理解できないでしょう。希望もなく、ただどんなひどいことが起きたのかを知るために待ち暮らさなければならないのです……》と書かれている。《ひどいこと》の詳細は、少しずつイングランドにもたらされた。ダージリンへの旅からカルカッタに戻ったシャーロットは《夜通し駕籠に揺られていた》ために《疲れきった》状態だった。致命的だったのは、マラリアの病原体でいっぱいの沼地を通過したことで、一一月八日に家に到着したときにはすでに衰弱し、高熱を発していた彼女は、一二日になるとベッドから起きあがれない状態となった。病状が絶望的だという医師の診断を聞いたチャールズ・カニングはその場で気を失い、意識を取り戻してからは四日間、妻のもとを離れようとしなかった。インドを去る日まで二カ月を切っていた一八日、意識不明だったシャーロットは夫の腕に抱かれたまま息を引きとった。遺体をおさめた棺はその日の夜のうちに彼女が愛したバラックポールに運ばれ、明け方、消えゆく月が激しく燃えるインドの太陽に空を譲りつつあるなか、庭園の菩提樹の下に埋葬された。チャールズはそれから部屋に引きこもり、毎朝毎晩、妻の墓前にひとりでたたずむ姿が目撃されるようになった。

　チャールズは感情を抑えて妻の最後の日々を記した報告書を書きあげ、女王に送った。その報告書には《痛みはなく、おそらく最期は意識もなかったと思われます。出会った当初から変わらない、やさしく忍耐強い、弱音とは無縁の表情のままで旅立っていきました》とある。オズボーンハウスに滞在中のヴィクトリアは、一月の初めにチャールズの報告書よりも感情をあらわにした返事を書き送った。女王にとって、チャールズが感じている喪失感はみずからと重なるものであり、格別の痛みをもたらすものだった。《一一月二一日にこの同情を禁じ得ない報告書を書いたとき、カニング卿は自分が書いた内容がわたしを打ちのめすとは考えていなかったのでしょう……カニング卿も知ってのとおり、伴侶を失うのは体と魂の半分を引きちぎられて失うのと同じです。そしてレディ・カニングは素晴らしい、価値のある、献身的な妻でした！　しかし、わたし――惨めで救いようのないわたし――にとってはそれだけではなかったのです……わたしにとっては、生きながら殺されてしまったも同然です！――大きなことも小さなことも、夫の愛情ある忠告と手助けがなくては、わたしは何ひとつできませんでした――そしてわたしはこの広い世界に、わたしを頼りにする無力な子どもたち（ヴィッキーは別です）やわたしを頼りにするすべての国民たちと一緒に取り残され、孤独を感じています。悲惨な自分の存在にも耐えられないこのときに！　……わたしは病んでいるとはいえ、カニング卿が直面した死別に天使の加護を祈ることはできました。彼は深く悲しみ、何度も悲しみの底に突き落とされて、「なんという痛手だ。妻は特別な女性だった！」と言うのです。カニング卿に神の加護と慰めがあらんことを祈ります。また、彼が妻を失った悲しみと傷ついた君主に思いを馳せ――この世でもっとも大きな人間の苦しみと不幸に対して、謙虚に深く頭を垂れることを願います》と、ヴィクトリアは心の痛みを綴っている。

カルカッタの主教は、慰めの言葉をかけようとチャールズ・カニングのもとを訪れた。主教によると、チャールズは《総督官邸のわびしい居間》にいて、彼がシャーロットの話をしようとすると泣き崩れた。主教は《日頃の彼の態度は冷淡で厳格というもっぱらの評判です。これほどまでに感情をあらわにした姿は初めて見ました》とチャールズの様子を説明した。女王と女王の手紙について話すと、チャールズは《自分ひとりの悲しみのなかにいくばくかの安らぎ》を見いだしたようだった。シャーロットが生きているあいだ不誠実だったチャールズは彼女の死に打ちのめされ、一夜にして老人のようになってしまい、杖なしには歩けなくなり、疲労と抑鬱と不眠に悩まされることになった。イングランドに戻った彼は、シャーロットのいとこのスチュアート大佐に会いにハイクリフを訪れた。そのときのチャールズをレディ・スチュアートは、《疲れきった真っ白な顔で、悲しみに満ちた表情を浮かべていました。苦しんでいるのは明らかですが、驚くべき自制心を見せていました》と評した。レディ・スチュアートの意見では、女王は少なくとも泣くことができた。しかしチャールズの場合は、〝自制心〟が《悲しみを心のなかに閉じこめている》ように見えた。結局、シャーロットの死からわずか七カ月後、チャールズ・カニングは肝臓の病気で死去した（ひどく苦しんだ最期だったという説もある）。チャールズの死を知ったシャーロットの母は、両手をあげ、涙を流しながら《天罰だわ！》と叫んだという。カニング夫妻の事情を知らなかった女王はこれとは異なる見解であり、チャールズの妹であるレディ・クランリカードに《七カ月の別れを経て、また妻と一緒になったのです！　これぞ祝福というものでしょう。こんなにもすぐに伴侶のあとを追えるとは、うらやましいかぎりです！　わたしも彼のあとを追う神のお許しが出る日を待ち望んでいます！》という手紙を書き送った。

一月、ヴィクトリアはサラ・リトルトンに、アルバートの写真をおさめたブローチと手紙を送った。女王にとってサラは、アルバートを慕い、彼に感謝しているとわかっている人物であり、またかつての自分の幸福ぶりを目の当たりにした人物でもあった。手紙には《親愛なるレディ・リトルトン！　あなたはほかの人々が見ていないことを見て、知らないことを知っています……彼がいなくなってしまったあの日にわたしの人生が終わり、存在が消えてしまった気がしてならないのです》と書かれている。さらに、アルバートが死に身をゆだねたのだと付け加え、《彼はもし自分が危険な病にかかったならば、抵抗はしないと言っておりました》と書き添えた。いまやヴィクトリアは自分自身の死を待ちわびるようになっていた。

第二部　「わたしの心は完全に粉々になってしまいました」

第14章　頼れる誰か

サラ・リトルトンは、女王以上に《常に要求し、常に相談を必要とし、支えに頼る》妻はいないと考えていた。〝支え〟として完全に頼りきっていたアルバートの死後、ヴィクトリアの他者を頼る性向は強まっていった。〝幼い〟ベアトリス王女の存在はいくばくかの慰めにはなったものの、ほかの子どもたちはそれぞれの人生で忙しく（特にアリス王女は一八六二年に、バーティ皇太子はその翌年に、ヘレナ王女は一八六六年に結婚した）、女王が必要とする――完全無欠の――支持と共感を得ることは不可能であり、完全に頼るというわけにもいかなかった。そこで、女王は王室に仕える者たちに目を向けた。

一八六二年の最初の数カ月にわたってヴィクトリアがこもっていたオズボーンハウスは、オーガスタ・ブルースによると《ポンペイみたいで、すべての生命が忽然と消えてしまったようです》という状況だった。訪れる者はその変貌ぶりに驚き、オズボーンハウスに閉じこめられた経験のなかったミス・スカーレットは《みな痩せてしまい、顔には心配がはっきりと刻まれていました。昼食のときには周囲を見まわさずにはいられず、みなの外見の変わりように愕然としました》とエドウィン・ランドシーアに手紙で知らせ、そのなかで女王がおそらく年内はロンドンに戻らないこと、スカーレット自身は〝仕事〟を申し渡されてサー・エドウィンと会い、〝解放〟について話がしたいことなどを伝えた。二五年のあいだ宮廷に仕え、スカーレットは外の世界に戻ることを何よりも欲するようになっていた。《今年こそ、ずっと望んでいた願いを口にし、実行できる年にしたいと思っていますし、そうするつもりです。さもないと、こんな状況のなかで人生の終幕を迎えるはめになってしまいます》と書いている。そして、願いはかなえられた。スカーレットは年七〇ポンドの年金を受けとりながら、メリルボーンで姉妹とともに暮らした。その後も宮廷に出入りを続けていた彼女は一八八七年、九四歳で亡くなり、女王にホガースが描いたポップルズ家の肖像画を遺した。植民地に移住した一家を描いたその肖像画には、スカーレットの祖母が描かれている。

二月、オーガスタ・ブルースは女王がよく眠り、起きている時間の大半を泣いて過ごし、ひとりで食事をとっていると報告している。食事に関しては、オズボーンを訪れている異母姉のフェオドラかアリス王女、またはオーガスタ自身が一緒にとることもあった。《ほかのレディたちは怒っているかもしれません》。彼女は曖昧に書き《陛下がわたしばかりを使いに送ってお子さま方でも許されない外出をさせ、ときにはふたりきりでの食事をお命じになることに対してです。ですが、みな寛容な態度を示してくれています》と続けた。しかし、ひとたび裏に回るとそうはいかなかった。《わたしたちはチャールズ王（フィップス）とオーガスタ女王（ブルース）に支配されているようなものです》とやや荒っぽく書いたのはレディ・キャロライン・バリントンだ。宮廷という閉鎖社会のなかで、嫉妬と競争心の根が広がりはじめていた。ほかのレディたちがヴィクトリアの姿を見かけることすらないなか、自己犠牲の精神に富み、忠実な《愛すべきオーガスタ》は、みずからを替えのきかない存在とし、女王との密接な関係を利用して影響力をふるっているというのである。レディ・バリントンはクラレンドン卿に、三カ月前のアルバートの死から〝偶然〟を除けば女王と顔を合わせる機会がないと苦情を申し入れた。

ヴィクトリアの母の女官であったオーガスタと同様、女王の幸福な過去とのつながりを持っていたのは、かつてアルバートの秘書を務め、信頼も篤かった王室出納長官のチャールズ・フィップスだった。彼は羊のようにおだやかでおとなしい人物で、側近たちのあいだでは「最高権力者」と呼ばれ、王家の意思には何でも黙って従う、悪意のない小心者だと思われていた。アルバートの部屋を死後も生前の状態に保つことで死者とのつながりを持とうとしていたヴィクトリアは、毎日洗面台の湯を換え、新しい服を出させ、ベッドの上に花を置き、時計のねじを巻かせ、開いた本をそのままにし、ペンのインクを用意させ、言うまでもなく些細な事柄までを含めた〝感傷的な記念日〟を際限なく定め、それらすべてにすがった。それとまったく同じ理由で、女王はフィップスを頼ることになったのである。ヴィクトリアにとって悲しみとは養い育てるものだった。ヴィッキーへの手紙にもヴィクトリアは、《わたしの惨めさは必要なものになってしまいました。失ったらとても生きていけません》と書いている。

三月にウィンザーに戻ると、オーガスタは、女王がアルバートの壮大な墓とも言うべきウィンザー城の工事の進捗状況を見て落ち着き、励まされて《義務を果たす道を歩む決意》を固めたという印象を受けたものの、差し向かいでの食事は続いた。ヴィッキーはクラレンドン卿に、オーガスタの影響力について《何に対しても「はい、陛下」と答えるからであって、何度か「いいえ、陛下」と言えば、陛下もいまみたいに彼女を知恵の権化であるかのように見るのをやめるに違いありません》と分析した手紙を送っている。クラレンドン卿もまた、この時期の女王が《女官たちの出仕をわずらわしく思い》、特に《悲しみの何たるかを知らない》レディ・チャーチルには我慢がならないと感じているらしいと書き残している。

一八六三年九月、バルモラル城への出発を前に、ヴィクトリアは《真に頼りになるオーガスタを除けば、女官などいないも同然なほど孤独です。レディ・チャーチルは優秀で素晴らしいとは思いますが、頼りにはできません》と不満を訴えた。ジェーン・チャーチルは本来女王の信頼も篤く、しばしば女官の推薦も行っていた（彼女は容姿の善し悪しについてよく言及し、見込みはあっても容貌の優れていない候補者については、《そのうち美しく変わるでしょう》と言った)。しかし、ジェーン・チャーチルの夫は生きていて、健康だった。オーガスタとて悲しみの何たるかはわかっていなかったが、彼女は少なくともこの時点では幸せな結婚がどういうものかも知らなかったのである。そのうえ、オーガスタの同情心は尽きることがなかった。ヴィクトリアにとって同情心は重要な性質であり、基準のようなものだった。女王がそばに仕えるレディたちに求めるもののうち、同情心の占める比重が格段に大きくなりつつあった。

女王が未亡人となったことで、レディ・イーリーやレディ・バリントンといった同じ境遇の未亡人たちの存在感も増していった。ヴィクトリアは、かつて自分の産後の世話をし、アルバートのすぐあとに夫を亡くしたレディ・リリーがお悔やみにやってきたのをたいそう喜んだ。一八六四年には、前年に侍従の夫を亡くした新しい寝室付きの女官のレディ・ウォーターパークに、《終わってしまった人生を生きる者どうし、互いに理解できると思っています。むろん、抱えている義務については異なりますが》という手紙を送った。また、レディ・ウォーターパークは《わたしの女官たちは黒い服を着ることになっています。わたしたちの悲しい絆にはぴったりの衣装です》と告げられた。《悲しい絆》でつながった者たちのみが女王の心に入りこみ、苦しみと喪失感を理解できた。

女王の個人的な絶望は別にして、アルバートが亡くなったことで考慮しなければならない現実的な問題もあった。アルバートに仕えていた人員をどうするかである。結局、彼らはそのまま女王の奉仕者たちに吸収されることになり、ヘンリー・ポンソンビーもほかの三人の侍従武官とともに年五〇〇ポンドから三〇〇ポンドへの減給のうえ、女王の臨時の侍従武官となることが決まった(ヘンリーはいずれ臨時ではなく正式な侍従武官になると予想されていた)。アルバートの秘書だったチャールズ・グレイは女王の秘書官となり(この役職は一八六六年までは非公式だった)、ドイツ人の図書係だったカール・ルーラントはドイツ語担当秘書官に、従者のルドルフ・レーラインは臨時のお付きの者となった。

アルバートと親しかったドイツからの随行者たちの存在は、女王にとっては慰めとなったものの、王室に仕える人々にとっては憤りの対象だった。昇進が正当性を欠くもので、ふさわしくないと思われていたためだ。チャールズ・グレイは《わたしはレーラインとルーラントについてきみがどう思っているかわかっているし、きみが必要な手を打っていないことも知っている》と書いた手紙をチャールズ・フィップスに送った。その手紙には、《彼らはあらゆる問題について陛下の信任を得ているし、陛下と会って命令を伝達するのも彼らだ。首相に宛ててほかの閣僚と意見が対立している問題について手紙を書くのに、その趣旨をレーラインから口頭で指示されるのは、正直言って驚きを禁じ得ない》と書かれている。これは王室に仕える人々のあいだに広がっていた外国恐怖症がもたらした意識だろう。結局、アルバートの死後、ドイツ人たちの人数は減り、一八六三年にシュトックマーが亡くなってカール・ルーラントが帰国した（彼にはヘレナ王女と親しくなりすぎたという噂があった）あとさらに減少した。ヘル・ザールがその後ドイツ語担当秘書官と図書係を兼務したものの、彼はアルバートが注意深くつくりあげた文書の仕分けの秩序を維持できず、台なしにしてしまった。

悲しみのなか、ヴィクトリアが対面を希望した数少ない人物のひとりがサラ・リトルトンだった。サラは一八六三年に招待を受け、列車のなかからそびえる城壁に別れを告げて以来、一二年ぶりにウィンザー城を訪れた。歳月は多くのものを変えていた。女王は未亡人となり、ヴィッキー王女はプロイセン皇太子妃としてベルリンで暮らし、アリス王女は夫であるヘッセン・ダルムシュタット大公国のルートヴィヒ公子とともにダルムシュタットで暮らしていた。皇太子はアレクサンドラ王女と結婚したばかりで、サラ自身の息子のジョージはやもめとなり、彼女には母を失った一二人の孫たちが残された。
弔いと追悼の場となったウィンザー城は、懐かしくもあり、奇妙でもあった。ミス・ヒルドヤードの部屋に案内されたサラは、年老いて痩せた彼女と、乳母のミセス・サーストンと再会した。ミセス・サーストンは一八六八年、一五〇ポンドの年金とカンバーランドロッジの家具付きの部屋を与えられてようやく涙ながらの引退を果たすことになる。淡い灰色のドレスを着たヘレナ王女とルイーズ王女とも顔を合わせることができたが《おかわいそうに、おふたりともドレスと同じ顔色をなさっていました》とサラはのちに書き残している。やがて小姓が姿を見せ、女王との面会の準備が整ったとサラに告げた。女王は——サラと同じように——頭に未亡人がかぶる白い帽子をかぶり、深く沈んだ様子だった。サラは娘のキャロラインに、《陛下はとても独特なお顔になっていて、かなりお太りになられました。頬がすっかりふくよかになり、お顔のひとつひとつの部分が小さく感じられて、ほかの誰とも違う顔立ちでした。ただ、肌の色つやは昔と変わらず、全体的にややくすんだピンク色をしておいででした》と女王の外見の変化を伝えた。

　ヴィクトリアはサラにキスをし、座って一時間以上も話をしたが、そのあいだ笑顔になったのはわずかに数回で、ずっと《ひどく悲しんでいる》ように見えた。子どもたちの話はそれほど出ず——皇太子はあいかわらず《子どもっぽく、父親が彼の年の頃とはまったく違っています》とこぼした——《おもにたくさんあるご自身の悲しみの症状（そう呼ぶ人もいるのかもしれません）についてお話しになりました。とても具合が悪く（おかわいそうに、おそらくこれはほぼ陛下の気のせいです）、毎日の苦役に打ちのめされているそうです……「毎日、長時間働かなければならないうえに、手伝いや忠告をしてくれる者もおりません。わたしより上位の者がいないのです！　みなは時間が解決してくれると言いますが、そんなことがあり得るのでしょうか？　一瞬ごとに新たな悲しみが襲ってきて、かつてはいつでも間近にあった助けが必要になるのです……わたしは自分を恥じています。ほかの人の幸せな姿を見ると、自分をとてつもなく不幸だと思ってしまうのです。こんな考えはおかしいし、間違っています！　ですが、わたしは男性が妻を連れて一緒に歩く姿を見ることにも耐えられないのです」と陛下はおっしゃいました》とサラの手紙には書かれている。このあと、オーガスタ・ブルースとわずかな言葉を交わしてから、サラは城壁を一周して馬車を探し、どうにか間に合った列車に乗って家へと向かった。

リトルトン家と宮廷の縁はまだ切れたわけではなかった。ウィンザーを訪れてからしばらくして、サラは手紙を受けとった――彼女の孫娘のルーシーは女官の指名を受けるだろうかという問い合わせだ。サラは注意深く、ルーシーを励ました。《宮廷生活では本物のやさしさが求められるし、自分がそれを必要とするときもあります……とはいえ、あなたのように詩人の精神が少し混じった慎重な性格なら、きっとよりよい人生になるはずです。でも、もし軽く考えるようなことがあったら……それに、宮廷での夜といったら……》手紙はそこでいったんとぎれている。そのあとで、クラレンドン卿がジョージ・リトルトンに語った話として《女王陛下の具合もずいぶんよくなったそうです。もっとも本人は認めていないみたいですが》と続けた。むろん、ヴィクトリアは状況の改善を認めるつもりはなかった。同じ月にヴィッキーに、《誰の手も借りられないなかでの激務続きで、それでなくても弱い神経がいらだち、興奮して、疲れきっています。おだやかな同情をたくさん与えてもらってこそ、わたしは安心して落ち着けるのです》と書き送った。

指名を受け入れたルーシーは当初、自分が宮廷内で見捨てられた存在になってしまったと感じていた。王室に仕える人々が食事をする様子は《墓場にいる》みたいで、日々を活気づけてくれるものといえば年上の廷臣たちとのホイストか、レディ・イーリーとウィンザーの犬舎や酪農場、フロッグモアにある未完成の霊廟などを探検することくらいだ。じきに女王と食事をともにする機会が増えていったものの、女王は《よく話し、明るく笑って》いてもどこか悲しそうだった。熱心な高教会派のルーシーにとって、何より驚いたのは日曜の礼拝の参加者が少ないことだった（ハグリーに戻っていたあるとき、マシュー・アーノルドが教会でひざまずくのを忘れたうえに膝掛けを所望したという話を聞き、彼女はリトルトン家のほかの者たちともども激怒した）。《王室では日曜の礼拝にボンネットもかぶらずに出かけるのですから、まったく驚きとしか言いようがありません》と書いている。もちろん《誰も唱和しない》賛美歌が《ひどい出来》なのは言うまでもない。しかし、結局ルーシーの宮廷生活は短期間に終わった。一年と経たずにデヴォンシャー公爵の次男、フレデリック・キャヴェンディッシュ卿との婚約が決まったのだ（一八八二年、フレデリック卿はダブリンのフェニックスパークで、フェニアン〔アイルランドの独立を目指す秘密結社〕によって暗殺された）。女王はルーシーに執着するほどともにときを過ごしておらず、また彼女にとって良縁なのを理解していたので結婚をあっさり受け入れ《お祝いを言わせていただきます。でも、少しばかり叱ってあげる必要もありますね！》と声をかけた。

　ヴィクトリアは幸福な男女を見ても喜べない状態だったため、忠実で同情心に富んだ《親愛なるオーガスタ》がドクター・アーサー・スタンリーと結婚するという報告を聞いて深刻な打撃を受けたとしても、驚くには値しない。女王は《親愛なるオーガスタが四一歳にして、それほど長いつきあいでもない相手と、必要もない結婚をするそうです！　わたしの身に不幸が起きてから、これは最大の悲しみであり、最大の試練です！　彼女は絶対にわたしのもとを去らないと思っていたのに、なんということでしょう！》と、レオポルド王子に悲しみをぶつけた。子どもっぽく、浮き世離れしたところもあるドクター・スタンリーは、オックスフォードの教会史の教授であり、じきにウェストミンスターの主席司祭になると目されていた。また、ラグビー校に在籍していた頃の校長であるドクター・アーノルドの伝記を記し、人気を博していた。一八六二年には、皇太子の家庭教師でオーガスタの兄のロバート・ブルース将軍とともに、皇太子が聖地を訪れるのに随行したこともある（ロバートはこのときにかかった病がもとでじきに亡くなった）。ヴィクトリアは、高教会派の聖職者としてスタンリーを認めており、彼について《魅力的で……少しも聖職者らしくないのに、それでいて、わたしが話した誰よりも厳格な宗教家でした。とても広い心の持ち主であり、洗練された精神の持ち主でもありました》と書いている。ただし、夫としてはまた別だったようだ。

スタンリーとオーガスタは、パリのマダム・モールの邸宅で出会った。マダム・モールは忘れられて久しかったが、かつてはシャトーブリアン〔フランスの政治家・作家〕からジョージ・エリオットまで、あらゆる人々が彼女のもとに集まっていたという、サロン社会でひときわ輝いていた女性だ。しかし、スタンリーとオーガスタはどちらも人見知りで躊躇していたため、スタンリーの姉とオーガスタの義姉のキャサリン・ブルース（夫のロバートの死後、彼女は宮廷を出たオーガスタの代わりに臨時の寝室付きの女官になった）がふたりの背中を押して――というよりもなかば強引に話をまとめて結婚にこぎつけさせたのだった。一八六三年の秋、キャサリンはミス・スタンリーに手紙を書き、王室に仕える者たちのあいだに噂が広まって自分のところにもひっきりなしに質問が来るようになり、オーガスタとスタンリーもいよいよ覚悟を決めるべきときだと思ってふたりを食事に誘ったと報告している。その顛末をキャサリンは、《スタンリーはわたしにばかり話しかけ、食事のあいだも旅の話ばかりしていました。わたしはとうとう我慢できなくなって口を挟み、小声で「スタンリー、肝心な話をしなさい！　早く！」と言ったのです。それからは、ふたりのあいだでとんとん拍子に話が進み、ものの五分ですべてが決まってしまいました》と綴った。女王が王室の奉仕者どうしの結婚を嫌っていたため、キャサリンは《正式に結婚が決まって日取りが確定するまで》報告しないほうがいいと考えた。《あのふたりの相性は完璧ですし、互いを完全に理解しています。もうどちらもいい年なのですから、オーガスタは一瞬たりとも時間を無駄にしてはならないのです》と、キャサリンはきびきびした筆致で結論づけている。こうしてふたりはその年の一二月に結婚した。

それからしばらくしてヴィクトリアはヴィッキーに、《月曜に親愛なるオーガスタ（スタンリーという名を呼ぶことも我慢がなりません）と何時間か一緒に過ごしました。まるで結婚した女性には見えず、以前と何ひとつ変わっていません》と書き送った。当初は《なぜオーガスタが自由をあきらめてしまったのか、不思議でならない》としていた――こうした女王の疑問に対し、女官のひとりは《おもしろいほど王族的な考え方です》と感じていた――ものの、やがてしぶしぶながらも喪失感を受け入れることにした。そもそも、オーガスタは臨時の寝室付きの女官としてしばしば宮廷に顔を出すのだから、女王は何も失っていないわけである。一方のスタンリーは、この結婚を機に「ちびの主席司祭」と呼ばれることになってしまった。《月曜にオーガスタとちびの主席司祭が来ました。まったく似合っていないふたりです。彼ときたら小さな子どものようにオーガスタのあとを追いかけて、話すときもいちいち彼女のほうを見ないと何も言えないのです！》女王は怒りをこめて書き残した。

一八六二年六月、メアリー・ポンソンビーが初めての子となる女の子を産み、《陛下のご希望》でアルバータ・ヴィクトリアと名づけて間もなく、ヘンリーは部隊を連れてのカナダ行きを命じられた。夫妻はわずか生後六週間の娘をメアリーの母に託し、七月にモントリオールへ向けて出航した。カナダで一年と少しのときを過ごしたふたりは一八六三年九月に帰国して娘との再会を果たし、ふたたびウィンザーのクロイスターズにある自宅に戻った。それからの七年間、ヘンリーは近衛歩兵第一連隊の大佐としての仕事と、王室の侍従武官としての仕事を、時間を分けて両方こなすことになった（すでに臨時ではなく、正式な侍従武官となった）。もっとも、後者のほうは一年のうちの三カ月ばかりを、馬や馬車を用意し、旅の手配をし、社交に精を出せばすむわけで、さほどの努力は必要なかった。陽気なヘンリーはじきに王室の奉仕者のなかで人気を得るようになり、やがて女王の目にはいきすぎと映るまでになった。侍従武官たちの部屋からもれた大笑いを聞きつけた女王から、《ミスター・ポンソンビーにもう少しおもしろみを抑えていただけたら、大変結構だと思います》というメモが届いたこともある。

ただし、笑いはあくまでも一時的なもので、宮廷にはあいかわらず物悲しい空気が立ちこめていた。女王はもちろん、出仕している女官もまだ喪に服していたが、独身の女官たちは若さを考慮され、灰色や白、藤色といった半喪の色を身につけてもよいとされた（一八九七年、特に理由もなく《より深い喪に入る》という布告が出て、藤色は《軽薄なピンクが混じっている》とされて禁じられた）。ディナーのあとの楽団による音楽の演奏も一八六五年まで許されなかった。舞踏会も開かれず、外国の賓客も招かなくなり――ただし、近親者は例外だった――劇場に出かけることもなくなった。ヴィクトリアは公式謁見会を嫌がり、ロンドンの街へ出て人々や騒音や、湿った黄色い霧のなかに身をさらすのを避けるようになった。議会を開く気にも、枢密院の会議に出席する気にもなれなかったが、後者に関しては、会議を行っている隣の部屋にドアを半分開けた状態で座り、第三者を通じてやりとりをするという形で妥協した。王室に仕える人々とも極力顔を合わせないようにし、食事は直属の女官たちとだけとることを好んだ。女王が信じる《義務を果たす道》は、公の場から身を引き、個人的な悲しみと向きあう方向に向かっていた。

一八六〇年代後半までには、ヴィクトリアも公共の場に顔を出すのを承諾するようになったものの、あくまでも法が求める場合と、彼女が金銭を必要としているように見える場合にかぎられた。一八六六年、女王はシュレースヴィヒ・ホルシュタイン公国のクリスチャン公子との結婚を控えたヘレナ王女の持参金と、アルフレッド王子の年金のために国会の開会に同意した。しかし、このときは悲痛なまでの異議申し立てがあった。《深い悲しみに包まれて打ちひしがれた未亡人が、以前は夫に支えられて立っていたのと同じ場所に、不安に震えながらたったひとりで見世物のように着飾って立っている姿など、いったい誰が見たがるというのでしょう？》

この公務にうしろ向きな女王の姿勢は、秘書官のチャールズ・グレイとの対立につながった。非公式の秘書官はジョージ三世の時代から存在していたが、ヴィクトリアは一八六一年まで、その存在を必要としなかった。彼女にはまずレーツェンとメルバーン卿がいたし、そのあとはアンソンやフィップス、グレイといった秘書たちに支えられていたアルバートがいた。アルバートの死後、女王がいかに彼に依存していたかが初めて明らかとなり、秘書官の必要性が一気に増したのだった。そこでチャールズ・フィップスが亡くなった一八六六年、王室に仕える人々の大幅な人事の刷新が図られた。家政事務官だったトマス・ビダルフ大佐がフィップスに代わって王室出納長官となり、ジョン・カウエル少佐（アルフレッド王子とレオポルド王子の家庭教師を務めていた）がビダルフのあとを継ぎ、チャールズ・グレイが女王の最初の公式な秘書官になった。その際、秘書官は公務と政治面を担当し、王室出納長官は私的な部分と財政面と担当すると業務を明確に分け、両者が密接に協力して女王を支えていくと決まった。

グレイはアルバートを深く尊敬していたが、ヴィクトリアに仕える仕事は心労が大きく、いらだちがつのった。仕事量が多いわりに報われることは少なく、女王を公の場に立たせるためにいつも闘いつづけなければならなかった。グレイは強硬策を用いることにした。《陛下はいつも「仕事が重荷だ」だの「体が弱っている」だの、神経がまいってしまっただのと言いたてるが――わたしはそんなのはこれっぽっちも気にしない。健康面でも体力の面でも問題ないのに、気持ちが向いていないだけだ》と書いている。一方、グレイが「たいした詐病者」と呼んだ女王は、彼のいらだちが増していくのを感じて《あらゆる意見の相違に関して短気になっています》と書き、頑強に抵抗を続けた。

また、女王が一八六八年に首相に就任したウィリアム・グラッドストンを信頼し、彼とやりとりするときに自分を除外するのも、グレイはおもしろくなかった（これとまったく同じ不満をヘンリー・ポンソンビーも感じることになる）。グレイは強く辞任を望んだものの、女王のためと説得されて職にとどまりつづけた。一八六九年、彼はあまりにも会うことが少ない妻宛に陰気な手紙を書いた。《信頼関係がなければ、役に立っているという実感も得られない。それさえ感じられれば、わたしはこんな奴隷労働でもどうにかやっていけるというのに……わたしはこの惨めな生活を続けられるかぎりは続けると約束した。きみのためにね。この宮殿にはびこっているすべての不幸と無縁でいられることを神に感謝しなくては。レディ・イーリーが教えてくれたから、わたしもいまでは知っている。毎日、どこかで口論が起きているそうだ》

宮廷での〝口論〟の多くは、ヴィクトリアのハイランドでの使用人だったジョン・ブラウンによって引き起こされたものだ。王室の奉仕者の大半がそうだったように、グレイもまたブラウンを嫌っていた。九人きょうだいの二番目として生まれたブラウンは、一八五一年にアルバートのバルモラル城で使用人となったあとすぐに、ヴィクトリアによって、馬を引くといった簡単な仕事をする《特別使用人》に取りたてられた。青い瞳と引きしまった顎の持ち主で、背は高く、がっしりとした体つきをしていた。ブラウンの《力強い腕》は女王を安心させ、一途な献身は愛されていると実感させた。王室に仕える者たちが神経質に忍び足で自分を避けて通る状況に慣れていた女王にとって、ブラウンの無愛想な態度や、礼儀を気にしない豪快さ、恐れ知らずの強さは、彼女が信じる絶対の忠誠心とも重なって一服の清涼剤のような作用をもたらした。

アルバートの死のあとに続いた暗い年月のなかで、ずっと沈みこんだままだったヴィクトリアの魂を引きあげてくれそうな貴重な存在としてブラウンが現れた。それがわかっていたドクター・ジェンナーとチャールズ・フィップスは、一八六四年の冬にブラウンをオズボーンハウスへと呼び寄せた。それから一年後に彼は《女王のハイランドにおける使用人》に任じられて屋外での作業以外に屋内の仕事にも携わりはじめ、バルモラル城に専用の小屋を与えられ、王室手許金から出る一二〇ポンドの給金を受けとるようになった（一八七二年までにこの額は四〇〇ポンドに増え、個人的に女王に仕える裏階段担当の小姓と同額になった）。ブラウンが満足しているのを感じとっていた女王は、彼が毎日朝食と昼食のあとに自分の部屋を訪れて《命令を聞き……そしてすべてを正しくこなしてくれます》と記し、さらに《上級使用人たちが彼と同じ意識と分別を備えていればいいのにと願わずにはいられません》と意味ありげに付け加えた。また、ヴィクトリアにとって、ブラウンはふつうの使用人ではなかった。《自分自身の感情と、もっとも身分が高い王子でも誇りに感じるのではないかと思えるほどの高い自意識を備えています――つまり、揺らがない一貫性と誠実さ、大いなる道徳的な勇気、自己犠牲の精神、そして稀有な行動力と忠誠心を持っています。こうした要素が、優秀で気がきいて思慮深いという使用人としての抜きんでた点とはまた別に存在しているのです》と高い評価を与えている。

ヴィクトリアの満足感は共有されることはなく――それどころか、王室の子どもたちと奉仕者たちの怒りを買った。彼らは自分たちが、ハイランドの使用人には認めた接触と信頼を与えることを女王から拒絶されたと感じていたばかりではなく、ブラウンの高圧的で傲慢な態度に辟易していた。レディ・チャーチルはオズボーン行きの蒸気船を出してくれるよう願いでて、ブラウンから《出すわけがない……レディ・チャーチルは楽をすることばかり考えているし、今回の件もその表れだ》という返事を受けとり、結局、彼女は公共の船に乗らなくてはならなかった。バルモラルでは、ブラウンが猟場に細工を施し、王子でも客人でもなく、自分が勝てるようにしたといったことも起きた。また、彼は何の断りもなく人の部屋に入りこんで横柄に命令をがなりたてるうえ、酔っ払う頻度も度を越していた。ヘル・ザールやドクター・ロバートソン（バルモラルの土地管理人）、エディンバラ公爵（アルフレッド王子）と、いつも口論をしていた。

侍従武官たちはブラウンを通してしか女王とやりとりができず、彼らの要望は常にブラウンのそれよりもあとまわしにされた。ブラウンから仕事が多すぎると苦情を言われたヴィクトリアは、レディ・ビダルフに手紙を送った（ビダルフ大佐が特にブラウンを嫌っていると知っていて、用心して彼と直接話すのを避けたと思われる）。その手紙には以下のようにある。《かわいそうなブラウン……いつも駆けまわっているせいで疲れきっているそうです。腫れあがった足でようやくベッドに入っても、疲労で眠ることもできないと言っておりました。侍従武官たちが気を配って、些細な用件まで彼に押しつけるのを控えてくれるといいのですが》。また、ブラウンが王室の喫煙者のせいで深夜まで起きていなくてはならないと苦情を申したてた際には、侍従武官のチャールズ・フィッツロイ卿のところに《女王が、使用人たちのために喫煙室を夜の一二時以降は閉鎖したほうがいいと感じていると、クリスチャン公子に伝えてください……ただし、直接の命令だと思われないように、さりげなくお願いします》と書かれたメモが回ってきた。

当然、閉鎖的な女王と使用人の関係は醜聞となった。痩せていつもしわだらけの服を着ていたハンガリー人彫刻家で、王家の人々や飼い犬、使用人たちの胸像や全身像の制作を請け負い、ほぼすべての収入を王室から得ていたエドガー・ベーム（一八八二年には女王専属の彫刻家となった）は、ブラウンの胸像を制作しているあいだ《王室に仕える者たちみなが「あれは女王の種馬だ」と噂していた》と書き残している。噂は宮廷の外まで広がり、一説によれば、ランドシーアによって補強された。オズボーンハウスでブラウンが手綱を握る仔馬に乗った女王の姿を描いたランドシーアの肖像画は、一八六七年に王立美術院で公開された直後から人々の嘲笑を呼び、ふたりは愛人関係にある、結婚している、子どもがいるらしいといったさまざまな話がささやかれるようになった。『ジョン・ブラウン夫人』という題名がついた小冊子が出まわり、『パンチ』は「王室行事日報」をもじったコーナーをつくって《ミスター・ジョン・ブラウンはスロープを歩いた。こっそりとハギス〔刻んだマトンや子牛の臓物を胃袋に入れて煮込んだスコットランド料理〕に舌鼓を打ち、夜になると、バグパイプの演奏を聞いて悦に入った》という文章を載せた。

ヘンリー・ポンソンビーは結婚の噂をきっぱりと否定した。ブラウンを〝子ども〟と評し、《たしかに陛下のお気に入り》だが、あくまでも《ただの使用人であって、それ以上ではない》と断言した。またささやかれている噂についても、冗談ではじまった話が《道をそれて中傷に発展した》だけだとしている。たしかに、女王の人となりに少しでも触れてみれば、彼女が他人とロマンティックな友情――それですら多くの人が当惑し、疑うところだ――以上の関係を築くなど、ほぼあり得ないことがわかる。未亡人の再婚に強く反発していた事実を脇に置いても、ヴィクトリアは性的な不義に対して潔癖だった。ブラウンとの関係が無垢なものだったからこそ《親友のJ・Bへ、彼の親友のVRより》と無邪気に書いたレース付きのカードを送ることもできたのだろう。

《愛する夫を失い、子どもたちも結婚してしまったとき、人はその救いに自分と年齢が近く、自分に忠誠を捧げてくれる友人を求めるしかありません――そして完全な同情を求めるのです》。そう女王は書いている。友情は得がたいものだった――女王は王室の廷臣のなかに友人をつくろうともしなかった――が、女王はブラウンのなかに、切望していた忠実な〝友人〟となってくれそうな誰かを、《わたしだけを唯一の関心事にしてくれる》誰かを見いだしたのだ。アルバートの死から一年後にヴィッキーに送った手紙で、女王は《わたしはまだ老いてはいません。強く熱い感情は残っていますし、愛情も燃えています》と書いた。ヴィクトリアには優れた容貌と情熱に感じ入りやすい傾向があり、ブラウンに魅力を感じていたと考えてほぼ間違いないだろう。しかし、それはちょっとした刺激を与える添え物にすぎなかった。

ブラウンに続き、ほかのハイランド出身者もやってきた。ブラウンの弟のヒュー、ドナルド、アーチーの三人もそれぞれ王家に仕えることになり、ヒューはウィンザー城にある女王の犬舎の管理人に、ドナルドはオズボーンハウスにある女王の離れの管理人に、そしてアーチーはレオポルド王子の従者になった。レオポルド王子の家庭教師のウォルター・スターリングからアーチーについて、ほかのハイランド出身者と同様に酒に酔っていることが多く、王子に対して乱暴を働いたようだとの苦情が出たあと、アーチーはすぐに従者の職を追われ、続けて王族付きの小姓という仕事につくことになった。

ハイランド出身の使用人たちは批評や支配の対象ではなかったらしく、女王は《洗練されすぎていて群れをなさずにはいられないイングランドの男性たちとは違い、より高い紳士の理想像を持っている》との感想を残している——もっともそのあとで考え直して、〝男性〟を〝使用人〟に訂正した。また、《下級の者と自由に話すことができ、旺盛な独立心や豊かな感情、本物の好意に触れられるのはとても……安らぎますし、新鮮です》とも書いた。アルコールへの偏愛など小さな欠点は無視し、女王は《身分の低い人々》の前向きさや忠誠心、正直さや良識に惹かれていった。それに引き換え、貴族階級、特に皇太子の低俗きわまる友人たちに対しては《浮ついていて自分の快楽ばかりを追い求め、自分勝手で思いやりがないうえに道徳心のかけらもありません》と厳しい言葉を浴びせている。

女王は王室に仕える廷臣たちよりも、使用人たちと一緒にいるときのほうが《自然な姿》でいられるようだという、メアリー・ポンソンビーの見解は正しかった。さまざまな意味において、ヴィクトリアは家政事務官や女官たちを相手にするより、ブラウンや衣装担当の女中たちを相手にしたほうが快適だった——緊張も照れもなく、自分らしくいられた。《使用人への礼儀と配慮は、女王がとても気にかけているもののうちのひとつです》とヴィクトリアは書いている。これは事実だったものの、限定的でもあった――女王は使用人たちの仕事と、その仕事が正しい取り組みでなされることを《とても気にかけて》いたからである。ここでヴィクトリアの規則への愛着と、細部への情熱が顔をのぞかせる。着付け担当と重なる部分が多い衣装担当の女中たちの仕事は文書の形で提示されたが、その内容はときに読む者を困惑させるほど細かかった。女中は《女王の居間にあるすべてのものを把握しておくこと……本や、絵や音楽に関するもの、その他もろもろを含む》とされ、ストッキングや靴、ブーツ、室内履きなどが新たに必要になった場合は着付け担当にも知らせること、外出の際はかならず着付け担当に報告すること、さらに《自分たちの服に関しては余計な知恵を回さず、きちんとしたこぎれいなものを着用すること》とされた。女中たちの知恵に深い疑いを抱いていたわけである。

いつ炭酸水を持って女王の部屋に入るか、いつ部屋をあとにするか、いつ《膝に薬を塗ってもみほぐす》か、いつハンカチを差しだすか、どんな順番で女王に着るものや宝石を手渡すかといったことに関しては決まりがあった。朝は午前七時半に女王の寝室のよろい戸を開け、女中がふたりそろって居間で女王を待つとされ、その日の〝当番〟になっている者はそれよりも先に来て《洗面器、海綿、歯ブラシ、くしの準備》をしておくよう求められた。〝当番〟の女中はいつでも女王の呼び出しのベルに応じられるように、終日衣装室（服を保管する部屋というより仕事部屋であり、ウィンザー城のコリドールから少し離れたところ、女王の居間のすぐ近くにあった）で座っていなければならず、三時から四時のあいだが食事の時間とされ、そのあいだは〝非番〟の女中が代わりを務めるよう定められていた。女中たちは二日に一度散歩に出てもよいとされていたが、そのあいだに《非番の者》が女王のドレスの洗濯とアイロン掛けを行い、必要な修繕もすませるとされた。

女王が乗馬か馬車による外出から戻ったときは、すぐにストッキングをシルクのものと替えてシルクの靴を履かせなければならない。それがすむとつぎはディナー前の身支度のため、衣装室の準備に取りかかる。ろうそくをつけ、風呂と体を洗う用意をし、顔と手を洗う《大きな洗面器》にニワトコの花の香りをつけた水を張り、もうひとつの洗面器には目を洗うためのカモミールティーを入れて、オーデコロンを振りかけた《小さな丸い海綿》を添えておく。ビデと室内履き、テーブルと椅子が正しい状態にあるのを見届け、居間に行って出すべき手紙があるかどうかを確認する。このつまらない一連の作業を《ドレスを脱ぐ》前に繰り返さなければならない。一日の最後の仕事は、女王が暮らす区画にあるすべての部屋の鍵をかけることだ。女中のうちのひとりは隔日で、女王からの呼び出しに備えて（後年にはこの呼び出しも頻繁になった）寝室の外にあるソファで、オズボーンハウスの場合は寝室の隣にある衣装室に備えられたベッドで眠るとされた。

長い労働時間、中断される眠り、そして女王の厳しい性格。着付け担当と衣装担当の女中たちから健康を害する者が出たとしても、まったく驚くには値しない。フリーダ・アーノルドは一八五九年に女王のもとを去る前には悪化した健康状態に苦しんでいたし、衣装担当の女中だったジェーン・シャクルも体を壊して引退を余儀なくされた。一八八〇年代と九〇年代にそれぞれ着付け担当だったセリーナ・タックとリジー・スチュアートはどちらも神経衰弱を患った。

ヴィクトリアは使用人たちの働く状況について、廷臣たちに対するよりも配慮を見せたということはなかった——無蓋馬車でずぶ濡れになろうが、オズボーン行きで荒波にもまれようが、長時間立ちっぱなしだろうが、いっさいおかまいなしだった——が、代わりに使用人たちの感情については案じていた。皇太子に宛てた手紙には《使用人には贅沢にならない範囲で快適な住居を与えるべきです。ですが、わたしが思うに、正しい考えを持つ人々も同じでしょうが、いちばん大切なのは彼らを思いやりを持って扱い……家族に対する帰属意識を持たせて、やる気を起こさせることです。感情のない、別の生き物であるかのように扱ってはなりません——もちろん暴力をふるったり、ひどい言葉でなじったりするべきでもありません》と書いている。使用人たちに対する非礼を察知した場合——女王の子どもたちのうちの何人かも有罪とされた——女王はすぐに手を打った。《お付きの者たち》——レーライン、ジョン・ブラウン（のちにはムンシーも）——の感情には特に気を配り、ほんのわずかな兆候を感じただけでもむきになって彼らの権利を擁護した。

王族が別の王族のもとを訪れた場合、訪問先の使用人たちで分ける金銭を置いていくのが習慣になっていた。ベルギー国王のレオポルドがウィンザー城を訪れたときにはわずかに一〇〇ポンドを置いていっただけだったが、一八四二年のプロイセン国王は五〇〇ポンドを、一八九六年のニコライ皇帝は一〇〇〇ポンドを（ヴィクトリアがルイ・フィリップのウー城に滞在したときと同じ金額）残していった。アルバートが存命中には、彼のドイツ人の使用人たちはこの分配金を受けとることができず、女王はこれを〝敵意〟によるものだと表現していた。しかし、いまやアルバートの使用人たちも自分に仕える身だった。それにも増して、レーラインやブラウンはほかの使用人たちよりも《ずっと懸命に》働いているのだから、《異なる扱いを受けるべきでありません》というのがヴィクトリアの主張だった。《お金など何の意味もありません……ですが、差別は心に残るのです》とも彼女は記している。

また、ヴィクトリアは個人的な使用人たちがどこで食事をしているのか、テーブルのどの位置に座っているのかまでも気にするようになった。彼らは上級使用人として扱われるべきであり、執事の部屋でそうした人々とともに食事をするべきだというのが女王の持論だった。上級使用人というのは、厨房担当の事務官や事務官の補佐たち、家政婦、女王の着付け担当と女中、ワイン貯蔵室担当や、菓子職人、パン職人、テーブル装飾担当の上位二名、小姓や女王の伝令などが相当する。さらに一八六八年には、家政事務官は女王から《新しく裏階段担当の小姓となる者は例外なく、食事の際に女王の信頼の篤い個人的な使用人のふたり、レーラインとブラウンよりも同列上位の席につくことを禁じる――彼らの反対の列の上位の席か、同列の下位の席に座ること》という命令を受けとった。《最近、従僕になったばかりの者》である小姓が《常に王権に寄り添い、小姓よりもはるかに重要な役割を果たしている信頼の篤い使用人》よりも上位の席につくのは正しくないというのが女王の見解だった。当然、こうした特権はほかの使用人たちの強い反感を買うことになった。

使用人たちの食事の内容も、女王が懸念するところだった。トマス・ビダルフにつくらせた一週間分のディナーの献立には、《食材はありきたりですが、ありきたりななかでもできるかぎりの工夫がなされています》という楽観的な一文が添えられていたものの、ヴィクトリアはその内容を見て、使用人部屋で出される食事があまりにも単調で肉に偏りすぎていると感じた。献立の内容は、ポテトと野菜を添えたローストビーフかボイルドビーフ、マトンが毎日出され、日曜にはプラムプディングがつくというものだった。執事の部屋で上級使用人たちがとる食事も肉が多かった。ただし、少なくともこちらはビーフサーロイン、鹿の腿肉、マトンのアリコ〔シチュー〕、子牛の頭、子牛肉のカツレツ、パイと工夫が凝らされ、スープや魚、スエットプディング〔刻んだ牛脂と小麦粉にレーズン・スパイスなどを入れて、煮たり蒸したりしたプディング〕といったものがつけられていて内容が多彩だった。女王は使用人部屋での食事にもスープをつけるようにと指示したが、結局はプディングを週に三回に増やすほうが簡単だという結論に落ち着いた。

リットン・ストレイチーが書いたとおり、ヴィクトリアの魅力の大部分は《快適な単調さと小さな危機、そして繰り返しつのる田舎暮らしへの憧憬に対する強い情熱》に根差している。シャーロット・カニングの父親の健康を気遣ったり、サラ・リトルトンの孫の身長を気にしたりしたときのように、女王は使用人たちの人生（と死）に情熱を持って飛びこんでいき、大半が母の死後にベアトリス王女の手で廃棄されてしまった日記をそれぞれの名前や個人的な歴史で埋めつくした。一八六〇年代を通じて、女王は仕事と義務に押しつぶされていると主張しつづけた。しかし、そんな状態でも、リネン室に新たに女性を入れる件や、菓子職人を雇う件（優秀な菓子職人は得がたいもので、このときはジョン・カウエルがガンターズ菓子店に間違いない候補者がいるという話を聞き、報告した）、引退する女中の年金に関する件、盗みでつかまって執事の部屋で沙汰を待っている男の解雇提案の件（女王は男の年齢と勤続年数を考慮して、何らかの手を打ってやるべきだと感じていた）など、さまざまな案件について家政事務官に文書やメモを送る機会を見つけることはできたらしい。もし女王が使用人たちに割いていた時間とエネルギーを一部だけでも公務に注いでいれば、秘書官の仕事はずっと簡単なものになっていただろう。

第15章　秘書官、ヘンリー・ポンソンビー

ブラウンの存在に効果があったのか、たんに時間の経過がなせるわざなのかは知りようもない。しかし、一八六〇年代の終盤までに、ヴィクトリアの悲しみは最悪期を脱した。一八六七年、女王は、二月一〇日の結婚記念日に手紙をよこしてくれたレディ・ウォーターパークへの返事で《すさまじいまでの悲しみはもう去りました——むしろ、それが悲しいくらいです。そのなかにも甘美なものがあったのですから》と書いている。《常に空虚で、常に影がある》状態は変わらず、また《完全に生気を失った》人生を嘆いてはいるものの、少なくとも死を求める願望は消えた。この二年後にオズボーンハウスを訪ねたクラレンドン卿は、《陛下はよく吠えるようになって、したいことはすべてし、したくないことは何ひとつしないようになった》と思いきった見方を書き残している。

女王はいくばくかの陽気さに身を任せるようにもなった。一八六八年、ヘンリー・ポンソンビーは侍従武官として、女王のスイス訪問に随行した。ある夜のディナーの席上、ドクター・ジェンナー（ルーシー・リトルトンは彼のたるんだ顔を見てヴォルテール〔フランスの思想家・作家〕に似ていると思ったが、女王は初体面時、彼の《ミスター・クームと似た長くて大きな歯》にもかかわらず、すぐに信頼できたこともあって、さして《恐ろしい》とは思わなかった）が、ミス・バウアー（王女たちのドイツ語教師で、やはり美しいとは言えなかった。女王は《やさしくて聡明で繊細な女性ですが……とても背が低いです》と評した）と一緒にリギ山へ登った

話をしはじめた。このときの状況をヘンリーが書き残している。《わたしが、ほかの旅行者たちはふたりをどういう関係だと思ったのだろうと尋ねると、彼は「それはもちろん、彼女がわたしの妻だと思ったでしょう」と答え、いくらか笑いが広がった。それから彼が「案内人がこれ以上は馬では登れないと言ったので、わたしたちはそこから椅子に乗って往復したんです」と付け加えた。そこでわたしは「何ですって？　同じ椅子にふたりで乗ったのですか？」と尋ねた。まあ、さしておもしろいことを言ったつもりでもなかったのだが——とにかくみなが笑った。メアリー・ビッズ（レディ・ビダルフ）のほうを見ると、彼女は顔を紫色にして笑っていた。反対を見てルイーズ王女に話しかけようとすると、殿下も息を詰まらせて笑っていた。わたしも顔を戻してジェンナーを見ると、彼も身もだえして笑っていた。これ以上、耐えられるわけがない。わたしもあきらめて笑いだし、みなで大笑いした。わたしの頬に涙が流れるのを見て、陛下がこれまた大笑いした。これほど笑う陛下を見たのは初めてだ。あとで陛下がおっしゃるには、わたしの顔がおかしかったのだそうだ。ジェーン（レディ・チャーチル）が話をしようと口を開いたところで、ようやくわたしたちの笑いはおさまったのだが、彼女が「乗り心地はいかがでした？」と言うものだから、ふたたび大笑いしてしまった》。

ヴィクトリアは平凡な頭脳の持ち主で、皮肉や自虐といった隠されたユーモアを理解できなかった。しかし、物事を楽しむ感情は当然あり、自分でもこらえきれずにいきなり笑いだしてしまうこともよくあった。

翌年、八一歳にしてまだまだ元気だったサラ・リトルトンは、ヴィクトリアのもとを訪ね、とても上機嫌だという印象を受けた。サラは《とてもお太りになって顔色も赤くなっていらっしゃいましたけれど、もちろん不快な感じではありません。それどころか、振る舞いは以前よりもかわいらしくなられて、物腰もやさしくなったように思いました。それは長い時間話しましたが、もちろんここでは書けません。とにかく、陛下がわたしをご覧になって思いだす方々全員について話をしました……わたしが陛下に接見のときに目の前で人が倒れたという話は本当かと問うと、陛下は「ええ、しかもひとりではないのですよ。最後の方は完全に床に崩れ落ちてもわたしの手を放そうとせず、それどころかわたしに起こしてもらおうとして反対側に体重を移して転がりはじめたのですよ！」とおっしゃいました。わたしが今度は「それでは、その方は陛下を引きずり倒して一緒に転がったのですか？」と尋ねたところ、陛下は「ええ」とお答えになり、明るく「それほど長い距離ではありませんでしたけど」と答えてあっけらかんとお笑いになりました》と書き残した。

これがふたりが顔を合わせ、ともに笑った最後の機会となった。一八七〇年、サラはハグリーで子どもたちに囲まれて息を引きとった――ジョージ・リトルトンとキャロラインに手を握られ、ハグリーの教区牧師である息子のビリーが祈りを唱えるなかという――まさにサラ自身が望んだ〝いい最期〟だった。あとになって、ヴィッキーはキャロライン宛に《やさしかったラドル》を偲ぶ手紙を送り、《彼女を思いだすと心が愛情と感謝でいっぱいになります――昔、困った子どもだったわたしにとてもやさしくしてくれました》と述懐した。それから数カ月後、女王の若かりし頃と関係が深かったもうひとりの人物が亡くなった。レーツェンが八五歳で帰らぬ人となったのである。レーツェンはドイツで一八四二年からひとりで暮らしていたが、かつての教え子とは手紙で連絡を取りあい、一度は訪問を受け、体が弱ったときは車椅子を贈られていた。女王はこのとき、《わたしはあの方に恩義がありますし、あの方もわたしを愛してくれています！　自分の体が弱ってからも、まだわたしの話をしてくれるのです》といくらか悦に入った手紙を書いた。

過去という防御壁は急速に失われつつあった。この年にはサラ・リトルトンとレーツェンだけでなく、《一八六一年のふたつの死と苦しみ》のときに女王のそばにいつづけたサー・ジェームズ・クラークとチャールズ・グレイが亡くなった。グレイはこのときまだ六六歳で、死因はおそらく長年にわたる激務が原因の心臓発作だと思われる。《親愛なる将軍》の遺体と対面した女王は《若々しくておだやかで、まさに彼らしい顔をしていました》と感想を記した。グレイの死後、王室出納長官のサー・トマス・ビダルフはヘンリー・ポンソンビー宛に、秘書官への就任の打診がじきにあるはずだと知らせる手紙を書いた。

三〇年という歳月は、宮廷と女王を確実に保守的な方向へと進ませた。グレイが亡くなって彼の姉であるレディ・キャロライン・バリントンが宮廷を去り、ヘンリーは王室に仕える者のなかでは数少ないリベラル派のひとりになった。そのヘンリーへの指名に関しては反対の声もあがり、皇太子も彼の発言は《リベラルのなかでも先鋭的》だと警告を発した。しかし、ヴィクトリアはそうした反対をすべて却下した。ポンソンビー大佐は、アルバートと女王の過去の人生ともつながりを持っており、シュトックマー男爵にも高く評価されていた。また、ウェルズリー主席司祭とビダルフ、それにグレイその人からの推薦を受け、王室に仕えるほかの面々とは違ってヘンリーだけはジョン・ブラウンに友好的に接していた。《かなりのリベラル》ではあるものの、彼はそれを《政治と混同する》人物ではないし、我慢強く、公平で、思慮深いうえに地に足がついている（これらはすべて秘書官の仕事に役立つ要素だ）。ヘンリーこそ、まさにヴィクトリアが求めていた人物だった。

ヘンリーは、むしろ自分から政治的な思想に関する難癖に異議を申したてた。秘書官は女王と閣僚のあいだの伝令役を務める。彼はビダルフに、閣僚との接触の際、自分の政治的な意見を差し挟まず、常に誠実に職務を果たしていくと約束した。《わたしは自分に送られてきた公文書については陛下の考えに沿って読み、要約を作成する必要があれば、かならず陛下にも提出する。公の問題については慎重に考察し、得られるものと信じているあなたの助けも借りて、女王の注意をどこに向ければいいのかを学ぶ。わたしは思慮分別の重要性を理解しているし、これまでも政治問題について強い意見を発したつもりはないが、今後は政治やそれに類似する問題について、他者から見て過激だと思われるやり方で自分の意見を表明することのないよう注意する》以上がその内容だ。ヘンリーが政治的見解を異にし、個人的にも信頼していないベンジャミン・ディズレーリ〔英国の政治家〕は、こうしたヘンリーの《常に公明正大であろうとするために彼をより良心的にしている、ホイッグらしい発想》が自分にとって《利益になる》と考えた。

一八二五年生まれのヘンリー・ポンソンビーは、妻のメアリーと同様、ホイッグ系の貴族の家で生を受け、王室に仕える紳士たちの多くがそうであるように、軍人出身の来歴を持っていた。彼の父のサー・フレデリック・ポンソンビーは、ベスボロー伯爵の息子でキャロライン・ラムの兄にあたり、コルフ島にある要塞の指揮をしていたが、ヘンリーが生まれて一年後にマルタ島の総督に任命され、家族ともども任地に居を移した。ヘンリーが一一歳になったときに父が急死し、母と六人の子どもたちが残された。たいした財産もなかったが、夫が軍の上級士官だった母は、ハンプトンコートにある王室から無料で貸与される住宅に入れるよう手配し、どうにか苦境を切り抜けた。

ヘンリーがいずれ軍隊に入ることは周囲も予想しており、彼は一四歳のときにサンドハーストで軍人としての道を歩みはじめた。一八四四年に、父がウォータールー（ワーテルロー）の戦いに参加した（そして胸を槍で刺されて死にかけた）ときの指揮官だったウェリントン公爵から近衛騎兵第一連隊への転属を打診され、転属から二年後の二一歳のとき、新たにアイルランド総督となった伯父のベスボロー卿に副官として招かれた。そして、アイルランドの飢餓が最悪をきわめた時期に何代かの総督に仕えたあと、一八五七年にアルバートの侍従武官となった。彼は父を早くに亡くしたために責任感が強く、また軍での訓練によって義務と奉仕の精神を鍛えあげられていた人物だった。

身長が一九〇センチほどもあったヘンリーは、当時としては並はずれた長身で、わずかに猫背だった。残された写真から判断すると、独特の落ち着きと孤独の影を感じさせる雰囲気があったようだ。フロックコートとゴム底の靴は見るからに長期間の使用でぼろぼろになっており、おだやかながらもわずかにいぶかしげな表情を浮かべている。イートン校の校長でポンソンビー家をよく知っていたA・C・ベンソンは、ヘンリーを《完璧で美しいまでの礼儀を身につけた男》と評し、彼のような人物はほかに見たことがないと証言した。メアリーが女官として自分を抑えるのに苦労した一方、ヘンリーはそうした闘いとは無縁だった。我欲の欠落した彼は、容易に奉仕の人生に順応できたのである。ヘンリーの人格の基本的な部分を形づくっていたのは、皮肉と礼儀正しさだ。息子のフリッツが、ヘンリーという人物の雰囲気を感じさせる逸話を記録に残している。《ヨーク公爵（女王の孫）に聞いた話によると、公爵の兄のクラレンス公爵が亡くなって女王陛下とお会いになったとき、陛下から名前をアルバートに変えてほしいと頼まれたそうです。公爵が父に相談したところ、父は陛下のためなら命を差しだす覚悟ができていると前置きをしたうえで、それでも自分の名前をトマスに変えるよう頼まれたら断るでしょうと答えたという話でした》

ヘンリーは秘書官として、王室手許金から年一五〇〇ポンドの給金を受けとる身となり、六週間の休暇を除いてはウィンザー城、バルモラル城、オズボーンハウスと、女王の行くところへ常に同行する立場となった。ウィンザー城での執務室は城の南側、オーガスタタワーの一階にあり、トマス・ビダルフとヘル・ザールの執務室も近かった。また、彼は新しい家に移ることにもなった。ヘンリーとメアリー、そして五人の子どもたちはウィンザー城のロウアーワードにあるクロイスターズを出て、女王の私室や大広間があり、イートン校の礼拝堂や城の中庭を見渡せるアッパーワードのノーマンタワーに移った。

ウィンザーのまさに中枢にいるというのは、メアリーにとって歓迎できる状態ではなかった。しかし、門をまたぐようにして建てられたノーマンタワーには少なくとも無秩序に設置された階段と奇妙な形の部屋がたくさんあり、一風変わった趣のある家で暮らしているという喜びを与えてくれた。のちにメアリーの居間となった、昔は監獄だった門の上のふたつの部屋で、壁の漆喰の下から一四世紀頃に書かれたと思われる落書きを発見したとき、彼女は大いに喜んだ。メアリーの〝仕事〟に必要な設備も家じゅうに配置された。寝室の窓際にはイーゼル、居間には絵を描くためのテーブル、居間の端には銀細工のためのテーブルが置かれた。また、建物の下にある斜面とラウンドタワーを囲む乾いた堀に庭をつくりはじめた彼女は、そこに小屋を建てて作業場とし、溶接のトーチやろくろ、のみなどを持ちこんだ。ただし、ノーマンタワーとタワーに隣接している、女王がめったに足を運ばない王室の図書室のあいだにドアをつくるという望みは打ち砕かれ、結局、許可はおりなかった。

後年、メアリーは王家の疑いの対象となった――彼女の過激な思想が夫にいきすぎた影響を与えているのではないか？　ヴィクトリアも常にメアリーが従順なところばかりを目にしていたわけでもなかった。あるとき、女王がヘンリーに休日の変更を求めたところ、メアリーは従うのを拒否した。《その行動に対して後悔の念を表すよう脅しに近い要求があったものの、後悔することなど何もないと感じていた彼女は断った》という。これが両者のあいだでしばしやりとりが断絶する原因となり《陛下がようやく冗談めかして、メアリーは罰せられていると思っていないのだから、罰しても意味はないとおっしゃった》ときまで、その状態が続いた。しかし、女王とメアリーは総じて互いへの敬意と愛情を保ちつづけ、メアリーも女王の高い評価を失うことなく、何かと制約の多い宮廷生活を渡っていくすべを身につけていった。ときには訪れてきた王女の女官役を買ってでたりもした。

一八六〇年代後半、メアリーの精神世界への傾倒はややおさまったようにも見える。ただし、結婚生活の外で感情的な関係を持つことは続けていた。一八六七年、母を亡くしたアグネス・コートニーが叔父のチャールズ・コートニー牧師（女王付きの牧師、シャーロット・カニングのいとこのカー・コックスと結婚した）のもとに身を寄せて一緒に暮らしはじめた。一八六七年の受苦日〔イースター前の金曜。イエスの十字架上の死を記念する日〕、メアリーは一年を振り返って日記に綴った。《宗教的な習慣や絆が徐々に弱まっています……アグネス・コートニーとの友情がわたしの人生の新たなひと幕です。リリーに失望してからというもの、新しい友人に対しては臆病になっていました。ですが、昨年ここにやってきて、母を失った悲しみのなかにいるアグネスを助け、あわれんであげたいという思いが日々、刻々とわたしのなかで貴重なものになっていきました。深い感性、豊かな想像力、明敏な知性、情熱、そうしたものが彼女を衝動的にしており、わたしはそんな彼女のために役に立ってあげられそうな気がするのです……この先に危険が待ち受けているとすれば、それは互いにあまりにものめりこんでしまうことでしょう。致命的な大転換が起こって、わたしたちの人生の恩寵を示す愛にまで発展してしまわないよう、自戒しなくてはなりません》

一年後、事態は《致命的な大転換》を遂げる。アグネスが婚約し、メアリーは自分が重大で特別な感情を彼女に対して抱いているのに気づいた。夫に奪われることになって初めて気づくたぐいの感情だ。メアリーは日記に、《わたしたちは当初、知性や宗教といった至高の命題で共感し、理解を深めていきました。それが消えてもっと個人的な感情に取って代わられてしまったのが、彼女に対する最初の幻滅でした。その感情はあっという間に広がって深く根を張り、わたしも彼女のような衝動的で情熱的な人が幸せになるには、誰かひとりを永遠に所有しなくてはならないのだろうと思ってしまいました……互いに尽くす心地よい時間を断ち切らなければならないと考えるだけで、心が痛みました――わたしは、誰かがふたりのあいだに割って入ってくれないものかと願っていたのです。そして実際にその男性が現れるまで、自分がどれだけ彼女に夢中になってしまっているのか、気づきもしませんでした。これ以上はやめましょう――彼女は幸せなのです。彼女たちは一緒になって、わたしはまた歩みはじめる。それだけです》と書いた。二一世紀に生きる読者にとっては、これは恋愛を綴った文章のようだ。事実、そうだったのかもしれない。ただし、過剰な解釈ではないかと疑うことは必要だろう。女性の友人どうしがある程度の感情を解放する方法として、手のこんだ情熱的な言葉を使用するのは一九世紀には頻繁に見られる傾向だ。メアリーのアグネスとの関係は、リリーとのそれとよく似た道をたどっている。宗教と知性での共感が《個人的な感情》に移っていくのだ。後者には性的に惹かれるという面も含まれているかもしれない。ただし、おそらくメアリー自身はそうした面には気づいていなかっただろうし、気づいていても身をゆだねることはなかったに違いない。

メアリーはこれ以降も女性と親しい友情を築き、彼女自身がほかの女性から情熱を向けられる対象となることもあった。だが、真剣な思いを抱いたのはアグネスが最後だった。一八七一年にはヘンリーに《誰とも何の話もしませんでした。わたしたちはお互い以外に話が合う人なんていない。そんな愚かなことを真剣に考える段階に来ているのでしょうか?》と手紙で伝えている。ふたりのあいだには相違点もあった――ヘンリーは妻と宗教的、知的関心を共有していなかった――が、互いを結ぶものが数多く存在した。会話（と議論）が好きなこと、子どもたち、奉仕の義務と責任を受け入れること、そしてユーモアなどだ。メアリーの激しさはヘンリーが装っていた軽率さを補い、彼女の内省的で自己分析的な性格は彼の実用主義にほどよい均衡をもたらした。ヘンリーが崇拝者であれば、メアリーは喜んで崇拝される対象になった。

《サー・トマスとビダルフ大佐は議会の内外の動向に目を凝らし、女王の注意を君主の大権や陸海軍など――要するにあらゆることに影響を及ぼす、すべての問題に向けなければなりません。そうすれば、聞かされていない、頼まれていないといった場合に、女王が説明を求め、抗議することもできます。すべてを見る時間もなく、過労で体調を崩して救いを必要としている女王にとっては、それが何より重要なのです》と、一八七〇年四月、ヘンリーが秘書官に就任してから間もない時期にヴィクトリアは書いている。過労、体調不良、神経衰弱、いずれも王室に仕える人々にとってはなじみの言葉だ。しかし実際のところ、女王の健康状態は良好で、仕事量もヘンリーやビダルフのおかげでそれほど多くなかった。

首相のウィリアム・グラッドストンを相手にしているこの時期、女王は秘書官に閣僚たちとの伝令役を務めて緩衝材の役割を果たすよりも、彼女自身の目、耳、盾となることを期待した。一八六八年のグラッドストンの首相就任以来、王室と首相は互いに用心しながらつかず離れずの、ぎくしゃくした関係を続けていた。イートン校以来のグラッドストンのよき友人だったウィンザーの主席司祭のジェラルド・ウェルズリーは、彼の首相就任に際し《すべては陛下に対するきみの振る舞いと接し方にかかっている……敬意を抱きすぎても、従順すぎても、あるいは気を遣いすぎてもだめだ。意見が異なる点については、最初は説得を試みたほうがいい。頃合いを見て、残念そうな表情を浮かべて引きさがるんだ……そして女王がきみに慣れるまで、しばらく間を置く。すべての議論を一日でまとめる必要はないからね》という忠告を送っている。残念なことに、これはグラッドストンが生来、もっとも苦手とする方法だった。軽く打診するのはグラッドストンの性質に反しており、命令を下すことこそ彼の本領だった。そして、むろん女王は命令されることを何よりも嫌っており、《傲慢で強情で暴君みたいで……とても危険で納得のできない首相です》とグラッドストンを評価した。グラッドストンが《儀式主義かつ聖職尊重主義》に賛同する厳格な高教会派で（ジョン・ブラウンはグラッドストンについて、ローマカトリックの信者だと思うとヘンリーに語った）、《宗教に熱心》な点も不興を買っていた。

しかし、ヘンリーは政治的にも個人的にもグラッドストンを気に入り、尊敬していた。政府の仕事をして演説をこなし、手紙を書き、趣味である木の伐採をし、そのうえイタリア語の詩まで書いていたグラッドストンを、ヘンリーはいったいどこにそんな時間があるのかと驚嘆の思いで見ていた。ただし、女王やメアリーをはじめ、多くの女性がグラッドストンを説教好きなわずらわしい人物と評価していたのをヘンリーは承知しており、彼自身も《いつでも議長のようにものを言う》と表現した。女王の首相への反感を《衝突を繰り返す二隻の装甲艦》に気づかれないよう減らすのが、誰にもうらやまれないヘンリーの仕事のひとつになった。

ヴィクトリアが引きこもりがちだったことも、ヘンリーの仕事を難しくしていた。一八七〇年、女王は《縁起の悪い年》だと宣言して、またしても議会の開会を拒否した。この頃までに、彼女のおもな関心事はみずからのつのるいらだちと大きくなる敵意になっていた。女王は亡きアルバートの記憶に対し、あらゆる敬意と名誉を捧げてきた。しかし、九年の歳月を経て、そろそろ国民に対する義務を果たすべき時期に来ているのではないか？　ヴィクトリアにとってはそうではなかったようだ。女王に公の場に出るよう要求することは、非人間的な冷酷さを示すものだった。一年のうちの五カ月をバルモラル城で過ごすのは、女王の健康のために重要なことになっていた。そして国民に対してと同じように、女王は王室に仕える人々の前にもほとんど姿を見せなかった。直属のレディたちに付き添われ、部屋から一歩も出てこない――午後に馬車で外出する以外は――そんな日が延々と続いた。ヘンリーは毎日女王と顔を合わせることを望んだものの、女官や家庭教師、ブラウンを通じたやりとりが増えていった。レディ・イーリーはお気に入りの〝伝令役〟で、女王からの伝達事項をヘンリーに伝えるのだが、それが《謎めいたささやき》にしか聞こえず、たいていの場合は意味すらわからなかった。

姿を見せないにもかかわらず、ヴィクトリアは奇妙な能力を得て王室に仕える者たちを監視し、支配しつづけていた。女王の命令は手綱をわずかに引くといった、きわめて専制的な方法で出される場合が多かった。暑い七月のオズボーンハウスで、すべての窓を閉めておくようにという命令が出たことがある。ヘンリーはその命令を無視し、律儀に実践した侍従武官を見て《辛抱強く忠実》だと思ったと書き残した。違反はすぐに見とがめられ、《皮肉》や《非難の手紙》の形で即座に罰が下された。またヘンリーはオズボーンハウスで、女王から副秘書官と同じ時間帯に外出したことをとがめる〝叱責〟の伝言を受けとった。《女王は、サー・ヘンリーとエドワーズ少佐に日曜であろうがいつであろうが、同時に外出することがあってはならないと強く申し渡します。女王がサー・ヘンリーを一五分以内によこすようにと命じたところ、礼拝堂へ行ったという返答がありました。ではエドワーズ少佐をと告げたところ、少佐も外出中だというではありませんか。これでは不便でなりません……》

〝叱責〟は常に手紙か第三者からの伝言でもたらされた。周囲の者を支配しなくては気がすまない女王の衝動と、対立を強く嫌う感情は、ときに矛盾をはらみながらも足並みをそろえて肥大化していった――ヴィクトリアは会って直接伝えるよりも手紙にしたためるのを好み、叱責がどうしても必要な場合は他人に任せようとした。あるとき女官が過剰に着飾っているのに気づいた女王は《親愛なるグレイ将軍が指摘してくれます》と言った。女王の伝言を聞いたグレイは、《親愛なるグレイ将軍はそんなことはしない》とつぶやいたという。また、侍従のダンモア卿が家政長官に対して女王の食事が冷めていたと抗議したという話を聞いたヴィクトリアは、一八五七年から女官を務めるホレイシア・ストップフォードを送って警告を与えた。ホレイシアが《そんな干渉は誰であっても認めません》という女王の伝言をそのまま伝えると、ダンモア卿はいかにもいらだった表情で《わたしがそんな短気なまねをするはずがないと、陛下にはわかっていただきたいものだ。それに、わたしは陛下の食事が冷めているなどと思ったこともないし、そんな考えが頭をかすめたことすらない。たとえ思ったとしても、わたしは家政長官どころか、誰かに文句を言おうとも思わない》とすべてを否定した。それを聞いたホレイシアは、《それでは誰か別の方なのですね。苦情があったのは間違いないようで、陛下が大変不快に思っていらっしゃるのです》と言った。ヘンリーはその場に駆けつけ、その人物が女王の子どもたちのひとりか、あるいは王室に仕える別の誰かであるという不愉快な《ほのめかし》をした。

公式にはヘンリーの担当は公務と政治問題だった。しかし、彼は聞き上手という評判だったうえに公明正大であることでも知られていたため、頻繁に私的な問題にも巻きこまれた。ヘンリーは首相宛の手紙を書くのと同様に、酒癖の悪いバルモラル城のバグパイプ奏者を首にする仕事にも駆りだされ、王室の奉仕者や家族のもめごとでも頼られるようになっていった。侍従武官のサー・チャールズ・フィッツロイが、常勤の医師であるのに王室に仕える者たちと食事をともにしたとドクター・マーシャルを非難したときも、ヘンリーに声がかかった。医師たちは侍医を除き、自分の部屋で食事をする決まりになっていた。女王がドクター・マーシャルはそんなことをしていないと主張し、フィッツロイは何度かしていたと主張した。していないという伝言をレディ・イーリーから三度受けとったフィッツロイは反撃に転じ、兄のグラフトン公爵に事情を知らせたうえで、マーシャルが食事をした日付を並べた文書をレディ・イーリーに持たせた。すると、今度は女王が怒りだし、誰が招いたのだと強い調子でフィッツロイにメモを書き送った。ヘンリーは仲介役にと呼ばれたものの、結局はフィッツロイをさらに激昂させる結果になった。ヘンリーとフィッツロイの対立は六カ月あまりも続き、ヘンリーのメモで幕を閉じている――《争いは終わった。ビダルフに和解を提案され、握手をした。一八七三年五月、以上》

ヘンリーは――メアリーと同様――ジェーン・イーリーやチャールズ・フィップスのように王室の魔力

に魅せられてしまった廷臣たちに対して眉をひそめた。そして、前任者のチャールズ・グレイの一貫した姿勢を尊敬していた――《彼は常に思ったことを勇敢に書いた。それは陛下をいらだたせはしても、心に刻みこまれ、のちにいい結果をもたらした》と書いている。メアリーの友人のエセル・スマイスによると、女王は一度メアリーに《サー・ヘンリーに穏当に伝えてください（女王はヘンリーの感情を害するから自分では伝えたくないと言ったらしい）。女王が何か発言したときに、「それはばかげています」と言うのをやめるように》と述べたことがあるようだ。しかし、ヘンリーは女王に対して立ち向かわないという批判にもさらされていた。女王は《彼には気骨がありません……わたしに反対する勇気がないのです。常にわたしに同意し、それからほかの者たちと話してそちらにも同意していますす。すべての人の意見に賛成してしまうのです》と日記に書いている。ヘンリーが明白な反対の立場に立たなかったのは勇気の欠如からではなく、そうしたやり方での反対は無益だと思っていたからだ。

ヴィクトリアに仕えるにあたって重要なのは、ヘンリーの息子のアーサーによると《女王があらゆる種類の君主や女性と違う、独特な存在だと理解しておくこと》だった。ヘンリーは絶えずこの視点を忘れなかった。女王の《基本的に堅実な判断》と良識に気づいていた一方、女王の複雑かつ矛盾した人格を相手に反対するよりも、女王と一緒に仕事をし、ときに周辺で立ちまわるほうが重要だと理解していた。ヘンリー自身は《人はなぜ陛下に忠告しないのだと言う――一度は忠告もできるだろう。だが、陛下はご自分が気に入らない話を相手にさせないために黙りこんでしまうのだ》と説明している。女王がいやな気分にさせられる忠告に耳を貸さず、もちろん面と向かっての反対を嫌っていると知ったヘンリーは、さらに遠まわしなやり方を選んだ。《きわめて慎重に》と彼は言っている。見えない手で物事を操りつつ、完璧に忠実なしもべと見られる方法を身につけたのだ。

手紙を代筆する際は一種の自己暗示状態をつくりだし、ヘンリーはみずからの見解を消し去って女王の視点で見た手紙を書いた。また、彼はあるアイデアの種をまき、いずれ実をつけるまで放置する辛抱強さも身につけていた。一八七三年、女王はバルモラル城からマリー湖へ旅したいと言いだして、女中ひとりを連れていくことを提案した。使用人たちは反対し、ヘンリーに説得を頼んだ。彼は《些細な仕事ですから、女中ひとりでもいいでしょう。ホテルに誰かひとりよこしてくれと連絡しておきました。ホテルに勤めるのは流れ者の女性が多く、そうした人たちはかならずしも正直とはかぎらないそうです。陛下もそういう女性に妙な気を起こさせないよう、くれぐれも物の扱いには注意してください。ホテルの者には、こちらからもひとり同行させるべきだと言われたのです》一八八〇年六月には、ヘンリーは、女王から誰をロシア皇妃の葬儀に代理人として送るべきかきかれたときのことをメアリーに話している。《わたしがエディンバラ公爵はどうかと尋ねると、陛下は「だめに決まっています」と答えた。そこでわたしも「むろん、だめでしょうね」と言った。それからしばらく話をしているうちに、自分でも理由はわからないが、もう一度エディンバラ公爵の名前を出してしまったんだ。公爵が行けないのは残念だとわたしが言うと、陛下はすぐに電報を打って公爵の都合をお確かめになった。結局、公爵も引き受けてくださったよ》

未亡人としての習慣はヴィクトリアの一部になって安定と安らぎをもたらし、一八七〇年までには滞在場所を移すこともそのひとつとなった。クリスマスと年初の二カ月をバルモラル城で過ごし、その後アルバートの死と永遠に結びついてしまったためにいまや憂鬱な〝監獄〟と化したウィンザー城に移り、四月まで滞在するか、あるいは短いヨーロッパ大陸への休暇旅行に出る。五月にはバルモラル城を訪れ、何週間かウィンザー城に戻ったあと、七月にオズボーンハウスに入る。八月になるとバルモラル城に移り、今度は一一月まで長期間滞在する。そして一年の最後の数週間、クリスマスまでの時期をウィンザー城で過ごすといった具合だ。女王は群衆と騒音を嫌い、バッキンガム宮殿にはよほどのことがないかぎり滞在しなかった。女王の行くところ、秘書官もついていかなくてはならない。一八七〇年の秋、ヘンリーにとって最初のバルモラル城での監禁生活がはじまった。

第16章　バルモラル城での流儀

ヴィクトリアは八月中旬にバルモラル城に到着した。ヘンリー・ポンソンビーにとって、これは一一月まで、数週間の休暇を除いては妻子に会えないという現実のはじまりを意味していた。オズボーンでは、ヘンリーはオズボーンコテージという名の頑丈で広い一軒家を与えられており、妻子を呼び寄せることもできた。しかし、バルモラル城ではそれも不可能だった。メアリーを皇太子のスコットランドの別邸であるアバーゲルディの邸宅に滞在させたいという希望も出したのだが、この案はうまくいかなかった。女王がヘンリーを手元に起きたがり、ひと晩たりとも妻のもとに返すつもりがなかったためだ。

一八七〇年までには列車での移動が可能となっていたとはいえ、女王とその家族、王室に仕える者たちをロンドンからスコットランドまで、一〇〇〇キロ弱の区間を運ぶのは簡単ではない。ひと晩かけてスコットランドのパースに到着し、それから午後の三時過ぎにバラターにたどり着くという道のりだった。ロンドン・アンド・ノースウェスタン社が献上した列車の編成は、女王の専用客車（寝台客室はベアトリス王女と共用で、その隣には着付け担当とお付きの者たちの部屋がある）が一両、王室の人々に随行する紳士淑女たちの特別車両が数両、使用人たちのための一等客車が三両、貨物車が二両、緩急車〔ブレーキ装置を備えた車両〕が二両、王家の紋章で飾られた機関車が一両というものだった。暑い時期には列車内が息苦しくなるほど温度があがるため、女王の専用客車には足を浸ける氷水を張った大きな桶が備えつけられていた。旅の食事は豪勢で、往路はパースのステーションホテルで《高級な朝食》（マス、サーモン、スコーン、イチゴ、モモ）が出され、復路にはディナーコース（スープ、ロブスターソースをかけたヒラメ、キュウリウオのフライ、フォアグラ、マトンのカツレツ、ローストビーフとローストターキー、キジ、プディング、マディラワインを使ったゼリー、アップルコンポート）が提供された。むろん、アバディーンで《紅茶をたっぷりと》振る舞われたのは言うまでもない。さらに王室の厨房で用意されたコールドミート、肉を詰めたパン、ライチョウ、ケーキ、ビスケット、紅茶、クリーム、赤ワイン、シャンパン、シェリー、炭酸水などが蓋つきのバスケットで提供された。

一八五五年に完成した新しいバルモラルは、白い花崗岩でできた小塔のある城で、スコットランドの城館とドイツの宮殿を融合させた造りになっていた。建築家のウィリアム・スミスの設計ではあるものの、至るところにアルバートの手が入っていた。農園にしても、また《地域の人々に読書を奨励し、社会的、道徳的な進歩を促すため》につくられた図書室にしてもそうだった（図書室の本――ウォルター・スコット、『ロビンソン・クルーソー』、リヴィングストンの旅の話、ワシントン・アーヴィングなどが特に人気だった――は使用人部屋に置かれ、個人には一冊、家族には二冊を四週間貸しだした）。城の内部は雑然として、色彩を多用した内装が施されていた――格子縞の絨毯や室内装飾品、カエデやカバノキを使用した建具や家具、多くの狩猟戦利品〔鹿の頭の剝製など〕といったものだ。また鹿の角と金箔と水晶でつくった燭台など、アルバートがデザインした《たくさんの奇妙な作品が、手のこんだ趣味のいい工芸品とともに》そこかしこに置かれていた。忠実なオーガスタ・スタンリーでさえ《もう少し全体の調和を考えたほうがいいと思います》と書き残している。ローズベリー卿はバルモラル城を見るまでは、オズボーンハウスの居間が世界でいちばん醜い部屋だと思っていたと評した。しかし、ヴィクトリアにとっては、まさに完璧が具現化した城だった。

そして、その完璧さは保持された。女王の指示により、かかっている絵の一枚、アルバートが仕留めた鹿の頭ひとつも動かさないこととされた（アルバートと同じ年に王家の美術品調達担当も亡くなっていたため、新しい作品も追加されていない）。ただし、わずかに変更が認められたところもある、一八六六年、かなりの喫煙者だったヘレナ王女の夫、シュレースヴィヒ・ホルシュタイン公国のクリスチャン公子への譲歩として、厨房の中庭を横切る位置に喫煙室が追加された。さらにその二年後、女王は新しい別荘となるグラサルトシールの建設を命じた。バルモラルの土地管理人のドクター・ロバートソンに対し、女王は《ときおり、ひと晩かふた晩、二、三日のときを過ごせる小さな場所が必要なのです。悲しくて不幸な人生の毎日を絶え間ない干渉と仕事に忙殺されているのですから、隔絶した環境で静かに休みたいと思うときもあります》と建設の意図を説明した。グラサルトシールは以前、ミック湖の近くにつくられた別荘の反対側の湖畔にある。古い別荘はアルバートとの幸せな滞在を繰り返した場所であり、あまりにも思い出が多すぎた。女王は最小限の人数を連れて（女官がひとりと、ときに王女、ジョン・ブラウンと使用人が数人）新しい別荘に何日も引きこもり、ほぼ完全に音信不通となって上機嫌で過ごした。

女王は一八六八年にみずからのスコットランドのすべてに対する強い愛着を書いた『ハイランド日記抄』を出版した。活気のないピクニックや忠誠心の強いハイランドの人々、年老いた小作人の家への訪問など、実際の出来事をありていに書いたつまらない記録だったが、これが三カ月で一〇万部も売れる成功をおさめ（メアリー・ポンソンビーは《本を出版してから陛下の文章が文学的になったのがおもしろい》と書いている）、女王は大いに喜んだ。だが、王家の子どもたちや、過去から現在に至るまで王室に仕えていた人々は、この本に失望した。オーガスタ・スタンリーはあまりにも無防備と受けとったようだ。彼女は《昼食時の出来事など、ありのままを記した記録です……おそらく何の手も加えられていないのではないでしょうか》としながらも、《もっと教育のある知識層》の嘲笑を呼ぶのではないかと恐れた。従僕の歴史を説明した注意書きに関しては、《神の怒りを買わなければいいのですが》と書いたほどであった。女王から署名入りの本を贈られたサラ・リトルトンは、なぜこの本が出版できたのかが理解できなかった――《陛下自身とお子さま方の分だけにとどめるべきでした》

女王のバルモラル城への愛着は王室に仕える人々にも閣僚たちにも理解されなかった（常に閣僚がひとり随行する決まりになっていた）。人々は声が女王に聞こえない範囲まで到達するや、バルモラル城の陰気さや不便さ、娯楽の欠乏を痛烈になじった。冬でも夏でも城内は変わらず寒く、暖房装置や暖炉の使用が不承不承ながら認められても、ほとんど効果がなかった。ヘンリー・ポンソンビーなど、ビリヤードをしていたら台のクッションが凍っていたと証言している。ヴィクトリアが寒さに対して前向きであっても――寒さは女王を〝活発〟な気分にした――王室の奉仕者や訪問客たちは違った。一八九〇年代に首相を務めたソールズベリー卿は、秘書に《寒い部屋では命にかかわる》との手紙を書かせ、彼の部屋は温度を一五度以上に保つよう指示させた。また、新しくなったバルモラル城はかつてよりも大きくなったとはいえ、依然として狭苦しく、閣僚たちはベッドに腰かけて公文書を書き、レディたちは居間と兼用になったビリヤード室でキューをよけ、洗濯担当の女中たちは四人がひとつのベッドを分けあった。ヘンリーはバルモラル城の《豪華な部屋でのひどい退屈》を経験したあとでは、どこに行っても快適に感じられると述懐している。ただし、妻のメアリーは《素晴らしく座り心地のよい椅子》と〝快適〟な居間が彫刻をするのに理想的だとして、ときおりの訪問を喜んだ。

滞在した閣僚のひとり、ウィリアム・ハーコート（メアリー・ポンソンビーの元婚約者。この頃にはひどく太り、短気な乱暴者という評判だった）は部屋が〝穴蔵〟のようだとし、別の閣僚のヘンリー・キャンベル・

バナマンはバルモラル城を修道院のようだと評し、《顔を合わせるのは午前九時四五分の朝食と、午後二時の昼食と、午後九時の夕食のときだけだ。そのあとはまた個室に引きこもる》と書いた。事実、バルモラルの生活はよく言っても二流の寄宿学校といったところだった――可もなく不可もない食事、つきまとう寒さ、人気のない強制的な行事、数ばかり多いくだらない規則――そして、腫れぼったい目をした女王が校長の役割を果たしていた。王室の奉仕者たちや女王の子どもたちは、城に到着してから出ていくまで、命令に従わなければならなかった。誰が食事をともにするのか、誰が釣りに出て誰が猟に行くのか、誰がどの仔馬に乗って乗馬に行くのか――その仔馬たちも五つのグループに分けられていた。グラサルトシールに引きこもるなどして城を留守にしたときでも、女王は一種の遠隔操作のような技を施していた――王室に仕える人々は自分の思うようなときを過ごせず、すべての外出は秘密裏に行わなければならなかった。アソール公爵夫人はブラウン兄弟のひとりの家の近くに座ってスケッチをしていたとき、ふと思いたってその家を訪ねてお茶を飲んだ――女王からもっと地元の人々の家を訪ねたほうがいいと言われていたため、許しが出ると思っていた。しかしあとになって彼女は、《王室に仕える者には地元の人々の家にあがりこんでお茶をせしめる権利などありません》という叱責を受けることになった。

城が手狭だったため、女王はバルモラル入りする際には王室に仕える人員を縮小した（家政事務官や侍従は連れていかなかった）。一八七〇年の秋、ヘンリーはレディ・イーリー、エミリー・カスカート、レディ・フローレンス・シーモア（三人とも女官）、侍従武官のひとり、サー・ジェームズ・クラークの死後に侍医となっていたドクター・ジェンナー、ドイツ語担当秘書官と図書係を兼務するヘル・ザール、ベアトリス王女のドイツ語教師のミス・バウアーとフランス語教師のマドモアゼル・ノレル、そしてルイーズ王女とベアトリス王女などと一緒にバルモラル城に滞在した。女官の《フロー》〔フローレンス・シーモア〕と《キャッチ》〔エミリー・カスカート〕は、ヘンリーが思うに平凡で退屈だった。レディ・イーリーは女王を恐れていつでも卑屈な態度を取るようになっており、実質的には何の話も聞けないほどの《秘密主義》に陥っていた。いつでも陰気で気の短いヘル・ザールは自分の部屋に引きこもり、空想にふけっているようだった。

ディナーはたいていレディたちも一緒だったが、それが終わるとヘンリーは男性たちと残り、極端な保守派のジェンナーとの議論を楽しんだ。ときにはドクター・ロバートソンがディナーに顔を出すことがあった。ロバートソンは《充分な説得力と悪意のない冷やかし》を駆使した会話ができ、ジェンナーと同様に笑いのある議論を楽しめる人物だったので、彼の参加は大歓迎だった。さらに《ビッズ》（トマス・ビダルフ）が到着したときには——滞在する場所がなかったため、ビダルフ夫妻はアバーゲルディの邸宅を割りあてられた——《退屈した場が活気づく》と、ヘンリーは大いに喜んだ。鋭い眼光を発し、頬髭を生やした元軍人のビダルフは、政治的な見解の相違にもかかわらず、ヘンリーの同志であり友人だった。女王一家のなかの反動的な考えを持つ面々は、保守党員のビダルフのことを《わたしが女王の頭に植えつけるかもしれない急進的な思想に対する防波堤》として考えているのではないかと、ヘンリーは疑っていた。ウィンザーでのビダルフ一家はヘンリー三世の名を冠した塔で暮らしており、ポンソンビー家の近所だった。

ヘンリーはヴィクトリアとディナーをともにする機会があったが、政治といった議論を呼ぶ話は厳禁とされており、活発な話し合いはできなかった。少しでも議論になりそうな予感がすると、女王はいつもテーブルの下にいる犬の名前を呼んで話を断ち切った。犬についての会話は盛りあがるのが確実な話題だったものの、それなりの危険もあった。ビダルフが一度その危険に陥ったときがあった。女王が新しい犬に注意を向けさせようとしたので、ビダルフは思わず《ああ、陛下、前からいる犬かと思っていました》と言ってしまった。すると女王が《どの犬です、サー・トマス？》という質問を発し、ヘンリーと同様に《犬の名前を覚えられないビダルフは震えあがった》

一度女王が同席し、レディ・イーリー、レオポルド王子、ハリエット・フィップス（女官）の面々がそろったディナーで、《わたしたちがひとつかふたつばかり、いささか政治的だったり、道徳的だったりしすぎると思われた話題を持ちだすと、長い沈黙のあとで会話は退屈きわまる話題に戻っていった》とヘンリーは書いている。しかし、女王の子どもたちのなかでただひとり母を無視しようという決意を固め、すべての行動を束縛されることについても抗議の声をあげようとし（血友病のせいで女王に深く心配されていた）、ときにはバルモラル行きをすげなく拒否することもあったレオポルド王子は屈しなかった。女王が《今日の午後、あなたの部屋からずいぶん離れた部屋にいたのに、オルゴールの音がはっきり聞こえましたよ》と問うと、レオポルドは《それはわたしのではありませんね。わたしのオルゴールは音を鳴らしていませんから》。《ですが、あれはあなたのオルゴールでしたよ。太鼓の音がしたのでわかりました》。《では、やはりわたしのものではありません。わたしのオルゴールには太鼓はありませんよ》。ごくまれに女王が上機嫌なとき、ディナーの際に《禁断の》話題のすべてを《放りこむ》のが許される日もあった。しかし、それ以外のほとんどの日は沈黙のなか、陰鬱なディナーの光景が繰り返された。ただし、女王は食事をするのが早く、三〇分以上かけることを望んでいなかったので、少なくとも時間はありがたいほどに短かった。

ヘンリーがもっとも苦悩したのは、メアリーと離れて暮らさねばならないことだった。妻の代わりとなる話し相手もいなかった彼は毎日のように手紙を書き、メアリーからの手紙が入っている茶色の封筒を待ち焦がれた（手紙が届く頻度はとても充分とは言えなかった）。メアリーは事実、ヘンリーほど苦しんでいなかった。彼女には目を向けるべき対象がたくさんあった。子どもたち、主席司祭の邸宅でのディナー、演奏会、舞踏会、レース編み、新たに知り合いとなったジョージ・エリオットとのフランス語の芝居に関する相談、ガートンカレッジの委員会の会議と、あげればきりがない。ある意味、ヘンリーの不在はメアリーにとって好都合だった。彼とは分かちあえない関心事や友情を追求する独立と自由を確保できたのである。メアリーが知識階級の友人たちとの交流を楽しんでいるあいだ、ヘンリーはバルモラル城での生活がもたらす《とんでもない量の》落胆と退屈を相手に闘わなければならなかった。一八七四年、グレヴィルの回想録が出版され（王室に仕える人々はむさぼるように読み、女王は《不名誉》な《嘘》と切って捨てた）、ヘンリーは過去と自分たちの時代の相似に衝撃を受けた――ヴィクトリア以前のハノーヴァー朝の王たちもまた、使用人たちを愛し、知性偏重主義に疑いを抱いており、ジョージ四世は気に入らない内容の《話をそらす》のが得意で、宮廷に退屈していた。《ジョージ四世がここの生活を見たらどう思うだろう？》。そうヘンリーは考えずにいられなかった。

《わたしたちの愛すべき女王陛下が同じ一日を毎年繰り返す姿には奇妙な魅力があります》と女官のひとりは語っている。スコットランドでは決められた行事が重視されており、ヘンリーもバルモラル城でのいくつかの定例行事を耐え抜いた。使用人たちのための舞踏会ではハイランダーたちがいつものように酔っ払って王室の人々につまずいたり、反対につまずかせたりした。そのほかにもブレイマーでのハイランドゲームズ、アルバートの誕生日を祝う《陰鬱な記念日》があったが、この日は激しい雨も降っていた。王室に仕える人々はアルバートを記念する像の周りに集まり、みなでクラシーに向かう途中に亡き殿下を偲んで酒（ウイスキー。使用人たちが大量に消費したのは言うまでもない）を飲んだ。そして、頻繁に起こる衝突がこの日も当然のごとく起きた。そのときにジョン・ブラウンに屈辱的な振る舞いを受けたとして、ドクター・ロバートソンが女王に辞表を提出した。女王はブラウンを説得して謝罪させ、その直後ヘンリーに《すべては愛のなせるわざなのです》と報告した。

衝突は海に降る豪雨のように、突発的に起きてはバルモラル全体を揺るがした。少数の人たちが一箇所に閉じこめられ、かならずしも互いを思いやっているわけでもなく、充分な空間も娯楽もない。これはヘンリーが見るところ《あらゆる些事が重要になり、必然的に衝突が待ち構えている》状態だった。この環境で精神の均衡を失うのはあまりにも簡単だった。ドクター・ジェンナーでさえ、バルモラル城に長く滞在しすぎるのは《精神と肉体によくない》とし、《違う場所でならまったく気にならないようなつまらないことにいらだってしまう》とヘンリーに語った。女王もまた、人を介して――レディ・イーリーかヘンリー――子どもたちと喧嘩をした。女官たちのあいだでは競争心や嫉妬が渦巻いていた。ブラウンは同郷のハイランダーたちと衝突した。そして、全員がブラウンに腹を立てていた。

実際のところ、ヘンリーはブラウンに好意を持っており、彼の解雇を求める数多くの要求を拒絶しつづける女王に感心していた。ブラウンの人となりが知れ渡っていることが役に立っている面もあった。彼に恐れを感じているバルモラル城の使用人たちが、その恐れゆえに辞めないのである。また、女王を喜ばせているという効果もある。ある女官が女王と出かける馬車を準備しているブラウンに、出発前に紅茶が必要かどうかをきいたところ、彼は《必要ない。陛下は紅茶が好きではないし、ビスケットとスピリッツ〔アルコールの高い蒸留酒。ブランデーなど〕を持っていく》と答えた。必要が生じれば、ヘンリーはブラウンの手助けもした。あるとき、ブラウンが女王の午後の馬車での外出の際に姿を見せなかった。ヘンリーはブラウンを探しに出て、自室のベッドで酔いつぶれている彼を発見したのだが、そのまま静かにドアを閉め、みずから女王の馬車に乗りこんだ。

少なくともヘンリーは、女官たちのように（《わたしたちは食事のときに部屋を出るだけです》とある女官は嘆いた）手持ち無沙汰な状況になることはなかった。午前中は、前日の午後に発送されて午前六時半に届く外務省、内務省、そして宮内長官からの通信文などに目を通す。返答が必要な手紙や通信文については返事を書き、一二時半の発送までに間に合わせる。ヘンリーは政府の問題を話しあうため、一日に一度は女王に会うことを望んでいた。しかし、残念ながらブラウンか従僕、あるいは女官たちのひとりとの文書を通じたやりとりをするしかなく、ときには何日も顔を合わせないこともあった。午後二時の昼食が終わると、晴れていても雨でも関係なく――雨のほうが多かった――四時か五時に女王が乗馬に出るか馬車で外出するまでの待機に入る。その時間になってようやく王室に仕える人々も外出が許され、めいめいが徒歩や馬に乗って出かけたり、体重計があるミセス・シモンズの店に出かけたりした。ヘンリー自身は長い距離を歩くのが好きで、ときにはビダルフや閣僚たちとも歩きに出かけた。

新たな楽しみもないわけではなかった。あるとき、着付け担当がバルモラル城の近くの小屋に住んでいるとても太った女性のもとを訪れるようになったことを女王が聞き及び、その小屋のある方角に馬車を走らせるよう命じた。ヘンリーは《陛下がその太った女性を見に出かけたと知り、王室に仕える者はみな彼女に会いに行った。いちばん太っている荷作り担当のスポールは写真を交換したそうだ》。

メアリーと自分と双方のために、ヘンリーはバルモラルを喜劇の舞台に見立てたような手紙を送ることが多かった。一八七四年六月の滞在で、ヘンリーはディナーの際に未婚のベアトリス王女の隣に座り、失敗した婚約の話を匂わせてしまい、レディ・イーリーから《ベアトリス王女の前で結婚の話をしないように》という女王の〝声明〟を受けとった。この流れを、彼は〝エリザ〟が戦闘態勢に入ったようだと説明している。このほかにも、愛想のいい退役将軍で、いまは侍従武官にしてヘンリーの友人でもあるブリッドポート卿が、ジョン・ブラウンではなく小姓を通じて馬車に関する質問をしたとして叱責を受けた。ミス・マクレガーの脚（ミス・マレー・マクレガーは文学に傾注しているスコットランド人女性で、女王が本を書くのを手伝った）

が《馬車に対してあまりに大きすぎたので、女王が不便を感じた》らしい。女官のレディ・エロールが突然《お天気ではない観察をしたのですが》と言いだし――政治の話をする前置き――あとであんなことをほのめかすものではないとたしなめられた。ある日の午後、ヘンリーはメアリー・ピット（女官）、ブリッドポート卿、レディ・イーリーとともにドクター・ロバートソンを訪ね、お茶を飲んだ。バルモラル城に戻る途中、ミス・ピットが紅茶と一緒に出てきたティーポットカバーについて、誕生日に皇太子妃から女王に贈られたものだそうだと指摘し、続けて《とても変わった贈り物ですね》と感想をもらした。すると、わずかにばかにした気配を感じとったレディ・イーリーがすかさず《とてもいいものなのよ、お嬢さん》とぴしゃりと言った。こうした出来事こそ、メアリーが喜ぶ手紙の内容だ。ヘンリーはそのことをよく知っていた。

《わたしは非国教徒にとても近いのです――というより、感情面では長老派に近く、カトリックのように感じることすらあります》とヴィクトリアはヴィッキーに告白している。長老主義はハイランド人種が優れているという考えをわずかに進めたものだ。一八七〇年、女王はクラシーで初めて聖餐式に参加し、自身が聖餐を受ける日を楽しみにしていた。そして三年後、一八七三年の一一月にその日は訪れた。ヘンリーはメアリーに、つぎの日曜に女王がクラシーで聖餐を受けるというので大いに盛りあがっていると報告した。レディ・ダルフによると、聖餐を受けるよう説得したのはジョン・ブラウンとレディ・エロールだったようだ。レディ・エロールは一八七三年、レディ・チャーチルの推薦を受けて寝室付きの女官となった。ヴィクトリアが女官に何を求めているのかを知っていたレディ・チャーチルは、レディ・エロールが《美しい目》の持ち主ではあるものの《容貌が秀でているわけではない》と伝えている。《思いやりがあり》、音楽が得意で、《洗練されたレディ》ではないという。女王はレディ・エロールを《驚くほど利己的なところがなく、忠実》と評価したものの、彼女は節制や世界の終末に関する小冊子を配ったり祈りの会を開いたりすることがあり、王室の奉仕者たちは福音を説く彼女の情熱に対して怒りをかきたてられた。

ヴィクトリアがクラシーの聖餐式に参加するという情報は、「王室行事日報」には載らなかった。ヘンリーは女王の決心に不満を抱き、彼女が一市民のように気ままに振る舞っていると思っていたウィンザーの主席司祭から手紙を何通か受けとった。王室に仕える人々は一緒に聖餐を受けるよう女王から勧められはしたものの、強制はされなかった。レディ・エロールにどうするかときかれたヘンリーは、長老主義が《紳士向けの宗派ではない》と感じていたこともあって断った。自身が長老派の信者であるレディ・エロールは、喜んでヘンリーの拒絶を受け入れた。女官のフローラ・マクドナルド（《口数が少なく、話しても軽口が多い》とヘンリーは評した）は断れないと感じた一方、同僚の女官であるメアリー・ピットは《すでに確固とした国教徒の女性》であるとして声がかからなかった。ビダルフ夫妻は《教会とは距離を置く》主義であり、ブリッドポート卿もまた断った。

ある人々はヴィクトリアの行動が間違いだと感じており、メアリーもそのうちのひとりだった。女王がクラシーで聖餐を受けるというのは醜聞で、ヘンリーは女王にそう指摘すべきだとメアリーは思っていた。妻に意見を持っていないと非難されたヘンリーは、女王に意見を強制すべきではないと反論した。《陛下は二足す二を五だと言っているのだ。わたしは陛下がそうお考えになるには理由があってのことだと承知しているが、それでも四のような気がしてならないと丁重に指摘する。すると陛下は、わたしの言うことにも一理あるものの、やはり五だと答える。そうなればわたしはそれ以上の議論をしようとは思わない。そこに結論などなく、わたしは真実を知りながらその問題は放置するというわけだ。ただし、ビッズはやるつもりらしい……自分の間違いを認めるのは誰にとっても我慢がならないことだし……陛下は絶対に認めないだろう》と書いている。

《ビッズ》はメアリーと同じく、この件に強く反対した。しかし、ヘンリーはビダルフが《ときに陛下の言動を真剣に受け止めすぎている》と感じ、それは間違いだと思っていた。《陛下の行動は深い考えがあってのことではなく、強い欲求か気まぐれな思いつきで動いているにすぎない》というのがヘンリーの考えだった。女王が儀式主義――オックスフォード運動の派生物――に恐怖を感じていて、聖餐台で東の方角を向くことや、香、ろうそく、派手な法衣などを《たんなる猿まね》だと思っていたとしても、ヘンリーは女王がスコットランド式の聖餐を受けることで儀式主義に打撃を与えようとしているとは思わなかった。《陛下はスコットランドの教会と、スコットランド人の側近たちが好きなだけで、儀式主義への嫌悪感によって多少思いが強まった面があるにしても、クラシーで聖餐を受けるのは陛下個人が満足感を得るためにすぎない》のである。ビダルフが女王の行動の裏にある《隠された意図》を知ろうとしていた一方、ヘンリーは表面に現れた事象で女王を判断しようとしていた。

一八七〇年の秋には、ルイーズ王女とローン侯爵との婚約が決まった。ローンは王族でもドイツ人でもなかったため、それまでの王家の結婚とはいささか趣が異なっていた。ルイーズ王女は女王の娘たちのなかでもとりわけ容貌が優れていて（容貌自体にさして意味はなかった）――より感情が豊かなハノーヴァー朝的な人格だった。男性たちは王女を魅力的だと言い、女性たちは信用ならない人物と見なしていた。メアリーに一途だったヘンリーでさえ、ルイーズ王女をいきいきとして魅力的だと思っていた。彼女は平均的な水準の彫刻家でもあり、国立美術訓練学校でエドガー・ベームに師事し、ケンジントン宮殿にエドワード・ゴッドウィンが設計した自身のアトリエを持っていた。

ヘンリーの見るところ、〝エリザ〟はこの婚約に満足していた。《貧しくて背の低いドイツ人の公子》よりもローンのほうがよほど好ましいと思っていたためである。一方のローンは、片づけなくてはならない前例に関する厄介な問題が山ほどあり、解決に忙殺されていた。やがて祝いのかがり火がたかれて舞踏会なども開かれ、ヘンリーもベアトリス王女、バルモラル城の家政婦、そして女王の着付け担当のひとりと踊った。そうして一一月に入り、王室に仕える面々がやっとのことでスコットランドを離れるのを心待ちにできるようになった頃、ルイーズ王女が膝に怪我をした。たんにつまずいて膝をついただけだったのだが、バルモラルではありがちなことに事態は大きくなり、やがて大騒動に発展した。女王と王女が医師をめぐって激しく言い争い、レディ・イーリーはふたりのあいだの往復で疲れきり、さらに女王は王女の負傷をウィンザー城への帰還を延期する口実にしようとした。すったもんだの末、ヘンリーはようやくジョン・ブラウンから南へ向かう列車の出発が一一月二三日に決まったという連絡を受けた。

一八七一年、ヴィクトリアが引きこもって公務を拒否する状況は続いていて、民衆の不満は高まり、当然のこととして少数派ながらも共和制への移行を訴える者たちが声をあげはじめた。二月、女王は国会を開会したものの、批評家たちによると、これはアーサー王子の年金とルイーズ王女の持参金を必要としたからにすぎなかった。女王は財産を隠匿している、健康状態がすぐれないというのは嘘である、宮廷は《ドイツ人の集団》に占領されている、といったさまざまな批判がわき起こった（ヘンリーは《ザールとバウアーを犠牲にするしかない》と提案した）。その年の八月、女王はグラッドストンから頼まれたにもかかわらず、あるいは彼に頼まれたからこそ、国会の閉会のためにバルモラル城行きを延期してほしいという要請を拒絶した。ヴィッキーは母に宛て、王権を危うい立場に置いていると警告する手紙を書き、子どもたち全員がその手紙に署名した（しかし、この手紙が出されることはなかった）。ヴィクトリアは譲らず、健康状態が悪化しており、スコットランド行きは延期できないと強硬に主張した――移動ができるほど元気だという点は彼女の頭にはなかったらしい。

　ところがこの年の八月、女王は実際にいくつかの軽い病気を抱え、健康状態はたしかに芳しくなかった。腕に痛みをともなう腫れ物ができ、かかとに痛風を患い、さらに喉と耳に痛みがあった。ジェンナーは匿名で『ランセット』〔英国の医学専門誌〕に記事を書き、ロンドン行きはもちろん、いま以上の活動は期待できないとの見解を発表した。ヘンリーは九月のなかばにバルモラルへ到着してから初めて女王とじかに顔を合わせ、顔色が悪く痩せているのに驚いた――二カ月で体重が六キロ以上落ちていたのだ。ただし、健康状態が悪化しているにもかかわらず、ここ数週間繰り広げられている《ブラウン対アルフレッド》の闘いに女王が首を突っこむつもりだとわかり、ヘンリーの心配はいくぶんやわらいだ。女王の病の原因はバルモラル城の退屈にあり、この〝喧嘩〟がある種の高揚感をもたらすのではないかと感じたのである。《ブラウン対アルフレッド》の闘いには、長いあいだに鬱積した憤りと嫉妬、直接的、間接的にかかわる数多くの派閥、些細な怒りがもたらす最大限の攻撃など、バルモラルで起こる争いの典型的な要素がすべて詰まっていた。

　いつものように、ヘンリーはエディンバラ公爵アルフレッド王子とジョン・ブラウンの仲介役を頼まれ、その様子を妻のメアリーへの手紙にしたためた。ヘンリーはアルフレッドをよく思っておらず、知性の感じられない冗談、退屈な海の話（公爵は海軍に在籍していた）、ディナーのあとで聞かされるフィドルのひどい演奏などすべてを嫌っていた。また、ヴィクトリアも早々に気づいていたとおり、アルフレッドの使用人に対する態度は非礼きわまるものだったし、彼は何しろ退屈で（ヘンリーが喫煙室を避けていた原因のひとつに、アルフレッドと顔を合わせたくないということもあった）愛想が欠けていた。バルモラル城に到着した公爵はブラウンとの握手を拒否し、ブラウンからの報告を受けた女王がヘンリーに《アフィ》を説得するよう指示を出した。敵意のそもそものはじまりは、五月に開かれた使用人たちのための舞踏会の時点までさかのぼり、公爵の主張によれば、ブラウンが公爵に対して音楽の演奏をやめさせるよう命令されたと言って無礼な言葉をかけてきたのがきっかけだった。バルモラル城に出仕していたレディ・チャーチルは、女王に介入しないよう忠告し、ブラウンはたしかに《礼を失していた》と付け加えた。すでに全力で介入するつもりだった女王は、そんなことはないと答えただけだった。

まず、ヘンリーが当事者双方の話を聞き、その後和解案を模索して同じ席につかせるという方針が固まった。ブラウンは《自分が使ったとされる言葉――相手があなただろうと誰だろうと、こんな仕打ちを我慢するつもりはない――を明確に否定した》しかし、自分が怒っていたこと、そして《あるいは敬意のこもっていない言葉を使ったかもしれない》ことは認めた。そしてよく争っていたグラントというハイランダーを責め、グラントが公爵に自分の悪口を言っていたのが悪いと主張した。公爵は当初、ブラウンに会うのを固く拒んでいたものの、ヘンリーが公平な立場でいることを条件に会見を受け入れた。ふたりの会見は喫煙室で行われ、アルフレッドが舞踏会でブラウンが使った《信じられない言葉》に驚いたと口火を切った。ブラウンはこれまで《粗野な言葉》を使ったことはないとし、自分が《そんなことを言ったとは思えない》と主張したものの、もし使ったのならば許しを請うと申しでた――彼にとっても、女王の子どもたちの怒りを買っているのはつらい状態だったのだ。これ以上言うべきこともないと判断したヘンリーは、《陛下も満足なさるだろう》と言って会見を終わらせようとした。すると残念なことにブラウンが、あたかも対等な立場であると思っているかのように「わたしも満足です」と言ったので、わたしはとにかく彼を外に連れだした。これで解決したと思いたいところだが、わたしの個人的な見解では、おそらくどちらも満足していないだろう》

午後に馬車で出かけた際、ヘンリーと《ビッズ》は《現状について愚痴をこぼしあった》ふたりとも、女王が自身の引きこもっている状態にこれまで以上に満足感を覚え、《従僕を通じた伝言で国を動かすこと》に味を占めているという印象を受けていた。ヘンリーはドクター・ジェンナーとも《熱い議論》を交わし、女王が議会の閉会を拒否した件を非難した。ジェンナーは、女王が《王国の女性たち》のなかでいちばん働いているとし、《オズボーンハウスに一日か二日待機することや、顔を見せるためにロンドンを馬車でめぐるか否かで王権が揺らぐのだとしたら、それこそ常識に対する侮辱だ》と反論した。ヘンリーは《じきにわかる。つぎの息子のために金を要求すれば、いまよりずっと厳しい反応が起こるはずだ。中産階級や下層階級は陛下が財産を隠していると信じているし、いずれ投票でもうたくさんだという意思表示をすることになる》と答えた。

ウィリアム・ジェンナーは優秀な医師で、良識も備えていた。しかし女王に相対すると、すんなり無抵抗を決めこんでしまうきらいがあった。ヴィクトリアにとって、ジェンナーは過労と傷つきやすい神経という主張を裏づけてくれる味方だった。ヘンリーは女王の神経過敏が《一種の精神錯乱》だとは思っていなかったし、女王が休みなく公務にいそしんでいるというジェンナーの主張は、真実とは正反対だと確信していた。事実、女王はそれほど公務に熱心ではなかった。またヘンリーは、女王が儀式主義や動物愛護に関すること、そしてそれまでは禁じられていた、男性が亡くなった妻の姉妹と再婚するのを認める法律〔ヴィクトリア自身は再婚にも否定的ではなかったが、結局一九〇七年に成立した〕といった個人的に興味を抱いた問題以外、国政に無関心だとも感じていた。この時点で女王が関心を抱いていたのは新しい命令を下すことで、王権に対してかけがえのない奉仕を見せた者を表彰して勲章を授与するというものだった。ヘンリーは前途の困難を予想していた。ブラウンとレーラインに勲章を与える分には、みなも仕方がないと思うだろう。しかし、それ以外の者に与えれば、嫉妬の原因になるだけだ。結局、実際に勲章を授与されたのはブラウンただひとりだった。

九月、『蓄財の行方は?』と題がついた小冊子が発行された。著者は歴史家のマコーリーの甥にあたる自由党の下院議員のG・O・トレヴェリアンで、女王が年に二〇万ポンドを蓄えているという内容だった。ヘンリーは警戒し、《女王が金を貯めこんで引きこもっているという印象が植えつけられ、育っていくのはとても危険だ。実際には『ユニヴァース』(自由党を支持するカトリック系の新聞)の記事にあるとおり、女王はロンドンに出るための新しいボンネットひとつ買えない状態なのだから》と綴った。彼はジェンナーをつかまえた。《陛下は公務をしないのではなく、できないのだとなぜはっきり言わないのか。そして、その原因が健康状態の悪化にあると――ある程度は真実だ――なぜ公表しないのか。たしかに大衆に対しては伝えるのはある程度考慮する必要があるかもしれない。しかし、なぜ閣僚たちだけにでも伝えないのだ。わたしはジェンナーに尋ねた……どうせ誰も信じないというのが、彼の答えだった》ジェンナーは、女王がロンドンに向かおうがどこに向かおうが、政府にとっては変わりがないと考えていた。たしかに、女王が一〇〇〇キロほども離れた場所にいれば、閣僚たちは思うように手腕をふるえる。ヘンリーもジェンナーの見解にはいくらかの真実が含まれていると認めざるを得なかった。

閣僚としてバルモラル城に滞在していたメアリー・ポンソンビーの叔父で、女王の頑固さを《ちょっとした狂気の表れ》と評したハリファクス卿は、女王の周囲に《よい女性》――年老いた乳母でも、家庭教師でも、女官のひとりでもいい――がいないと嘆いていた。女王に適切な友人がいないと思っていたヘンリーはこの見方に賛成で、《陛下はお子さま方をそばに置かず、本当に好いている女官もいない。わたしの目にはひどく孤独に見える》と書いた。一八六一年以降、ヴィクトリアは女官たちを伝令役として使い、大規模なディナーや公式謁見会など社会的な試練に際して助力させ、同情と服従を求めてきた。女王は忠告などまったく必要としていなかったし、そもそも忠告できる女官などいるはずもなかった。

ヴィクトリアは、成長した子どもたちとのつきあいでもほとんど満足を得られなかった。子どもたちは感謝の念も抱いていないようだし、母親よりも自分自身や自分の家族のほうに関心が向いていて、母親の導きももはや必要としなくなっていた。実際のところ女王は、子どもたちは《喜びよりも不安と悲しみをもたらす存在です》とヴィッキーにもらしている。アリス王女がバルモラル城にやってきて、冬のあいだ残ろうかと尋ねたときも、女王は《鼻をふんと鳴らしたきり、返事もしなかった》という。アルバートが最後の病にかかったときに献身的に看病をしたアリスも、結婚を境に論争好きな面が出てきて、批評を口にするようになっていた。ヴィクトリアはヘンリーに、子どもたちが滞在を申しでてきたときは鼻であしらうことにしていると言い、サー・ジョン・カウエルには子どもたちが滞在すると金がかかると言われたからだと説明した。それに、ブラウンと《あらゆることについて》話ができる以上、子どもたちが何をしようとうまくいかないに決まっているというのが女王の言い分だった。レディ・イーリーは、ヘンリーに秘密を打ち明けた。《わたしも初めて耳にした秘密だ……陛下がアリス殿下やルイーズ殿下、ほかのお子さま方と争っているそうだ。要するにお子さま方は自分の好きなように人生を送りたいと考えていて、陛下の思いどおりにはなりたくない。それでいて、自分たちが好きなようにするのに必要な金は出してほしいということらしい。それに対して、陛下は自分の言うとおりにするのなら金を出そうと考えていらっしゃる。いまはとにかくアリス殿下にダルムシュタットに戻ってほしいと思っているのだが、殿下は頑として言うことを聞かないそうだ》

雨が降りはじめ、王室の人々が舞踏室でバトミントンやバトルドー・アンド・シャトルコックをはじめるなか、ヘンリーはメアリーに手紙を書いた。《ここにいると、朝食や夕食のとき、完全に空虚な状態になってしまうことがある。何も言うことが思い浮かばないんだ》レディ・イーリーとジェンナーは《ずっと顔を突きあわせて話しこんでいた》そして保守党指導者のベンジャミン・ディズレーリが下院で女王が公務をこなすのは《肉体的にも精神的にも不可能》だという演説をしたとき、ヘンリーはそれが本当かどうか疑わずにはいられなかった。レディ・イーリーに真偽を尋ねたところ、彼女は《顔を真っ赤にして意味の通らない言葉をまくしたてた》ものの、すべてを否定した。

ヘンリーは一週間ばかり滞在する予定になっている、ウィリアム・グラッドストンの到着を心待ちにしていた（グラッドストンの滞在は楽しいものではなかった。女王と会うまで数日待たされたうえに、これ以上はないというほどの拒絶反応を示された）。長い散歩に出たグラッドストンとヘンリーは、女王が引きこもっている現状について話しあった――会話も歩くのも得意なグラッドストンがほぼ話を独占した。グラサルトシールからバルモラルまでの一八キロのあいだ《グラディ》〔グラッドストン〕は、女王は《即位してから数年は潤沢な国王の基金があったが、いまは自身の財産だけで生活している》と言った。しかし、実際のところヘンリーが心配していたのは、皇太子に関する醜聞が書かれた文書がもたらす結果だった。

一一月、急進派の下院議員のサー・チャールズ・ディルクがニューカッスルで女王を批判する演説を行い、共和制への移行を訴えた。女王はこれに立腹し、使用人たちのための舞踏会の最中に、ヘンリーにディルクが嘘を並べたてるのならば――一例として、ディルクは女王が所得税を払っていないと言った――何か反応を示さなくてはならないと告げた。グラッドストンに手紙を書くようにと頼まれたヘンリーは、言われたとおり手紙を書きあげた。ウィンザーにいたトマス・ビダルフも同じ依頼を受けており、彼はヘンリーのものより〝強気〟な手紙を書き、そのなかで女王はグラッドストンが公共の場でディルクを非難するよう求めているとしたためた（ヘンリーはこれを不可能だと考えた――女王の代理として話すなど、グラッドストンにできるはずがないではないか？）。ふたつの手紙を見比べた女王はビダルフのものを選び、ヘンリーの手紙の内容もいくらか反映させた。《強く出たほうがいいというのは理解できる。しかし、強く出るには後始末の準備までしておく必要がある。わたしたちにはその準備ができていない》とヘンリーはメアリーへの手紙に書いた。レディ・イーリーに聞いた話では、女王は落ちこみ《泣いて不幸に沈んでいる》らしい。ディルクのせいだろうかとヘンリーが問うと《違います。それとは関係ありません。アリス殿下がウィンザーに来てしばらく滞在なさるからです》とレディ・イーリーは答えた。

一一月末、皇太子が腸チフスにかかったという急報が届いた。女王はヘンリーをともなってバルモラル城から皇太子のノーフォークでの在所であるサンドリンガムへ移り、すぐにその場を取り仕切って王室のなかで誰が残って誰が去るべきかを指示した。ヘンリーが庭に出ると《突然、王室の方々が押し寄せてきた。ケンブリッジ公爵を先頭にレオポルド王子があとに続き、可能なかぎりの速さであっという間に駆け抜けていった。牛の群れかと思ったくらいだ。だが、王室の方々は「陛下！　陛下！」と叫んでいた。わたしたちは屋内に戻り、道の土埃がおさまるまで、しばらく待たなくてはならなかった》

息子の脇に座っていたとき、ヴィクトリアの頭には、アルバートの最後の日々が浮かんでいただろう。この一〇年のあいだに、女王の息子への態度は、ずっとおだやかなものになっていた。たしかに《小さくて空っぽの頭》や彼の友人、際限のない《遊び癖》を嘆いてはいたものの、彼の愛嬌や礼儀正しさ、そして愛情を否定することはできなかった。危機は一二月一三日に訪れ、バーティは父親が亡くなったのと同じ日に亡くなってしまうのではないかという恐れが広がった(アリス王女は一八七八年の同じ日に亡くなった)。しかし、そこから病状は改善に向かった。一八七二年二月、感謝祭を祝う儀式がセント・ポール大聖堂で行われた。ヴィクトリアが必要ないと思っていた儀式ではあったが、このときばかりは様相が違った。《勝利の日とあれば――これほど素晴らしいものはありません！　これほど感動的な愛情と忠誠心は、どこを探してもほかにないのではないでしょうか》共和主義が死んだのだ。

第17章　東方問題と内政問題

一八七四年にベンジャミン・ディズレーリのもとで保守党政権が誕生したとき、ヴィクトリアは喜びを隠しきれない様子だった。ディズレーリは一八六八年にダービー卿が辞任したあとに保守党の党首となって短期間ながらも首相に就任しており、女王はいい印象を持っていた。ディズレーリは《独特》で《青白い顔》といい黒い巻き毛といい《どこから見てもユダヤ人そのもの》だが、《詩と叙情と騎士道精神にあふれた》男性だと、女王はヴィッキーに説明している。それ以上に、ディズレーリは最初自分に好感を持っていなかったアルバートの信頼を勝ちとり、《わたしの人生で最良の出会いのひとつ》と言わしめた男だ。女王はグラッドストンの自由党に敗れ、就任から一年も経たずに後悔とともに去っていくディズレーリの姿を覚えていた。六年間もグラッドストンに我慢してきたあと、ようやくディズレーリが戻ってきてくれた。彼はグラッドストンとはまったく種類が異なる首相で、説教はしないし、きちんと信用して相談してくれるし、ゴシップをちりばめた長い手紙をくれるうえ、尊敬と忠誠を捧げてくれる。女王はヘンリー・ポンソンビーに、《彼は何でも女王に伝達し、「ご決断ができるよう、すべてをお知らせしておきたいのです」と言ってくれました》と記した手紙を送った。

トマス・ビダルフはディズレーリを嫌っていて、謙虚だが女王の《完璧な言いなり》だと感じていた。しかし、ヘンリーの見解はビダルフよりも寛容で、《彼はビッズが嘘だと思っていることの大半を本気で信じている。それに、美辞麗句を並べたてて感情を表すのは彼の流儀の一部だろう》としている。さらにヘンリーはディズレーリのことを、《グラッドストンよりも頭がよく、恐ろしいほどに正直だ》と思っていた。ただし、わからないのは、なぜみなが《ディジーを信用するのか》という点だった。ディズレーリが《妖精》のように気前よく振りまく礼儀正しい服従と鼻につく愛想の下に、ヘンリーは《バーレスク》〔文学や演劇、音楽作品などをちゃかした滑稽な寸劇〕めいたものを気配だけではなく感じていた。《彼は輝かしいもの、真珠の首飾りをつけた公爵夫人、財産、壮麗なものに本気で心酔している。わたしが思うに、その一方でそうしたものに冷笑を浴びせ、ちゃかそうとする考えを起こしているのではないか》（むろん、王室のこととなると、ヘンリーも充分に《バーレスク》とは無縁ではいられない）また、ヘンリーはディズレーリがユダヤ人であることにも懸念を感じていた——女王はまったく気にしていなかった。《彼はわたしたちとは違う……郷里のない異邦人だ……血も心も人間関係も、イングランドとはまるで異なる》

しかし、ディズレーリがいずれ《陛下の人柄を知る》ことになるのは、ヘンリーにもわかっていた。皇帝ナポレオンがそうだったように、同情を持ち、個人的な親しみを抱き、ヴィクトリアを女王としてではなくひとりの女性として扱うといったことがいかに重要か気づくときが来るだろう（そうすれば、ヴィクトリアもやさしく反応し、サクラソウやバレンタインのカードを送ってくれるようになる）。そもそも、ディズレーリに《ともに責任を分かちあいましょう、陛下》とささやかれて、女王が拒絶するはずもない。それに、王室称号法と公同礼拝規制法という不人気ながらもヴィクトリアにとっては大事であった法律を制定させている（ポンソンビー夫妻は猛烈に反対した）。《わたしは女帝《エンプレス》なのです。普段の会話でもときおりインド女帝と呼ばれるようになりました》ヴィクトリアは、ヘンリーに書き送った。《なぜわたしはいままでこの称号を得ていなかったのでしょう？　もっと早く手にしてしかるべきでした。議会の予備審理が楽しみです》ディズレーリの努力のおかげで称号はヴィクトリアのものとなり、女王が嫌う儀式主義を抑えるための公同礼拝規制法も施行されることになった。ディズレーリはいまや、女王のお気に入りとして確固たる足場を築いていた。秘書官に就任してからの数年間、ヘンリーは女王に閣僚と連絡を取らせようと苦心してきた。しかし、ここへきてようやく女王も秘書官のもとを離れ、みずから政府について学び、首相と協力する動きを見せはじめた。

皮肉なことに、王権を純粋に崇拝していたのはディズレーリではなく、グラッドストンだった。少なくともヘンリーはそう信じていた。崇拝の度合いが高すぎたぶんだけ、グラッドストンは制約と障害を抱えざるを得なかったのだ。彼は、《陛下に対する要求水準が高かったため、突っこんだ厳しい質問を繰り返さなければならず、陛下を退屈させた。また、陛下が聞くつもりのないところまで詳細に話しすぎてしまい、陛下が理解できないと悟ると拒絶の形で話を断ち切ってしまった》グラッドストンは、話しすぎであり、言葉足らずであり、またどちらの場合においても、ユーモアのかけらも差し挟むことができなかった。

ヘンリーはしばしば、グラッドストンに向けられた叱責の言葉をおだやかな表現に変えた。数年後の一八八四年、グラッドストンは首相の座に返り咲き、選挙法改正への支持獲得を目指し、スコットランドを遊説した。この改正は、選挙権を都市部から地方へも拡大しようとするもので、やがて第三次選挙法改正として実現する。しかし、このとき女王は激怒した。ヘンリーは《強い調子》の手紙を書き、そのなかで、グラッドストンの《大道演説》の内容を引用して攻撃し、女王の鼻先でごそごそ動きまわるのは悪趣味だと伝えるようにと命令された。女王は《人民のウィリアム》に少なからぬ嫉妬を覚えており、そのうえ、スコットランドの新聞の「王室行事日報」と自分で呼んでいた面が、すべての駅で停まって演説をするグラッドストンの遊説を《勝利の前進》と伝えるのを読まなければならなかったのだ。《陛下に、すべての駅で停車して窓から演説するのはむしろ不合理だとその手紙に書くよう命じられたので、少し言葉を変えてそのとおりにした》とヘンリーは書いたが、実際にグラッドストンに宛てて書いたのは、《大成功の北部への訪問》が終わったら、よく休むようにという内容だった。

しかし、一八七六年には、ヴィクトリアはグラッドストンが政治の世界から身を引くものだと思っていた。八月、女王と王室の奉仕者たちは『デイリー・ニューズ』が伝える、一万二〇〇〇人ものブルガリア人のキリスト教徒がトルコ人に虐殺されたという恐ろしい事件の詳細をむさぼるように読んだ。英国政府は当初、この虐殺事件を真剣に受け止めていないふうに見えた。しかし、リベラル派（聖職者や学者たちを含む――カーライル、フルード、ラスキンなど）は激怒した。女王も同様で、ヘンリーに政府は声をあげてトルコを非難すべきだと告げた。政府が即座に反応しなかったことについて、女王はディズレーリではなく閣僚たちを責めた。

ブルガリア人キリスト教徒たちの虐殺は《東方問題》に火をつけ（再燃させたと言ってもいい）、一八七〇年代の後半を通じて政治を――ヘンリーの時間も――独占することになる。女王のふたりの党指導者に対する感情は二分され、結果として秘書官はかなりの配慮と忍耐力を要求されることになった。東方問題の舞台はクリミア戦争と同じバルカン半島で、トルコとロシアの国境地域にあたり、キリスト教徒とイスラム教徒が不安定に共存し、民族的、宗教的な火種の尽きない危険地域だった。さらに崩壊しつつある広大なトルコ帝国において、それぞれの地位を確保しようと大国がせめぎあう地域でもあった。一八七五年とその翌年にはボスニア、ヘルツェゴヴィナ、セルビア、ブルガリアといった、トルコ人による圧政が敷かれていた地域で暴動や、キリスト教徒の立場から見ればイスラム教徒による虐殺が発生した。

九月六日、ディズレーリの東方における親トルコ政策（一八七五年には、トルコ支持を鮮明にするため、英国艦隊をベシカ湾に送った）に一貫して反対してきたグラッドストンが突然『ブルガリアの恐怖と東方問題』という題名の熱のこもった感情的な小冊子を発表した。この小冊子でグラッドストンは、英国はバルカン半島のキリスト教徒を保護し、《聖なる》ロシアと協力して、トルコ人を《彼ら自身の手で荒廃させ、異教の地とした》地域から追放するべきだと訴えた。小冊子はまたたく間に数千部が売れ、誰にも止められない燃える目をした正義の著者の話を聞こうと、数千の人々がブラックヒースに集まった。ヴィクトリアは当惑した。もう二度と声も聞きたくないと願っている、年老いた《中傷家で扇動者》のグラッドストンが、ディズレーリから道徳的に優位な立場をかすめとろうとしているのだ。

女王はディズレーリによって混乱させられるまで、トルコ人たちに《英国の支持は得られないと理解させるべき》だと考えていたと、ヘンリーは指摘している。しかし、この女王の考えは残念ながら《実行されなかった》。実のところ、女王の考え方はグラッドストンよりもさらに踏みこんだもので、《トルコの小公国に可能なかぎりの独立を与える》ことが《ロシアの侵攻の防御壁になる》と考えていた——ヘンリーもいい考えだと思った。しかし、こうした議論もディズレーリを全面的に支持することで頓挫してしまった。女王はディズレーリを見捨てられず、それどころか、彼を支持する意思表示として一八七七年二月には国会の開会もした。トルコ人による虐殺はたしかに痛ましい。けれども、すべての問題の根本的な原因はロシアにある。女王はそう結論を下した。

ヘンリーは、ロシアの行動の動機が自国の利益にあり——コンスタンティノープルには彼らの貪欲な視線が向けられていた——虐殺に関してもトルコとまったく同等の責任があると知りつつ、ヴィクトリアのロシア恐怖症をやわらげようと最大限の努力を試みた。トルコを非難する点ではグラッドストンの意見を支持したものの、彼の好戦性やロシアを擁護する姿勢には共感できなかった。ヘンリーには《ディジーの言わんとするところ》が理解できた。《トルコ人をヨーロッパから追放する》など、どだい不可能であり、いずれにしてもトルコがロシアに対する防波堤として重要な存在であることに変わりはなかった。ここが妻のメアリーとの相違点でもある。メアリーはグラッドストン同様、辛辣な反トルコ派だった。《わたしも反トルコという点ではきみと同感だ。ただ、親ロシアとなると話は違う》ヘンリーは妻に言った。《きみと陛下に挟まれていると、どうも反論しにくい。一方にきみがいて、正反対の方向に陛下がいる。わたしの基本線は反トルコ、反ロシアだ。野蛮人をひとりやっつけるのに、別の野蛮人の腕のなかへむやみに飛びこんでいくようなまねはやめたほうがいい》

ヴィクトリアは東方問題に熱心に取り組んだ。ヘンリーは女王が《東方に深い関心を抱き、命令や通信を絶え間なく発している》と書き残した。これについては、一八七六年にビーコンズフィールド卿となったディズレーリの影響と、彼が常に女王に相談し、問題に参加させていたこと――あるいは参加させるふりをしていたこと――が大きい。女王は、セオドア・マーティンの『王配殿下の生涯』の第二巻を読み終えたばかりとあって、この問題がやはり充分な情報を得られていたクリミアの再現になるのを何より恐れていた。そこで顔をのぞかせるのがロシアへの不信と怒りだった。女王は首相同様、トルコのために戦うつもりはなく、彼らを支援するのはロシアを封じこめるためだと信じていた。《女王が男性として生まれていれば、ひと言たりとも信用ならないロシア人たちに手ひどい一撃を加えてやるのですが》とディズレーリに書き送っている。

ヘンリーは、ヴィクトリアがいきなり外交問題に目覚めたことについて複雑な心境だった。これまでは女王の注意と関心を喚起しようと懸命に闘ってきたものの、実際に女王が強い関心を持ったとたんに脇に置かれてしまったのである。異議を唱えた秘書官に居場所はないように思われた。政府の政策を批判した勇気のために、ヘンリーは冷遇されている。その《兆し》をヘンリーはウェルズリー主席司祭から聞き、《陛下はわたしが黙っているべきときに、グラッドストンの肩を持ったことに胸を痛めているそうだ》と書き留めている。

ヘンリーはまた、リリー・ウェルズリーがウィンザー城のスロープを歩いているあいだに、妻のメアリー・ポンソンビーに語った内容などを記録した。《彼女が言うには、陛下はわたしたちの「進歩的な思想」を問題視しているそうだ。その後、今度はレディ・イーリーが妻に、陛下はわたしが微妙な問題で自由党の側に立ったことを嘆いており、妻がそうさせたのではないかと心配していると言った。妻は、自分は夫に影響力を駆使したりしていない、自分がときに陛下に対して思いを口にすることがあっても、夫が政府に逆らうなどありえないとやや強い口調で反論した。レディ・イーリーは謝罪した。後日、ビーコンズフィールド卿はわたしに言った。「きみがわたしに賛成していないのは知っている。だが、きみがわたしの言葉を正確に伝えてくれていることを、わたしは疑っていない」》

一八七六年六月、ジェーン・イーリーは限界に達していた。彼女が限界を訴えたのはこれが初めてではない。一八七二年、長年にわたってほぼ常に女王に付き添っていたために体調を崩し、ひとり息子と一緒の時間をもっと持ちたいという切望がつのっていたこともあって、レディ・イーリーは辞任を申しでた。しばらく宮廷に顔を出さないでいたところ、ドクター・ジェンナーが説得に訪れた。

ジェンナーは、女王がレディ・イーリーの健康状態に同情しているとしたうえで、《陛下にとって完全に信頼できる女官、家族の問題からほかのことまで、すべて話せるたったひとりの女官がいるということがどれだけ重要か考えてほしい……いいかね、いまの女官たちは出仕の時間が短い。それぞれの性格や家庭事情を考慮しても、誰ひとりとしてそんな重要な役を果たせる者がいないんだ。考えれば考えるほど強くそう思う。たったひとり、同じ人物にしか務まらない仕事だ。そうしたレディを望むこと自体が、不安や切望や負担となって陛下にのしかかる。それらが、じきに陛下のお体に表れてくるのは間違いないんだ》と告げ、《陛下のために特別な奉仕を捧げる》ことができるのはレディ・イーリー以外に考えられないと主張した。仕事を続けた場合の女王からの譲歩案も用意された。公式謁見会とディナーの仕事はしなくてもいい、散歩や馬車での外出には付き添わなくていい、ウィンザーの自室――ヴィクトリアタワーのかつてサラ・リトルトンが暮らしていたのと同じ環境の部屋――も低い階に移す、息子はいつでも好きなときに訪ねてきていい。譲歩案を並べたあと、ジェンナーは極端なことを言った――もし仕事を辞めれば、子どもが結婚したあとは《孤独で目的のない》人生が待っている。宮廷に残れば《友人もいるし、満足するまで休める静かな環境もある……そして何より、本物で重要な生きる目的がある》話の趣旨は明白だった。レディ・イーリーの健康と生活は、女王のそれと比べれば取るに足りないものなのだ。彼女の義務がどこにあるのか、それは疑問を持つことさえ許されないものだった。

その翌年、腫れ物を除去する手術から回復療養中のレディ・イーリーは、秋のバルモラル行きに参加できそうもなかった。すると、今度は女王がじきじきに説得に乗りだした。ヴィクトリアは何が何でもレディ・イーリーを失うつもりはなかった。彼女は慣れているし――女王は慣れにすがっていた――かぎりなく命令しやすかった。レディ・イーリーの《長い不在》は、女王の心に《人生の晩年への不安と恐怖》をもたらした。レディ・イーリーは喜んで忠誠を尽くすと誓った。だとしたら、一年のうちの二、三カ月も休めば充分なはずだ。それが《病が入りこんで、すべてを揺るがして》いる。彼女の代わりになるレディなどどこにもいなかった。レディ・チャーチルは家庭の都合があって宮廷で長時間を過ごすわけにはいかない。ホレイシア・ストップフォードは体が弱かった。《わたしを助けるのは公務に近いものです。あなたのように親切でやさしく、親身に付き添い、しかもわたしを長く知っている者がそばにいるというのは、わたしにとってとても大きな助けになるのです》一八七三年、レディ・イーリーは義務に屈服し、年に四カ月の休暇を得て宮廷に残ることに同意した。しかし、一八七六年まで状況はそれまでとほとんど変わらず、彼女は忠告を求めてトマス・ビダルフに相談した。レディ・イーリーはこのままでは仕事が苛酷すぎて《死にかねない》こと、出仕は一度に六週間が限度なこと、また女王が息子の訪問を拒絶しつづけていることを訴えた。

《東方問題》がすべての《内政問題》を凌駕したわけではない。一八七六年の秋、ヘンリーはあいかわらず続くバルモラルでの争いや、その他の《厄介事》にさらされていた。バグパイプ奏者のひとり、リーズを首にする仕事も残っていた。リーズは何度か出仕しているあいだに酔っているところを見とがめられ、その後ベアトリス王女の前にいきなり姿を現して（酔った状態で）王女を怯えさせた。これにはさすがの女王も許せないと解雇に同意した。レディ・イーリーはヘンリーのもとにやってきて、仔馬を酷使しすぎなのではないかという女王の懸念を《ほのめかした》ヘル・ザールは使用人たちのための舞踏会への参加を拒否し、レディ・イーリーに対して《一八六九年九月の規則ができた原因が、彼の舞踏会への参加を妨げている事情に似ている》という謎めいた言葉を伝えた。これは一八六九年に起きた《仔馬事件》を指している。女王が、レオポルド王子の家庭教師のロビンソン・ダックワース牧師、エドガー・ベーム、そしてヘル・ザールの三人を、乗馬の技術が未熟であるゆえに仔馬に乗せないと決めたのがことの発端だ。女王はヘンリーに伝達役を命じ、その後、禁じられた者たちが猛反発したのだった。実際にはヘンリーが指摘するとおり、ザールは一八六九年以降に何度か踊っている。ヘンリーはザールが欠席を宣言した舞踏会に参加した。東方問題に関する暗号文をつくるために舞踏会を数時間抜けだしていたヘンリーは、戻る途中で《少々とげとげしい気分》になり、彼が女王とフーリガンダンスを踊る頃にそれは頂点に達した。

その後、女王はドクター・ロバートソンの後任で、新しく土地管理人となったドクター・プロフェイトの扱いをめぐって熱心な運動を繰り広げた。プロフェイトは《善良で正直で、ある意味では粗野な男性》で、ロバートソンのような紳士ではなかった。しかし王室に仕える者たちと家族に対しては驚くほど俗物的な上流意識が希薄な女王は、彼が紳士として扱われるべきだと考えた。皇太子に対して、プロフェイトをアバーゲルディでのディナーに招待するよう望んだのである。皇太子はなぜ女王が招待しない者を自分が招待できるのかという理由で、この希望を拒絶した。女王は怒って招待はするつもりだったと主張し、皇太子の友人たちよりもプロフェイトのほうが立派だとなじった――むろんそれを伝えたのはヘンリーだった。続けてホレイシア・ストップフォードがヘンリーのもとに《ロバートソンとプロフェイトの地位》に関するメモを持ってきた。そのメモには《ひとりの父親は靴職人で、もうひとりの父親は農民です――けれども、そんなことが関係あるでしょうか》と書いてあった。ヘンリーはこの問題がこのまま沈静化してくれることを期待したが、女王が皇太子にプロフェイトを狩猟に誘うよう求め、皇太子がふたたび拒絶したことで問題は再燃した。ヘンリーは非難の応酬の結果を簡潔にまとめている。《ようやく陛下が、それでは自分が皇太子に会うと言った。わたしはそれがいちばんだと答えた。女王は実行した。お子さま方全員がいつも陛下に会うと震えあがるように、殿下も震えあがり、陛下の要求をすぐに受け入れた。わたしがこれからは伝言よりも直接会われるほうがいいのではないかと言うと、陛下は同意した。これからはわたしが伝えなければならない不愉快なほのめかしが減るといいのだが》

そのあいだも東方問題は続いていた。一八七七年四月、ロシアがトルコに宣戦布告し、ヴィクトリアの最悪の予想が裏づけられた。王室に仕える女性たちはトルコ兵のために包帯づくりを開始し、未婚の女官たちは寄付を求められた（ミス・ストップフォードとミス・ラッセルズから、むしろロシアを支えたいという相談を受けたヘンリーは、《インドに寄付してしまったので金がないということにすればいい》と忠告した）。ヘンリーはグラッドストン派の親ロシア派で愛国者ではないというレッテルを貼られた。トルコのために戦うつもりはなく（ディズレーリもそう主張していた）、もちろんロシアを支持していない彼は不公平な批判だと感じた。誘導弾のようにまたしてもウェルズリー主席司祭がやってきて、女王がヘンリーの《ロシア好き》と《グラッドストンへの支持》、そして何より《陛下への共感の不足》を女王が不愉快に思っていると知らせてきた。ヘンリーは苦悩した。こうした中傷の出所はどこなのだろう？　ディズレーリだろうか？　本来は秘書官の仕事である女王の通信の管理を手伝っているレオポルド王子だろうか？　出所はじきにわかり、皇太子だったと判明した。

バルモラル城で、思っていることも言えず、ディズレーリに対する批評を口にするわけにもいかず、《政府とは違う考え方もある可能性を示唆する》こともできず、《共感の不足》を責められないようにするためとはいえ、ヘンリーは口をふさがれた心境だった。しかも口をふさがれただけではなく、暗闇に放置されている。彼とビダルフにもたらされた情報といえば、フランス語教師のマドモアゼル・ノレルから聞いた、ダービー卿（外務大臣）の辞任――ディズレーリの戦争指導に抗議するための辞任――くらいのものだった。ディナーの席でも《グラッドストンについて話してはならないとされ、話せばジェンナーが駆け寄ってきて個人的な悪口をがなりたてる状況では、話しても意味がない――だからわたしは黙っている》という状態だった。メアリーとの《健全で活発な議論》が懐かしく思えてならなかった。

レディ・イーリーがやってきて、《陛下がわたしにビーコンズフィールドを好きになってくれるよう望んでいる》という伝言を聞かされるのも避けられないことだった。《わたしが、彼のことは知人のなかでもっとも陽気な人物のひとりだと思っていると答えると、レディ・イーリーはそうではなく、陛下が求めているのは好きになってくれることだと言った。「では、愛することにします」と伝えてくれと答えると、彼女は「違うのです、ポンソンビー大佐。陛下は大佐が政治的に首相を好きになってくれることを望んでいらっしゃいます」と言った。「では彼が陛下と違う意見を持つようになったら、わたしは政治的に彼と陛下のどちらを好きになればいいのだろう?」と尋ねると、レディ・イーリーは答えてもらえないのですねと言った》主席司祭から警告の手紙も届いた。《通信の内容に気をつけて……手紙もおもしろみのない中立な内容にするべきだそうだ》ヘンリーはメアリーに、ディズレーリは女王に《強いトルコ》を信じさせたと伝えている。《だから些細な口出しでも厳禁だということらしい。彼はわたしの口を封じて黙らせた……この問題には別の見方もあり、彼が国を迷走させていると思っているからこそ首相に賛成しない者がいる事実を、陛下が知るべきではないという状況はつらい》

一八七八年三月、トルコはサン・ステファノ条約の受諾を余儀なくされ、ロシアはクリミア戦争で失った領土をすべて取り戻すという、女王と女王の賛同者たちが受け入れがたいと感じる大きな成果を得た。三カ月後、ベルリン会議によってロシアは条約の修正を強いられた。この間、ヴィクトリアはレオポルド王子とレディ・イーリーを閣僚との伝令役に用いることを好み、ヘンリーはほぼ完全に疎外されていた。事実を知らされず、閣僚たちとの接触から排除されてどうして正しく仕事ができるのか? いらだちがつのったヘンリーはレディ・イーリーに抗議した。《陛下からの命令を受けるときと受けないときがある。問題の処置を聞かされるときと聞かされないときがある。ミス・ノレルから情報を聞かされるときもあれば、ザールから聞かされるときもある……わたしの進言は情報が半分以下か、あるいはまったく得られない状態で組みたて

られたものにすぎなかった》
以前《閣僚たちと自由に話せていた》とき、ヘンリーはたまにいらだちを感じながらも秘書官の仕事を楽しんでいた。しかし、それも過去の話だ。バルモラルでめったにない快晴の日が訪れても心は躍らず、メアリーとの《緊張感のあるふざけあい》が恋しく思えるばかりだった。英国のためにキプロスを得たディズレーリは、意気揚々とベルリン会議から戻り、ビスマルク（ディズレーリが言うには、あらゆる意味で大きな男）の《結婚するなら不器量な女性にかぎる。あとは毎日美しくなっていくだけだ。美人と結婚したところで、日々衰えていくのを目にするばかりだ》という言葉を紹介した。《ビスマルクはそう思っても》ヘンリーは書いている。《わたしにはそう思わない理由がある》
メアリーとの別離を後悔する思いは強くなり、頂点に達していた。《きみは外界で何が起きているのかを見せてくれる目だ。きみには何でも相談できるし、誰よりも価値のある忠告を与えてもらえる。言葉にできないほど愛している。きみと離れていなければならないのはわたしの人生で最大の不幸だ。一緒にいられるなら、すべてをなげうってもかまわない。そう思うことが増えている》この後悔は一方的なものではなかった。《あなたをとても恋しく思っています。いつも少ししか一緒にいられず、すぐにお別れを言わなくてはならないのは苦しみにほかなりません》ヘンリーへの返事をしたためた現存する数少ない手紙のなかで、メアリーはそう記している。
一八七八年九月、王室出納長官のトマス・ビダルフが急死し、ヘンリーは深く悲しんだ。意見の違いこそあったものの、ビダルフとヘンリーは真の同志だった。皇太子にねじこまれたヴィクトリアがヘンリーを王室出納長官とし、秘書官にディズレーリの秘書官だったモンタギュー・コリー（のちのロートン卿）をあてようと考慮したのは、この時期のヘンリーと女王のあいだの距離感を示しているかもしれない。当然、ヘンリーはそんな処遇を受けるなら辞任すると伝えた。女王はヘンリーにいらだっていたものの、彼を失いたくないとも思っており、またコリーが《快楽主義者》なのではないかと疑っていた。

ドクター・ジェンナーを通じ、ヘンリーは副秘書官をふたりつけるという条件で秘書官と王室出納長官の兼務を依頼された。これは昇進には違いなかったが、望むものではなかった。ヘンリーは自身のための昇進には関心がなく、国王に仕えることにともなう名誉にも興味はなかった（一八七九年にはしぶしぶ騎士の称号を受けている）。仕事の量が増えると予想されるうえにさして興味のわく職務でもなく、五三歳になっていたヘンリーは家族と一緒の時間と〝外界〟で過ごす時間を切望していた。仕事を受ければ政治問題に加え、使用人の給金や年金、女王の所領や王室手許金などの財務問題にも責任を負うことになる。しかし、拒絶するという選択肢は彼の頭には浮かばなかった。義務と奉仕の精神が承諾するように命じていたからである。ヘンリーは依頼を受け、二〇〇ポンド増えた一七〇〇ポンドの給金で王室出納長官と秘書官の仕事を兼務することになった。セント・ジェームズ宮殿のなかにロンドンでの仮宿（ビダルフの家政婦が管理していた）も用意され、女王がロンドンを訪れるのはまれだったので、メアリーはまたひとつ夫の仕事の恩恵を受けることとなった。

副秘書官の選任に際しては、ヘンリーの自由な裁量というわけにもいかなかった。提案したある侍従武官はヴィクトリアに《粗野すぎる》として、エルフィンストン（アーサー王子に仕える人員の責任者）は《指導的立場にこだわり、自分を前面に出しすぎる》と断られた。カウエル（家政事務官）も女王に嫌われていたために却下され、結局、フリートウッド・エドワーズとアーサー・ピカード（それぞれアーサー王子とレオポルド王子の侍従武官）のふたりに決定した。体の弱かったピカードが数年後に亡くなると、その後任にアーサー・ビッグが選ばれた。

新たな仕事について数カ月は平穏な日々が続いたが、ヘンリーはメアリーに孤独を訴え、ビダルフの不在を嘆いた。彼の新しい職務は《首相との折衝から、洗い場担当の女中の年金まで》多岐にわたり、前者は大いに楽しめたものの、後者はそれほど好きになれなかった。少なくともレディ・イーリーが宮廷を離れた数カ月のあいだ、ヘンリーと副秘書官たちは女王とじかに接することができた。《レディ・イーリーが復帰して意味不明な伝言を届けてくるようになり、以前わたしとビッズで試みていた分割統治の体制がふたたび動きだしたとき……当然のように厄介事が起きはじめた》

気心の知れた同僚たちはヘンリーの仕事の負担が軽くなるよう配慮してくれたが、王室に仕える人員のなかにそうした者は少なく、彼は政治的にだけでなく、精神的にも孤立感を深めていった。すぐ忘れてしまうような簡単な会話しか交わさなかったものの、レディ・チャーチルには好感を覚えた。ブリッドポート卿は《頼りになる》人物だった。しかし、腹を割って話ができる相手となるとほとんどいなかった。サー・ジョン・カウエルのような人物とは共通点が何ひとつなかった。カウエルは礼儀正しく、背筋がぴんと伸びた元軍人で、正しさの権化と言ってもいい人物だった。過剰なほど敬虔でユーモアのセンスも乏しく、自分の職務に恐ろしいほど真剣に取り組み、ごみ箱の紛失といった些細な問題ですら大騒ぎした。一八八一年にウィンザー城で二四個のごみ箱が忽然と姿を消した事件がそれにあたる。

あるときヘンリーはウィンザーの聖職者であるチャールズ・コートニーから、「王室行事日報」に自分の名前を載せるときは敬称である《レヴ（Rev）》か《オン（Hon）》をつけてほしいという正当な申し出を受けた。ヘンリーが日報の責任者である家政事務官のカウエルにその話を伝えると、彼は大げさな反応を示した。《カトリックの陰謀か何かを嗅ぎとったらしく、命令を受けないかぎりはそんなふうに呼ぶことはできないと言いだした。わたしは、敬称などは決まり事であって、わたしには何の意図もないと答えた》。カウエルはひとしきり考えたあと、コートニーの敬称について、女王に長い手紙を書いて指示を仰いだ。女王からの返事は、《彼がどのように呼ばれようと、女王の関心のあるところではありません》という簡潔なものだった。ルイーズ王女によると、カウエルが使用人の飲酒を規制しようとしているという話をジョン・ブラウンに聞いてから、女王はカウエルを要注意人物として警戒していた。

一八八一年、ヘンリーは、新たに王室に仕えることとなったドクター・ジェームズ・リードと出会い、ようやくビダルフがいなくなってできた心の穴を埋められる相手を見いだした。リードは独立した精神を持ち、王室崇拝とは無縁であり、宮廷と女王の滑稽な面を笑い話にする能力を持った人物だった。

第18章　常勤の医師、ジェームズ・リード

一八八一年四月、ヴィクトリアはオズボーンハウスで、もともと弱かった体がいよいよ限界を迎えようとしていたディズレーリに関する報告を心配しながら待ち、厨房からチキンコンソメをヒューエンデンの邸宅にいる彼のもとへ届けさせるよう命じた。ディズレーリの死は女王を打ちのめした。女王は《彼ほど親切で忠実な首相はおらず、また数少ない真に誠実な友人のひとりでした。愛情あふれる共感、賢明な忠告――仕事以外の場においてもすべてが貴重でした……わたしに訃報を伝えた忠実なブラウンも深く沈んでおりました》と悲しみを手紙にしたため、ロートン卿に送った。レディ・イーリーによると、女王は《それまであらゆるお顔を見てきたのに、「最後の顔」が見られなかったとお嘆きになっています》という状態で、ひどく落ちこみ、夜も眠れない日々が続いた。

女王がディズレーリの死を悼んでいた頃、アバディーンシャーのエロンにいた三一歳のジェームズ・リードは人生を変えるかもしれない知らせに接していた。王室の常勤の医師の椅子に空きができたというのである。バルモラル城でその職にあたっていたドクター・マーシャルが辞任し、ドクター・プロフェイトが後任を探していた。女王は後任にスコットランド人を望み、訪問客などを診察するためにもドイツ語ができるのが好ましいとしており、ジェームズ・リードはこの条件に完全にかなっていた。

一八八一年、リードはエロンにある家族の家で暮らし、この年まで四年間、父親のあとを継いで地元で医

師として働いていた。地元の学校で優秀だった彼は、アバディーン病院で野心的な生徒として、医師の訓練を開始した。さらに一八七〇年代にオーストリアに移り、当時医療を学ぶ中心地だったウィーンで、ドイツ語習得のために家庭教師の副業をしながら、医療の勉強を続けた（フロイトも一八七六年、この地の医療学校に入学した）。一八七七年に医学の勉強を終えたリードは、開業医の父のあとを継ぐためにエロンへ戻った。その後、エロンに根づいた生活を送りながらも、リードはそれを越える野心を抱きつづけていた――彼は優秀であり、頭脳明晰で人からも好かれる性格をしていて、おそらくたんなる町医者以上の何かになるという運命を感じていた。ドクター・プロフェイトの知人だったおじを通じて王室の仕事の話を聞いたとき、リードはその機会を見いだした。

一八八一年六月、ヴィクトリアは日記に《エロンのドクター・リードに会いました。ウィーンで二年間学び、いまはアバディーンで名誉ある仕事をしています。申し分のない推薦状もありました……ドクター・マーシャルの後任を希望しています。臨時でも本採用でもかまわないそうです》と記している。侍医長のドクター・ウィリアム・ジェンナーとの面接を経て、リードの採用が決定した。リードは女王、滞在中の女王の家族、王室に仕える貴族の男女、女王のお付きの者、ハイランドの使用人たちとその他の使用人たちを、求めに応じて診ていくことになった。また、医療に関するすべての事項をドクター・ジェンナーに報告するとされた。

女王の医師たちは階層に分けて構成されていた。いちばん上にあたるのは内科、外科のそれぞれの侍医（通常三人ずつ）で、普段は相談役として機能し、ときに実際の医療行為にあたる。その下にいるのが内科、外科の特別任用医で、これはいずれ侍医に昇格する者があてられる。その下に外科薬剤医として知られる薬剤医たちがいて、王室に仕える人々に対して実際の医療行為をする。リードの同僚にあたるのはウィンザー城の外科薬剤医のドクター・ジェームズ・エリソンとオズボーンハウスの外科薬剤医のドクター・ウィリアム・

ホフマイスターだった。ただしバルモラル城では、外科薬剤医というよりも常勤の医師という存在となった。リードの立場は特殊なもので――彼は女王個人に付き添う最初の医師となり、バルモラル城だけではなく、国内外の移動にも同行することとされた。一八八七年に特別任用医となり、一八八九年に侍医となったあとも女王のそばに付き従いつづけた。

ドクター・リードの仕事は一八八一年七月にウィンザー城ではじまり、四〇〇ポンドの給金と六週間の休暇による三カ月の臨時雇いと決まった。ロングウォークを見おろすヨークタワーの二階の《素晴らしく快適な空間》が彼に与えられた部屋だった。朝食と昼食はほかの王室に仕える面々と一緒にとることを認められていたものの、当初夕食は別とされた――医師の地位は低く見られていたためである。リードは落ちこむこともなく、自室でディナーパーティーを開きはじめ、すぐに女王の知るところとなった――女王は《ドクター・リードはディナーパーティーを開いているようですね！》と言った。やがて王室のディナーにも招かれるようになり、一八八五年にはウィンザーの制服を着ることを許された。この制服は袖口と襟が真紅で、金ボタンのついた燕尾服という王室の制服とは対照的なものだった。

新人の常勤の医師は小柄で立派な髭をたくわえ、青い目をして、話し方にはいくぶんアバディーンの訛りがあり、生涯この特徴は変わらなかった。ヴィクトリアはリードの率直さとあけすけな物言いというスコットランド人気質を買っていた。ジェンナーとは違い、リードは場合によっては女王との口論も辞さなかった。また女王はほかの女性たちと同様、リードの同情心を気に入っていた。陽気で楽しく社交的ということもあり、リードはじきに同僚たちの人気を集めるようになった。女官たちは王室に仕える者には珍しい、リードの開放的な性格に驚いた。ヘンリーの息子のフリッツ・ポンソンビーはリードの魅力について、《彼はいつも筋が通っていてユーモアがあり、楽しい話し相手でした……おそらくほかの誰よりも女王を導いていたのではないでしょうか……彼の王室崇拝のなさ、木から葉を払い落としたり、無造作に物を置いたりする仕草。

彼のそうしたところがいつもわたしを楽しませてくれました》という感想を残している。

《医学なんて犬にでもくれてやって、バーナム〔バーナム・アンド・ベイリー・サーカス〕を見に来い。ボックス席にきみの席がある》。ヘンリー・ポンソンビーからの一文だ。およそ二〇歳の年齢差がありながら、ふたりはあたたかい友情を築いた。ユーモアでつながった絆ほど強いものはない。リードとならば、ヘンリーも冗談を言いあえた。リードはときおり、エロンに近いスレイン城にエロール家とともに滞在するよう招かれた。レディ・エロールは女王の寵愛を受けている女官であり、夫のエロール卿はリードの見るところ《完全に異常者》で、明らかに病的かつ不合理な嫉妬を会ったこともないヘンリー・ポンソンビーに対して抱いていた。スレイン城から戻ったリードはヘンリーに、朝の六時にエロールに起こされて屋内運動場に連れていかれた話をした。《鉄棒で二〇回ほども回ってから、汗だらけで息を切らして床におりたあと、彼は「ポンソンビーにはできないだろう！」と言ったそうだ。リードはわたしの名前を一度も口にしていなかった。同じ日の夜、彼は「わたしには子どもが五人いる——いちばん上と下の年の差は二五歳だ——ポンソンビーにはできないだろう！」と言った。まったく、ありきたりな文句だ》と、ヘンリーはそっけなく記している。

《午前一〇時四五分から午後一時まではドクター・リードの外出の時間とします。ただし、女王がそれより前に午後五時から八時近くのあいだに会うことを求めなかった場合にかぎります。何かの機会があって外出を希望する場合は、できるだけ早く願いでること。以上は通常の勤務時間についてです。けれども、女王の具合がすぐれない場合やそのほかの用件がある場合、女王と会うまでは勤務を終えても帰宅しないようにという指示が勤務時間内に出ることもあります。これは勤務にあたる医師全員が同様であり、肝に命じておかなくてはなりません》これが一八八一年八月、リードが初めて受けとった女王からの手書きの命令だ。点や線が多用されていて非常に読みづらい。明確でありながら意味の通らないところもあり、それでいて強い調子はよく伝わってくる。

リードの仕事でいちばん重要なのは女王の健康管理だ。彼は一日に何度か女王を診察し（最後の診察は夜の一〇時半）、それが毎日続くのだが、聴診器は使ったことがなく（女王が毛嫌いしていた）、ベッドで臥せっているのを初めて見たのは亡くなる直前だった。実際、リードが担当となったときに六二歳だったヴィクトリアは日頃健康で、実際に治療を施さなければならなかったのは軽い病気にかぎられていた。女王は無蓋馬車での外出がもたらす冷えと湿気でリウマチを悪化させていたものの、それについてはフランスのエクス・レ・バンから定期的に呼ばれるマッサージ師で、「ラバー」の名で知られたシャルロット・ヌーテが受け持っていた（リードは彼女を短気で手に負えないと考えていた）。また、消化器官の具合も順調とは言えなかったが、原因が驚くほどの食事の量と食べる早さにあるのは明白だった。ときおり陥る不眠に関しては、リードはドーフル散を控えめ（アヘンを含んでいるため、《癖にならないよう》と彼は書いている）にか、少量の臭化アンモニウムとヒヨスのチンキを処方した。女王がベッドに向かうのは午前一時半頃で、それから《ドレスを脱ぐ》のに一時間ほどかかるため、リードはもっと早くベッドに入ればよく眠れるのではないかと思っていた。夜中に目を覚ました女王はかならず衣装担当の女中を呼ぶので、これが女中たちの寝不足の原因となり、やがて《神経衰弱》の状態に陥った彼女たちはドクター・リードのもとへ相談に訪れた。結論として、リードはヴィクトリアが食べる量を減らし、もっと早くベッドに入れば、軽い病気のほとんどもおさまると考えた。

女王はすぐにこの新しい医師を頼りにするようになった。医師としての活動のためではなく、安心できる存在だからであり、相談相手になるからである。短い休暇のあいだ、リードはエロンに戻ることを好んだ。

実家で母親の庭園の作業を手伝ったり、壁に絵をかけたり、家の修繕の監督をしたりするのだが、そこまで女王のメモが追いかけてくるのが常だった。女王の声が《かすれた》、よく眠れない、脚の調子が悪い、指が腫れた、排泄が順調でなく《急なさしこみ》が起こる気がする、軽いカタル〔喉や鼻の粘膜の炎症〕にかかった、目がかゆいのだが目薬をさす者がいない、やや〝不安〟を感じる、といった用件である。

リードの休暇はバルモラルへの呼び出しで中断されることがよくあり、一八八五年九月にも女王から声が《かすれて》いて、肩に痛みがあるとの呼び出しを受け、彼は城に戻った。このとき、女王を診察したリードは特に異状を認めなかったが、ジェンナーに――常にリードに堅実な忠告を寄せ、精神面での支えとなった――女王が《強い不安を感じて》おり、心臓がおかしい気がすると訴えていると報告した。むろん異状の兆候はなく、女王が嫌がる聴診器を使いたくなかった彼は《重曹と炭酸アンモニウム、ジンジャーを日に二、三回、食後にのむことと、ときどき朝食で塩を少量とる》よう勧めた。ジェンナーは問題が《たんに消化不良でガスがたまっている》のではないかと疑い、以前《クランベリータルトとクリームの食べすぎで大変な消化不良になり、サー・ジェームズ・クラークに「二度と食べてはいけません」と言われた女王がひどく不機嫌になった》出来事を思いだした。リードがエロンに戻ると、その後も頭痛や目の痛み、腰の痛みを訴えるメモがつぎつぎと届いた。じきにリードは、女王の不安は肉体的というより精神的なものに根差しており、そうした不安は《家族間の口論や誤解》や内政問題がきっかけで誘発されているのに気づいた。そんなとき、女王は医療行為よりもむしろ相談と慰めを必要とした。ヘンリー・ポンソンビーと同様、リードもまた、女王が《一般の人々と同じ尺度では測れない》存在であることを理解したのだった。

女王のほかにも、リードは彼女の家族も担当しており、一八八五年にバッテンベルク公爵家のヘンリー公子と結婚したベアトリス王女の出産や、バッテンベルク家の子どもたちの病気、《偉大なる退屈者》と呼ばれてアヘンの常習者となったクリスチャン公子妃（ヘレナ）の心気症、コーブルク公爵（前のエディンバラ公爵）のアルコール依存症の治療などに携わった。ときには大事件も発生した。一八九一年のクリスマスにクリスチャン公子がコノート公爵に目を撃たれ、リードは女王の眼科医であるジョージ・ローソンが眼球の摘出手術をするのを手伝った。彼はあとになって衣装担当の女中のアニー・マクドナルドから女王の反応を聞き、その話を記録した。当初は手術に反対し、説得によってしぶしぶ同意した女王は《わたしたちの処置に満足されており、すべてが終わって喜んでいらっしゃる。ミスター・ローソンとは合わないが気にする必要はなく、わたしも陛下と会っても手術の話は絶対にしてはならないそうだ》

また、リードの担当には廷臣たちや使用人たちも含まれていた。おかしなことを言う家政婦や激しやすい着付け担当、落ちこんだ牧師などがみなドクター・リードに助けを求めた。しかし、リードが診察した使用人たちのなかでもっとも多かったのは、酒に関する問題を抱える者たちだった。女官のひとりに「太ったハイランダー」と呼ばれていた女王の従僕のランキンは、飲酒のせいで《暴力的な躁状態》となり、オズボーンを追われることになった（一度は復帰したが、三年後に再発した）。ウィンザー城のリネン室の責任者のミセス・チャップマンは過度の飲酒が常習化した結果、夜になると《譫妄状態》に陥るようになった。女王の各滞在先で飲酒がはびこっていたが、なかでもひどかったのがバルモラル城で、バグパイプ奏者、従僕、ランプ担当やブラウン兄弟など、日常的に酔っている者が数多くいた。伝令のスミスは飲みすぎで仕事に出られないときがあった。ドクター・プロフェイトまでもが名誉にかかわるほどの救いようのないアルコール依存症になり、リードは彼を辞めさせなければならなかった。女王のディナーでは食器が割れる音がそこかしこで響き、ワインがグラスのなかにではなく外に注がれる光景も珍しくなかった。この状況になってなお、ヴィクトリアは完全に無関心だった。女王にとって、ハイランダーたちは《酒に酔っている》のではなく、たんに《混乱している》か《恥ずかしがっている》だけだった。ランプ担当が酩酊状態をとがめられたときもすぐに彼を擁護し、バルモラル城のランプ担当はふたりとも《酒とは無縁の状態》にあって警察が嘘をついていると強硬に主張した。ヒュー・ブラウンがアルコール依存症で死んだときも、女王はリードに王室に仕える人々には知らせないよう〝命令〟した。

リードはヴィクトリアの心の広さに驚かずにはいられなかった。《使用人の飲酒問題に関する陛下の寛大さは信じられないほどだ。またもや問題が起きるたびに、わたしに誰にも、特にサー・ヘンリー・ポンソンビーとサー・ジョン・カウエルには知らせるなと釘を刺す。陛下は誰も何も知らないと思っているが、現実には王室の奉仕者のなかに知らない者などいない。罪は何ひとつとして見逃されてはいないのだ》と書いている。多くの点で極度に自己中心的で過剰なまでに厳格な未亡人である一方――何も考えずに着付け担当や衣装担当の女中を時間もかまわずに呼びだしたり、リードの貴重な休日をすぐに底の割れる口実で中断させたりする面があった――女王は使用人たちに関するかぎり、飲酒や盗みや賭け事といった不品行に対し、おかしなほど寛容な面を見せた。下々の者を擁護することが多々あり、女王の子どもたちや王室に仕える者たちが犯す小さな罪は調べもせずに放置されていた。

ドクター・リードの権限は幅広く、医療にとどまらなかった。一八八五年三月、彼はドクター・ジェンナーに、ヘンリー・ポンソンビー宛の手紙――閣僚の目に入る可能性が高い手紙――を書くよう依頼した。その手紙は女王の健康面から外国行きの必要性を訴えるもので、内容は《健康上の理由で、すぐに出発しなければなりません……陛下は体を休める場所に身を置かなくては倒れてしまうかもしれないと考えておいでです》というものだった。ヴィクトリアは自身の健康を自分の都合のための切り札に使い、それを恥だと思っていなかった。今回はこの手法が功を奏し、女王はエクス・レ・バンへの旅に出ることになった。リードはプロイセン皇太子妃〔ヴィッキー〕から夫の健康状態の相談を受ける（喉頭癌だったフリッツは一八八八年に皇帝となったものの、その九八日後に亡くなった）か、あるいは女王が自分のマットレスを持参するつもりであり、ストーブに火を入れてはならないと厳命していることを皇太子妃に告げるといった、深刻な対応を求められる可能性もあった。しかし、たんに一八八七年に宮廷に入ったインド人の使用人たちへの土産に手袋を買いに行かされるか、女王の犬の世話をするといった雑用を命じられるだけですむかもしれなかった。とはいえ犬は女王の重要な関心事で、女王が愛してやまない一六年間生きたコリー犬、ノーブルがバルモラル城で死んだとき、リードは泣いている女王に深夜まで付き添い、ノーブルの埋葬に関する指示を受けてから、午前一時前にようやく、いつもよりやや強めの睡眠薬を置いて退出したのだった。ノーブルの埋葬方法は四三年前にアルバートのグレイハウンド犬、エオスが死んだときと同様にするとのことだった。《墓は煉瓦造りにするように。布で包んで棺に入れ、棺のなかにはリードと木炭、それからコインを一緒に入れること。わたしが場所を探すわけにもいかないでしょうから、ドクター・プロフェイトにきいてみてください》というのが指示の内容だ。

ヘンリー・ポンソンビーが不在のときには、リードが不愉快な伝言を運ぶ役まわりを引き受けることもあった。一八八五年のバルモラル城でヘンリーがメアリーとエクス・レ・バンに湯治に出ているあいだ、リードはヘンリーに《あなたはいま、空気が電流でぴりぴりし、しかもそこかしこで停電が起きているバルモラルから遠く離れています》と羨望をこめた手紙を送った。手紙によると、女王がリードに、狩りに出たがっているヘル・ムーター――ヘル・ザールの後任で同じくらい神経質――に出てはならないと伝えるよう命じた。リードが言われたとおりにしたところ、ムーターは反発して辞任するとリードを脅し、昼食への出席を拒否して、女王とのディナーに招待されるまでへそを曲げつづけた。

この一件以外にも、リードはもめている女官たちのあいだに入って事態を解決しなくてはならないこともあったし、使用人の不満を解消してやらなければならないこともあった。こうした事例は本来であれば、完全に家政事務官の職掌である。しかし、ドナルド・ブラウン——ブラウンの弟のひとりで、もめごとを起こすことで知られていた——が《隣人の庭師の悪意ある行い》のためにオズボーンから異動したいと申しでたとき、それを女王に伝えたのもリードだった。ドナルドの要請は認められてウィンザーで新しい仕事が用意されたが、結局そこでも非協力的で反抗的な態度は変わらなかった。女王はこれをいたく不満に思い、リードに手紙を書いた。ドナルドの仕事は軽いものにもかかわらず、彼は不平を唱えるばかりである。彼は兄〔ジョン〕への〝配慮〟の一環として新しい仕事を与えられたのに、同じ仕事をする者たちのなかでもっとも《気ままに》振る舞っている。しかもそれでもなお《満足せず、似た仕事をしているほかの使用人たちの悪い例》になっている。ゆえにもしドナルドが家政事務官の指示に従わないのなら《年金を与えて退職》させなければならず、女王としては彼の兄のために非常に残念である。以上を《明確に伝えなくてはならない》というのが手紙の内容だった。結局、ドナルドはリード宛に《金曜に辞職します……わたしがいなくなることですべてのご不快が消えるよう願っております》という手紙を書き——オーストラリア行きの船便を予約した。

やがて、インド人の使用人たちに対する責任が、リードの仕事のなかでもっとも時間を取られ、もっとも疲れさせられる仕事となっていった。きっかけは、一八八七年にロンドンで開かれたヴィクトリア女王の即位五〇周年記念《ゴールデン・ジュビリー》式典に集まった数多くの王族たちのなかに、招待を受けていなかったものの、自分たちの女帝である女王に敬意を示そうと自発的にやってきたインド人たちの一団がいたことだ。その一団のなかから背が高く、細身でハンサムなアブドゥル・カリムと、やや太めで温厚なマホメット・バクシというふたりの使用人が、イングランドに残って女王のために仕えることになった。女王はこの新しい使用人たちに興味を引かれ、その異国情緒を大いに気に入った。真紅と金色の服を着て白いターバンを頭に巻いた彼らをテーブルのそばに立たせたり、王室の厨房で訪問客に食べさせるカレーをつくらせたりして喜ぶようになり、彼らの食事や衣服などをしきりに持ちあげた。家庭教師をつけて彼らに英語を学ばせる一方、女王自身もアブドゥルからヒンドゥー語を学びはじめるという熱の入れようだった。九月、女王はヘンリーに《ヒンドゥー語の語彙の課題》を与えて、彼らを相手にしていると自分がいかに《安らぐ》かを伝えた。そしてアブドゥルが《彼女が書いた署名のインクを乾かすのがいちばん上手》で、マホメットは《素晴らしく機転がきいて頭がいい》のだと語っている。

インド人たち――アブドゥルとマホメットに続いてやってきた者とその妻たち――はウィンザー城、オズボーンハウス、バルモラル城に建てられた小屋で暮らし、臨時の宮内官であるデネヒー少将がインド勤務の経験を買われて責任者となった。ところがデネヒーはこの仕事に対する能力が不充分であることが露呈し、結局リードが不本意ながらも《インド問題》に対応することが増えていった。

一八八七年八月、バルモラル城へ出発する間際に、リードは女王からいつものように明快にして支離滅裂な《スコットランドにおける規則》という題のついた長文の文書を受けとった。その文書には、インド人たちは朝食に際し、屋外か屋内かにかかわらず、《新しくつくる濃紺の衣装》を着てターバンとサッシュを着用する。午前一一時から三〇分間の英語のレッスンを受ける。昼食、お茶、ディナーに参加し、《赤い衣装を着て、金色か白のターバン、サッシュ》を着用する。女王が馬車でお茶に出る場合は、《外出の前後に追加の待機》をする。《外出前についでは――三〇分間とどまり、上階で待機して呼び出しのベルに応じる

――女中に代わって通信箱、手紙、その他を運ぶ》などの条項が書かれている。また女王は、インド人たちが寒さに適応できるかどうかを心配した指示も出した。《インド人たちは、最初から厚い下着を着用するのではなく、徐々に厚くしていく》。《あたたかいツイード地の衣装とズボンを……インド調につくる》。バルモラル城でインド人たちが勤務時外に着用するための毛織りのストッキング、靴下、手袋、及び靴を購入する。ターバンとサッシュは常時着用する。女王と話すときは、女王の言語習得を助けるため、ヒンドゥー語でゆっくりと話す。リードはデネヒーに渡す前に文書を清書し、最後の指示を割愛した。

そのあとも、女王からはインド人たちの食事後の行動について、《急いで部屋に帰らず、階下の回廊か階上に好きな相手ととどまるほうが望ましい》などと定めた文書も頻繁に届いた。なかでも女王が固執したのは、王室に仕える者たちのなかにインド人たちの地位を確立することだった。北方行きの旅に関して、リードは女王から《インド人たちが上級使用人と同じ待遇の車両に乗れるよう手配し、場所も可能なかぎりわたしたちの専用車両に近いところに配置すること。待遇の詳細はハイアムに尋ねること。彼らが夜に寒い思いをしないようにあらゆる手を打つこと》という指示を受けとった。女王はこうした件について、フランシス・クラーク（ハイランドの使用人の責任者）が《調整を試みる》ことのないようにとも指示した。彼が《ひどい差別主義者》で《やさしくしようとしない》ことを知っていたためだ。

こうしたすべては悪影響をもたらした。絶え間ない要求による過剰労働で、リード自身の健康状態も悪化した。長時間喫煙室にいたところでその状態が改善するはずもなく、彼は疲労と緊張が原因でできる痛みをともなう腫れ物に慢性的に悩まされることになった。オズボーンハウスでのある年の一月、リードは、クリスチャン公子（目の手術からの回復期で、常に注意を払わなければならない状態にあった）、臥せってしまったコノート公爵、手首をひねったルイーズ王女、首に重度の凝りを患った女官、ひどい風邪を引いた宮内官、眼炎にかかったインド人の使用人、インフルエンザを発症した複数のインド人たち、具合の悪くなったレディ・ビダルフ、体調を崩した子どもたちといった患者たちのあいだを駆けまわった。患者たちを訪ねて歩くリードの歩数記録計は、一日でおよそ一五キロを記録したほどだった。その間、リードはどうにかして活人画の予行演習にも参加した。彼が出演するのは『コルシカの兄弟』の決闘の場面だ。活人画は退屈だったものの、少なくとも《演じているあいだは、人々が自分は病気ではないかと考えずにすむ》という長所があった。

かつてサラ・リトルトンが監督し、王家の子どもたちが演じていた活人画を復活させたのは、バッテンベルク公爵家のヘンリー公子だった。公子は一八四四年、ダルムシュタットで行われたヘッセンのヴィクトリア（アリス王女の娘、一八七八年にジフテリアで亡くなった）と彼女のいとこにあたるバッテンベルク公爵家のルイス公子の結婚式でベアトリス王女と出会った。ベアトリスとヘンリーの結婚の申し出は、当初ヴィクトリアに冷然とした沈黙で迎えられた。この頃までに、女王にとって自分に近い者の結婚は、たとえそれが家族であれ王室に仕える者であれ、見捨てられることと同義になっており、常にそばにいるベアトリス王女を失う結果になる結婚など支持できようはずもなかった。六カ月にわたって食堂のテーブルの下でメモが交わされるなどして、女王はようやく態度を軟化させ、自分の宮廷内に家庭を構えるという条件でふたりの結婚を認めた。やがて、女王は愛想のいい義理の息子の〝リコ〟を大いに気に入るようになり、ハンサムぞろいのバッテンベルク家の兄弟のなかでもいちばんの男前だと認めるまでになった。

一八八八年の一二夜、活人画の本番が幕を開けた。最初はベアトリス、ヴィクトリア、ソロモンを演じるヘンリー・ポンソンビーが出演した『シバの女王』で、ヘンリー公子とアーサー・ビッグ、マリー・アディーンとハリエット・フィップス（ともに女官）、ミニー・コクラン（ベアトリス王女の女官）が演じた『カルメン』、

『エリザベス女王とローリー』（ベアトリス王女とヘンリー公子）、『冬物語』、『オマージュ』と続いた。いずれの作品も幕を開いてまた閉じるあいだに二場面を二回ずつ演じることになっており、衣装や舞台装置は豪華絢爛で、幕の開閉に充分な時間を取ったことから二時間以上の上演となった。

活人画に加えて、演劇も行われた――短い喜劇、ときに歌も挿入された。活人画や劇への参加は必須とされ、王室に仕える人々にとってはちょっとした職業上の危険と言うべきものだった。しかし、女王は子どもじみた情熱でこれらに取り組み、予行演習にも立ち会い、衣装や舞台装置を監督した。せりふも過激と思ったときは変更させ、王女を目立たせるために修正した。舞台の総監督は宮内官のアリック・ヨークが務めたが、彼は宮廷の紳士たちのなかでも異色の存在だった。背が低く太めで、ひと目でわかるほど女性的なところがあり、香水の香りを漂わせて宝石を身につけていた。また髭を油で整えてカールさせ、パイピングのついた服をこれ見よがしに着用し、ボタンの穴には大きなカーネーションを挿していた。ヨークは以前、レオポルド王子の侍従武官だったが、ヘンリー・ポンソンビーいわく、女王にとっての彼の《最大の長所》は、あらゆる〝男性的〟な振る舞いの欠如だった。

リードは観念して活人画に出演し、一八八九年には、初めてせりふのある役につき、バルモラル城の舞踏室で地元の貴族階級や農民、使用人たちの前で、喜劇の『退屈な男』を脚色した『消耗』という劇で弁護士のフェンネルを演じた。アバディーン劇場から借りた舞台装置で城の周囲の光景を再現し、ベアトリス王女がレディ・クラターバック役を、アーサー・ビッグが鍛冶屋役を演じた。髪と髭を白く染めたリードは予想していたよりも《うまく演じる》ことに成功し、胸をなでおろしてつぎの芝居のせりふを教える裏方仕事に回った。続いて上演されたのは『リトル・トドルキンズ』で、こちらは女王の感想によるとベアトリスとルイーズ（素人演劇に対しては批判的だった）の両王女が《素晴らしい》演技を見せたものの、ヘンリー・ポンソンビーはせりふの間違いを繰り返してあとでたしなめられた。ちなみにこのときは、従僕たちが客席の後方に配置され、拍手を命じられた。こうした行事の際は、メアリー・ポンソンビーが舞台監督に引きこまれたり、ポンソンビー家の子どもたちが役者として参加したりしたこともあった。しかし、日頃から働きすぎのリードとヘンリーにとっては、せりふを覚えるのに一週間を費やし（少なくとも活人画ではこの手間はなかった）、予行演習に駆りだされたりするのはとうてい歓迎できない話だった。フリッツ・ポンソンビーは、この行事を心から喜んでいたのは、女王を除けばかつら職人のクラークソンだけだっただろうと述懐している。

しかし、リードは自分が《攻めたてられている》と感じるとき以外は、総じて宮廷での生活を楽しんだ。独身時代は特にその傾向は顕著で、リード自身も宮廷生活は自分に《完璧に合っていた》と書き残している。ウィンザー城の快適な自室や豪華なホテルの部屋、贅沢な食事や《もうけもの》であるクリスマスの贈り物といった特典を彼は喜んだ。一八八九年に初めて女王のクリスマスのディナーに同席したとき、リードは女王から銀の盆、ルイーズ王女から銀のインク台、ベアトリス王女から銀のたばこ入れ、そしてレディ・イーリーから時計の金鎖とペン入れを受けとった。母親のためにウィンザー城からブドウやイチゴなどを、バルモラル城から鹿肉やサーモンなどを送ることもできた。危機や騒動が発生しないかぎりは女王との旅も楽しかった。王室の人々との親交、偉大で善良な名士たちとの交際、クリケット・セント・トマスにある、一八もの庭園を有したブリッドポート卿の邸宅での休日など――上流紳士の役を演じていたのである。

リードの宮廷における最初の危機は一八八三年三月に訪れた。一七日にウィンザーで女王が階段から転落して膝をひねり、歩けなくなってしまった。同じ日にレディ・フローレンス・ディキシーが、ウィンザー近くの緑地のフィッシャリーを自宅に向かって歩いていたところ、女装した暴漢ふたり（彼女の主張によるとフェニアン）に襲われ、間一髪のところを駆けつけた愛犬のセントバーナード、ヒューバートに救われたと訴えた。ヒューバートは写真を撮られ、複製が女王のもとにも送られた。この話を信じる者は少なく、リードも《ほとんどの者たちがつくり話だと思っている……彼女はどこかおかしなところもあった》と書いている。しかし、ヘンリー・ポンソンビーがレディ・フローレンスのその後の状況を尋ねるために派遣され、ジョン・ブラウンも彼女に話を聞き、現場とヒューバートを調べるために凍てつく寒さのなか、無蓋犬車でフィッシャリーまで出向いた。

ブラウンは風邪を引き、体が衰弱したところで以前に患った顔の丹毒が再発した。クラレンスタワーのブラウンの部屋を訪ねたリードは、彼が《精神錯乱》で苦しんでいると記録した（アルコールが丹毒を悪化させていた）。膝を悪くして部屋から出られず、ブラウンの容体の深刻さに気づいていなかった女王は、定期報告で状況を知ったものの、みずから部屋を訪れて見舞うことはできなかった。二七日、リードはエロンからの電報で父が亡くなったことを知り、その同じ日にジョン・ブラウンも息を引きとった。翌日、女王にブラウンの死を告げる役割がレオポルド王子に託された。ブラウンの遺体は死後六日間、クラレンスタワーにとどめ置かれ、それからようやく、どうにか階段をのぼれるようになった女王の同席のもと、葬儀が彼の自室で行われた。ヴィクトリアは棺の上に白い花とギンバイカでつくった花輪を置き、《もっとも親しく、もっとも忠実なあなたの友より、ヴィクトリア》という言葉を添えた。葬儀のあと、ブラウンの遺体はクラシーでの埋葬のため、運ばれていった。

ブラウンの死の直後、あまりの悲しみと衝撃のため、ヴィクトリアはリードをさがらせることができず、彼は二九日まで付き添ってからエロンに戻った。女王は悲しんでいたものの、そのためにリードの悲しみに気づかなかったわけではない。四月二日、リードのもとに《あなたとお母さまをとても心配しています。昨日はあなたのことがたくさん頭に浮かびました。わたしはとても惨めで、まだ愕然としています》という女王からの電報が届いた。数カ月後、リードは彫刻の施された銀の額におさめられた父親の小さな肖像画を受けとった。肖像画には《女王はドクター・リードが、彼が恐ろしい悲しみを経験した日に、彼女もまた恐ろしい悲しみに襲われたのだという記憶を受け入れてくれるよう祈ります。この記憶は人生でもっとも痛ましい日のひとつとして、いつまでも胸に残るでしょう》という女王からの手紙が添えられていた。

この女王の手紙は誇張ではない。ヴィクトリアにとって《もっとも大切な親友》の死は痛恨事であり、それでいて家族や王室に仕える人々からの共感は期待できない出来事だった。ブラウンの死から数日後、女王はヘンリー・ポンソンビーに《完全に打ちのめされています……力強い腕、賢明な忠告、あたたかい心、独特な明るいものの言い方、あらゆる場面に寄せてくれる同情、そうしたすべてを恋しく思う気持ちが一瞬ごとに強くなっていくのです……歩くこともできず、受けた衝撃がさらに体をむしばんでいきます――もはや立っていることもままなりません》と手紙を書き送っている。また、エドガー・ベームは台座にテニソンの詩を刻んだブラウンの等身大の銅像を制作するよう依頼された。この像は完成後、バルモラルの庭園に置かれ、執務中のヴィクトリアを見守った。しかし、エドワード七世の時代には場所を移動させられて、女王がブラウンのために建てた小屋の裏に隠され、放置された。

ヘンリー・ポンソンビーは王室に仕えるほかの人々とは違ってブラウンに対して親切な目を向けており、女王の喪失感を理解していた。《ブラウンは陛下と争い、望まないことをさせられる唯一の人物だった。いつもそうできたわけではないし、彼の忠告が常に正しかったわけでもない――しかし、正直な男ではあったし、教育の不足、粗野な態度、偏見などすべての欠点にもかかわらず、彼は陛下にとってもっとも優秀な使用人だった》と彼は書いている。また、少なくともブラウンについては《彼が何を持っているかを全員が知っていた》とし、《影響力を駆使していたのはおもに厩舎内や射撃の場、使用人たちにかぎられる》と振り返っている。ゆえにブラウンはそれほど大きな害をなすべき存在にはなり得なかったというのが、ヘンリーの見解だった。

四月、オズボーンハウスでは女王がまだひとりきりの食事を続けていた。ロートン卿とテニソンが《お悔やみ》に現れ、日曜の礼拝ではベンソン大主教の新しい牧師、ランドール・デイヴィッドソンが場を取り仕切っていた。オズボーンハウスには王室専用の礼拝堂がないことから、礼拝は食堂で行われる。王室に仕える人々の前に姿を現したくなかった女王は、ドアを半分開けた状態で隣室から礼拝に参加した。デイヴィッドソンはウィンザーの新しい主席司祭として名前が挙がっており、ヘンリーも彼の就任に賛成していた。《デイヴィッドソンはまだとても若い。だが、わたしたちは彼を主席司祭に迎えるつもりだ》

五月、ヴィクトリアはジェームズ・リードやヘンリー・ポンソンビーなどを連れ、スコットランドに向かった。ヘンリーは列車のなかで妻のメアリーに宛てて震える字で、いかに全員が朝食のときに沈んでいたか――揺れる列車で眠れなかったせいもあるだろう、あるいはバルモラル城での今後に思いを馳せていたのかもしれない――を手紙に綴った。到着後も陰鬱な雰囲気は続いた。ディナーでの沈黙もあいかわらずだったが、そこへ皇太子の友人の犬、ボーンズがウィンザーの猟場番人の手で撃ち殺されたという話が飛びこんできた。森林保護官の職にあるクリスチャン公子が、うろついている犬はすべて射殺せよという命令を出したための措置だ。悲しみの底に沈んでいた女王はこの知らせを受けると、即座に立ちあがった。犬に対する非道ほど女王を興奮させるものはない。

膝はやや回復したものの、女王はまだ短い距離しか歩けず、外出時には椅子付きの仔馬に乗っていた（山に行くときなどに、隣を小走りでついていかなくてはならない女官たちにとっては笑い事ではなかった）。マッサージ師のシャルロット・ヌーテがエクス・レ・バンから到着したとき、ヘンリーは《もめごとの予感》を感じとった。ラバーは、外出はしない、濡れた芝の上には座らない、遅いディナーも寒い部屋も禁止だと早々に宣言した。彼女のことをうさんくさいと軽く見ていたリードは、わずかに感心した。しかし数日後、女王は《ラバーに対して完全な勝利をおさめ、すべてを自分のやり方で進められるように》した。格別に寒いある日、女王が無蓋馬車を走らせていくのを見たヘンリーは、《ラバーは少々驚いたようだ……だが、その国にはその国のやり方があり、マッサージもまたしかりだと彼女も気づいたらしい》と感想を綴った。

馬車で外出して使用人に命令する以外は何もしていないのだから、女王の心が沈むのは当然だ。ヘンリーはそう思っていた。ジョン・ブラウンの仕事は彼の弟のヒューとフランシス・クラークが分担して引き受けることになったが、ヒューとクラークはふたりとも使用人部屋で食事をとっておらず、それぞれ許された量のワインを持って、自分たちの部屋で勝手に食べていた。しかし、ヘンリーはそれをジョン・カウエルに伝えてはならないと女王から言われていた。バルモラルのハイランダーたちはもはやブラウンがもたらしていた《秩序》のなかにはいない。じきに彼らは女王から直接命令を受けようとし、厄介事を起こすようになるだろう。事態はまさにヘンリーが予想していた方向に進んでいた。

第19章　ウィンザーの主席司祭、ランドール・デイヴィッドソン

一八八二年九月、三〇年近くにわたってウィンザーの主席司祭を務めてきた女王付きの牧師、ジェラルド・ウェルズリーが亡くなった。ヴィクトリアにとって、彼の死は《古き忠実なる友人たちの最後のひとり》がいなくなったことを意味した。一方、リリー・ウェルズリーにとっては、一年のあいだに父、息子、そして夫をたてつづけに失ったことを意味した。チャールズ・フィップス、チャールズ・グレイ、ジェームズ・クラーク、オーガスタ・スタンリー（オーガスタは一八七六年に亡くなり、このとき女王はケント公爵夫人との《最後の絆》が断たれたと嘆いた）、キャロライン・バリントン、トマス・ビダルフ――妻だった頃と未亡人になってからの双方を通じて女王に仕えていた者はすべて亡くなってしまった。レオポルド王子の推薦により、ジョージ・コナーが新しい主席司祭となったが、彼もまた体が弱く、一八八三年五月、ジョン・ブラウンが死去した一週間後、就任からわずか半年でこの世を去った。《ウィンザーはわたしにとって巨大な墓です!》と女王は嘆いた。

しかし、ヴィクトリアにはコナーの後任に希望する者がいた――カンタベリー大主教、エドワード・ホワイト・ベンソンの下にいる牧師、ランドール・デイヴィッドソンだ。女王はヘンリー・ポンソンビーに、ウィンザーの主席司祭と女王付きの牧師には求められる人物像があると説明した。女王がヘンリーに宛てたメモには《女王が望んでいるのは寛容で先取性に富む広教会の聖職者で、同時に王室に仕えるあらゆる層から社

会的に受け入れられ、人気を集められる人物です。また宗教的にだけでなく、その他の一般的な場合においても女王の感情を理解できなくてはなりません》とある。新たな主席司祭は聖職者として正しい人物でなければならなかったうえ――聖人すぎず、極端でもなく、むろん高教会派ではない――人間性の面でもふさわしい人物をあてる必要があったのだ。公式には王室の廷臣の一員と数えられなくても、王室に仕える人々と密接なかかわりがあり、言うまでもなく女王の家族とも緊密な接触を持つことになるためだった。新しい主席司祭は女王と食事をともにし、訪れる王族や外国の要人たちとも会い、さらにその前で説教をしなくてはならない。こうしたすべてをこなすには、ある種の世俗への関心と社会的な自信を持っていなければならず、デイヴィッドソンはそのどちらも兼ね備えていた。

しかし、そうしたことと同様に重要なのが、新しい主席司祭が女王の信頼に足るほどの同情心を示せるかどうかという点だった。ヴィクトリアはベンソン大主教に珍しく一人称の手紙を書いた。《このほうが自分を表現できますし、何よりあなたにわたし個人のとても重要な問題について相談したいからです》としたうえで、女王は《いま、わたしの人生が悲しいものになった一八六一年一二月から見守ってきてくれた人々は、ほとんどがいなくなってしまいました。そこで、わたしはほかに助けを求めなくてはなりません。だからこそ、親切に同情を寄せてくれる人を見つけることが重要、いいえ、必要なのです――わたしは年を取り、痛々しく傷ついています。ミスター・デイヴィッドソン以外の誰が、このわたしに安らぎを与えてくれるというのでしょう！》

手紙はさらに続き、ヴィクトリアはもし大主教がデイヴィッドソンを手放すことに同意するなら、デイヴィッドソンは《この社会や聖職一般についての幅広い知識と、魅力ある振る舞いによって》素晴らしい主席司祭になるに違いないと訴え、あるいは彼が若すぎると思うかもしれないが、自分はそれが《克服できない障害》だとは思わないと主張した。続けて、《わたしのあわれで孤独な立場を考えてください。そして、わたしが愛情と同情による救いと、頼るべき誰かを強く必要としていることを考えてください》とベンソンに懇願し、《使用人たち（上級使用人）が特に忠告と助けを求めないかぎり》、女王付きの牧師が彼らに《干渉する》ことを望まないという点を念押しした。最後に女王は、ウィンザーが《むしろ噂好きに適した場所》だとし、妻のエディス・デイヴィッドソンはきっと気に入るだろうと書いて手紙を結んでいる。

ベンソンは返事を書き、女王に対してデイヴィッドソンを手放す準備はできていると確約し、彼が分別ある判断ができる《同情心と忠誠心に富んだ性質》の人物だと思っていると伝えた。またデイヴィッドソンの若さについては、《春の新鮮さに等しい長所です……しかし、陛下もおっしゃるとおり、日々癒やされるというのは短所でもあります。あまりにも早く傷が癒えてしまうのです》と記した。ベンソンの返事にヴィクトリアは《とても安心》した。別の手紙で女王は、《初めてランドール・デイヴィッドソンを見たときに「引き寄せられそうになった」》と告白している。初めてジョン・ブラウンを見たとき、《逆らいようもなく惹かれた》のに似ていたという。ヴィクトリアは、デイヴィッドソンこそ《どんよりと曇った下り坂の歳月》に必要な人物だと感じた。

ジェームズ・リードと同様、ランドール・デイヴィッドソンは中産階級に出自を持つスコットランド人だった（伝記作家は彼のことを《粋なスコットランド人で正しい価値観を身につけており、おまけにいつでも率直》と書いたが、これはリードについても同じことが言えた）。デイヴィッドソンは一八四八年にエディンバラで四人きょうだいの最初の子として生まれた。父親はリースの成功した材木商で、彼も妻も敬虔なキリスト教徒――長老派と監督派の両方を支持していた――だったものの、厳格さとは無縁であり、一家の生活は愛情に満ちたにぎやかなものだった。

デイヴィッドソンはやがてハロー校に送られ、そこで能力を開花させた。最終学年時には大事故に遭って死にかけたものの、すんでのところで一命を取り留めた（実は大事故は二度目であり、この数年前にも危うく溺死するところだった）。これは兎撃ちをしていたときにいとこが放った銃弾が至近距離から背中に命中するという事故だったが、このときは背中に《ふつうのオレンジがすっぽり入る》大きさの穴があき、あとで判明したところでは、一六四発の散弾が体にめりこんでいたという。何カ月にも及ぶ寝たきり生活と、それよりもさらに長い松葉杖生活の末、デイヴィッドソンは奇跡的に回復した。しかし、この事故はオックスフォードでの学生生活に影を落とし、後遺症として腰痛やヘルニアに悩まされる原因になった。デイヴィッドソンは生涯を通じて自身のままならない健康状態と闘わなければならなかった。しかし、多くの似た環境の者がそうであったように、彼もまた長寿をまっとうした。

オックスフォードを出たあと、デイヴィッドソンはスコットランドと外国の地で聖職者修行と健康回復のための訓練に取り組み、一八七四年に執事（司祭の次位）に叙任された。その三年後、ランベス宮殿に住むテート大主教の息子で、オックスフォードの学友のクロフォードが結婚を機にランベスを出ることになり、デイヴィッドソンは彼のあとを受けてランベス宮殿付きの牧師となった。テート家にはクロフォード以外に、ルーシー、エディス、アグネスという三人の娘がいた（さらに上に五人の姉がいたが、猩紅熱にかかり、ひと月のあいだに全員死去した）。一八七八年、デイヴィッドソンは真ん中の娘に求婚して受け入れられ、結婚が決まったあと一九歳のエディスは自分を《向上》させようと、フランス語やドイツ語の本、旧約聖書などを急に読みはじめた。ところが結婚式まであと六カ月となったところで、テート家はもうひとりの子を失うことになる。唯一の息子のクロフォードが亡くなってしまったのだ。その年の一二月、ミセス・テートは息子の死という大きな衝撃から立ち直れないまま、結婚式を控えたエディスの誕生日にこの世を去った。そして、息子をひとり失った大主教は新たな息子を得た。陽気な少年だったデイヴィッドソンは、そういったふうに三〇歳になるまでに痛みと悲しみについて充分に学んでいた。女王を惹きつけた大きな同情心は、こうした経験に根差したものだったのかもしれない。

結婚して四年間、ランドールとエディスはランベスの大主教のもとで自分たちの新しい家庭を築き、互いの利己的な心を指摘していった。もちろんこれはすべての新婚夫婦が望むことではない。デイヴィッドソンが《結婚後、わたしは妻の自己犠牲の精神があまりに薄いことに恐怖を覚えている》と妻について書いた一方、エディスは沈んだ調子で《心の奥底であなたと父がこんなにも〝献身的で優れて〟いなければいいのにと思ってしまう自分を、わたしは抑えることができません。もちろんあなたはこんな考えは間違っている、すべては教会のためだと言うでしょう。そしてわたしは途方に暮れてしまうのです。ですが、それならいっそ、わたしはあきらめましょう。ほかにはどうしようもないのですから》ふたりはともに自分に課せられた義務を自覚しており、それぞれにあきらめることで妥協を図った。

一八八二年一二月、テート大主教の命の火が燃えつきようとしていた。ランベスで横たわって死を待っていた大主教は（レディ・イーリーも花を持って訪れ、女王からの慰めの言葉を伝えた）、義理の息子に愛情のこもった別れの言葉を残した。《親愛なるランドール、わが子よ。クロフォードが死んでしまってから、きみはわたしの本当の息子になってくれた。みなを頼む》。この先、この大主教の言葉をデイヴィッドソンは忘れなかった。大主教が亡くなって間もなく、エドガー・ベームの使いがやってきて、女王が依頼した胸像制作のための型を遺体から取っていった（ベームは一八八三年の丸一年を費やして、テートの胸像とジョン・ブラウンの全身像、そして女王のコリー犬、ノーブルの肖像画を完成させた）。

ヴィクトリアは以前からランベスの前途有望な若い牧師の存在を知っていたものの、初めて直接接触したのは、デイヴィッドソンがテートの最後の数日間を手紙で説明したときだった。この説明に感心した女王は礼状を書き、テートの髪をひと房持ってウィンザー城を訪問してほしいと依頼した。依頼に応じたデイヴィッドソンがウィンザー城を訪れ、ふたりは一時間ほどの会見をした。そのなかで大主教の後継者についての話になったとき、デイヴィッドソンはテートが後任にウィンチェスターの主教かトゥルーロの主教を望んでいたと女王に伝えた。会見は双方が満足して終了し、女王がデイヴィッドソンについて《外見も振る舞いも申し分ありません。とても感情が豊かで、明らかに優れた知性の持ち主です》と書いた一方、デイヴィッドソンも《陛下は自信を隠そうとせず、わたしの話をすべて真剣に聞こうとされる。まったく驚きだ》と記している。

ヴィクトリアとグラッドストン――一八八〇年に首相に返り咲き、女王をうろたえさせた――はたいていの場合がそうだったように、教会の指名問題全般についても意見が異なった。女王が《幅広い考え》のできる広教会派を望んでいたのに対し、グラッドストンはみずからが勤勉だと信じる高教会派の指名を希望していたためだ。まして大主教の指名問題となると、ふたりの意見は年齢という一点だけをとっても大きく食い違うのだった。女王はトゥルーロの主教が若すぎると考えており(説教も《平凡で退屈》だと感じていた)、グラッドストンはウィンチェスターの主教が年を取りすぎていると思っていた。女王はデイヴィッドソンに対し、彼の妻に頼んでウィンチェスターの主教の健康状態をそれとなく確かめられないかと相談した。これに対して不屈のグラッドストンは、過去二二〇年間における大主教の就任時の年齢を記したリストを作成して女王のもとに送りつけた。この一件についてはグラッドストンが意見を押し通し、大主教の座にはトゥルーロの主教のエドワード・ホワイト・ベンソンがついた。

デイヴィッドソンを気に入ったヴィクトリアは、一八八三年一月に彼をオズボーンハウス付きの牧師にと招いた。デイヴィッドソンは興味深く、どこか動揺させられる出来事だったと父親に報告している。到着後、快適だが《贅沢ではない》部屋に落ち着いたあと、デイヴィッドソンは午後七時半に女王のもとへ連れていかれ、女王が個人的な面会をする際に好んで利用したアルバートの衣装室へ通された。ここは何ひとつ変わっていない。部屋の隅にはアルバートのオルガンが置いてあり、洗面台もいつものように準備され、タオルと湯が並んでいた。デイヴィッドソンは女王のアルバートの部屋を保全して毎日湯を用意させつづけるという執念を無害な欠点だと考え、《親しみをもっていさめ、親切な意味での冷やかしを送ってくれる適切な間柄の者がいない》ための結果だと理解した。

会見のあいだ女王は立ったままで、《あまりにも聖職主義》だと考える新しいトゥルーロの主教について話しつづけた。翌日の日曜には《サー・ジョン・カウエルが不可思議な礼拝を開始した》あと、デイヴィッドソンは居間で説教を行った。女王（正面の小さなテーブルに説教の原稿の写しを置いていた）と女王の家族、廷臣たちが左に、そして上級使用人たちが右に位置し、従僕たちの一団が廊下に立っているという状況で、音楽はなかった。彼は父親に《この種の変わった礼拝には人を萎縮させる効果があることを、父上も想像できると思います》と伝えている。《厳しい試練》も一一時半には終了し、デイヴィッドソンはアーサー・ビッグとともに散歩に出た。その夜、ふたたびデイヴィッドソンと接見した女王（今度は座っていた）は、素晴らしい説教だったと彼を称えた。そのあとデイヴィッドソンは王室に仕える人々と《長い時間》歓談し、レディ・イーリーの幽霊の話を聞いたりした。彼はオズボーンで受け入れられ、もしこれが試験だったのだとすれば、これ以上ない高得点を得て合格したのだった。

新大主教はデイヴィッドソンの残留を強く望んだが、彼には別の考えがあった。ランベスを出て、自分とエディスのために新しい人生をはじめる時期だと考えていたのだ。最初に出た、セント・ピーターズ・イートン・スクエア教会に移る話は進展せずに立ち消えとなった。そして四月になり、グラッドストンからセント・メアリーズ・ブライアンストン教会での仕事の打診が来るのとほぼ同時に、ウィンザーのコナー主席司祭が倒れたという知らせが届いた。グラッドストンへの返事を遅らせられないものかと思い悩んでいたところに、オズボーンハウスでの説教の依頼があったのだった。ウィンザーへの指名もあるかもしれないと考えたデイヴィッドソンはこの依頼を受け、しばし時を稼ぐことにした。グラッドストンの提案する地位も充分に素晴らしいものではあったが、彼は自分がウィンザーでの仕事にふさわしいとも信じていた。

《神よ、わたしに祝福を……こんなふうに予期しない厳粛な形で声がかかった以上、ほかに選ぶ道はない》。五月七日のデイヴィッドソンの日記の書き出しだ。その二日後、グラッドストンから正式にウィンザーの主席司祭への就任要請が届いた（女王は忘れたがるが、教会の指名は首相の専権事項だ。ただし、ウィンザーの人選に関しては事実上、女王にゆだねられていた）。これからのことを考えると《圧倒される》と書いたのは、おそらくデイヴィッドソンの本心ではなく、そのふりを装っていただけだろう。新たな義務の命じる声が個人的な野心に呼応して心地よく胸に響くなか、彼はためらうことなくグラッドストンの指名を受諾した。

グラッドストンは、デイヴィッドソンの若さと独立心を危ぶんでいた。ヘンリー・ポンソンビーにも、《年齢に関するわたしの不安を陛下に伝えておくべきだった。しかし、陛下はわたしの細かな意見を粉々に叩きつぶしてしまいたがるので、わたしも立ち止まって伝えるわけにはいかなかった》と書き送っている。ただしグラッドストンは、ランドール・デイヴィッドソンが《素晴らしい主席司祭になる》と正しく予想していた。彼の若さを危惧する声は、これ以外にもあがっていた。急進的な自由党下院議員のヘンリー・ラブーシェアが編集するリベラル派の週刊誌『トゥルース』は、《贅沢で甘やかされる環境のウィンザーに三五歳で昇進させるなど、正しくない》ことだとこの指名を批判した。

デイヴィッドソンのもとには、ヘンリー・ポンソンビーから《きみのため同様、わたし自身のためにも喜んでいる》という祝いの手紙も届いた。共感を寄せてくれる相手とはありがたいものだ。彼は、ヘンリーとその日の仕事について語りながら城の散歩道を歩く仲となり、また、ヘンリーの下の副秘書官で自分と同年代のアーサー・ビッグとも固い友情で結ばれ、ほぼいつも一緒に馬でウィンザーグレートパークを駆ける関係となった。

六月に、デイヴィッドソン夫妻は主席司祭の邸宅に移った。まだ二五歳だったエディスは、いまやセント・ジョージ礼拝堂に隣接する《趣のある素敵な古い家》の女主人となった。この邸宅にはイートン校の美しい風景が見える居間があり、クロイスターズのほうを向いた小さな窓がある書斎があり、そして、アグネス——一八八八年にエリソン牧師と結婚する——とルーシーが一緒に暮らすだけの充分な広さがあった（彼女たちは人生のかなりの部分をこの邸宅で過ごした）。そのうえ執事がひとり（最初の執事は姿をくらましてしまい、代わりにジョン・カウエルに仕えていた執事と代わった。彼は王室の人々を相手にしても冷静でいられる優秀な人物だった）、従僕がひとり、三人の女中に家政婦がひとりと人手があった。ただし、料理人だけはまだ探している最中だった。

エディスが家の問題を解決していく一方、夫は新たな任務に取り組んだ。毎朝九時から王室専用の礼拝堂で祈りを捧げ、日曜にはセント・ジョージ礼拝堂で早めの聖餐式をしてから、王室専用の礼拝堂で一〇時四五分と一二時の二回、礼拝をした。これは女王と王室の奉仕者それぞれのためで、少なくともどちらかのために一度は説教をした。女王は事前に説教の原稿の写しを所望し、デイヴィッドソンは、王室やそれに仕える者たちのなかから死者や病人が出た場合、それについて簡潔に触れるよう礼拝の直前になって要求されることに慣れなければならなかった。日曜の締めくくりはセント・ジョージ礼拝堂で開く午後五時の礼拝で、彼は教会のオルガン奏者ウォルター・パラットの演奏を楽しんだ。

デイヴィッドソンはまた、数多くの追悼式を執り行わなければならなかった。女王はこうした式に熱心で、何から何まで細部にわたって要求を繰り返した。一二月一四日に行われた初めての追悼式で、デイヴィッドソンは大変な不安に襲われた。彼の日記には、アルバートとアリス王女に言及するのに加えて、《インドのコノート公爵やたてつづけに襲ったウェルズリー家の死について、さらにコナーとJ・B〔ジョン・ブラウン〕についても祈りで触れるようにと指示があった……とても難しい仕事だ》とある。ホレイシア・ストップフォード（二〇年間の女官勤めのあと、寝室付きの女官となった）に草稿を渡すと、やがて女王から《J・Bに対する言及が具体的でない》という返事がきた。デイヴィッドソンは《いったい何を書けばいい？　ミス・S〔ホレイシア〕から聞いた話はとても難しい問題をはらんでいるし、そんな内容を書くわけにはいかない。ミス・Sも大変な仕事を任されたものだ。神よ、彼女の重荷に祝福と英知を》と悩みを綴った。その結果、追悼式が終わったあと、女王は《満足でした》という感想を残した。

女王付きの司祭として、デイヴィッドソンはときに妻を残して春のヨーロッパ大陸旅行に同行したり、オズボーンハウスでクリスマスを過ごしたりするよう女王に求められた。さらに王室の人々やその奉仕者たちに忠告を送り、慰めを与えなくてはならず、ときにはじっと聞き役を務めることを所望された。しかし、女王はお節介な聖職者に恐怖を覚え、また《陛下が言うところの「告解との境界線」にまで導いてしまうような自信ある態度》を恐れていたため、デイヴィッドソンに使用人たちのもとを、たとえ病気であっても訪れないよう強く働きかけた。つまるところ、彼は女王ひとりの相談役、聞き役となるよう求められていた。

一八八三年に主席司祭の邸宅に入ったデイヴィッドソンは女王が弱り、孤独であることに気づいた。ヴィクトリアは一八六一年に見せていたような絶望的な状態ではなかったものの、愛し、頼りにしていたジョン・ブラウンの死後とあって深い悲しみに沈んでおり、しかも容易に周囲の同情が得られる状況ではなかった。女王の家族や王室に仕える人々の大半は心からブラウンを憎んでいて、女王が彼に依存するさまを嘲笑するか、そうでなければ信じがたい思いで眺めていたためだ。王室に仕えるほとんどの人々と同じくデイヴィッドソンもまた、ブラウンの話を耳にするたび警戒するようになった（日記にもそっけない内容をギリシャ語で記しただけだった）が、女王が《わずかに心境を吐露する》のには耳を傾けつづけた。彼はヴィクトリアに語ることを許したのである。一八八三年五月には《女王と会談、感動的で厳粛、かつ興味深い機会だったけれども、とにかく難しい。神よ、わたしが今後も相談役と、魂を強くする役割を期待されるなら、そうしたときに導きと尊厳をお与えください》と書き、さらに《ミス・ストップフォードからブラウンに関する重要な話を聞く。深く感謝するとともに、切迫した恐怖に駆られた》と綴っている。

それから、デイヴィッドソンは毎週、ウィンザーの女性たちを相手に聖書の研究会を開き、《熱心で古風なレディたち》に一般的な教会に関する事柄や――聖職者の任命、美術館などの日曜の開館、儀式主義にまつわる論争など――亡き義父の人生を記した彼自身の《著述活動》に関して話しあった。こうした数多くの仕事はときに重荷となってデイヴィッドソンの身にのしかかった。一八八五年、彼はエディスへの手紙に《きみも正しく認識しているとおり、わたしたちの人生には元気を取り戻させてくれる美しい一面が欠けている。重圧がわたしを押しつぶし、わたし（ときみ）がそれを得ようとするのを妨害するのだ》と不安げに書いている。エディスもまた忙しい日々を送っていた。ウィンザー城の歴史について学び、日曜学校に出席し、ホームパークで乗馬をし、主席司祭の邸宅でシェークスピアの会を主催し、自転車の練習をし、ウィンザーで「孤独な少女たちの世話をする協会」の活動を立ちあげ、さらにひっきりなしに訪れてくる客たちの相手を務めた。客たちは家族や友人、イートン校の教師やその妻たち、王室の人々やイートンの生徒たちとさまざまで、全員が例外なく《帰れ》と鳴くオウムに出迎えられた。

女王との食事やほかの用事がなく、デイヴィッドソンが珍しく家にいる夜には、夫妻はミルトンの『失楽園』やウィルバーフォース主教の伝記などを互いに読み聞かせて過ごした。主席司祭の邸宅に満ちた良心的な義務感が漂う張りつめた雰囲気は、子どもたちがいれば薄らいでいたかもしれない。しかし、デイヴィッドソン夫妻に子どもはいなかった。主席司祭の義務がサラ・リトルトンやヘンリー・ポンソンビーのそれと比較して格別に大きかったかといえば、そうではないだろう。ただ、より厳しく、より自己犠牲が必要とされるものだったのは間違いない。デイヴィッドソンは、一八八〇年代までにより中産階級的な、より保守的なものへと完全な変貌を遂げた宮廷の典型的な存在だと言っていい。彼はジェームズ・リードやジョン・カウエル、アーサー・ビッグと同様、宮廷で機会をつかむことがみずからの社会的地位を向上させ、職業的立場を高めると理解していた。彼らのようなヴィクトリア朝の高官たちは、難局に柔軟に対処できる良心的な人物で、道徳を真剣に受け止めておのれを酷使する人々だった。気楽な貴族気質というホイッグ的な雰囲気をまとった従来の廷臣たちとはかけ離れており、チャールズ・グレイやヘンリー・ポンソンビーといった比較的気まぐれで皮肉なものの見方を身につけていた人々とも大きく違っていた。

写真に残るランドール・デイヴィッドソンの表情は何かに集中しているようだ。丸い額の下に決然とした光を放つ黒い両目が輝き、その視線は真剣そのもので緊張をはらんでいる。ある友人は彼の表情を《不安に取りつかれ、高尚な悩みを抱えているふうに見える。デイヴィッドソンは誰よりも、物事の変化をとらえることができた》と評した。彼は消耗させられる過酷な要求をみずからに課し、大小を問わずあらゆる問題をすべての面から真剣に考え抜き、優柔不断の苦しみにしばしば身を焦がした。ロンドンからエディンバラへ向かう列車のなかで、四〇通もの手紙を書きあげたこともある。またデイヴィッドソンは些細な過失であっても、日記のなかで自分を厳しく責めた。ポンソンビーやリードと同じく、デイヴィッドソンもまた物事を真剣に受け止めすぎ、無理をしすぎるために苦しんだ。じきに《消化不良と痛み》という言葉が日記に頻繁に現れるようになり、一八九〇年代を通じて彼は三度の深刻な胃の出血に見舞われた。

デイヴィッドソンは情報に貪欲で優れた記憶力を持っており、長い会話でも一言一句覚えることができた。しかし、分別を備えてもおり、女王との《個人的で私的な》会話を記録するのは《間違いがあってはならない》からと控えていた。けれども、そのやり方には増長の気配も感じられる。ひそかに女王の自信や秘密を楽しんでいた節もあるし、ときにはそうした秘密の重要性を実際よりも過剰に演出することもあった。またジェームズ・リードと同様、デイヴィッドソンはグラッドストンやローズベリー卿などとの友情や、彼らによるハワーデンやダルメニーへの招待、文壇に属する人々とのディナー、アシニーアム〔一八二四年、ロンドンで設立された文芸・学術クラブ〕の会員となったことに対して俗物的な誇りを抱いていたし、《主教やそのほかの人々》と打ち解けた話ができる立場を楽しんでもいた。

観察眼があるデイヴィッドソンは、女王の《逆らいがたい魅力》を《完全な正直さと単純さ、そこに地位や地位に付随するさまざまなものへの本能的な自覚が結びついているところにある》としている。女王は《会話による論争》と面と向かっての批評が嫌いで、それゆえときにデイヴィッドソンを含む第三者に命じて汚れ仕事をさせていたというのがその見解だ。《公の場に姿を現さず……現実に持っている言葉や動作にこめられた威厳を見せない》ことが《人々を驚かせる要因となり、ある種の魅力になっている》とも見ていた。《女性としては照れ屋で謙虚であり……女王としては照れ屋でも謙虚でもなく、迷わずみずからの地位を主張した》というのが彼の女王評だ。

ヴィクトリアの《宗教的立場》についてデイヴィッドソンは、《やや変わっている》と慎重に表現している。サラ・リトルトンの高教会派的な生き方に対する疑いは、儀式主義への嫌悪と厳格な長老派への傾倒という形に集約していった。ウィンザーの王室専用の礼拝堂で、女王は黒い装束とマーサーの賛美歌集を要求した――《このうえなくうら寂しい組み合わせ》だと思ったデイヴィッドソンは、やがて『古今聖歌集』という賛美歌集を紹介するのに成功した。女王はまた、宗教的な感傷には我慢がならない一面を持っており、アルバートの死に際して届いた慰めの手紙のうちの多くを《だらだらして不合理な宗教的駄文》として捨ててしまったほか、《いきすぎた教会賛美》も嫌っていた。自分から熱心に教会に通っていたわけでもなく、義務的に顔を出していたのであり、追悼式は例外にすぎなかった。女王にとって聖職者全般が疑いの対象であって、特に主教たちはそうだった（おそらく子どもの頃に受けたデイヴィス牧師のレッスンに原因があるのだろう。女王はデイヴィッドソンに、彼のことは嫌いだったと語っている）し、ヴィクトリアの聖職者に対する最高の褒め言葉は「聖職者らしくない」というものだった。レオポルド王子の家庭教師となったロビンソン・ダックワース牧師についても、《ひとつ欠点があるとすれば、それは彼が聖職者であることです。しかし、彼は開明的で職業にともなう偏見とは無縁であり、わたしもその欠点には目をつぶるしかないでしょう。ミスター・ダックワースは説教も上手で、そのうえとてもハンサムです》と書いている。顔がハンサムであれば、たいがいのことは気にならなくなってしまうようだ。

こと説教に関しては、ヴィクトリアは確固たる信条を持っていた。長すぎず、声は大きすぎず、決して不作法にならずというものだ。一八七九年にウェルズリー主席司祭がヘンリー・ポンソンビーに提出した説教師たちのリストを見た女王は、《ウェストミンスターの主席司祭――長すぎる。クライストチャーチの主席司祭――説教が講義のようです。ドクター・ブラッドリー――素晴らしい方ですが、説教師としては退屈すぎます》と辛辣な評価を下した。残りの名前にはたんに〝X〟印をつけただけで、《印がついているのは、説教師としてはとうてい受け入れられない方ばかりです。どうしてこのリストに名が載っているのか、理解に苦しみます》と書き添えた。クラシーで説教をしていたキャンベル牧師（ジェームズ・リードに鬱病の治療を受けていた）は、あるときにはレディ・イーリーを通じて『雅歌』から〝不穏当〟な内容を引用してまくしたてたと注意され、別のときには声の大きさをたしなめられた。このときはハリエット・フィップスが《誰かがキャンベル牧師に、牧師の教会は狭いうえ、彼の声は充分に大きいと伝えるようにと、陛下がお望みです》とヘンリー・ポンソンビーに書き送った。女王は一八八六年にもオズボーンハウスで、教区牧師のプロザロに対する不満をもらした（以前、オズボーンハウス内の飲酒問題に関する注意を喚起しようとして不興を買ったのと同一人物）。ヘンリーがデイヴィッドソンに女王の言葉を伝えた手紙には、《プロザロの説教は長く、退屈でだらけた講話みたいだそうだ。彼は同じことを繰り返していて、改善の余地はないと陛下はお考えになった。プロザロは地位を失った。陛下は二度と彼に説教をさせるつもりはないとおっしゃった》と書かれている。デイヴィッドソン自身の説教は女王に好評で、何度も出版を勧められたものの、彼はその都度断固として断りつづけた。

ヴィクトリアの信仰の核をなしていたのは――デイヴィッドソンは女王の一般常識や、過剰な言葉を嫌うという宗教への接し方とは矛盾すると思っていたが――死後の世界や永遠の魂が存在する（ペットの犬にも）という信念だった。一八八九年、デイヴィッドソンの義妹にあたるアグネスが最初の子の出産で亡くなったとき、いつもとは立場を入れ替え、女王は彼をあわれんだ。これはデイヴィッドソンにとって大変な打撃で――《アグネスの死ほど悲しい出来事は人生でほかになかった》と彼は書いている――その後、アグネスの小さな息子は主席司祭の邸宅を訪れる常連となった。女王の手紙は、彼女自身と同じく疑問がつぎつぎに押し寄せてきて、すべては真実でないという気がしているのではないかとデイヴィッドソンに問い、さらに《そうした感情は決してなくなりません。ある人がもっとも活力あふれる時期に人生を断ち切られ、それ以降はもはや会うこともかなわず、その後について知りようもない状態になってしまうなど（その例として、女王はアルバートやフリードリヒ皇帝、そのほかに数人の名をあげている）、とても信じられることではないからです》と続けている。

同情心こそヴィクトリアがデイヴィッドソンのなかに見いだした性質であり、彼は決して女王を失望させなかった。女王は一八八四年六月にバルモラル城から戻ったあとも《救い、励ましてくれた者の不在がかつてなく大きく感じられ、悲しみと喪失感が一瞬たりとも心から離れません。それどころか増していく気がして生きるのがつらくなります》と書いたようにブラウンの死を嘆きつづけた。デイヴィッドソンは、アルバートやケント公爵夫人、ジョン・ブラウンの命日に手紙を送ったが、その手紙は感謝とともに受け入れられた。女王はブラウンの死から二年経ったあと、デイヴィッドソンからの手紙に《心を打たれた》と伝える返事を送り、そのなかで《女王が二年前に失ったものは、誰にも理解できません。ただひとつ言えるのは、時間が経てば経つほど、彼が過去の悲しみや不安に対して示してくれた同情は言うまでもなく、あらゆる意味で力となり、救いとなり、安心を与えてくれた彼の正しい手が失われてしまったのを強く実感するということです。そして、彼の不眠不休の努力と正義感、揺るぎない率直さを失ったことが王室に深刻な損失をもたらしているという思いも大きくなっています》と訴えた。その翌年、デイヴィッドソンがケント公爵夫人の命日に手紙を送ったとき、ヴィクトリアは《ほかの誰よりも女王の身を案じてくれる者たちはみな、亡くなってしまいました》と悲しく告白した。この一文はこの問題の核心をついている。女王を第一と考える者は、もはやいなくなってしまったのだ。

デイヴィッドソンは、女王の信頼を勝ち得たことを誇りに思っていたかもしれない。ただし、彼は決してことなかれ主義の太鼓持ちではなかった。信頼ゆえに、《陛下が反対なさる、あるいは気が進まないとされる事柄に対して自分の意見を申しあげたい》ときには《激しく衝突する》こともあったし、一八八四年にもそうした事例は発生した。


一八八四年一月、ヴィクトリアは新年の祝いにとジェームズ・リードとヘンリー・ポンソンビーに対して、最新の著書である『続・ハイランド日記抄』の見本刷りを贈った。最初の本の成功に気をよくした女王は、《忠実な使用人で誠実な友人》のジョン・ブラウンに捧げる続編を書きあげた。この献辞に王室に仕える一部の人々は懸念を覚えたものの、本は二月に出版された。この本について熱心な反応を示さなかったヴィッキーに対し、女王は《わたしは……国民が何を欲し、何に感謝するのかを知っています。〝家庭生活〟と安心感です》とたしなめるような手紙を送った。この本は、まさにそのとおりの内容を綴ったものだ。しかし、女王はさらに踏みこんだ内容となるもう一冊の本の構想をあたためていた。

ジョン・ブラウンの死去から四カ月が過ぎた一八八三年の七月、ヴィクトリアはヘンリー・ポンソンビーにブラウンの回想録を出版したいという意向を伝え、手伝う者としてミス・マクレガーの名をあげた。最新作の協力者でもあったサー・セオドア・マーティンは、女王との関係がまったくうまくいかなかったこともあって、妻の健康を理由にブラウンの本への協力を断った。ミス・マクレガーがバルモラル城に呼ばれて作業を開始し、ヘンリーはメアリーに《年のわりにはそう見苦しくない年老いたマクレガーを、陛下はいつも頼りにする》と書き送った。

それ以降、一八八四年二月までこの回想録が話題にのぼることはなかったが、やがてヘンリーのもとにヴィクトリアから草稿と、見直しを依頼する手紙が送られてきた。女王はミス・マクレガーの訂正に不満な箇所がいくつかあり、彼に意見を求めてきたのだ。ブラウンがたんなる忠実な使用人よりも《ずっと重要な》存在だったことを強調したいというのが女王の希望であり、さらに彼女はブラウンの個人的な日記を世に出したいという願望も持っていた。ヘンリーは草稿の内容に驚愕したものの、自分の思いについては言葉を濁し、スコットランドの牧師で文学の権威のように思われていたドクター・キャメロン・リースに相談すべきだと返事をした。これに対して女王から《サー・ヘンリーは感想を述べてはくれないのですか》という手紙が届き、彼はふたたび返事をしたためた。ランドール・デイヴィッドソンにも見せたその手紙には、《陛下のもっとも個人的で神聖な感情を記録した文章を、大衆に公開すべきかどうか》は甚だ疑問だと書かれている。女王はヘンリーに、この回想録は内輪に配るためだけに書いたものだと答え、草稿をロートン卿に見せるので戻すようにと命じた。ディズレーリの秘書官だったロートン卿は、女官たちのあいだでは《ごますり》で通っており、女王に取り入るのにも成功していた。草稿を読んだロートン卿は、ヘンリーに《どんな方法をとってもいいから出版を延期させる》よう提案した。

ヘンリーは直接的な表現を避け、内輪での出版ならば反対すべき理由はないと女王に答えたうえで、ただし出版の試み自体にわずかな疑問を感じるので、別の者の意見も聞いたほうがいいと提案した。ヘンリーから期待していた支持が得られなかったヴィクトリアは——少なくとも彼の提案を受け入れてドクター・リースに編集を依頼した——方向転換を図った。三月の初め、女王はランドール・デイヴィッドソンに『続・ハイランド日記抄』を贈り、併せて構想中の回想録についても話した。デイヴィッドソンはすでにドクター・リースからブラウンの日記からの引用を含む本の内容の一部を見せられており、その部分を読んだだけで出版は《まったくの論外》だと考えていた。ブラウンを表現する言葉は《痛々しく、ばからしいほどに不適切》であり、《いかなる場合においても女王が使用人のひとりに対して使うのにふさわしくない》ものだというのがデイヴィッドソンの見解だった。

さらなる反対要素も加わった。デイヴィッドソンは二〇セントを支払い、ニューヨークで出版された『ジョン・ブラウンの両脚』という小冊子を手に入れた。これは表紙に《あざだらけ、傷だらけの素晴らしき両脚の思い出に捧げる》とあり、それだけ読めばあとは目を通すまでもないという下世話な代物で、デイヴィッドソンはこの小冊子が《さらにずっとひどいことを言われる前触れ》だと感じた。リースもほぼこれと同意見だったものの、女王に進言するつもりはないようだった。リースはデイヴィッドソンに対し、この回想録の仕事は、自分が《スコットランド人でハイランダーだから……強制された》にすぎないとし、やはり女王の相談役だったドクター・プロフェイトのような誤った人物の手に回想録を渡さないためにやむなく引き受けたのだと主張した（一八九七年にプロフェイトが亡くなったとき、彼の子どもたちは、女王が父に送ったブラウンについての手紙を脅しの材料に使った。こうした手紙はやがて取り戻され、ジェームズ・リードの手で廃棄された）。

ヴィクトリアがもっとも信頼し、好むのは《ときに怒りに駆られ、かつその動機が善なるものだと信ずるに足る人々》だと信じていたデイヴィッドソンはあきらめなかった。今度はより《慎重》な手紙を書き、そのなかで《『続・ハイランド日記抄』は真に迫っていて、恒久的に優れた作品だと考えます》と切りだした。読者層が《陛下の国民のなかでも謙虚な人々であり、陛下が作品を世に出した精神を分かちあえる人々》だったためだ。しかし、その一方で世の中には《みずから抱いている自信に値しない人々》もおり、《つぎにお考えの一冊》に関してはそうした人々を避けて通れないだろうと主張した。

デイヴィッドソンがホレイシア・ストップフォードとの《驚くべき会見》で聞いた話では、彼の手紙は騒動を引き起こしたらしかった。レディ・イーリーと同じく伝令役の使い走りをさせられているホレイシアはデイヴィッドソンに、手紙を読んだ女王は呆気に取られており、手紙の内容の再考を望んでいると伝えた。ほかに選択肢がなければ衝突もやむを得ないと考えていた彼は、いまこそそのときだと覚悟を決め、さらに強い調子の手紙を書いた――《陛下には明快な言葉を用いるのがわたしの義務だと告げた》とデイヴィッドソンは説明している。そして手紙のなかで、自分はこの出版自体が《とても不適切》だと信じており、これを《やめさせるためにはあらゆる手段を用いるべき》だと感じていると主張したのだった。

デイヴィッドソンがこの手紙を送ったあと、ポンソンビーが主席司祭の邸宅へやってきた。ヘンリーが告げたところでは、デイヴィッドソンの手紙を読んだ女王は《大変な痛みと苦しみ》のただなかにいて、サー・ウィリアム・ジェンナーに《医学的な忠告》を求めたとのことだった。また、女王が《しばらく》デイヴィッドソンと会わず、すでに決まっている食事の機会も《気分を乱す恐れがあるために見あわせる》との通達もあった。その日の夜遅く、ドクター・ジェンナーも主席司祭の邸宅を訪れ、女王は《怒りと興奮でひどく不機嫌》な以外、健康面では何の問題もないとデイヴィッドソンに告げた。その後、いささか動揺した様子のホレイシア・ストップフォードも現れて、主席司祭は前言を撤回し、自分の言葉がもたらした〝痛み〟について謝罪する気があるかと問う女王の言葉を伝えた。

デイヴィッドソンは痛みをもたらしたことについては丁重に謝罪したものの、頑として意見は曲げず、自分の見解を繰り返して辞任を申しでた。それから二週間ほど沈黙が続き、そのあいだは、説教も別の者が彼の代わりを務めた。やがて女王からの呼び出しがあり、《これまで以上に友好的》な会見が行われ、以降は二度とブラウンの回想録が話題にのぼることはなかった。場面によっては女王が正直さを歓迎するというデイヴィッドソンの予想は正しかったのだ――ジェームズ・リードやデイヴィッドソン自身、さらにはヘンリー・ポンソンビーでさえも（ふたりはやり方が違っていただけなのだが、デイヴィッドソンは彼を《勇気に欠ける》と感じていた）、そう繰り返し証言している。さらに《多くの意味で甘やかされた子どもに近い》と書いたデイヴィッドソンの女王に対する見方もまた、正鵠を射ていた。彼は女王について、《いい子だが、適切に扱われず、まっとうなしつけをされたことのない子どもだ。そして甘やかされた六、七歳の子どもを扱うより、甘やかされた六〇、七〇歳の子どもを扱うほうがはるかに難しいのは言うまでもない》と分析した。わがままで衝動的、頑固でかんしゃく持ち――こうした子どもじみた性質がヴィクトリアにはあったが、その性質は基盤となる良識の上に立つものだった。デイヴィッドソンは《長い目で見れば、常に勝利をおさめたのは陛下の常識ある判断だった》と書いている。

一八八四年三月一五日、二三回目にあたる母の命日の前日、ヴィクトリアはデイヴィッドソンに《心にかかった雲が少しずつ厚くなっています……消えたことはありません》と語った。三月と一二月は、女王にとって《もっとも悲しい》月にあたる。しかし、この日から二週間と経たないうちに、さらなる悲しみがヴィクトリアを襲った。二八日、いちばん下の息子であるオールバニー公爵レオポルド王子が、くしくも彼が女王にジョン・ブラウンの死を告げたのと同じ日に、フランスのカンヌで亡くなってしまったのだ。《信じられない、恐ろしい偶然です》と女王は記した。女王にとって陰鬱な偶然は、たとえどれほど希薄なものであろうとも、余さず悲しみの対象とするべきものだった。ヴィクトリアは大げさに悲しむ機会を逃したことはほとんどなかった。だが、レオポルド王子の死は比較的冷静に受け止めた。結局のところ、彼が成人して結婚までし――女王はオールバニー公爵の結婚を全面的に支持した――子を持つまで生きるとは、それ自体が考えられない話だったのである。

いまや完全に女王のお気に入りの側近となったデイヴィッドソンは葬儀を取り仕切ることになり、午前四時までかけて説教の原稿作成に取り組んだ。ヴィクトリアは彼に対して《この厳粛で圧倒されてしまいそうな機会に、冷酷にも最近切り裂かれてしまい、傷つき、血を流している女王の心の奥底から、あなたの大いなる親切と思慮深さに対して申し述べます。あなたはわたしたちにとって多大な救いとなっており、あなたがもっと早くからわたしたちとともにいなかったこと、わたしたちの愛する古い友人のウェルズリー主席司祭と知りあう機会がなかったことが残念でなりません！》と書き送り、感謝の念を伝えた。葬儀のあとの数日間は、幾人もの王室の人々が列をなして主席司祭の邸宅を訪れた。邸宅から見えるウィンザーグレートパークにはサンザシが咲き誇り、かつてなかったほどに美しい光景が広がっていた。

第20章　春の休暇

前任のウェルズリーは亡くなるまでウィンザーの主席司祭の仕事を続けたため、ヴィクトリアは当然、同じことをランドール・デイヴィッドソンにも期待した。デイヴィッドソンは女王との相性もよく、かけがえのない存在となっており、完全にウィンザーの生活の一部となっていた。彼が城壁を越えようという野心を胸に秘めているとは、女王は想像もしていなかった。

デイヴィッドソンを最初に主教に昇格させようとしたのは、三年前から首相を務めている保守党のソールズベリー卿だった。女王はデイヴィッドソンを失うなど考えられないと首相に伝えてこの案を抑えこみ、本人にも手紙でそう告げた。ところがデイヴィッドソンから曖昧な内容の返事が届いたので、女王は驚いた。彼はどんな形でも女王に仕える意思は変わらないとする一方で、時が来ればウィンザーを離れるかもしれないと匂わせた。女王は大いに狼狽し、ヘンリー・ポンソンビーに《主席司祭の返事は女王が考えていたものとはまるで違っていました》と書き送り、そのなかで《彼がそんな野心家だったとは、まったく意外です》と驚きを明かしている。ヘンリーは女王から、デイヴィッドソンに《当面は主教就任を期待すべきではなく、女王が考えるに、彼のいまの仕事こそ主教の仕事よりもさらに重要なものである》と伝えるよう申し渡された。デイヴィッドソンと話したヘンリーは、ウィンザーで幸福を感じてはいるものの、教会に対するより大きな責任と、神の家が《優秀な人材》を欲している事実を忘れたわけではないという彼の主張を女王に報告した。

この報告を熟考したヴィクトリアは一八九〇年までに立場を変え、ベンソン大主教に対しても主席司祭を手放すのはまったく気が進まないが、デイヴィッドソンの道をさえぎるつもりはないと伝えるまでになった。ベンソン大主教の言うとおり、デイヴィッドソンほどの能力を持つ者は稀有な存在であり、彼が優れた主教になるのは確実だったからだ。この伝達があってからの数カ月、デイヴィッドソンにとっては主教の座を目の前にちらつかされては撤回されるという不安定な状態が続いた。友人のアーサー・ビッグに宛てた手紙で、デイヴィッドソンは現状に《完全に満足》しており、ウィンザーを離れることは《これまでに王室に仕える人々と築いてきた多くの絆と愛情があるだけに……大変な悲しみになるだろう》と伝えている。表面的にはともかく、内心では快活でいられるはずもなく、彼は《性格的に大いに助けられ、勇気づけられ、さらに気分を高めてくれる》妻のエディスにすがった。

六月、デイヴィッドソンは、以前に王室に仕えていて、昨年、息子が亡くなったあとにようやく辞任が認められたばかりだったレディ・イーリーの葬儀を執り行った。ヴィクトリアにとって、彼女の死はある種の安堵感をもたらした。レディ・イーリーはナイフとフォークすら持てず、食事を口に運んでもらわなければならないほど衰弱しており、王室に仕える人々のあいだでも不満の声があがりはじめていた。女王自身も彼女が果たして宮廷に《適して》いるのかどうか考えずにはいられない状態で、現にヴィクトリアはジェームズ・リードに対してドクター・ジェンナーをレディ・イーリーのもとへ送り、《医学的見地》から食事を早めに部屋でとるよう勧め、みなの目に触れさせないようにできないものかと相談する手紙を送っていた。一方でレディ・イーリーの死は、女王がまたひとつ過去との絆を失ったことも示しており、これで一八六一年以前の彼女を知っている者はレディ・チャーチルただひとりとなってしまった。女王は日記にレディ・イーリーの死について、《完全な忠誠心の持ち主でした……おそらくわたしの感情や好き嫌いを誰よりも理解していたでしょう》と書いている。バルモラル城にいたために葬儀には参列できなかったものの、女王はのちにケンサルグリーン墓地を訪れ、花輪を捧げた。

デイヴィッドソンは八月のオズボーン滞在中、植えこみのあいだに設置したテントのなかで女王と長話をした。話題はオックスフォード運動とニューマンやピュージーといった運動の指導者たちのことから、間もなく空位となる可能性が高かったウィンチェスターの主教職の後任のことへと移り、ヴィクトリアは寛容にもデイヴィッドソンも候補のひとりとして考えていると明かした。ひと月後、ノーマンタワーでデイヴィッドソン夫妻とポンソンビー夫妻が食事をしていたときも、デイヴィッドソンはヘンリーから女王が真剣にウィンチェスターの件を考えていると打ち明けられた。しかし、指名の権限は女王ではなく首相にあり、首相のソールズベリーには別の考えがあった。

ソールズベリーはデイヴィッドソンの高い能力を認めながらも、彼がまだ必要な経験と貫禄を欠いていると考えた。現時点ではウィンチェスターへの指名はひいき目とも受け止められかねず、むしろロチェスターのほうが適任ではないかというのがソールズベリーの見方だった。一方で女王はデイヴィッドソンのつぎの仕事に関して《個人的な見解》から意向を持っているわけではないと主張したものの、彼が《真に役に立つ職務》につくことが自身にとっても慰めになると感じていたのもまた事実だった。ロチェスターではデイヴィッドソンの才能が無駄になるし、さらにロンドン南部のひどい空気ではそれでなくとも繊細な彼の健康に支障をきたす恐れがある。そう考えた女王はさらなる援護射撃をとベンソン大主教に願いでて、《女王の依頼であることは伏せて》ソールズベリーへ手紙を書いてもらえないかと頼んだりもした。しかし、結局は首相が自分の意見を貫き通し、女王は《みずからの希望と都合》が無視されたと感じながらも、ソールズベリーの提案に同意するよりほかなかった。

一〇月、ヴィクトリアとデイヴィッドソンはそろってスコットランドに滞在し、女王がバルモラル城で皇太子の長男にあたる孫のアルバート・ヴィクター（エディ）王子とカドリールを踊っているあいだ、デイヴィッドソンはいとこたちを訪ねてまわった。一三日、鳥を撃ちに出かけようとしていた彼のもとに、ソールズベリーからロチェスターかウスターのどちらかを選ぶようにという手紙が届いた。これで少なくとも短期的には将来が確定する。デイヴィッドソンは安堵しつつ、ロチェスターを選んだ。

ヴィクトリアが主教をよく言うことはほとんどない（一度、ある女官に《わたしは主教が嫌いです》と言い、その女官が《ですが陛下、お好きな方もいるではありませんか》と返すと、女王は《ええ、でもそれはその方が好きなだけです。主教としてではありません！》と答えた）。女王は、デイヴィッドソンに対して《正直に言います。女王はこれまで……主教になった者がそれまでと変わらずにいた例を知りません。あなたがこの例外になると期待し、信じています。説教が上手だった者たちも、主教になったとたん、そうではなくなってしまうことがほとんどなのです》と伝えた。これに対してデイヴィッドソンは、《陛下のご経験が示す危険から身を守るよう努力します》と確約した。もっとも、女王はデイヴィッドソンを手放すにあたって条件を出しており、毎年夏に一度と、一二月一四日にフロッグモアの霊廟へ説教をしに戻ってくること、年に二回オズボーンハウスで説教をすること、さらに、おそらく説教よりこちらのほうが重要だったと思われるが、女王の相談役としての仕事は続けることが決まっていた。彼はいくらかの満足感をにじませつつ、《去ったあとも、陛下がわたしの忠告をあてにしてくださるとは畏れ多いことだ》と書き残している。

一八九一年三月一五日、デイヴィッドソンは主席司祭としての最後の説教を行い、その夜は妻とともに城内で食事をした。ディナーのあとで女王は彼のもとにメモを送り、《あまりにもつらく》、そのために《ふつうの別れの挨拶もできませんでした》と伝えた。女王の目からすればデイヴィッドソンは替えのきかない存在で、後任を務める者への不安は多大だった。女王は彼の後任のキャノン・エリオットについて《聖職者としてかなり水準が低く》かつ《説教も恐ろしく退屈》だと評している。ただし、エリオットは少なくとも《城内での仕事の困難や複雑さに通じている》うえ、妻のメアリー・ピットが以前に女官だったこともあり、どうにか辛抱できる存在だった。デイヴィッドソンの胸には主席司祭の邸宅を出るのを残念に思う気持ちがあったものの、つぎの一歩を踏みだすときだという確信もあった。別れに際して女王からエドガー・ベームの手による女王自身の胸像を、そして王室に仕える人々からも《一級品の旅行鞄》を贈られ、彼はウィンザー城をあとにした。

デイヴィッドソン夫妻は、ランドールがつぎの仕事に取りかかる前の数週間の休日を利用してイタリアに旅立ち、ほぼときを同じくして、ヴィクトリアも主席司祭を失った悲しみを紛らせるため、フランスのグラースへと春の旅行に出た。一八八〇年代以降、春に休暇を取り、三月に出発して三、四週間ほどヨーロッパ大陸に旅行に出るのが女王の習慣になっていた。スイス、ドイツ、イタリアなども試したのち、フランスの南部地方——エクス・レ・バンやビアリッツ、後年にはニース——が女王のお気に入りの旅行先となった。グラースを訪れたのは、この一八九一年が最初で最後だった。

三月二三日、女王——誰をだませたわけでもないが、バルモラル伯爵夫人という偽名を使っていた——とベアトリス王女、ヘンリー公子、ルイーズ王女、ジェームズ・リード、ヘンリー・ポンソンビー、アーサー・ビッグ、レディ・チャーチル、マリー・アディーン（女官）に、使用人たち（ハイランダー、インド人、着付け担当、女中たちに、フランス人の料理長と警官がひとりずつ）を加えた一行は、嵐のなか、ウィンザー城を出発した。総勢三九人という、いつもヨーロッパ大陸に出かける際のおよそ六〇人から一〇〇人と比べれば少ない人数での出発だった。ひと月ぶんの荷物として、大変な数のトランクが用意され、ウィンザーから大量の家具――女王のベッド、机に安楽椅子など――も運ばれた。そのほかに移動の際に運ぶのは、分類された絵画や写真、記念の品々や装身具、三台の馬車と仔馬に装着する椅子、風呂用の椅子、仔馬たちと馬たち、そして一頭のロバ（このロバはエクス・レ・バンで入手したもので、ときに仔馬の代わりに椅子を装着したりもした）などである。これらはすべて、女王にとっては生活必需品だった。荷物が少ないのはインド人たちくらいのもので、彼らは所持品を数枚のハンカチに包むだけという軽装備だった。それ以外は、到着時の荷下ろしだけでまるまる三〇分かかる大荷物だ。女王と随行の人々、そしてその荷物の移動を管理するという決して容易ではない仕事を担当していたのは、女王のヨーロッパ大陸旅行の責任者、E・ドスだった。

女王一行がヴィクトリア・アンド・アルバート号が待つポーツマスに到着すると、雪がやんで空が晴れ渡り、シェルブールまでの快適な航海を約束するかのように凪になった。事実、航海中の海は終始おだやかで、上機嫌の女王と女官たちは甲板に出て腰をおろし、女王はそこでヒンドゥー語のレッスンを受けたほどだった。シェルブールの沖合で一泊したあと、旅はつぎの段階を迎えた――列車での南への移動だ。

女王の専用列車はベルギーで製造され、ブリュッセル北駅に保管されていた。列車は七両編成で、うち二両（昼用の車両と、夜間用の寝台車）が女王の私有財産だった。昼用の車両にはハイランダーの使用人が常時控えているための小さな区画と居間があり、趣味のいい青と黄色の色調を用いた贅沢なつくりだったが、精神科の患者が入院する壁にクッションを仕込んだ部屋を移動式にしたように見えなくもなかった。壁には淡い黄色を基調として青と灰色を織りこんだブロケードがかけられていて、クッションを張った天井には照明器具も設置されていた。インド産の絨毯が敷かれた床にはソファや安楽椅子が置いてあり、青のシルクが張られ、黄色の房飾りと縁取りがついた足置きもあった（これはルイ一六世期の再現を意識して置かれていた）。短い通路でつながった寝台車は寝室と居間、そして軽い荷物を置く区画に分かれており、荷物を置く区画にはソファがあって女中が眠れるようになっていた。日本を意識した居間は壁に竹がぶらさがっていて、洗面台には濃い赤のモロッコ革が張られていた。寝室にはベッドがふたつあり、大きいほうが女王、小さいほうが結婚後も母と車両を分けあっていたベアトリス王女のものとされた。

列車の速度は日中が時速約五五キロ、夜間が同四〇キロと定まっていて、朝の八時から九時のあいだは女王が着替えるために停車することとされており、身支度に湯を希望する紳士たちは、前もってつぎの停車駅に連絡すれば手に入れられた。ウィンザーの厨房担当がつくったアイリッシュシチューが用意されていたものの、赤いフランネルの布地で包んだ石の器に入れられ、温度が《ぬるく》保たれたシチューよりも、駅のレストランで食べるフランスの食事のほうがずっとよかった。グラースへの道のりは、一度インド人のひとりが誤って警告の警報ベルを鳴らしてしまった以外は、つつがなく進んでいった。

グラースで、一行はグランドホテルに滞在した。女王に関しては体を休め、散歩もできる個人的な空間を確保するためにと、ロスチャイルド家のアリス男爵夫人が自宅のヴィラヴィクトリアを提供した。女王の到来にあたって男爵夫人はいくつかの困難——到着前には散歩道をつくり、椅子を装着した仔馬が通れるように森を横切る道を整備しなくてはならず、到着後には手狭なグランドホテルで場所がなかったルイーズ王女を迎えるよう女王を説得しなければならなかった——に直面した。到着前には近くで天然痘が発生したという警告もあったため、ジェームズ・リードが持てるかぎりのワクチンをみなに接種した。

ただし、天然痘の知らせはその後の苦難のはじまりにすぎず、グラースに滞在中、リードの心配の種は尽きることがなかった。オレンジの木の花が咲き誇り、スミレの香りが漂うグラースは、一見したところ祝福された地に見えた。しかし、ここでの滞在は、葬儀の連続とはいかないまでも、重い病がつきまとうものとなった。バッテンベルク公爵家のヘンリー公子がはしかにかかり、料理長がジフテリアとなり、女王の女中のエリザベス・レイノルズが針仕事での傷がもとで敗血症になったうえ、みながひどい風邪にかかった。三九人のうち二二人が病気というなか、リードは昼夜にわたってヘンリー公子の看病をしたり、料理長を病院に連れていって、フランス人の外科医の助けを借りて手術したりしなければならなかった。みずからも風邪を引いて女中にもたれかからないと動くのもままならない状態で、リードはかつてないほど忙しく立ち働いた。そんななかでもどうにかして時間を見つけて母親に花を贈った彼は、その花に《みなが病気となり、わたしたちはグラースが嫌いになりました》と書いた手紙を添えた。ただし、シャーロット・カニングらと一八四三年に初めて訪れて以来、フランスのすべてに魅せられていたヴィクトリアだけは上機嫌だった。

　リードが病人の診察に明け暮れているあいだ、ヘンリー・ポンソンビーもまた、すさまじい忙しさの渦中にあった――ふたりはそんななかでもなんとかして都合をつけ、女王がマントンへ出かけるのに同行したりもした。政治面での伝令役といういつもの仕事に加え、ひっきりなしに届くカードに目を通して女王への謁見を希望する者たちの仲立ちをしなくてはならず（このときから数年後のシミエでは、《怪しい伯爵夫人が自分の名を走り書きしたダチョウの卵を置いていったこともあった。ヴィクトリアは《まるで自分が産んだかのように》と記している）、外国の報道陣への対応などもこなさなければならなかったためだ。不満や問題は、たとえそれがどれほど些細なものであっても、すべてヘンリーのもとに寄せられた。ホテルの周囲に配置された衛兵や警官たちは、冗長で意味のない報告をしてくる以外何の役にも立たず、アリス男爵夫人はルイーズ王女に《命令される》のが気に入らないと苦情をよこし、ルイーズ王女は気が休まるときがないとヘンリーに不平をこぼした。

さらに、《宗教上の問題》も発生した。ウィンザーから連れてきたパーシー・スミスとアースキン・グレッジというふたりの聖職者が喧嘩になったほか、国教会系の教会で日曜の礼拝を行ったとき、このふたりが使徒信条〔キリスト教の基本信条のひとつ〕を朗読する際に北側の端に立たずに東の祭壇を向いていたことから、女王が《激怒》するというひと幕もあった。ヘンリーはランドール・デイヴィッドソンに忠告を求める手紙を送り、このふたりの行為は女王が疑っているように、儀式主義の表れなのかどうかを問いあわせた。デイヴィッドソンはヘンリーの状況を察して厳密に言えば正確ではない返事を書き、東を向くのは《高教会派の特徴》ではなく、一般的に見られる行為だと確約してやった。女官のマリー・アディーンは《グラースはそれほどいいところでもありません》と感想を残している。これはマリーにとって初めて王室の人々とともに外国に出る機会だったものの、彼女はとうてい好きになれそうもなかった。たしかにバラやカーネーションなどの花でいっぱいの部屋は素敵だった。しかし、いつはしかにかかるかという不安が消えず、おまけに退屈と風邪に苦しめられた。マリーは《ここでの生活の単調なことといったら、それはもうひどいものです》と婚約者のバーナード・マレットにも手紙で伝えた。バルモラル城のほうがまだましに感じられる状況だった。

マリーは一八八七年に女官となった。賢くて信心深く（彼女は清教徒的な信仰心を持っており、絶対に酒を口にしなかった。また、サラ・リトルトンの孫のルーシーと同じく、宮廷での仕事をつまらないものと感じ、失望していた）、義務に忠実だった彼女は、多くの場面で反感を完全に抑えることができなかった。それはベアトリス王女に絵筆を差しだすとき、ルイーズ王女（マリーは王女を《意地悪》でひどい嘘つきだと思っていた）に『ペルメル・ガゼット』を読み聞かせるとき、ヘンリー公子のチェロの演奏を拝聴しているとき、リヴィエラ地方へ遊びに来た多くの王族を訪ねたりもてなしたりしたとき、身を切る寒さと南仏特有の冷たい風にさらされて毛皮をまとっているとき、女王と出かけて埃にまみれ、《粉屋みたく真っ白》になって戻ってきたときなどだった。仔馬が引く女王の椅子のうしろについて《取り澄まして歩く》のもそうしたことと似たり寄ったりで、マリーは自分ひとりで歩く機会を熱望した。女王が回想録をしたためるときのために女官が記録することになっていた、香水や毎日の馬車での外出といった退屈きわまりない旅の詳細を書くのは、彼女にとって恐ろしいこと以外の何物でもなかった――マリーは《何か興味深い出来事を書きたいと心から思うのですが、そうしたものはありません。すると陛下から、「ラバに乗った老婦人の話か、頭に房をつけた茶色の山羊の話について書くように」という指示が届きました。わたしは苦しみにあえぎつつ、なけなしの知恵を絞って必死に書きあげなければなりませんでした》と記している。

その年の初め、マリーはバーナードと婚約した。実際に結婚するのはもうしばらく先だろうと考えていたヴィクトリアは、当初快くこの婚約を受け入れたものの、グラースでベアトリス王女から、マリーの結婚がわずか三カ月後の七月に予定されていると知らされ、これがちょっとした〝嵐〟を引き起こした。マリーは、女王がこれほど早く（指名から四年が過ぎていた）に彼女を〝失う〟ことに失望し、《結婚自体に対して不満をつのらせ》はじめていると告げられ、レディ・チャーチルを通じて慰めの言葉を尽くし、女王を説得しなくてはならなくなった。マリーは《直接お目にかかりさえすれば、陛下はとても物わかりがいいのです。それがいつもあいだに人を挟む奇妙なやり方をするために、際限なく困難と誤解が続いていきます》とこぼした。

ある日の午後、マリーはヴィクトリアがカンヌにある知人の墓を訪れ、花輪を捧げるのに同行した。またこれとは別に、女王は軍の葬列をじっと座って見守っていたこともある（もちろんこれにマリーは同行せず、女王に命じられたアーサー・ビッグが制服姿で三時間の式に参加した）。こうした《物悲しい行事》の数々は女王を落ちこませることもなく、むしろ正反対の効果をもたらした。女王本人がジェームズ・リードに《葬儀で気が滅入ったことはありません》と伝えている。グラースで敗血症にかかった女中のエリザベス・レイノルズが亡くなったときも、女王は息を引きとる前に五度も彼女を見舞って病状をつぶさに追い、亡くなったあとは墓地や墓碑、葬儀のことで忙しく立ちまわりはじめた。

使用人が亡くなったとき、ヴィクトリアは家族が亡くなったとき同様の几帳面さを見せた。自分に仕える者がこの世を去ると《最期の表情》を見たがり、遺体の扱いにもこだわった。一八六九年、伝令として女王に仕えていたホールが、仕事でロンドンに出ていたときに急死し、病院に運ばれて家族の了解のないままに検視が行われた。これを知った女王はトマス・ビダルフに感情的な手紙を送り、ホールの扱われ方が《女王に仕えるすべての使用人に悲しみをもたらしました》とし、こうした《気持ちの通わない処置》から《使用人たちを断固として守る》と訴えた。《女王は使用人たちを王室の一員と見なしており、彼らの遺体もまた、そういう尊厳ある扱いを受けるべきなのです！》というのが、ヴィクトリアの主張だった。

ホールの死にざまは、ある指示を生んだ。王家に仕える者が《公共の場》で亡くなった場合、遺体は病院や救貧院ではなく宮殿に運ばれること。また宮殿内で亡くなった場合は、衛生上の理由、もしくはそれに準ずる理由がないかぎりは遺体を動かさないことというものだ。葬儀の機会をひとつとして逃すつもりのなかったヴィクトリアは、使用人の葬儀にも律儀に足を運び、辞めた使用人たちの葬儀にまで参加した。バルモラル城でのある日の朝、ヘンリー・ポンソンビーは、ふたりのレディたちが木々のなかに《身を隠して》いるのを発見した。以前、女中として働いていた女性の葬儀などという《嘆かわしい仕事に懸命になっている、女王に近い一派に見つかるのを恐れた》というのがその理由だった。

ヘンリーは《陛下は何より葬儀の差配が好きだった》と結論づけている。エリザベス・レイノルズの死により、ヴィクトリアは全力を尽くそうという思いに駆られた。グラースの公共墓地の前を馬車で走りながら、女王はジェームズ・リードに《わたしのエリザベスがこんなにも遠く離れた物寂しい場所で眠るなど、とても耐えられません》と告げ、遺体を近くにある国教会系の教会に運ぶよう望み、さらに《ですが、今夜彼女を教会に運ぶわけにはいきません。わたしの魂がそれに反対しているのです》と述べた。そのためにエリザベスの棺はグランドホテルに留め置かれ、その日の夜の一〇時からホテルの食堂で、女王と随行の人々、使用人たちが出席するなか、追悼式が行われた。マリー・アディーンはこの式について、《参列者の中央に置かれた棺は蓋を固定してもいませんでした。全員が正装に身を包み、使用人たちは泣いていました。あまりにも陰鬱な雰囲気に神経を冒されてしまったのか、わたしはその晩、一睡もできませんでした》と記した。午前一時半になり、棺はようやく教会に運ばれた。マリーは《ですが、午後には教会でまた対面しなくてはなりません》とこぼし、《最終的な葬儀は明日、執り行われます。それが終われば、いくらか気が休まるかもしれません。使用人たちにここまで関心をお寄せになる陛下のお心にはもちろん敬服しますが、さすがにこれはいきすぎで、王室に仕える者たちにとっては大きな負担です》と不満を文字に表した。

グラースを離れる日が近づき、人々のあいだには喜びが広がっていった。ヘンリー・ポンソンビーにとっては、贈り物の下賜と、女王のヨーロッパ大陸での休暇の終わりに際してつぎつぎと発せられる命令が、最後に残された《厄介事》だった。鉄道の駅長たちや荷物の運搬人、ホテルの従業員たちに贈る時計や鎖、ピン、ブレスレット、指輪、額縁入りの写真、ペン、インク台といった贈り物を詰めたトランクは、ウィンザーから持ちこまれていた（贈り物の詳細はギフトブック〔一九世紀に英国で流行した、毎年年末に向けて発行される贈答本に記録される〕）。旅の最後には、随行の人々にも贈り物が配られるのがならわしだったが、ヘンリーにはなぜか常に《コンフィ〔鴨肉などをその脂肪で煮た保存食〕水》が贈られることになっており、彼はそのどちらも嫌いだった。四月の終わりに女王一行はグラースを出発した。ウィンザー城に戻ったマリーは別れの挨拶をしてまわり、涙に暮れた――《陛下にやさしくしていただけばいただくほど、わたしも泣いてしまいました》と書いている。ヴィクトリアから一〇〇〇ポンドの祝い金とダイヤモンドのブローチ、インド産のショール、王室の人々の写真何枚かを受けとり、マリーは結婚生活をはじめるために城をあとにした。

ランドール・デイヴィッドソンのイタリアでの休暇もまた、体調不良のために――いつもの痛みと消化不良――台なしとなっていた。四月に戻った彼は正式にロチェスターの主教に任命され、ケニントンの邸宅へと引っ越した。ひと月後にはさらに体調が悪化し、ブランデーの力を借りてかろうじて日曜の説教を終えたものの、帰りに乗った辻馬車のなかで意識が遠のき、すさまじい吐き気に襲われた。暗くて気がつかなかったが、このとき吐いたのは血だった。辻馬車の御者が車内で血を発見したと使用人から聞いたエディスは、夫に内緒ですぐさまジェームズ・リードに相談し、リードはデイヴィッドソンに対して、同僚のドクター・トマス・バーロウの診察を可能なかぎり早く受けるように忠告した。デイヴィッドソンを診察したバーロウは重度の十二指腸潰瘍との診断を下し、三カ月間のベッドでの安静と食事療法を申し渡した。食事はラスク、ベンジャーズフード〔小麦粉をベースにした粉末の健康食品〕とミルクを混ぜたものとされ、栄養の補充となるブドウやモモが女王から送られた。

ようやくケニントンを出られるまでに回復したデイヴィッドソンは、まずノーマンタワーのポンソンビー家に滞在し、それからワイト島にある女王が借りてくれた一軒家のオズボーンコテージに移り、そのあとやっとスコットランドに向かった。ベッドの上に何週間もじっとしていなくてはならないとはいえ無為に過ごしていたわけではなく、仰向けのまま手紙を書き、ときにはメモを取りながら熱心に本を読んだ。読んだ本の内容は軽いものではなかった。慎重に書かれた彼の日記によると、ロバート・ブラウニング、ローレンス・

オリファント、トマス・マコーリー、ウォーレン・ヘイスティングスの伝記や、ウォルター・スコットの『日記』、カーライルの『過去と現在』、チャールズ・ブースの『ロンドン市民の生活と労働』、チャーチ主席司祭の『オックスフォード運動』、アメリカ独立戦争の歴史書、マコーリーの『エッセイ』、プラトンやアリストテレスが数冊、パスカルの『手紙』、聖書、イプセンのいくつかの戯曲を読んだとある。さらにホーソーンの『アーチボルド・マルメゾン』や、『モヒカン族の最後』、ウォルター・スコットの作品が何冊かといった小説（これについてはエディスが読み聞かせた）の名も記されている。一二月一四日までにデイヴィッドソンは完全に回復し、フロッグモアの霊廟での追悼式に臨んだ。

ウィンザー城を出たあとも、ランドール・デイヴィッドソンと宮廷及び女王との良好な関係は不変だった。デイヴィッドソンには女王との関係の秘密めいた部分をいささか誇張する傾向があり、あるいは大げさに語っている可能性はあるものの、彼は女王から届いた多くの《深遠かつ神聖な通信》を《残念なことに陛下の要望で》廃棄したとしている。政治的問題や、あるいは《家庭内の苦労》――王女たちとの激しい口論や、孫たちの結婚、孫の皇帝ヴィルヘルム二世〔ヴィッキーの長男〕のことなど――について、デイヴィッドソンは女王が《わずかに真情を吐露する》のを聞き、忠告を与えつづけた。特に女王の頭痛の種だったのは孫たちの問題だ。ヴィルヘルム二世は一八八八年に父のあとを継いで皇帝となって早々、母親の扱いや叔父である皇太子への礼を失した振る舞い、急に目立ちはじめた英国嫌いの態度をめぐって女王を激怒させた。しかしヴィルヘルム二世は、気取っていて落ち着きがなく、自己肥大妄想の気があった一方で、人を惹きつける個性と魅力の持ち主でもあり、ランドール・デイヴィッドソンもその二面性に圧倒された。デイヴィッドソンは毎年ワイト島のカウズにホーエンツォレルン号と名づけた船でやってくる皇帝と面会し、《とても感じがよくて接しやすい――それでいて変わっていて、口うるさい人物。自分と自分のすること、そしてドイツの軍隊の栄光しか頭にない》と印象を書き残している。

一八九五年、ヴィルヘルム二世の罪のリストに、ジェームソン侵入事件のあとで送った「クルーガー電報」が加わることとなった。この事件は、ローデシアと名づけられた地域〔現在のジンバブエ、ザンビア〕の行政官だったドクター・ジェームソンが、ケープ植民地〔現在の南アフリカ共和国〕の首相だったセシル・ローズと英国の植民地大臣だったジョセフ・チェンバレンの支持を受け、クルーガー大統領の率いるトランスヴァール共和国のボーア人政権の転覆を目指したという恥知らずな事件で、この試みがボーア人たちの手によって屈辱的な失敗に終わったあと、皇帝はクルーガーに対して〝独立〟を維持したことを賞賛する祝電を送った。ヴィクトリア女王にとってこの行為は、まったく無防備なところから受けた反英国的な攻撃そのもので、このためにヴィルヘルム二世はカウズにも招かれなくなったほど女王の怒りは大きかった。とはいえ、皇帝はその後も最初の孫として女王の心の特別な位置を占めつづけ、彼もまたヴィクトリアを「おばあさま」と呼んで慕いつづけた。

ヴィクトリアのために都合をつけて説教を続けるとともに、デイヴィッドソンは重要な儀式を行う際には女王のもとに駆けつけた。一八九二年一月には肺炎で急死したクラレンス公爵アルバート・ヴィクター王子の葬儀を執り行い（王子の愛称は〝エディ〟で、その服装の好みから〝襟《カラーズ》と袖《・アンド・カフス》〟というあだ名で呼ばれていた。デイヴィッドソンとヘンリー・ポンソンビーは、彼を知能に問題を抱えた病弱な若者だとひそかに思っていた）、その一年後には、エディの弟のヨーク公爵（兄よりも王にふさわしいとデイヴィッドソンは考えていた）とエディの婚約者だったテック公爵家のメアリー（デイヴィッドソンは彼女を落ち着きがあって賢明だと認めていた）の結婚式に参加したほか、一八九六年には、バッテンベルク公爵家のヘンリー公子の葬儀も執り行った（このときはデイヴィッドソンにしては珍しく、説教が長すぎるうえにヘンリー公子の死への言及もあやふやだと女王に酷評された）。また、デイヴィッドソンは女王付きの牧師として、春のヨーロッパ大陸旅行にも何度か同行した。ウィンザー城をよく訪れて（《とても楽しい場所》と彼は記している）、王室に仕える人員の指名についてヴィクトリアに忠告をし、ジェームズ・リードやヘンリー・ポンソンビーから王室の《厄介事》に関する相談を受けることもしばしばだった。

第21章　宮中のいざこざ

ヘンリー・ポンソンビーは長年にわたる過労に耐えつづけたあと、一八九四年になって私人としても公人としても仕事を続けるうえでの困難が大きくなっているのを感じていた。この年はジェームズ・リードからの提案で幕を開けた。一八八九年にジェンナーの病が重くなってから事実上は侍医長の仕事をしていたリードが、一月にサー・ウィリアム・ジェンナーが引退したのを受け、正式にその地位についた。リードはジェンナーに宛てた手紙で《あなたの賢明な助言と高潔な人格は常にわたしの頭に残っていて、多くの困難なときを救ってくれました》と綴っているように、精神面でジェンナーの支持を受けられなくなることを何より大きな損失だと考えていた。さらに、八〇〇ポンドというこれまでの給金では、今後さらに重くなる責任に対して釣りあわないとも感じていた。何事も口に出さなければ手に入らないことを知っていたリードはヘンリーに長い手紙を書き送り、そのなかで過去数年間にわたって《陛下の健康に対してひとりで責任を負ってきた》だけでなく、自分のもとに寄せられた多くの《雑用や質問にも対応》して、《毎日のように困難な状況に陥った人々を救うために頭を悩ませて》きたと申したてた。さらに《将来を築くために実績を積むべき》、人生における《もっとも盛りの時期》を女王に《捧げ、いまも捧げつづけている》とし、自分には昇給を求める資格があると訴えた。

リードの手紙に共感を覚えたヘンリーはこれをヴィクトリアに見せ、女王も納得したうえでリードの給金はそれまでの倍以上となる一七〇〇ポンドとなった。さらに少なくとも形式上は、《引きも切らない使用人たちの診察から解放される》——ただし、彼が診察すると女王が認めたお付きの者たちは除く——ことにもなった。《これは重要なことです》。リードは母親に手紙を書き《充分な給金を手にすることにもなりました。これからは少なくとも年に一〇〇〇ポンドの蓄えはできそうです。もう母上も高級品や旅行を我慢する必要はありません。わたしにはそれを支払う経済力があるのですから！》と興奮ぎみに伝えた。リードの昇給についてはこれで落着したものの、続けて政治的な問題が発生した。

二月、一八九二年にまたしても首相の座に返り咲いていたグラッドストンが辞任した。彼の後継となったローズベリー卿は謎めいたところのある神経質で陰気な人物で、ヘンリーにとっては神経も時間も使わなければならない相手だった。八五歳となったグラッドストンはさすがに衰えを見せはじめていて、視力や聴力の減退とともに極端な言動が増えてきており、党内の支持を失って一八九三年には重要視していたアイルランド自治法案が貴族院で圧倒的多数の反対で否決されるなどしていた。しかし、彼の卓越した会話力はまだ健在だった。ランドール・デイヴィッドソンはアスキス家とのディナーでグラッドストンと同席し、《よどみない言葉のなかに、わずかに本心を織りまぜる》技術に感嘆した。二時間以上に及んだグラッドストンの話は、自身も目撃したキール運河の開通にはじまって、アルザス・ロレーヌ地方についてやジャンヌ・ダルクに関連した新しいカルト宗派、ゾラ〔フランスの作家〕、アフガニスタン情勢、クロムウェル（《過大評価されている》というのが彼の意見だった）、チャールズ二世（《激しく非難した》）、自身の若き日の思い出、メルバーンやウォルター・スコットと充分に知りあえなかった後悔、ワーズワース〔英国の詩人〕との邂逅（《純粋で農夫のような気高い男の見本》だが、ユーモアの要素は完全に欠落している）にまで及んだ。デイヴィッドソンは、すべての話題が《素晴らしく、彼は激しいながらも恐ろしいほど率直》だったと評した。なかでもグラッドストンが喜んだのは、ヨーク公爵の一歳になる息子の体重が順調に増えているという話だった。

グラッドストンは当初、女王が他言しなければという奇妙な条件をつけたうえで、ヘンリーに辞任の意向を女王に伝えてほしいと依頼してきた。当然その条件は却下され、二月二七日にグラッドストンは正式な辞表を女王宛にしたため、その翌日に首相としての最後の務めを果たしにバッキンガム宮殿を訪れた。ヴィクトリアはこれから訪れる予定になっていたイタリアの天候の話などを延々としたものの、結局、過去二五年間に四度にわたって首相を務めた政治家との別れを惜しむ発言はしなかった。グラッドストンは《これ以上ないほど上機嫌なご様子だった》と、彼に似合わぬ皮肉な調子で書き残している。

ヘンリーはヴィクトリアがグラッドストンに後継首相の相談をしなかったことに不安を覚えたが、当の女王はすでにグラッドストンの内閣で外務大臣だったローズベリー卿を後継に決めており、相談する必要すら感じていなかった。ところがローズベリー卿自身は首相になる意思はなかった――ヘンリーに話したところによると彼は現状に満足しており、自分が首相に向いているとも思っておらず、貴族院議員の自分が首相になるのは不適切だとも感じていた。しかし、春の休暇をフィレンツェで過ごすと決めていた女王は一刻も早い解決を望み、医師たちが南方行きを勧めていると主張し、ジェームズ・リードに《女王の健康のためにも早く首相に就任するように》と伝える手紙をローズベリー卿に送るよう命令した。リードはこの女王の発言内容を適切なものに変え《陛下は、あなたの党で好感が持てて信頼できるのはあなたしかいないとお考えです。この危機に際してあなたに引き受けてもらえなければ、ほかの何者を頼ればいいのかわからず不安だとおっしゃっています》と書き送った。こうした要請を受けて断れる者は多くない。

手紙を送った翌日、リードは《ローズベリー卿が首相を引き受けた。ポンソンビーが彼から聞いて陛下に報告したところでは、わたしの手紙が決断を後押ししたようだ》と書き残した。とにもかくにも、首相どころか政治家ですらしぶしぶやっているローズベリー卿は、得心のいかないまま大命を引き受けた。四月、ローズベリー卿は、女王のフィレンツェ行きに同行したものの再度胃の出血に倒れたランドール・デイヴィッドソンに、不安を吐露した手紙を送った。その手紙には、《議会における慌ただしいばかりで実のない争いに心からうんざりしています。結果がほとんど出ない仕事が際限なく続くのにも、得るものがほとんどなく失うものばかりが多い政治の構造にもほとほと嫌気が差しました。首相として、政治家として長く務めるなど、とてもではないが無理だという思いが強くなっています》とある。結局、ローズベリーは首相就任からちょうど一年が経った頃に辞任した。

首相の座から降りるにあたり、グラッドストンはヘンリーに心からの賛辞を送った。《きみに対して「生まれつきの才能に恵まれた」という言葉を使うことを許してほしい。しかし、きみのように知的で誠実で、思慮深さと忍耐力に富んだ、しかも忠実な人間をわたしは二度と見ることはないだろう》というグラッドストンの言葉にヘンリーは大いに喜んだものの、彼の退陣には大きな代償がともなった。そこに弟のフレッドと家政事務官のサー・ジョン・カウエルの死が続き、ヘンリーを取り巻く状況はいっそう悪化した。

カウエルは四月、オズボーンで就寝中に亡くなった。ヘンリーは彼と格別親しかったわけではなかったが、一種の喪失感を覚えずにはいられなかった（それは女王も同様だったが、女王は決して認めなかった）。カウエルは難しい仕事をうまくこなしており、彼の穴を埋めるのが容易でないのは、ヘンリーにもよくわかっていた。家政事務官の仕事を熱望する者などいない。時間を取られる面倒な仕事（女王を訪れる客の宿泊の手配や、ディナーの席の配置の算段、「王室行事日報」の作成、紛失した備品の捜索など）が多いばかりでなく、管理を受けつけまいとする使用人たちの管理をするという重要な責務を負わされるのだから、それも当然だ。アルバートが築きあげた体制は一八九〇年代までにほぼ完全に崩壊し、女王の支持をあてにできると高をくくった使用人たちは、自分たちが家政事務官の権限の範疇外にある自立した存在だと考えるようになっていた。ヘンリーもルイーズ王女から、カウエルが厨房でいくつかの改革を試みようとしたところ、女王から《余計な口出しは無用》との通告が出たという話を聞いていた。

ヘンリーの見るところ、同僚たちのなかでカウエルの後継者にふさわしい人物はいなかった。アリック・ヨークは《家政事務官の器ではない》うえに《派手好き》で演劇関連の仕事への執着が強すぎた。キャリントン大佐（侍従武官）は結婚しており、家政事務官の仕事はとても既婚者向けの仕事ではなかった。ビング大佐（侍従武官）はあまりにも《気難しい》ため、使用人たちとの衝突は避けられそうもなかった。エドワード・ペラム・クリントン卿（宮内官）ならばあるいは務まるかもしれなかったが、それでも彼は家政事務官の理想的な人物像にはほど遠かった。当時宮廷で幅をきかせていたのが《肥えた連中》だったことから、ある程度の年齢による貫禄が必要であり、女王との連絡で女官があいだに入るのにいらだちを感じない忍耐力も求められた。適当な人材はなかなか見つからず、秋に女王がバルモラル城にこもったときも家政事務官の職は空席のままだった。

ヘンリーが王室に仕える者たちの《厄介事》に頭を悩ませていた頃、メアリーはエセル・スマイスとの新しい友情に気を取られていた。のちに婦人参政権論者となったエセルはメアリーよりも二五歳以上も年下の作曲家で、女性を情熱的に追い求める女性でもあった。のちにエセルが情熱を向ける対象のひとりとなったヴァージニア・ウルフ〔英国の作家〕は、彼女の接触の仕方を《大きな蟹にとらえられたよう》と評している。メアリーがエセルと初めて会ったのは、一八九〇年にエディス・デイヴィッドソン（エセルの姉妹はランドール・デイヴィッドソンの兄弟と結婚しており、エセルもよく主席司祭の邸宅を訪れていた）が彼女を連れてノーマンタワーを訪れたときで、この頃メアリーはもうひとりの崇拝者である作家のヴァーノン・リーとも出会っていた。気性が激しくすぐにかっとなるエセルは強引な性格でもあり、すぐに愛情を求めて訴えはじめた。《わたしが何に傷ついているかわかる？　あなたがキスをしてくれないことによ。会えないあいだ、愛情とあなたに会いたいという思いがつのって仕方がなかったわ……わたしはあなたを抱きしめたいという以外に言いたいこともないのに、あなたは同じように思ってくれない。かといって、わたしも自分の思いをあきらめられずにいるのよ》というのがエセルの言葉だ。彼女はメアリーの冷静な外見の下に〝情熱〟が潜んでいると信じていた。しかし、それはエセルの一方的な願望にすぎなかったのかもしれない。むろんそうした言葉に気をよくしていた可能性がないとは言えないものの、とにかくメアリーはエセルの猛攻をすげなくかわしつづけた。

バルモラルに閉じこめられたヘンリーは、妻からの手紙でエセルのことばかりを知らされるのにうんざりしていた。彼は妻への手紙で、《これでは手紙を書く意味がない。わたしはきみなしでは生きていけないし、伝えたいこともたくさんあるが、きみはエセル・スマイスのことで頭がいっぱいだし、わたしには相談相手がいなくなってしまったも同然だ》と愚痴をこぼした。ミス・スマイスというのはいったい何者なのか、それがヘンリーにとっての疑問だった。のちにヘンリーは、エセルをあまり好きではない様子のルイーズ王女から聞いた話として《才能ある作曲家で……砲兵隊の将軍の娘だそうだ。無神論者だったが、最近は三輪馬車で聖餐式にも出かけていくらしい。自分を宣伝するきらいがあり、周囲が思っているよりもみずからに才能があると信じているようだと殿下はおっしゃった》と、どこか満足げに記録した。エセルは自分がノーマンタワーに足繁く通っているのをヘンリーがおもしろくないと思っていると推測していたが、おそらくこれは正しかったのだろう。ヘンリーは極度に礼儀正しい態度を貫き通し、エセルと距離を置きつづけた。

秋が深まった頃、常にともにあったはずのヘンリーのユーモア感覚は、彼を見捨ててどこかへ去ってしまったようだった。メアリーへの手紙の文字にもはっきりと震えが見てとれるようになり、内容は同じことを繰り返す愚痴の連続になった。新しい家政事務官はいまだ見つからず、もっとも務まりそうだと思っていた（同時にとても務まらないとも思っていた）クリントンには、九月に打診をしたところ正式に拒絶され、ヘンリーのいらだちはつのるばかりだった。クリントンを説得するのは可能だろうか？　彼は最近、妻を亡くしたばかりという事情もあるが、ジェームズ・リードは集中すべき仕事があったほうが必要な気晴らしにもなるという意見だった。ヘンリーの見るところ、クリントンは使用人たちに逆に支配されてしまうのを恐れているようだった。結局、ほかならぬランドール・デイヴィッドソンの強い要請を受け、クリントンは家政事務官の職を引き受けることになった。ヘンリーは一応安堵したものの、本心ではノーマンタワーでの心の安らぎを渇望していた。それでもクリントンがバルモラル城に到着するのを待ち、女王が新任の家政事務官に対して出した多くの指示事項を伝えなければならなかった。また、女王が乗る馬車に同乗して劣悪な環境での外出に耐え、三日続けて美人だが《恐ろしく退屈》なヨーク公爵夫人の隣に座らなければならなかった。さらに、演劇に夢中な女王のために、諷刺画家のマックス・ビアボームの義兄であるハーバート・ビアボーム・ツリーが支配人を務める劇団をバルモラル城に招く交通手段の手配もしなくてはならなかった。

不安といらだち、そして家への恋しさがつのるなか、ヘンリーは机に向かった。そして《今年はフレッドとカウエルがいなくなるひどい年だった。こんな年を経験してしまうと、自分もいつ旅立ってもいいように準備をしておかなければと痛感する。だが、わたしは残していく妻と子どもたちのために痛みと苦しみにさいなまれるだろう。神よ、最愛の妻と子どもたちに祝福と守護をお与えください。どうか彼女たちが幸せになりますように。愛しいマグダレン〔娘のマギー〕、わたしはおまえとともに過ごせて幸せだ。願わくば、わたしが去るまでに長い年月が残されていることを。みなを愛している。ヘンリー・F・ポンソンビー》と紙に綴って封筒に入れ、自分の死後に開封するようにという指示を書き添えた。

一八九五年一月七日、ヘンリーは、メアリーと娘のマギーとともに滞在していたオズボーンコテージでいきなり倒れた。メアリーによってすぐに呼びだされたジェームズ・リードによると、六九歳となっていたヘンリーが倒れた原因は重度の脳卒中だった。彼はどうにか一命を取り留めて意識も回復したものの、左半身が麻痺し、思考が混乱した状態だった。ジェームズ・リードは日に三回ヘンリーのもとを訪ね、ヘンリーの息子のフリッツによると《毅然とした》態度を崩さなかったが、心のなかで善良な人物にこんな〝悲劇〟が起きてしまったことを残念に思っていた。侍従武官としてオズボーンに出仕していたフリッツと、独身で両親とともに暮らしていたマギー以外の子どもたち――アルバータ、ジョニーとアーサー――も知らせを受けてすぐに駆けつけたが、この状態がしばらく続くかもしれないという事実を把握しただけで肩を落として帰っていった。

ヘンリーの同僚たちにとっては、彼の脳卒中はかならずしも驚きではなかった――ジェームズ・リードとアーサー・ビッグは事前にヘンリーの異変の兆候を記録していた。ヴィクトリアもヘンリーが書いた字の変化に気づいており、物忘れが激しくなったり混乱しやすくなったりといった異常を認め、彼が別人のようになってしまったと感じていた。真偽は定かでないが、ふたりの最後となった会見で、ヘンリーが《おかしなことをおっしゃるご婦人だ》と言い、女王が《サー・ヘンリー、どこか具合が悪いようですね》と答えて呼び鈴を鳴らしたという話も伝わっている。ヘンリーが倒れたあと、女王は二五年来の秘書官の変わってしまった姿を見るのが《つらすぎる》として、彼と距離を置きつづけた。しかし、ときおりベアトリス王女をともなってオズボーンコテージを訪れ、メアリーかマギーからヘンリーの容態について話を聞いた。二月、フリッツは弟のアーサーに対し、父が自分を目にして興奮した様子を見せ、続けて《陛下に何か伝言を頼みたがっているふうに見えた》ものの、《はっきりとは聞きとれなかった》と報告した。

ヘンリーの病臥はメアリーと子どもたちにとって災難だっただけでなく、ヴィクトリアと王室に仕える人々にとっても同様だった。王室の奉仕者のなかで重要な位置を占め、辛抱強さと知性、思慮深さとユーモアを駆使して職務に邁進していたヘンリーが復帰できないことはもはや疑いの余地がなかったが、かといって彼の代わりをすぐに務められる者などいるはずがないこともまた明白だった。女王の要請でランドール・デイヴィッドソンがオズボーンハウスに急遽駆けつけ、ヘンリーの病状や後任の人事についてジェームズ・リードと長時間の話し合いを持った。《慎重な》議論の末、ヘンリーの副秘書官を務めていたアーサー・ビッグとフリートウッド・エドワーズをそれぞれ秘書官と王室出納長官にあてることが決定した。その後しばらくして、ビッグはリードに対し、女王が面会を拒絶して文書やメモだけやりとりをするのでは仕事にならないと不満を訴えた。リードは言葉を尽くして女王を説得し、どうにか定期的に秘書官と会う機会をつくるという約束を取りつけた。

同じ年、リードは性質の異なる、しかし同じくらい重要な問題をデイヴィッドソンに相談しなくてはならない状況に陥った。アーサー・ビッグとルイーズ王女のあいだに〝関係〟があるという話が、ベアトリス王女からもたらされたのだ。《これは醜聞であり、何らかの手を打たなければなりません》とベアトリス王女はリードに伝えた。《レディ・ビッグは絶望しています。彼女（ルイーズ王女）は他人を不幸にし、彼の幸福をも踏みにじろうとしているのです。ヘンリー公子が、陛下のディナーの際にビッグがルイーズ王女の健康を祝って乾杯していたのを目撃しています。ルイーズ王女は彼を罠にかけたのです。陛下がすべてを知れば、ビッグは追放されるでしょう》というのが告発の内容だった。

ルイーズ王女のローン侯爵との結婚は不幸なものであり、ふたりのあいだには子どももいなかった。侯爵は妻よりも護衛の男性に執心し、ルイーズも愛人を何人かつくった。一八九〇年にエドガー・ベームがアトリエで急死したとき、ルイーズが一緒にいたことから、ベームも彼女の愛人のひとりだったという噂も流れた。王女は退屈していて、魅力的で、厄介事を引き起こす困り者で、かつ男性に色目を使う癖があった。おそらくルイーズはビッグにも色目を使ったと思われるが、あるいはそれだけだったという可能性もある。ビッグは中産階級出身（父親はノーサンバーランドの教区牧師）で、軍隊で経歴を築いた。ウーリッジの士官学校から陸軍砲兵隊へと進むあいだに、彼はナポレオン三世とウジェニーの息子であるルイ・ナポレオン皇太子と友人になった。ふたりはともにズールー戦争に参加し、皇太子が戦死した際には、ビッグが皇太子の遺体を運んでズールーランドからイングランドに戻った。この話を聞いたヴィクトリアがビッグに目を留め、その後、侍従武官として招いたのだった。ビッグは知性もあり、歌うような声は女王に愛されていた。また、（おそらくこちらも愛されていたと思われるが）一六世紀の細密画から抜けだしてきたような洗練された顔立ちの持ち主でもあった。分別があるとの評判を得ており、王室に仕える者のなかでは《しないほうがいい》が口癖だと噂されていた。ルイーズ王女との一件が真実だったとするならば、いつもの思慮分別が彼を見捨てたことになる。

女王との相談のあと、リードがヒステリーを起こしたレディ・ビッグを毎日訪れて心の慰めを与える一方、ランドール・デイヴィッドソンがビッグの話を聞くことになった。またリードは、支えと同情を求めるルイーズ王女の相談役をしぶしぶ務めるはめにもなった。彼の記録によると、ルイーズ王女は一連の出来事をベアトリス王女が仕組んだ中傷だと信じていて、ベアトリス王女とクリスチャン公子妃が《ルイーズ王女の地位をおとしめるために策謀し、成功した》と主張した。リードはルイーズ王女との〝長話〟で聞かされた《実生活と想像の世界におけるすべての悲しみ》を、うんざりした義務的な筆致で日記に記している。ビッグにまつわる醜聞はやがておさまったものの、王女たちの敵意はその後もくすぶりつづけた。

王女たちの敵意は嫉妬に根差していた。ベアトリスのルイーズとビッグに対する告発は、ルイーズと彼女の夫であるヘンリー公子との関係への疑念から生まれたものだった。かつて「ベイビー」と呼ばれていたベアトリスは鈍感な家庭婦人へと姿を変え、王室に仕える人員のなかで彼女を慕う者は少なかった。王室の奉仕者のあいだでのベアトリスの評判は、あまりにも厳格で人見知りが激しく、寛大な精神に欠ける狭量な人物――要するに意地悪――というものだ。ルイーズとローンは、ヴィクトリアの暗黙の了解のもとで精神的な別居に近い生活を送っていて、ルイーズは宮廷に入り浸っていた。これといった仕事も楽しみもなく、自身も宮廷にとらわれていたヘンリー公子が、活発でまだ外見も若々しい義姉に視線を引き寄せられたのだとしても、驚くには値しない。

一八九五年一二月、閉塞した宮廷での生活から脱して独立と刺激を手に入れたいと渇望していたヘンリー公子は、アフリカのゴールドコーストにあるアシャンティでの戦闘に参加したいと女王に願いでた。彼の参戦により、帝国の意思に逆らっていたアシャンティの王プレンペーは完全に悪役となった。そのわずかひと月後にヘンリー公子はマラリアで亡くなり、気のいい義理の息子に愛情を感じていた女王は悲しみに暮れた。女王が《多くの時間を泣いて》過ごしたため、リードの生活も《とても忙しく、大変な時期》となった。ルイーズが《彼女（ルイーズ王女）こそがリコ（ヘンリー公子）の親密な友人であって、ベアトリス王女は相手にされていなかった》などと宣言をしたところで、リードの忙しさが軽減されるはずもなかった。そんななかでもルイーズはリードにベアトリスの《冷酷な所業》を訴え、クリスチャン公子妃と女王、女官たちのうちの何人か――特にベアトリスの女官のミニー・コクランと、寝室付きの女官となったハリエット・フィップス――とレディ・ビッグの《意地の悪さ》への不満を並べたてた。一八九八年、ルイーズはリードに《ヘンリー公子はわたしに言い寄ってきましたが、関係を持つのは断りました》と告げ、それ以降は〝長話〟も影を潜めるようになった。

ヘンリー・ポンソンビーはオズボーンに残っていた。彼の認識力は損なわれておらず、家族や友人たちを識別できたし、ときには話もした。しかし、大半の時間をベッドで横になって過ごし、しばしば落ち着きを失い、ときには暴れたりもした。ヘンリーが倒れた直後から一七〇〇ポンドの給金を停止して一〇〇〇ポンドの年金に切り替えていた女王は、ポンソンビー家がオズボーンコテージに必要なかぎりとどまりつづけることを歓迎したが、ノーマンタワーの住居はフリートウッド・エドワーズに譲るべきだと考えていた。また、エドワーズとアーサー・ビッグの両人を正式にそれぞれの地位に任命することも望んでいた。ヘンリーが回復するとは誰も思っておらず、これは理不尽な処置でも何でもない。ただし、毎日の看護でつらい現実に直面しているメアリーにとっては、残酷な時期だったはずだ。セント・ジェームズ宮殿の一画はまだメアリーのものだったとはいえ、彼女は自分の家を失いつつあった。五月になり、メアリーは夫の代理で辞表を提出し、ノーマンタワーを引き払うために娘のマギーをウィンザーに遣わした。リードに対し、彼女は二五年間の幸福な日々を送った場所を去るのは《大変な苦しみ》だと告白した。

メアリーとマギーはオズボーンで、なかばとらわれの身のような奇妙な暮らしを続けていくことになった。ふたりはしばしば訪れるリードに大いに勇気づけられ、ヘンリーもまた彼の来訪で慰めを得た。六月の訪問では、二等バス勲爵士となってナイトの称号を得たとリードは誇らしげに報告した（叙勲に際して初めてリードの頭頂部を見たヴィクトリアは、彼の薄くなった頭髪について書き残している）ものの、すぐに女王に呼ばれて立ち去らなければならなかった。そしてフリッツもまた、オズボーンへの出仕の際には三人にとって大きな心のよりどころとなり、宮廷とつながる絆の役割を果たしつづけた。

一八九四年に下位の侍従武官に任じられたとき、フリッツは王室に仕える者全体が女王とともに年老いている事実に衝撃を受けた。自分の父ばかりではない。ブリッドポート卿とガーディナー将軍（侍従武官）は八〇歳に近づきつつあり、レディ・チャーチルとレディ・エロールも七〇歳に届きそうな年齢で、ほかの女官たちも明らかに年老いている者が多かった。また、フリッツはじきに、自分の仕事が〝ない〟ことにも気づいた。ときに女王の馬車の横を馬で走り、暗号文の解読などをするくらいのものだ。馬車の手配をする仕事には少々の手間がかかった——命令書を作成して従僕に渡し、出かけていく王室の誰かを見送るためにフロックコートを着て帽子を着用した。しかし、それ以外の大半の時間は、侍従武官の部屋に詰めて指をもてあそび、新聞を読むくらいしかすることはなかった。

ゴルフと自転車はいくばくかの楽しみを与えてくれた。フリッツは熱心なゴルファーとなって毎日のように午後にはオズボーンのコースに出かけ、そのあまりの熱心さは女王が関心を示したほどだった。ゴルフが好きなのかと問うヴィクトリアに対して、フリッツが好きだと答えると、女王は《わたしはいつもあれほどくだらない遊びはないと思ってきました》と彼をからかった。そこへベアトリス王女が割りこんで、《それは陛下がなさったことがないからでしょう》と言うと、女王は《たしかにそうかもしれないですね！》と答えた。父親と同様、フリッツもまた宮廷生活にはばかばかしい一面があるのを知っていた。午後に女王が仔馬で出かけてしまうと、王室に仕える者のほぼ全員が散歩に出るのはいつものことだったが、彼はこの様子を見て、《すべての人がそれぞれひとりきりで違う方角へと向かっていく様子は、心を病んだ人々を集めた病院のようだ》という感想を残している。また、女王と遭遇するのが《大きな罪》であるのもばからしく思えた。もし女王を見かけたら、やぶのなかに飛びこんで身を隠さなくてはならないのだ。

フリッツは王室に仕える者のなかでも早い時期に自転車を買い求めたうちのひとりだった。最新式の《安全な自転車》は、軽量化されたフレームと空気入りタイヤ、チェーンなどで性能が格段に向上していた。一八九五年までには《自転車好き》が本格的に根づき、黒い服を着た人々が自信と腕前もさまざまに女王の宮殿から自転車で出かけていく姿が見られるようになった。自転車は乗る人々にある種の自由な感覚をもたらしており、特に女性たちはそう感じていた。以前はマリー・アディーンを名乗っていて、臨時の寝室付きの女官として王室に戻ってきたマリー・マレットやレディ・アントリム（チャールズ・グレイの娘、ルイーザ・アントリム。一八九〇年に寝室付きの女官となった）は、毎日ウィンザー城のスロープで熱心に自転車の練習に打ちこんだ。ルイーズ王女も下手ながら乗っていたし、クリスチャン公子妃でさえ三輪自転車に乗っていた。秋のバルモラル城では、フリッツとアーサー・ビッグはジェームズ・リードにも乗り方を教え、ルイーズ女王も含めた四人で野心的な遠乗りに挑戦したりもした。

一八九五年一一月二五日、ヘンリー・ポンソンビーがこの世を去った。数カ月間にわたる介護のあいだ、ヘンリーが自分を捧げて愛した妻のメアリーは、ときに自分の夫への忠誠心の足りなさを責めた。そして夫が亡くなったあとにはエセル・スマイス宛に、《もう必要とされていないという喪失感に包まれています。わたしをいつも惹きつけたあの美しい笑顔がなくなってしまいました！》と書いた短い手紙を送った。ジェームズ・リードは大勢の王室の人々やそれに仕える者たちと一緒に特別列車でウィンザーを出発し、葬儀が行われるオズボーンのウィッピンガム教会へと向かった。葬儀を執り行うのはその数カ月前にようやくウィンチェスターの主教となったランドール・デイヴィッドソンだった。葬儀のあと、リードはオズボーンコテージのメアリーとマギーのもとへと《つらい》訪問をし、ウィンザーに戻って女王の代理である息子のコノート公爵に葬儀の《詳細》を伝えた。

王室に仕える人たちもヴィクトリアもヘンリーを深く悼んだ。アーサー・ビッグは《完全に無私な人だった。慢心とは無縁で誰にもくみせず、うわべを繕うこともなかった。老人にも若者にも、身分の高い者にも低い者にも、貧しき者にも富める者にも、すべての人に対して親切で丁寧に接した。機知に富み、おかしみを理解する心を持ち、膨大な仕事をこなす大いなる力を有していた。そして、その力はあまりに強大だったために――ついに彼を殺してしまった》とヘンリーを称えた。ヴィクトリアはヴィッキー王女に《彼が亡くなった事実が、わたしの心の奥深くまで届いています》と伝え（また、ヘンリーがヴィッキー王女の誕生日に亡くなった悲しい偶然についても触れずにはいられなかった）、メアリーにも《彼はいつも公平で親切でした。いなくなってとても寂しく感じています》と書いた手紙を送った。メアリーは八〇〇ポンドの年金の支給を受けてセント・ジェームズ宮殿に住みつづけることを許され、臨時の寝室付きの女官という地位も与えられて宮廷とのかかわりを保った。

ジェームズ・リードは、マギー・ポンソンビーから親切と治療に対しての感謝の念を綴った手紙を受けとり、かつてレディ・チャーチルから父親が譲り受けたはさみを思い出の品として贈られた。《父は自分のものをあまり持たない人でした》マギーの手紙には書いてあった。《わたしは父が自分のために何かを買うところを見たことがありません。人からいいものをもらっても、わたしたちにそのまま渡してしまうのが常でした》

第22章　ムンシーの年

女王の即位六〇周年《ダイヤモンド・ジュビリー》記念式典が開催される一八九七年、宮殿内を黙々と動きまわるインド人の使用人たちが初めて宮廷にやってきてから一〇年の歳月が経っていた。ヴィクトリアは金の食器で出される朝食の卵を――天候が許すのであれば屋外のテントの下で――濃紺の衣装とサッシュに身を包み、頭に白いターバンを巻いたインド人の使用人たちが背後に控えるなかで食べるのが好きだった。また、インド人たちがいつまでも自分のものでありつづけると信じることで安心し、彼らに頼られるようみずからも手を差し伸べた。インド人たちには彼ら固有の問題点が数多く存在したものの、周囲からはそうした問題もまた、女王を活気づけているふうに見えた。ソールズベリー卿は《興奮できる唯一の機会なのか、陛下は感情の高ぶりを大いに楽しんでいる》とどこか皮肉めいた調子で書いている。しかし、王室に仕える人々の認識は女王とは大きく異なっていて、特にいやいやそうした問題に巻きこまれることが多いジェームズ・リードは、楽しむどころの話ではなかった。

一八八九年六月、バルモラル城内で女王のブローチがひとつ紛失した。ヴィクトリアの従僕のランキンはアブドゥル・カリムの義理の兄弟にあたるホーメットット・アリが怪しいと主張したが、着付け担当が紛失したと憤る女王にこの説を伝えようとする者は誰ひとりとしていなかった。七月になると、マホメット・バクシがアニー・マクドナルドとミセス・タック（衣装担当の女中と着付け担当）に対し、ホーメット・アリがウィンザーの宝石商であるワグランドにブローチを六シリングで売ったと証言した。ミセス・タックが手紙で問いあわせると、ワグランドがブローチを返却し、たしかにホーメットから買ったと認めたため、ミセス・タックはすぐさま手紙とブローチを女王に提出した。リードは、このときの女王が《最初は驚いた様子だったが、すぐにミセス・タックとワグランドに対して怒りだし、ホーメットは何も間違ったことはしていないとほのめかした》と記録している。女王にとってインド人たちを不名誉なことで責めるのは、使用人たちの飲酒を問題にするよりもはるかに受け入れがたかったようだ。リードはさらに《陛下は「これがあなた方の言うイングランド流の正義なのですか」と叫び、さらに激昂した。アブドゥルと話したあと、陛下はミセス・タックに「このことはランキンにもミス・ディットワイラー（かつての女王の着付け担当で、このときはバルモラル城の家政婦）にも、ほかの誰にも他言は無用です。ホーメットは正直でまっすぐな男であって、何を盗むつもりもなかったのですから。インドでは拾ったものは誰にも告げずにしまっておくのが習慣だとアブドゥルが言っていました。ホーメットもブローチを拾っただけで、自分の国の習慣に従っただけなのです！」と言ったそうだ……つまり、明白な証拠があったにもかかわらず盗難行為が見逃され、あまつさえ陛下が夢中のアブドゥルのために、とんでもない居直りが許されることになったわけだ》と不満げに書いた。

インド人の使用人たちのなかで、アブドゥル・カリムはいち早く頭角を現した。一八八七年、二四歳のハンサムな青年が宮廷に入ると、女王はすぐに彼を上流階級の出身だと決めてかかった——女王が信じたところでは、アブドゥルの父は軍医であり、彼自身もインドでは事務官（ムンシー）だった。そのために食事のテーブルで給仕にあたるのはふさわしくないとされ、一八八九年までにはただのアブドゥルから秘書の仕事をするムンシー・ハフィズ・アブドゥル・カリムとなり、女王の公文書箱にあるインドからの請願に目を通す新しい仕事が割り振られた。また女王の命令により、彼がテーブルの脇で給仕をしている姿が写った写真はすべて廃棄された。

ヴィクトリアは、アブドゥルによる毎日のヒンドゥー語のレッスンに精を出した（ムンシーが用意したテキストには、《オズボーンのお茶はいつもまずい》であるとか、《卵が蒸し足りない》《ムンシーがいなくて寂しい》といった文句が並んでいた――弟子と師匠のヒンドゥー語の水準が知れる内容だと言える）。女王がアブドゥルに送ったメモによると、女王は自身を《愛情深い母親》と位置づけていて、彼の妻が子どもを授からないと悩んでいたと聞くと、腸の具合に気を配り《月々の決まったときに注意して疲れないようにし、でこぼこの道を出歩かないようにすること》と忠告を送ったりした。ジェームズ・リードは彼女のために女性医師を探すように頼まれたりもしている。自分に仕えるインド人たちは格別に繊細な性格であり、守らなくてはならない存在であると信じていた女王は、彼らの生活に母親のような関心を寄せた。一八九〇年、インド人使用人たちをあまり好意的に思っていないヴィッキー王女は、たてつづけに起きた不幸な事故を内心で大いに喜んだ。ユースフ・ベイが三輪自転車で転んで腕を折り、カリム・アル・アリがイングランドの気候に耐えきれず帰国することになり、そして女王いわく《とても優秀なアブドゥル》も首に腫れ物ができたのだった。王女とは反対に、女王は《かわいそうに。大切な人や物から遠く離れているのに親切で忍耐強くありつづける彼らを見ていると、同情を覚えずにはいられません。彼らのために何かをしてあげるのが、わたしにとって大きな喜びです》と書き、一日に何度かアブドゥルを見舞って首の具合を確かめ、枕を直したり手をさすったりした。

当然ながら、アブドゥルの早すぎる昇進はインド人たちのあいだでも怒りを買った。女王がジェームズ・リードになぜアフマド・フセインが落ちこんでいるのか原因を調べるようにと命じたとき、アフマドはムンシーによる自分の扱いがひどいためだと訴えた。リードがアフマドの主張を報告すると、女王はムンシーにアフマドの《不平とあてこすり》を伝えるよう命じる一方、報告の内容にムンシーも自分も《深く傷ついた》とし、リードがアフマドの一方的な言葉を鵜呑みにしていることに女王は《不愉快な思いをしている》と告げた。《女王は、アフマド・フセインがムンシー・ハフィズ・アブドゥル・カリムに対して二度と不平不満をもらすことのないよう、ドクター・リードに繰り返し強く求めます。アブドゥルはまず、インド人たち全員の世話をし、衣服の発注などをしているうえに、女王の公文書や手紙などにも目を通している人物です。アブドゥルはほかの者たちこそアブドゥルに助言を請い、可能なかぎりの助力をするべきだと考えます。アブドゥルはほかの者たちが誇りに思うべき昇進を果たし、いつでも彼らの望みをかなえようとして何に対しても反対などしておりません。ただし彼はいきすぎた権利には反対し、女王の命令が厳格に順守されることを望んでいます。アブドゥルはアフマド・フセインをよく知っており、アフマドの何事も一番、少なくとも同等になりたいと望む心が無益な結果しか生まないことも承知しています……》というのが、この問題に関してヴィクトリアがリードに告げた見解だった。

ムンシーの出世に対して王室に仕える者たちが抱いた嫌悪感は、彼の同胞たちとは比較にならないほど大きかった。女王はレディたちにムンシーの妻のもとを訪れるよう命じ、紳士たちには彼とディナーをともにするよう告げた――彼らは断固として拒絶した。ヴィクトリアは驚くほど《人種に関する偏見》や上流気質に無頓着だったが、女王の家族や王室の奉仕者たちはそうではなかった。王室に仕える人々、特に中産階級の出身者は反ムンシーで結束した。彼らはムンシーを――幾分かの自己正当化を含めて――道義的にも社会的にも受け入れがたい存在だと見なした。

それでもムンシーの栄達はとどまるところを知らないように見えた。一八八九年、オズボーンハウスのリードが以前暮らしていた部屋（メインウィングの三階）が、連なっている広い居間ともどもムンシーにあっさりと与えられることになった。この部屋はリードの希望ですら〝却下〟されつづけ、前年にようやく《条件と規制のもと》入居を許された部屋だった。しかも、ムンシーはすでにアーサーコテージを使用しており、リードとしては《これがアブドゥルとわたしの相対的な評価だ！》と思うよりほかなかった。ムンシーの地位があがるにつれ、本人の胴まわりとともに自意識も肥大していった。女王や良識的な人物だったヘンリー・ポンソンビーはアブドゥルを〝紳士〟と見なしていたが、やがて彼自身も紳士としての扱いを期待するようになった。当然、ムンシーはほかの誰よりも自分の地位について敏感だった。彼の自尊心は慎重に育まれたものので極度に傷つきやすく、軽視や侮辱に対して繊細だった。バルモラルに滞在中の一八八九年八月（このときの滞在で、女王はジョン・ブラウンの死後初めてグラサルトシールを訪れた。もちろん供を務めたのはムンシーだった）、インド人たちも出演した演劇の際の出来事をリードは以下のように記録している。《アブドゥルはこれまでになく大物になった気分でいるらしい……陛下が招いた客たちと同じ列に座れないからといって退席するとは！》

ヘンリー・ポンソンビーのもとにはムンシーに対する大小さまざまな怒りの訴えが、それこそ数えあげればきりがないほど届いていたものの、ヘンリー自身は彼に対し、尊重しつつも距離を置くという寛容な姿勢を堅持しつづけた――アブドゥルはたしかにうんざりするほどいらつく存在かもしれないが、肝心なところでは無害であり、女王の彼に対する執着もばかばかしいといった域を出ないものだと考えていたためだ。しかし、ヴィクトリアはヘンリーを味方にしようと懸命になり、一八九四年八月には《女王はサー・ヘンリーに対して、ドクター・リードにムンシーのことを尋ねないよう願います……彼はたしかに常に理想的な態度で人と接しているとは言えません。ですが、それは病気のためなのです》という手紙を送った。さらにヘンリーが亡くなったあとには、娘のマギー・ポンソンビーに対して《あなたのお父上が亡くなったことを誰よりも嘆いている者がいます……ムンシー・アブドゥル・カリムです。お父上は誰よりも彼に親切に接し、常に友人でありつづけてくれました。彼も「第二の父」を失ったと悲しんでいます。残念ながら彼は明日の葬儀には参列できませんが、花輪を贈ります。似たような花輪がたくさん届くことが予想されますので、彼がしたためた手紙を花輪につけておきます》と書いた手紙を送った。マギーは《このムンシーという方》に礼状を書くべきかどうかをジェームズ・リードに相談したところ、その必要はないという答えがすぐに返ってきた。《花輪は陛下が命じてつくらせたものですし、手紙とやらも陛下が口述した内容をムンシーが書いただけです》と、リードは突き放した一文を返事に記している。

一八九四年の初め、リードとアーサー・ビッグは行動を起こし、ムンシーは本人が言うような医師の息子ではなく、経歴はまったくの詐称にあたるという報告書を女王に提出した。これに対してヴィクトリアは激怒し、《善良なムンシーの身分が低いなどとする中傷は、言語道断だと言わざるを得ません。イングランドのような国では許されないことです……女王は父親が精肉店や食料品店の主人だった大主教を知っています……アブドゥルの父親は医師として名誉ある奉仕を続けてきた方であり、彼（アブドゥル）はこういった妄言にいたく心を傷つけられています》と感情もあらわな手紙を綴った。ムンシーの出自に関する疑惑を封じるため、女王は当時総督の部下としてインドに赴任中で、じきに侍従武官となることが決まっていたフリッツ・ポンソンビーにムンシーの父親のもとを訪れるよう依頼した。ところがフリッツの報告書には、女王にとって都合の悪い真実が書かれていた。自称〝医師〟のムンシーの父は薬店主であり、しかも監獄に入っている罪人だった。これは女王が知りたくない情報であり、結局ヴィクトリアはこれも《人種に関する偏見》だと結論づけ、その後の一年間、フリッツ・ポンソンビーをディナーに招待しなかった。

一八九四年、女王が春の休暇でフィレンツェに滞在していたときにも、リードはムンシーに関する訴えをまとめたリストを作成した。乗る車両の位置について不満を明かした、同胞のインド人たちに自分が乗る車両への出入りを禁じた、女王の女中たちのための浴室と洗面所を無断で使用した、紳士たちと同じ馬車での外出を提案した、ローマを訪れて二二ポンドを浪費した、旅行責任者のドスに対して自分の新聞での扱いが小さいと苦情を申したてた、といった事項がこのリストに並んだ。最後の件を耳にした女王は、アニー・マクドナルドをドスのもとへ送り、新聞にもっとムンシーが載るよう取り計らうことと伝えさせた。

リードは、自分が《インド人問題》に深く巻きこまれつつあるのを自覚していた。ムンシーの要求や、彼の〝暴虐〟に対する同胞たちの不満、王室に仕える人々からの抗議、そして女王からの正義に反するという非難、すべてが増えつづけていた。むろん、リードはムンシーの健康に対して責任を負う立場だったものの、同等の立場でつきあいを持とうとは考えなかった。ムンシーが女王の信頼に値する人材だとは思えなかったし、ムンシーに媚を売られたからといって、彼に対する評価を変える気にもなれなかった（《あなたにマンゴーをふたつばかり送りました。インドでは最高の果物とされているんですよ》と言われたこともある）。アブドゥルにインドの父のもとへ大量の医薬品を送ってくれないかと頼まれたときもリードは拒絶し、《わたしの名前で大量の危険な薬品（わたしの計算によると、成人男性なら一万二〇〇〇人から一万五〇〇〇人、子どもたちならそれよりもはるかに多くの致死量に相当する）を知らない者に届けさせるなど、できるはずがない》とすげなく伝えた。この話をリードから聞いた女王は、アブドゥルは気にしていませんと答えただけだった。

一八九七年、事態はさらに悪化した。ムンシーは「王室行事日報」の常連となり、彼の《高い地位》は新聞の話題にもなった――ハイランダーの使用人を従え、猫とカナリアをともなって《半特権階級的》な旅行に出たという記事もあった。ヴィクトリアはインド帝国勲爵士の称号をムンシーに与えることに成功し、続けて彼の友人であるラフーディン・アフマドに関心を示しはじめた。アフマドはムスリム愛国同盟という団体と関係のある怪しげな弁護士で、ムンシーを通じて女王の公文書の内容をもらしている疑惑を持たれていた（のちにこの疑惑は誤りと判明した）。女王は《モスレム》〔ムスリム。イスラム教徒〕がいたほうが何かと役立つとして、ソールズベリー卿にアフマドをコンスタンティノープルの大使館での仕事につかせてはと提案したが、開明的だったこの提案は首相によって握りつぶされた。そして、ムンシーが与えられた名誉にふさわしくないと考えていた王室に仕える人々は激しい憤りをつのらせた。

一月、アブドゥルのことになると女王が《正気を失う》と考えていたランドール・デイヴィッドソンは、ジェームズ・リードと《ムンシー問題》を話しあうため（むろん話しあうべき問題はほかにも山積していた）にウィンザー城を訪れた。リードはこのときアブドゥルの淋病を治療しており、この報告を受けた女王は驚いた様子だったものの、リードに口外を禁じた。この年の春の休暇では一八九〇年代後半にお気に入りとなっていたシミエを訪れると決まっていたが、もはやシミエ行きにムンシーを同行させるという女王の決意を変えさせるのは不可能だった。つまり、勲章を得たムンシーは王室に仕える人々とともに食事の席につくことになり、紳士たちはそれに猛反発した。紳士たちはハリエット・フィップスを通じ、女王にムンシーを残留させるか自分たちが辞任するかの二者択一を迫ったが、これは女王の逆鱗に触れただけに終わった。激怒したヴィクトリアはテーブルの上にあったものをすべて払い落とし、インク台や吸い取り紙の束、ペンやペン先を拭く布、ペーパーウェイト、香水の瓶、写真、小像、装身具などが床に飛び散ったという。

三月一一日、バッテンベルク公爵家の人々と女王の孫娘のシュレースヴィヒ・ホルシュタイン公国のヴィクトリア王女（愛称は《ソーラ》）、レディ・アントリム（寝室付きの女官）、アーサー・ビッグ、ジェームズ・リード、ハリエット・フィップス、キャリントン大佐（侍従武官）、アーサー・デイヴィッドソン（宮内官）

などを含んだ女王一行は、ドスに率いられてシミエへと旅立った。シェルブールへの船旅も無事に終了し、上陸した一行は午前中に発車してシミエへ向かう列車に乗りこんだ。リードは特別車両でキャリントン大佐と同室となり《素晴らしいひととき》を過ごした。このときムンシーもまた、特別車両に席を与えられていた。女王が自分の意向を押し通した末の配置だったが、王室に仕える面々が納得したわけではなく、内心では反発していた。戦線は敷かれ、あとは衝突を待つばかりの状態だった。

ニース北方のシミエに到着し、一行は白く輝くホテル・エクセルシオール・レジーナに入った。この巨大な宿泊施設は部屋数が三〇〇あり、電灯とエレベーターが完備されていた（八週間の滞在で宿泊料は八万フランとされていた――女王の滞在は六週間）。三週間前に開業したばかりで建物にペンキの臭いが残るなか、女王と随行の人々はホテルの西翼の八〇部屋（教会施設を含む）を借りきった。英国の新聞報道によると、女王の寝室には《壁に薄い青のタペストリーがかけられていて、床には濃い黄色の絨毯が敷かれて》いた。また《栗色がふんだんに用いられた》居間には、ニースの画商ガンバートが集めた（悪趣味な）絵画のコレクションが飾ってあった。女王の私室は、一部にいつものようにウィンザーから持ちこんだ家具も運び入れられたほか、バルコニーと温室への出入りが可能で、朝食をとったり、午前中に公文書を片づけたりできるようになっていた。また、隣にあるヴィクトール・カザレの邸宅、ヴィラリゼルブの庭園も利用できるよう手配されていた。

ジェームズ・リードも《最高の部屋》――寝室は《素晴らしく》、居間から海に向かってニースの景色を堪能できた――に満足以上の喜びを感じていた。しかし、リードにとってこのシミエ滞在は、ムンシーが引き起こす一連の騒動に支配される運命が待ち構えていた。

到着早々、リードはウジェニー皇妃やソールズベリー家と一緒にリヴィエラで休日を過ごしていた皇太子に呼びだされて、《ムンシー本人と、陛下のムンシーの扱い方が招く危機、さらに進行中のムンシーにまつわる問題》について話しあった。皇太子は紳士たちが起こす《いかなる行動》についても支持をすると約束した。実のところ、紳士たちは呼ばれもしていないラフーディン・アフマドがいきなりシミエにやってきたことですでに大いに腹を立てており、アーサー・ビッグが彼を追いだしてしまっていた。

三月二七日、ヘンリー公子の兄、バッテンベルク公爵家のルイス公子が、女王と王室に仕える人々の仲裁役に担ぎだされ（公子も女王はムンシーのことになると《おかしく》なると思っていた）、アーサー・デイヴィッドソンに対して、女王は紳士たちがもっとムンシーと《接触の機会を増やす》ことを望んでいると告げた。リード、アーサー・ビッグ、アーサー・デイヴィッドソン、キャリントン大佐の四人組は会議を開き、《女王がこれ以上の無理強いをしてくるなら全員で立ちあがり、辞任する》という意見で一致した。翌日も会議が行われ、女王から紳士たちの不満の本質を確かめてくるようにと依頼されたルイス公子との話し合いが持たれた。ジェームズ・リードは定期的に女王と顔を合わせることができるただひとりの存在であり、また本格的な女王との対立も辞さない覚悟ができていたのも彼だけだったことから、王室の奉仕者全員の代弁者のような格好になった。その日の夜の一一時半、女王のもとを訪れたリードは、一時間ほどもかけて自分が知るかぎりのムンシーの問題行動をすべて伝え、女王のお気に入りの使用人は自己中心的な嘘つきであり、おまけに淋病持ちだと訴えた。

リードの訴えはある程度の効果があったようだった。三〇日、ヴィクトリアはリードに何度か使いを送り、《事態を前進させるための要請がいくつもあったのに、彼をかばいつづけたのは誤りだった》と認めた。これでは充分ではないと思ったリードは、《陛下のご正気を疑う声があがっております》と答えた。三一日には《別の修羅場》が待ち構えていた。女王はリードがみなと結託して《ムンシーを陥れようとする一味に加わっている》と主張しはじめた。さらに女王は先日話したムンシーの行状をそのままルイス公子にも話して意見を聞くべきだとしたうえで、ただしベアトリス王女とハリエット・フィップスには決してもらしてはならないと訴えた。この女王の反応に対し、リードはことの真剣さを示すため、辞任を申しでた。

目の前に証拠を突きつけられて追いつめられた女王は、依然としてムンシーが本質的に誠実であり、彼に向けられた非難の多くは正義にもとるものだとの主張を続けてはいたものの、ようやく引きさがる気配を見せはじめた。四月二日は《またしても騒がしい一日》となった。女王が〝陥落〟し、涙ながらに《ムンシーについて過ちを犯していた》と認めたのだ。その二日後、女王と会見したリードは、《わたしには、陛下がムンシーの感情ばかりを思いやっているように見えます。以前も申しあげましたが、きわめて高い地位にいる、陛下をよくご存じの方々のなかで陛下のご正気を疑う声があがっているのです。わたしはそうした方々から、いずれ陛下のご記憶と名誉を守らなければならないときが来る、そのときにはわたしが立ちあがって陛下にそうお伝えしなければならないと言われました》と単刀直入に告げた。この話を聞いていたアニー・マクドナルドはたまらず話に割りこみ、《陛下はそこにお座りですが、人々の声が届いていなかったのです。誰も陛下に真実を伝えようとしなかったのですから》と女王に言った。ムンシーは廷臣たちと同様、使用人たちからも嫌われていた。ムンシーの傲慢さと無礼な態度に虐げられてきた使用人たちのなかで、彼を慕う者などいるはずもなかった。

リードは続けてムンシーのもとを訪れ、《きみが〝秘書〟だなど、まったくばかげた話だ。きみは英語でもインドの言葉でも手紙ひとつ書けないではないか。秘書の名を汚しているとしか言いようがない。おまけに、きみには表裏がある。陛下に見せる顔とそれ以外の顔だ。陛下は、きみが誰に対しても謙虚で〝正直〟で親切だと言う！　だが、本当のところはどうだ？　陛下は、ほかのインド人たちがみな、きみを慕って尊敬していると思っている。だが、彼らはわたしになんと言った？　陛下にお仕えする紳士たちはきみをどんな意味でも、いっさい認めていない……きみは陛下に疲れきって夜も眠れず、食欲もないと言ったそうだな。おやさしい陛下はそれを聞いて心を痛めていらっしゃる。だが、もしまた今度、陛下をペテンにかけようとしたら、そのときは真実をすべて陛下に伝えるから覚悟しておけ。だまされていたと知った陛下の同情は怒りに変わるだろう。そうなれば、きみは自分の身の破滅を急いだだけという結果になるからな》と告げた。もっとも、もしムンシーがこの程度の説教で怖じ気づく人物であれば、そもそも事態はここまで長引いていないはずだった。

ムンシーの問題に取りかかっていないあいだも、リードはシミエの近くに滞在中のコーブルク公爵（前エディンバラ公爵）の診察などで忙しくしていた。過剰な喫煙と飲酒の影響により、公爵の健康状態は着実に悪化の一途をたどっていた。それでもときには休めることもあり、そうした機会にはニースの街を歩いたり、ビッグやキャリントンと連れだってモンテカルロに出かけてカジノでギャンブルをしたりした。カジノのあとにはランプルメイヤーズでホットチョコレートとクリームを楽しみ、ロバに乗って廃墟となった村を訪れたりもした。

シミエの滞在も終わりに近づいた頃、女王は紳士たちに宛てた覚え書きを出した。彼らの不満に対する理解と拒絶を同時に含んだ内容だ。それによると彼らは、《この痛ましい話題については内部、外部を問わず話してはならず、今後も王室に仕える者たちで結託しないこと》とあり、ムンシーについては、同等と見なさいまでも《常識的な礼儀をもって接すること》とされた。ラフーディン・アフマドは《特に女王の要請がないかぎり城には来ないこと》とされ、さらにアブドゥルが乗る《列車の車両についての奇妙な話が浮上している》ものの、これについては（雇われている）着付け担当者たちと同等の待遇であるため、これ以上の議論は不要とした。

二八日にシミエを離れたとき、リードは大いに安堵した（のちに女王は彼に、《あんなこと（リードとの話し合い）があって心が傷ついたので、シミエの部屋は嫌いでした。いまはもう立ち直りましたが》と述べた——もちろんリードの側の痛みにはまったく触れていない）。ウィンザー城に戻った彼は、名目上ではインド人たちを管理する立場のデネヒー少佐と、ムンシーの特権のうち何を剝奪するかについて話しあった。女王はリードの見るところ、《以前より聞き分けがよくなったとはいえ、非常に悔しそう》といった状態だったが、アブドゥルのロンドン行きの列車を女王専用列車ではなく普通列車とする件に関しては《大いに口を出して》きた。

とにかく、一時的とはいえ、ムンシーは即位六〇周年記念式典まで目立たぬ場所にとどめ置かれることになった。ヴィクトリアはこの祝典に大きな不安を覚え、いささかの恐怖を感じてもいた。一八九七年六月、女王はバルモラル城からリードに対し、《例年の春よりもひどく疲れを感じ、いささか落ちこんでもいます。夜も眠れませんが、それでもすべきことはたくさんありますし、答えなくてはならない問いも山積しています。休んでいる暇はありません》と書き送った。女王は、リードに一刻も早くエロンから戻り、具合の悪い四一年来の衣装担当の女中、アニー・マクドナルドの診察をしてくれるよう望んでいた。さらに女王の手紙は《アニーは近頃、妙に自己中心的になったようです。わたしの具合を尋ねようともしません》と続き、アニーが着付け担当のリジー・スチュアートにもまったく協力しようとしないと不満を訴えている。女王が自賛する使用人への配慮は、自分が不都合をこうむらない場合にかぎられていた。結局、女王はアニーを残して一六日に南への旅行に出発した（アニーは七月に亡くなった）。

女王の年齢は七八歳となっていたことから、即位六〇周年の記念式典は五〇周年のそれよりも内容が控えめに抑えられていた。とはいえ、礼拝や祝賀会、ガーデンパーティーに晩餐会、軍の閲兵式やパブリックスクールの少年たちのパレードなど、行事は目白押しだった。ジョセフ・チェンバレン（植民地大臣）の進言により、この祝典は大英帝国の色を強く押しだす機会とされ、ヨーロッパ各国の王族よりも帝国内の首相や代表団を優先して招待することとなった。これは宮殿内を親類やその随行員たちで満たさずともすみ、何より短気でいらだちを抱えている孫のドイツ皇帝を呼ばずにすむことを意味しており、女王はこの政府の決定を喜んだ。

ランドール・デイヴィッドソンは、六月二二日にセント・ポール大聖堂で行われる祝典の礼拝について頭を悩ませていた。王室の人々とそれに仕える者たちのためにセント・ジョージ礼拝堂で行う感謝祭の礼拝の二日後に行われる祝典の礼拝は、女王が乗り物から降りるのもやっとというほど脚が弱っているため、大聖堂の外、西の扉のあたりで行うしかなさそうだった。しかも、女王はどんな礼拝にするかを決めており、すでに《二〇分以内で終了すること》と、サー・ジョージ・マーティンが作曲した《単純で装飾的要素をいっさい排除した》「賛美の歌《テ・デウム》」を演奏することという指示を出していた。デイヴィッドソンは正確にこの指示をマーティンに伝えた。

祝典の当日はどんよりとした曇り空だった。しかし、一一時を過ぎた頃、灰色のサテンの飾り布で暗さを抑えた黒いシルクのドレスを着て、白い花と白い羽根飾りをあしらったボンネットをかぶった女王がバッキンガム宮殿から無蓋馬車で出発すると、雲を割るように太陽が現れた。かの有名な〝快晴《クイーンズ・ウェザー》〟だ。女王は日記に《群衆の様子は言葉では表せません。とにかく猛烈な熱気で、大変素晴らしく、同時に感動的なものでした》と記している。馬車がゆっくりとセント・ポール大聖堂に向かうあいだ、女王のたるんだ頬に何度か涙が流れ落ち、向かいに座っていた、義理の娘たちのなかでもっともやさしい皇太子妃（あるいは本物の娘たちよりもやさしかった）が身をかがめて女王の手を叩いた。

ジェームズ・リードは女王から目を離さないため、六番目の馬車に乗って行列に参加した。彼もまた、祝賀の恩恵を充分にこうむっていた。セント・ジョージ礼拝堂の感謝祭の礼拝に出席し、盛大な晩餐会やガーデンパーティーにも参加した。そして、もっとも喜ばしく誇らしいことに、祝典に際して準男爵の称号を授かったのだった。しかし、この祝典のあと、またしてもムンシー問題が再燃しようとしていた。

アブドゥルは金銭と名誉を要求し、女王に対して威圧的な態度を取るようになっていた。リードがある着付け担当から聞いた話では、女王との《激しい口論》の最中に怒声を発したこともあったらしい。アフマド・フセインは、アブドゥルが女王から一〇万ルピーをせしめたと証言した。アフマドの証言は以下のようなものだった。《ムンシーは毎日たくさんのものを陛下に要求しています。金にしても物にしても、陛下は多く与えすぎているのです。インドの藩王《ラージャ》〔植民地支配下で一定の支配権を認められた権力者〕はムンシーが勲章をもらったことに怒っています。藩王やほかの実力者たちでさえもらえないのに、ムンシーみたいな取るに足りない男がもらうのはおかしいと思っているのです。ムンシーは陛下の使い走りにすぎません。使い走りだって彼より優秀な人はいます。彼はわたしに、英国人は邪魔ばかりすると言っていました。でも、自分は闘うし、陛下はいつも味方してくれるとも言っていました。わたしはおとなしくしていたほうがいいと言ったんです。おまえは高々一〇年仕えた使用人で、インドでは小物だと。父親は小物の医者にすぎないし、きょうだいたちだって小物の使用人や警官です。おとなしくして、むちゃな要求はしないほうがいいと、わたしは彼に言いました》

七月にフリッツ・ポンソンビーが副秘書官に昇進したとき、リードは女王の伝言を携えて彼のもとを訪れた。女王はフリッツに《あわれなムンシーにやさしくしてやってください……彼を嫌う者たちの仲間に加わったりしないよう願います》と告げ、さらに父親のヘンリーがムンシーに親切だったことを思いだすよう求めた。フリッツは、これが《陛下とムンシーの手先になれということ》であると即座に理解した。彼は返事を手紙で送ることにし、ムンシーに対する見方はこれまでとまったく変わっておらず、むろん礼節をもって接するつもりだが、《彼と仲よくしたり、必要以上に近づいたりする》のは不可能だと書いた。リードはこの手紙を持ち帰り、女王に《きっぱりと》読み聞かせた。あとでリードがフリッツに報告したところによると、女王は失望していたものの、《なかば予想していたのか……あきらめた》様子だった。新しい仕事の一環として、フリッツはときおり、女王の日記の材料とするために公式行事の記録をつけるよう頼まれることがあった。一八九七年に女王が植民地の軍隊の閲兵式を行ったあと、ヘンリーは新聞の記事に書いてあったとおりに女王がインドの部隊とヒンドゥー語で会話をしたと記録した。女官のひとりのミセス・グラントがこの記録を読み聞かせたとき、女王は事実ではないと指摘し、会話は英語だったと言った。ミセス・グラントが訂正すべきかどうかを尋ねると、女王は《そのままでいいでしょう。その気になれば、そうできたのですから》と答えた。

ヴィクトリアはあきらめていたかもしれないが、敗北してはいなかった。女王との長時間の話し合いのあと、リードは《陛下は明らかにムンシーの正体に気づいている。それでも彼に執着するつもりだ》と書いた。その一週間後、女王から一六枚に及ぶ長文の手紙がリードのもとに届いた。その手紙は、従僕のバグリーの昇進が見送られたのはムンシーとは無関係であるとし、《わたしにとって何より不快なのは、何かを強制されることでした。ミス・カドガンは、ほかの女官たちがわたしを操っているといつも感じているようですが、こうした言説を好き勝手に言わせておくわけにはいきません》と訴えていた（エセル・カドガンは厄介事を引き起こすと評判の寝室付きの女官で、ヘンリー・ポンソンビーは《大げさだが、要点は突いている》と親切な評価を下している)。《嵐のような議論》の途中、リードは自分の言葉が間違っていることを祈る気持ちで、女王が《完全にムンシーの影響下に入った》という説が一般的になりつつあるとヴィクトリアに伝えた。

その年の秋のバルモラル城でも、女王は《恥知らずな攻撃を受けているムンシー》を心配しつづけた。リードに対し、女王は《ゆがめられ、誇張された根も葉もない中傷を聞かされるのはうんざりです》と手紙に書き、《あなたもそうした話に耳を貸すべきではありません。あわれなムンシーは非難に深く傷ついています。わたしたちとはまったく違う彼にとって、とても危険で害のある環境だと言わざるを得ません。彼の人生がこんなにも陰鬱なものになってしまったのが誰のせいか、わたしは口にしませんが明らかです。そうした者たちこそ、罰を受けてしかるべきです。そう思うと怒りを覚えずにはいられません》と主張した。これに対してリードは、《たしかに彼もそれなりに傷ついているかもしれません。ですが、いかにも頑強そうな外見と大きくなる一方の腹を見るかぎり、陛下が恐れているほど彼が不安を感じているとは思えません》と女王の不安を一蹴した。

一〇月、『デイリー・グラフィック』に載った一枚の写真がさらなる嵐を巻き起こした。写真の女王はテーブルの脇に置かれた椅子に座っていて、足元には犬がいる。そしてその横にはよく太って自信満々に見えるムンシーが立ち、女王に向かって紙を差しだしていた。写真の横には《女王のハイランド生活。ムンシー・ハフィズ・アブドゥル・カリム、インド帝国勲爵士にヒンドゥー語のレッスンを受ける女王陛下》という説明文が添えられていた。リードは写真を撮った者の話を聞くため、すぐに自転車でバラターに向かい、問題の写真がムンシーの依頼で『デイリー・グラフィック』の即位六〇周年記念の特集号に掲載されたものだということを突き止めた。判明した事実をリードから聞かされた女王は混乱して取り乱し、アブドゥルはリードが写真を撮った者に質問したことに腹を立てた。女王は《ムンシーがあれほど敵意のこもった目であなたを見ているということは、わたしにとってつらい結末が待ち構えているのかもしれません》と言った。

そして、ヘンリーのもとに一四枚の独白が届いた。女王は《ひどくいらだち、動揺して》おり、あの写真が公表されたことに対して自分を責めていた。《わたしはどうしたらいいかわかりません。一〇年ものあいだ信じてきた者に、今日からあなたを信じるのをやめて別の者を信じることにしたなどとは言えません。それなのに、そういう相手すらも疑わなくてはならない残酷な立場にわたしはいるのです。この立場に身を置くことのないあなたには、わたしの心境などわからないかもしれません。わたしはわたしの紳士たちが、疑う理由も根拠もまったくない者を姑息に見張っていて、その者の人生に干渉しようとしているのではないかとずっと腹を立てていました……わたしはひどく動揺しています。あなたはずっとわたしとほかの者たちのあいだに立ってくれました。そしていま、あなたがほかの者たちに賛同しているのをわたしはひしひしと感じています》。女王はいまや孤立したと感じ、闘いに身構えていた。ムンシーに恫喝され、彼の要求に恐怖を感じ、紳士たちからも威嚇されている。あの写真は公表を許すべきではなく、自分が過ちを犯したのも充分承知していた。しかし、アブドゥルの庇護者を自任する身として、女王はこの期に及んでなお、頑固に彼を見捨てることを拒絶した。そしてリードに対し、ムンシーが《あなた方全員に対してひどく立腹している》ため、しばらく彼と顔を合わせないほうがいいと忠告した。

リードはいまの自分にアブドゥルを敵に回して戦うだけの余力があるかどうか、不安だった。リードは基本的におだやかな気性の人物である。しかし、数カ月にわたって争い、女王、ムンシーと王室に仕える人々とのあいだでもまれてきたことで神経が張りつめ、疲れ果てていた。体調にも異変が起きていて、首には腫れ物が、腿には悪性の吹き出物が発生していた。痛みと不安でその晩は一睡もできず、彼は午前五時に起きだして辞表を書きはじめた。ところがこの辞表は提出せずにすんだ。女王が態度を豹変させ、《ひどく親切でやさしく》なったからだ。リードは辞職よりも健康の回復のためにエロンに戻る道を選び、ドクター・トマス・バーロウに職務をゆだねて故郷へ向かった。やがてエロンのリードのもとにアーサー・ビッグから手紙が届き、リードの体調の悪化は《ムンシー派の手で毒を盛られていた》ためだと知らせてきた。さらに女王からも手紙が届いた。女王は《本来であれば避けられたはずだったのに、わたしが鈍感で考える時間を必要としたためにこの数カ月、特に先週はあなたに心労を与えてしまいました》とし、そのためにリードが病気に倒れたことを《心苦しく》思うと手紙に書いていた。自己中心的で要求が多く、頑固な女王ではあったが、いきなりの謙遜で相手の警戒を解いてしまう技はまだ健在だった。

体調が戻ったリードは宮廷に戻ったものの、まだ完全にムンシー派が消滅したわけではなく、一二月のある夜には、ムンシー問題についてランドール・デイヴィッドソンと《個人的な話し合い》を持った。その後、ルイーズ王女から呼び出しがあり、リードは真夜中まで続く、王女の不平不満の吐露につきあった。クリスマス前には、女王に対してムンシーの淋病がいかに深刻かを報告しなければならず、この報告のあとでリードは《陛下も大いに驚いていた》と書き残している。クリスマス当日は、ディナーの前にまたしても《嵐のような》議論になり、女王が《怒りに身を震わせた》ものの、リードも一歩も引かなかった。

衝突はつぎの年にも繰り返し起きた。春にはソールズベリー卿が干渉に乗りだして、女王にラフーディン・アフマドのシミエ同行を撤回させたものの（フランスの新聞がおもしろがって妙な記事を書くかもしれないと彼は示唆した）、残留と決まって王室の奉仕者を満足させたムンシーが突然、シミエに姿を見せたりもした。

しかし、一八九八年以降、ムンシーの名がリードの日記に登場する機会は激減した（一九〇〇年には一年を通じて文字どおり消えた。リードにとっては安心なことに、ムンシーが一年間インドに帰国していたためだ）。もしかすると、ムンシーが目立たないようおとなしくしているすべを学んだのかもしれない。王室に仕える人々がたんに彼の存在を当然のものとしてあきらめたという可能性もある。あるいは、女王にはすでにムンシーのために闘うだけの覇気が残されていなかったのかもしれなかった。

第23章　やさしいビップス

一八九〇年の終盤までに、ジェームズ・リードは一日に少なくとも四回、多いときには八回ほどもヴィクトリアの診察をするようになった。といっても、訪問は治療のためというよりも確認の意味合いが強かった。八〇歳近くになり、眠気やリューマチによる膝痛（一八八三年の転倒から完全に回復することはなかった）、視力の低下や消化不良など、当然、体には老化による衰えが表れていたものの、基本的には女王の健康状態は良好だった。消化不良といっても食欲は衰えを知らず、たっぷりの紅茶とスコーンをふたつ、トーストを二枚、そして大量のビスケットをたいらげたあと、レディ・リットン（エディス・リットン。一八九五年から寝室付きの女官を務める未亡人）に《これ以上はやめておいたほうがよさそうですね》と残念そうに言ったという話も伝わっている。女王の日常において、お茶の時間は重要な位置を占めていた。ウィンザーの菓子担当部門からバルモラルに週四回送られる菓子の注文内容からは、大の甘党だった女王の好みの一端がうかがえる。ビスケットがひと箱、ドロップがひと箱、プラリネがひと箱、チョコレート味のスポンジ菓子が一六個、プレーン味のスポンジ菓子が一二個、フォンダンビスケットが一六個、ウエハースがひと箱、フィンガービスケットが一ダース半、スポンジケーキ、プリンセスケーキ、ライスケーキがひとつずつといった具合だ。

女王の視力の低下は深刻な問題だった。眼鏡がすぐに合わなくなって終わりのない混乱が続いた。それでなくとも読みづらかった手書きの文字がいよいよ判読不能となり、さらには文書や通信文を読むのもおぼつかなくなった。そうしたなか、フリッツ・ポンソンビーの仕事も徐々に難しいものになっていった。副秘書官として、フリッツは通信文の暗号化や暗号の解読をしており、解読した通信文の写しを作成して女王に渡すのも彼の仕事だった。フリッツが書いた字が読めないと不満をもらす女王のため、彼は女学生が手習いをするときの本を手に入れ、大きくてはっきりした字を書く練習をした。ふつうよりもさらに黒い《特別な》インクを買い、アーサー・ビッグが発明したインクを乾かす装置を駆使して文書を作成した。この装置はフリッツにしてみれば天才的な発明品で、手紙の便箋とほぼ同じ大きさの装置に紙を置き、下からアルコールランプであたためてインクを乾かす仕組みになっていた。これでしばらくはうまくいっていたが、じきにもっと大きく、もっと黒い字で書くようにとの指示が出され、フリッツはこれにも従った。裏のインクが透けて見えるという苦情が出たので紙は片面だけを使うことにしたものの、これは《大変に不便》だった。さらに厚みのある紙を買ったせいもあって、意外と場所を取って仕方がなかったのだ。タイプライターが役に立ってくれそうな気もしたのだが、女王はタイプライターが大嫌いだった。もはや解決策は見あたらず、女王はしだいにベアトリス王女と女官たちに口述した内容を通信文やメモに書かせ、公文書なども読ませるようになっていった。

《その結果として》一八九八年にフリッツは母親に宛てた手紙で訴えた。《考えられないほど愚かしい間違いが発生しているうえに、陛下が世間一般に広まっている最新の情報を知らないという状況になっています。ベアトリス王女が予防接種の問題や東方に関する政府の外交政策を説明するところを想像していただければ、どんな状況かおわかりになるでしょう。ビッグやわたしがそうした問題について要約を書いたところで、ベアトリス王女が写真におさまったり、バザーのために絵を描いたりで忙しければ、陛下に読まれもせずに終わってしまうのです》ジェームズ・リード以外の王室に仕える紳士たちにとって、女官を通す以外に女王と接触するすべがないことは、大きないらだちの原因だった。マリー・マレットは《ビギー〔アーサー・ビッグ〕》のいらだちについて《陛下がわたしに陸軍省の書類を読むようにお命じになったので、軍の公文書が女性を通さないと伝わらないなんてばかげていると感じたようです》と説明している。

マリーは一八九五年に臨時の寝室付きの女官として宮廷に戻った。これはつまり、幼い息子のヴィクターにひと月も会えないときがあることを意味していた。ヴィクターの名付け親でもある女王がなぜか彼を気に入り、ときおり宮廷に招いてくれたとしても状況はさして変わらない。新しい地位について最初の出仕はバルモラル城で、昇格したマリーには以前よりも格の高い部屋が与えられた。寝室に窮屈ではあったけれど、快適な居間（ソファと肘掛け椅子、それに書き物机があり、あちこちに小さなヤシも置いてあった）が加わった一画だ。しかし、何より驚いたのは、以前と変わっていないことだった。マリーは《すべてがわたしの去った五年前と同じでした。プラムケーキも、皿に置かれたビスケットの種類と枚数も、まったく同じなのです。同じことが話され、同じことが行われています。何人かの老いた顔がいなくなって、陛下の仔馬を追いかける犬の種類が入れ替わっている以外、とにかく同じでした》と驚きを綴っている。

変わっていないのは、一日の流れも同様だった。朝食は九時四五分にはじまり、その後一一時までは他愛もない話をする時間となっていて、マリーは部屋に戻って配達人に渡す手紙を書く時間にあてていた。一二時になって女王が外出すれば、マリーもまた散歩に出ることができた。一時になると、ベアトリス王女の二重奏につきあったり、王女に本を読んだりするか、王女から女王に伝える伝言を聞く。二時に王室に仕える面々と昼食をとり、そのあとはビリヤード室でコーヒーを飲みながら《外出の指示》を待った。四時になると外出の時間となり、通常は女王と同乗する馬車で出かける（女王を馬車に乗せ、ショールやマント、膝掛けや毛布など――《救済用品一式》と呼ばれていた――必要なものを準備するのだが、これは簡単ではなかった）。外出から戻って五時のお茶を終えると、マリーは自室に戻るか、あるいは同僚たちの部屋を訪ねた。女王のディナーの時間は九時と決まっていて、一一時になると女王も居間から引きあげる。だいたいいつもそのすぐあとにマリーが呼ばれ、本を読んで聞かせるか、命令を受けるか、もしくはただ話をするかのいずれかをした。そして、女王がベッドに向かうまで、最低でも一二時半までそれを続けるのだった。ときには、自転車で出かけたり、スコーンづくりを教わったりと違うことをする日もあった。しかし、基本的には同じ毎日の繰り返しで、マリーは《日課には髪の毛一本ほどの変更もありません。午前中に馬車で外出し、昼食のあとに散歩するなどということになれば、それこそ革命でしょう。ボイルドビーフは木曜、そして《パイナップルの菓子》は金曜と、ひたすら厳格に繰り返されます》と書いている。

マリーの仕事の内容は女官の仕事に秘書的な役割――女王に公文書の内容を読み聞かせ、女王の返答を紙に書く――を加えたようなもので、やはり臨時の寝室付きの女官であるミセス・グラントと、首席秘書のハリエット・フィップスと三人で行っていた。宮廷で常駐の地位にある（休みは三週間しかなかった）ハリエットは、亡くなった人の髪をおさめたブレスレットを数えきれないほど腕につけていたので――これはしばしば女王のいらだちの原因ともなった――彼女が近づいてくると音ですぐにわかった。父親は以前、王室出納長官だったサー・チャールズ・フィップスで、ハリエットは父が王室に対して抱いていた敬意を受け継いでいた。また父親と同様、欠点と呼べるまでに親切で慎重な性格をしていた。

ハリエットはウィンザーで育ち、一八六二年に二一歳で女官となって、一八八九年から寝室付きの女官を務めた。独身を通してきたために、彼女の人生は完全に宮廷と一体化していた。物事を見通す感覚に欠けていたため、ハリエットは女王の行為は神秘的で畏怖すべきものだというまがいものの感覚を自分自身に教えこみ、意識のなかに常態化させるのに成功していた。こうしたハリエットの考え方は、《神秘的なものに覆われていても、取るに足りないつまらないものであることが多いうえ、しかも実際に姿を現す直前にならないと何なのかはわからない》と不平をこぼすマリーのような人々をいらつかせた。女王への奉仕となると、ハリエットは常に荘厳さをもってあたろうとした。マリーがアーサー・ビッグと衝突した――女王の言葉を女官経由でしか聞けないという、いつもの不満をビッグが爆発させた――と報告すると、ハリエットから彼女をなだめる手紙が届いた。その手紙でハリエットは、《たしかに男性方は、わたしたちから陛下のお言葉や指示を聞かされるのを受け入れがたいと思っています》と認める一方、ただしマリーが《それに失望すべきではなく、しっかりと地に足をつけて能力のすべてを駆使し、陛下のご命令に従うよう全力を尽くすべきでしょう――わたしたちは陛下が困難を覚えずに自在に記入できる紙であり、手紙と同様に陛下のご指示を正確に伝達しなくてはなりません――あなたはどんな手紙になろうと自由だと考えるかもしれませんが、あくまでも陛下のお言葉のみを使うべきです――それ以上であってはいけません》と続けた。

秘書としての仕事のほかに、ハリエットは女官たちの出仕の割り振りにも責任を負っていた。これはある種の権力を有する職責であり、必然的に多くの交渉や、激しい議論をともなった。マリーもほかの者たちと同じくバルモラル城だけはどうにかして避けたいと思っており、自分の出仕について話しあううちに、気づけばハリエットと口論をしていることがときおりあった（そんなときはジェームズ・リードの仲裁を必要とした）。それはエセル・カドガンも同様だったが、彼女の場合はもともと人と争うことで知られていた。

一八九九年、サー・ジェームズ・リードは五〇歳となり、髪の生え際が後退し、胴回りが太くなり、鼻眼鏡が必要になるなど中年の兆候が着実に外見に表れていた。独身だからこそこれまで宮廷でうまくやってこられた面はたしかにあり、妻子がいなかったため女王にだけ集中できたのも事実だった。リードは現実家であって感傷家ではなく、みずからの感情を客観的に観察できる人物だった。そうした一面が医師としてのリードにうまく作用した一方、彼はあたたかい心を持った人好きのする男でもあり、特に積極的に結婚を求めていたわけではなかったが、かといって忌避していたわけでもなかった。そして、いまや高給取りの準男爵となったリードは、女王の人生が終末に向かいつつあるという実感も手伝って、そろそろ妻を迎えてもいい気がしていた。

一八九八年八月に指名を受けて女官となったスーザン・ベアリングが、初めてリードの日記に登場したのは一二月九日だ。《ミス・バルティールの部屋でお茶。同席者はスーザン・ベアリング、ポンソンビー、ビダルフ》（エリザベス・バルティールはスーザンのいとこでベアトリス王女の女官）というのがその記述にあたる。レヴェルストーク卿の娘であるスーザン（メアリー・ポンソンビーの姪で、作家のモーリス・ベアリングは弟にあたる）は社交界でも顔が広く――実際、社会的な身分はリードよりも上だった――美しさと財産がいささか及ばない点は、知性と芸事の素養、そしてユーモアのセンスで補って余りある女性だった。最初に女官長のバクルー公爵夫人から王室の奉仕者の一員に加わらないかと打診を受けたとき、彼女は王立音楽大学でピアノと声楽を学んでいた。二九歳のスーザンは若さとは無縁の未婚の女官たちのなかではもっとも若く、リードには彼女が結婚をどうとらえているのかよくわからなかった。彼はふたりの関係が結婚に向かうまでの進展ぶりを日記に綴っている。

スーザンはクリスマスの時期をオズボーンハウスに出仕して過ごしていた。クリスマスイヴ、王室に仕える人々はツリーと贈り物に感嘆するためにダーバールームに集まった。晩餐会や歓迎会などに使用するダーバールームは、ロックウッド・キプリング（ラドヤード〔英国の作家・詩人〕の父）がラム・シンと共同で設計し、インドの藩王の玉座の間を模してつくられている。それぞれ装飾に関しては独特の意見を持つ女王とルイーズ王女の衝突という邪魔をたびたび受けながら、一八九三年に完成した。クリスマス当日、リードとスーザンはカウンシルルームでの女王の晩餐に同席した。晩餐はコンソメ、カキ、白身魚、キュウリウオのフライ、ラムのカツレツ、骨付きポーク、ローストビーフ、プラムプディング、アスパラガスのクリームソースがけ、ミンスパイ、チョコレートエクレアという内容で、さらに脇のテーブルにはバロン・オブ・ビーフ〔背骨で切り離さない二枚のサーロイン〕に豚の頭、ゲームパイ〔猟鳥肉のパイ〕にヤマシギのパイ、ブローン〔豚や子牛の頭、脚を刻んで香料で煮て、ゼリー状に固めたもの〕なども置かれていた。食後には、飾りに使った砂糖菓子などを取ろうとツリーに群がった人々に、ボンボンの入った大きなサテン張りの箱が配られた。一月三日、リードはスーザンがいるダーバールームを訪れ、練習中のバスーンとコルネットの奏者に自分の新しい蓄音機で演奏を録音させてくれと頼んだ（彼は演奏と録音ができる初期の蓄音機をいち早く手に入れた数少ないひとりで、この機器は同僚たちの評判も高かった）。

二月、リードは、ウェストハルキンストリートにあるミス・ベアリングが暮らす邸宅を訪ねてお茶をともにした。その後もさらに数度、静脈炎だったスーザンの女中の診察をしに訪れ、一緒にお茶を飲んだ。五月にはミス・ベアリングがお礼にリードの部屋を訪れた。オズボーンハウスに滞在中の七月二二日、リードは女官たち――レディ・エロール、マリー・マレット、ミス・ランバート、ミス・バウアー、ミス・ベアリング――とヒマラヤスギが陰をつくる芝の上でお茶をする機会をつくった。その翌日のディナー前に女官たちの居間でミス・ベアリングと《楽しい会話》の時間を持ち、翌二四日にはふたりで自転車の遠乗りに出かけ、リードは彼女に求婚した。リードの日記には《スイスコテージの近くにある木の下で休憩をした。そこでわたしが妻になってくれるよう頼むと、彼女は承諾してくれた――おかげで帰り道は楽しいものになった――わたしはとても幸せだ》とある。この頃のふたりの写真が残っているが、麦藁帽子をかぶって自転車のかたわらに立つふたりは、いささか照れつつもいかにも満足そうな表情を浮かべている。求婚の翌日から、リードの日記にある《ミス・ベアリング》の表記は《スーザン》に変わった。

リードは母親に手紙をしたため、《スーザンは絶世の美女ではなく、裕福でもありません。ですが、頭がよく、人として完成されていて、なかなかに分別があるうえ、わたしを好いてくれています。それがいちばん大切なことではありませんか！　彼女は金銭やお祭り騒ぎに無関心で、ひとりの女性としてわたしのよき伴侶となってくれそうです。あと一、二週間ほどは彼女の出仕が残っているので、それまでこの結婚については誰にも言わずにおこうと考えています》と書き送った。リードの母は、息子がようやく妻を見つけたことを大いに喜んだ。またスーザンの家族もこの結婚を歓迎し、ふたりの身分を問題とする声はいっさい出なかった。

リードは宮廷内の誰にも言わずに辛抱していることに耐えられず、オズボーンハウスを訪ねてきたランドール・デイヴィッドソンに結婚を打ち明けた。《彼女はとても聡明で教養もある。それ以外でも最高なんだ。きみが想像もできないくらいにね》というのがリードの言葉だ。デイヴィッドソンは喜び、ふたりの結婚式を執り行う役割を承諾した。さらにリードは、友人のアーサー・デイヴィッドソンに新郎付添人を依頼した。快く引き受けたアーサーは、《友よ、きみには最高の妻こそふさわしい。そして、きみはどうやらその最高の妻を見つけることに成功したようだ！》とリードに書き送った。

ただし、リードとスーザンが《ピップス》と呼ぶ女王がどういった反応を示すかはまた別問題だった（ピップスの由来は明らかではない。おそらく、新しい言葉をつくって用いるのが好きだったベアリング家出身のスーザンが最初に使いはじめたと思われ、《ヴィック》から派生した可能性が高い）。八月五日、リードはハリエット・フィップスに結婚を打ち明けて支持と協力を求めた。三日後、リードの手紙を読みあげたハリエットによって、結婚の話が女王の知るところとなった。その日、いつもどおりに診察に訪れたリードに対し、女王は《おだやかな態度》を示したものの、結婚についてはひと言も触れなかった。それ以降もその話題が出なかったため、リードはハリエットに進捗状況を尋ね、結果を出仕からはずれているスーザンに報告した。彼の手紙には、《陛下はわたしたちの結婚に大変に驚かれたようで、当然ながらいつものごとく不満を感じている。宮廷の紳士たちが結婚するたびにこれだ！　ただ、わたしたちが予想していたほど腹を立ててはいない様子だ。あと一日か二日もすれば、陛下も新しい状況に慣れるだろう。陛下は王女殿下たちには話したらしいが、ほかの者たちはまだ知らないままだ。あと数日、熟考して頭のなかを整理するから、それまではわたしたちも公表を控え、王室に仕える者たちには言わないようにとの仰せだ！》とある。一方で、スーザンは一刻も早い公表を望んでおり、《それさえかなえば毎日を幸せに過ごせます》と返事にしたためた。

みずからの結婚を人生最良の出来事と位置づけているにもかかわらず、ヴィクトリアは王室の奉仕者の結婚を自分に対する侮辱であり、裏切りであると受け止めることが多かった。配偶者というのは相手に自信を失わせ、不都合な要求を突きつけるだけの存在なのではないか、あるいはたんに注意力を散漫にさせるだけなのではないかと恐れていたようだ。マリー・マレットが正確に察していたとおり、この恐れのために結婚が決まった女官たちは不承不承の祝いの言葉を受けることになるのであるが、紳士たちが結婚するとき、この恐れはさらに大きくなるらしかった。女王はほかの女性の二番手になるつもりなど毛頭なかったのである。フリッツ・ポンソンビーは自分の身に起きた経験を記録している。フリッツが結婚を望んだとき、女王は《最初、冗談でも聞いたみたいに大声で笑い、そのあとで必要のない結婚だと主張しはじめ、続けて紳士たちが結婚すると考えること自体が嫌いだと言い放った。結婚するとみな変わってしまうというのがその理由で、だからこそこの結婚を阻止するためなら何でもすると強弁した》のだった。フリッツは結局三年も待たされ、一八九九年にハリエット・フィップスが巧みに女王の承認を引きだしたあとで結婚した。それも女王から絶対に家を持ってはならないときつく言い渡されたうえでの承認だった。女王が自身の健康と生活に欠かせないと思っているジェームズ・リードの結婚ともなると、さらに事態は厄介だった。二〇年近くもこの侍医の関心を独占してきただけに、彼が妻を探す必要があると考えていたと思うだけで、ヴィクトリアは大いに狼狽し、かつ腹を立てた。

女王はできるかぎり粘り――リードに結婚を禁じることはできないものの、少なくとも条件を出すことはできるはずだった――引きつづき結婚については他言を禁じた。やがてリードは、ハリエット・フィップスから九月にスーザンが最後となる出仕のためにバルモラルを訪れると聞かされた。リードが休暇でいないとき、しかもふたりが一一月に結婚を控えている時期にだ。ハリエットの辛抱するようにという忠告もあり、初めのうちはリードも女王の高圧的な態度に立腹することはなかった。しかし、事態が長引くにつれ、徐々にいらだちが増していった。リードはスーザンに宛てて、《ドメスティーク〔フランス語で使用人、ハリエットのあだ名〕は昨夜、ビップスに敗れた。陛下はクリスチャン公子妃ともども、ここを出てから公表すればいいと思っているそうだ！まったくひどい状況だ。わたしはドメスティークに「爆発寸前だ」と伝えた》と書いた手紙を送った。

リードはクリスチャン公子妃にいかに自分とスーザンが婚約の発表を熱望しているかを訴え、女王に話すという約束を取りつけた。彼は怒りをこめ、《わたしたちの個人的な問題なのに、子ども扱いされたうえにそれを受け入れないといけないなんて、なんとばかばかしいことだろう。あまりにばかばかしすぎて、怒るよりも笑いたくなるくらいだ！　……ここのすべてと同じく、喜劇としか言いようがない！》とスーザンに送る手紙に書き記した。また、リードはアーサー・ビッグにも話さずにはいられなかった。ビッグはわがことのように喜び、こうなるとわかっていた気がするとリードに言った。やがて、女王から事情を聞いたロートン卿が忠実に命令に従ってリードのもとを訪ね、彼が女王の健康にとって重要かつ必要な存在であることを訴え、職にとどまるよう説得をした。むろんリードは辞めるつもりなどなかった。ただ自分の幸福と結婚を周囲の親しい人々と分かちあいたいだけだった。

八月二一日、女王の他言無用の命令がまだ続いていたなか、ヨーク公爵夫人は夫に送る手紙に、いかにして女王から婚約の《深遠な真実》を聞かされたかを書き、さらに《おばあさま〔ヴィクトリア〕はその婚約を認めず、発表もしたくないそうですが……おかしなものです。先日、わたしはおばあさまと一緒に馬車に乗っていた際、くだんのふたりが自転車に乗っているのを見かけました。おばあさまがあれは誰だと尋ねるので、わたしは答えました。ヴィッキーもまた、女王らしくわがままな、「まあ、どうしてしまったのでしょう」とおっしゃったのです》と続けた。同時にらしからぬ上流気取りな調子で婚約の話を告げられた。《結婚についてあなたにお知らせしなければなりません（まったく納得のいかないものです）……いのです！》という書き出しに続き、女王はリードが宮廷暮らしを続けるのはスーザンも承知しているとし、《ですが、なんといってもうんざりさせられる話ですし、わたしもどうしてもいらだちを隠しきれないので、サー・ジェームズ・リードの結婚です！　しかも、相手はわたしの女官のスーザン・ベアリングだというではありませんか！　信じられません。いったいなぜ彼女がこの結婚を受けたのか、わたしには見当もつかなスーザンとはまだ話していません。これはとんでもない身分違いの結婚です。しかし、彼はお金なら持っていますから》とヴィッキーに書き送った。

リードは《ドメスティークはいい人には違いない。しかし面倒しかもたらさない！》とスーザンに伝え、さらに《彼女いわく、ビップスは結婚後にわたしたちが守らなければならない条件のリストをつくっているらしい！》と報告した。バルモラル城を去る前に、ヴィクトリアは《条件》をハリエット・フィップスに口頭で伝えて書き起こさせた。リードは休暇のときを除き、今後も宮廷で暮らしつづけること。リードは朝食後、昼食前、午後に外出する前に女王のもとを訪ねること、ディナーを外でとる際には許可を願いでて、かならず午後一一時半には戻ること、スーザンはオズボーンハウスでもバルモラル城でもリードの私室に出入りしないこと、ただしウィンザー城ではかならずしもそのかぎりではない、などというのがその条件であり、《あとで文句の出ないよう、これらの条件を完全に把握して同意すること》という言葉が添えられていた。これらを順守するのは、夫にほとんど会えないことを意味していたが、幸いにもスーザンは《この書類を見て、たいそうおもしろいと感じていた》とリードは記録している。

《オズボーンハウスの友人たちに事実を話してはいけないという、きみの枷が一日も早くはずれるよう期待している》。八月二二日にランドール・デイヴィッドソンはリードに手紙を書き、《賢明なきみのことだから当然、承知していると思うが、わたしがこの話を知っている事実は陛下に知らせないほうがいいだろう。陛下には、何事も最初に知るのは自分だと思っていていただくことだ。それにしても、きみが教えてくれた結婚の条件はおもしろくもあり、悲哀も感じられる！》と忠告した。そして女王は二四日になってようやく、初めて話を耳にしてから三週間後に、リードの婚約の公表を認めた。この婚約は王室に仕える者たちに驚きをもって迎えられた。多くの《冗談とからかい》が生まれ、全体の雰囲気が明るくなった。リードはスーザンに手紙をしたためた。《みなに囲まれて押しまくられ、握手攻めで危うく腕をもぎとられそうになった》幸せをにじませた筆致が続く。《あのミス・バウアーでさえ満足そうにしている！　わたしは彼女に言ったんだ。今回の件を聞いて驚いたそうだが、わたしたちはどうしても結婚しなければいけないと感じているんだとね！　おかげで今度、ヒマラヤスギの下で開かれる女官たちの茶会に招かれたよ》

　祝いの言葉が続々と届いた。スーザンの伯母であるメアリー・ポンソンビーも、《わたしは優れた素晴らしい人々を知っていますが、スーザンはそのなかでいちばんと言っても過言ではないでしょう》と喜びを伝えた。ローズベリー卿も《わたしはきみが結婚するとは思っていなかった。しかし、やはりきみは賢明だ。幸福が訪れれば、すぐにしっかりとつかんでしまうのだから》とリードを称えた。ルイーズ王女も《本当に久しぶりに耳にした心躍る知らせです》とあたたかい言葉を贈り、女王の振る舞いによってもたらされたリードのいらだちを思いやった。ただひとり、不満の意を表明したのはアーサー・ビッグの年若い娘のデイジーだ。彼女は《わたしにとっては衝撃です。わたしがあなたと結婚できないのなら、あなたはずっと独身でいるものと思っておりました。ですがこうなった以上は、わたしもミス・ベアリングを好きになるよう努力しなくてはなりません》と書いた。

ヴィクトリアがこの結婚に初めて言及したのは八月三一日、バルモラル城へ向かう直前だった。《オズボーンハウスを去るにあたり、女王はサー・ジェームズ・リードに対し、きたるべきミス・スーザン・ベアリングとの結婚生活について幸運と幸福を心より祈ります。女王はふたりの新しい立場が今後、多くの困難を生むであろうと思っていることを否定しません。しかし、同時にふたりが、不可避となる女王の不便を軽減するよう全力を尽くすと確信しています。また、サー・ジェームズ・リードがこれまで同様、忠実に義務を果たすことを疑っていません》と書き、親しみをこめつつ手厳しくもある祝いの手紙をリードに送った。これに対し、リードは可能なかぎり全力を尽くすと答えた。

バルモラル城に到着後、リードは二度目の神経衰弱を患った女王の着付け担当のミセス・タックの治療に追われた。年初には、リジー・スチュアートも《神経性の疲労》で倒れている。夜通し呼びだされるなど、女王に仕えることで生じる極度の疲労が、着付け担当たちの健康を確実にむしばんでいた。休暇に入るとリードはエロンに向かい、スーザンと再会した。スーザンがリードの家族に会うのはこれが初めてだったが、《みごとに》振る舞い、受け入れられるのに成功した。

将来の夫をエロンに残し、スーザンは最後の出仕のためにバルモラル城へ向かった。女王にどう受け入れられるのかがわからず、恐怖に《脚がすくみ》ながらの出発だった。しかし、懸念は杞憂にすぎなかったことがすぐに明らかとなった。《ビップス》とハリエット・フィップスに同行して珍しく有蓋馬車に乗っていたあいだ、スーザンは新聞を声に出して読んだ。揺れと暗さで読むのに苦労していたところで眠っていた女王が目を覚ましたのだが、女王はこのうえなく上機嫌だった。《わたしが、マギー（ポンソンビー）が婚約をいちばん喜んでくれたと言うと陛下はお笑いになり、「あら、わたしたちは全員、同じくらい喜んでいますよ。ただ、彼がそんな危険な男だとは知らなかっただけです」とおっしゃり、これですっかり空気がなごみました。陛下はそのあともとてもご機嫌でした》とスーザンは述懐している。スーザンのいとこのエリザベス・バルティールの前では、女王はもっとあからさまな発言をした。《驚いたなどというものではなく、むしろ腹が立ちました。まさか目の前でわたしの女官がさらわれるなどとは思っていなかったですから》というのがやはり正直なところだったらしい。

女王は結婚祝いとして、リードに銀の食器をひとそろえ、スーザンにダイヤモンドのブローチとインド製のショール、署名入りの写真を贈った。一一月二八日、よく晴れたあたたかい冬の日に、ナイツブリッジのセント・ポール教会でジェームズ・リードとスーザン・ベアリングの結婚式が、ウィンチェスターの主教のランドール・デイヴィッドソンによって執り行われた。ルイーズ、ベアトリス、ヘレナの三王女をはじめ、数多くの王室に仕える人々や使用人たちが出席し、ウィンザーに残った女王が《それで、誰がわたしのお茶を持ってきてくれるのです？》と尋ねたほどの盛況ぶりだった。

サー・ジェームズとレディ・リードがメイデンヘッドにあるグレンフェル家の邸宅、タプローコートで新婚旅行の最初の何日かを過ごしたところで、女王からの手紙が届いた。女王は消化不良とガスの滞留に苦しんでおり、肩の痛みと食欲不振に加え、一〇月にはじまったボーア戦争によって不安も増大していた。それに加えて酒を抜くために追いやられていたハロゲートから戻った従僕のランキンがふたたび酒を飲みはじめ(リードへの手紙には、《だいぶよくなりましたが、この困った苦しみをやっつけるにはもう少しかかりそうです。昨日は大変苦しい思いをしました。陛下にわたしからの感謝の言葉をお伝えください》と記されていた)、《喧嘩腰》になっていたために忠告も必要としていた。リードがウィンザーに向けて出発しようとしたまさにそのとき、ふたたび女王からの手紙が届いた。そこにはランキンが《行儀よくしようと努力していま す》と書いてあった。結局のところ、女王はリードを最初から必要としていなかったのだった。

新婚旅行から戻ったリードは、女王が南アフリカから届く、悪くなる一方の情報にかかりきりになっているのに気づいた。栄光とは無縁の醜い争いであるボーア戦争は、トランスヴァールにおける《外国人》(英国の植民地移住者)たちの基本的な権利をボーア人たちが認めなかったことが原因で起こった。しかし、それよりも要因として大きかったのは、英国の帝国主義と金への欲望だった。ボーア人たちは英国が予想していたよりもはるかに屈強で組織された敵であり、英国軍は月の終わりまでにレディスミスやキンバリーやマフェキングで敵に包囲され、戦死者のリストに載る名前も増える一方だった。一二月の《暗黒の一週間》では屈辱的な三つの敗戦を喫し、女王は外国の新聞を激しく非難した。この戦争は国内では支持された一方、国外では不人気で、報道も英国批判ばかりだった。ウィンザー城は分厚い雲に覆われて朝食時にもろうそくをともさなければならず、ロングウォークを進む馬車には従僕の案内が必要といった状態であり、そうした外の状況が城内の陰鬱な雰囲気を映しだしているかのようだった。

クリスマスをオズボーンハウスで過ごす予定になっていたリードは、やや離れたイーストカウズにスーザンのための家を借りていた。しかし、ヴィクトリアの戦争に対する懸念は大きく、今回ばかりは恒例の移動を取りやめてウィンザー城に残ることにし、女王は戦意高揚のために病院の慰問や閲兵式に積極的に取り組み、南アフリカの兵士たちのためにチョコレートの缶を贈ったりもした。一八九〇年代を通じて女王の世界は狭まっていた。ルイーズ王女の陰謀やインド人たちの事件、アルコール依存症の従僕や王室の演劇、そうしたものに集中して、国の問題は関心の外にあったのだ。政府の問題は、洗練された貴族であり、王権への敬意を政治姿勢と明快に区別していた（中産階級の意見の代弁者とも見られていた）首相のソールズベリー卿の信頼できる手にゆだねておけばそれで満足だった。しかしながら、完全に正義の戦争である（女王も大部分の国民もそう信じていた）ボーア戦争が起こり、ヴィクトリアは目覚めた。国民は女王を必要としており、女王は彼らを失望させるつもりはなかった。リードは急いでスーザンを、時間ができ次第訪ねていける距離にあり、彼女のほうでも夫を訪ねることができるホワイトハートホテルに移した。リード夫妻はクリスマスイヴをビッグ夫妻と過ごし、クリスマス当日にはビッグ夫妻とホワイトハートホテルでディナーをともにした。そして午後一一時になり、リードは女王の一日の最後の診察をするため、ウィンザー城に向かった。

第24章　最後の別れ

サー・ジェームズとレディ・リードの夫妻はオズボーンで新世紀を迎え、スーザンが目立たないようにイーストカウズの小さな家に身を潜める一方で、サー・ジェームズはどうにかして日に二度は妻と会おうと自転車を走らせつづけた。スーザンはときおり女王からディナーに招かれ、機会があるたびに夫と会うため《求婚の木》のもとへと歩いてでたものの、基本的にはひとりであり、新婚の夫から引き離されていた。寂しさを紛らせるため、彼女はしばしば茶会を開いた。ただし、のちにリードは職場との往来がより簡単なメイコテージの使用を許され、オズボーンでの暮らしもずっと楽になった。

二月、一年でもっとも気温が低い凍てつく寒さのなか、雪に覆われた城へと出仕に戻ったとき、マリー・マレットは女王が《年老いて弱っている》のに気づいた。午後に馬車で外出すればマリーの肩に頭を預けて眠ってしまい、ディナーのあとで部屋に戻り、本などを読み聞かせていてもすぐに意識が遠のいてしまう。女王本人は体を揺すってでも起こしてくれと言うものの、そんなことができるはずもなく、代わりに紙をこすったり扇を落としたりして音をたてた。

バッテンベルク公爵家のヘンリー公子が埋葬された日を悼む《陰気で小規模な葬儀》が行われ、王室に仕える者たちは寒さに身を震わせながらどうにか耐えきった。公子が埋葬されたのは三年も前だ。マリーは死者の名誉を称えるにしてもやりすぎだと思わざるを得なかった。しかし、誰も楽しんでいないなか、女王は明らかにこの式を楽しんでいた。また、この時期においては、たとえ死者がかかわっていないときでも、女王の物事を楽しむ力は損なわれていなかった。フリッツ・ポンソンビーがそうした例を記録している。彼が《ロイヤル・アイリッシュ・フュージリアーズ連隊の帽子（busbies）に緑色の羽根飾りをつける許可をもらうための書類を提出したところ、陛下は帽子をズボン（breeches）と読み違え、いったいどこに羽根飾りをつけるのかといぶかられたようでした》とフリッツは書き、そのあと大笑いが止まらなくなった女王が《このまま気を失ってしまうのではないかと不安でならなかった》と続けている。この前年にようやく結婚を許されたフリッツは、女優の妻がカウズで行われた活人画に出演し、『太平洋諸島』と『聖母マリア』を演じるのを見に出かけた。ヘンリーによれば、《女王の感想は「素晴らしかったですね」というひと言のみだった》

この頃のオズボーンハウスでの話題といえば、戦争とレディスミスの包囲線の話で持ちきりで、王室に仕える人々はこぞって総司令官のサー・レドヴァース（敗北者《リヴァース》とあだ名された）・ブラーや陸軍省、政府の無能ぶりを嘆いた。マリーの見るところ、表面上は自信を崩さなかった女王も、内心では疑念を感じていたようだ。ヴィクトリアは兵士たちに贈る帽子やコレラ予防の腹巻き、靴下やベストなどを女官たちにつくらせ、自分は《カーキ色の襟巻きを、それで生計を立てているかのように》懸命につくりつづけた。戦死者の名簿を見ては涙し、やがて死んだ士官たちの写真を集めてアルバムをこしらえはじめたものの、あまりにも悲しみが大きくて続けられなかった。ある夜遅くふたりで話していたとき、マリーが道義上、宗教上の理由による反戦論を口にすると、女王は戦争とはあるいは人を無私の精神に駆りたてる善なる力なのかもしれないと主張した。また、女王は《口が達者な怠け者の若者を一年ばかり社交界から引き離し、軍で厳しく鍛えたところで》まったく害にはならないとも思っていた。

三月になってウィンザー城に戻ると、レディスミス奪回の知らせが届いた。ヴィクトリアは喜びのあまり満面に笑みを浮かべ、一週間の予定で滞在中だったメアリーの息子に豪華な木箱に入った兵隊のおもちゃを贈った。愛国的でないと見られるのを恐れたのと、フランスの新聞が完全に英国に対して敵対的だったこともあり、女王は春の旅行を中止した。その代わりにジェームズ・リードをともなってアイルランドを訪れた。これは即位してから二度目のアイルランド訪問であった。おそらく南アフリカで勇猛に戦ったアイルランド出身の兵士たちに対する感謝の意をこめてのものだったのだろう。

レディスミスの解放といった吉報は、ヴィクトリアの顔に笑みをもたらした。しかし、ボーア戦争はこの一九〇〇年という年に暗い影を落としつづけた。一二月までに一万一〇〇〇人の英国軍兵士が死去した。女王の日記には《悲しみと恐怖以外は何もない、ひどい年です》と書かれている。自身の健康もまた失望の原因となっていた。脚が弱って《車椅子》から離れられず（膝の負担を軽減するため、風船を使ってはどうかと提案した者もいた）、胃腸の具合もかつてないほど悪かった（女王が大きなチョコレートアイスクリームをたいらげ、いくつかのアプリコットを氷水で流しこむのを見ていたマリー・マレットにとっては、さして驚くことではなかった）。ジェームズ・リードはたんに食べる量に消化が追いついていないだけだと思っていて、事実そう進言した。リードはその後、《激しい議論になってしまった……それにしても、わたしの見解を完全に否定するとは！》と書いている。少なくともベンジャーズフード――ミルクと混ぜる粉末の栄養食――を摂取するようにと説得したものの、女王はそれを食事に置き換えるのではなく、補助食品としていつもの《ローストビーフやアイスクリーム》に加えて食べるものと理解したらしかった。

そして七月には、コーブルク公爵が喉頭癌で世を去ったという知らせが届いた。長年、公爵の飲酒癖を治療してきたリードにとって、この死は驚きではなかった。ただし、公爵の容態を知らなかった（公爵の家族ですら、最後の二カ月間は管を通して栄養を摂取していたことを知らなかった）女王にとっては、大きな衝撃であり、悲しみだった。この頃はリードがほぼ女王につきっきりの状態となり、女官たちとのディナーで話題に苦労していたマリーは、この《陛下の気分を明るく》する《まったく違う種類のディナーの効用》をありがたく享受することにした。《アフィ》〔コーブルク公爵〕は女王にとって、自分より先に亡くなってしまった三番目の子で、ヴィクトリアはほかの誰とも違う感じ方で、彼がいなくなった喪失感と向きあっていた。さらに、女王は間もなく四番目の子を失うであろうことも察知していた――ヴィッキーが脊椎癌を患っていて、フリードリヒスホーフにある自宅でもはや隠すことも難しい大変な痛みと闘っていたのだ。

一〇月、バルモラル城でマリーは女王が痩せたのではないかと感じ、表情にも《痛みと疲れ》が表れているのに気づいた。ヴィクトリアは不眠と食欲不振、そして記憶の減退に苦しんでおり、それまでは何の問題もなかったのに言葉がつかえるようになりはじめた。そこに追い打ちをかけるように、孫であるシュレースヴィヒ・ホルシュタイン公国のクリスチャン・ヴィクター（クリスチャン公子妃の息子）がプレトリアで腸チフスにより亡くなったという訃報が届いた。この戦争で初の王家の戦死者だ。女王が《かつてなくふさぎこみ、涙に暮れている》ために、リードの不安はつのった。また、この年の前半に流産を経験し、ふたたび妊娠してエロンに滞在中のスーザンのことも心配だった。マリーは《わたしたちはあいかわらず、陰鬱な空気に包まれて生きています》と記し、さらに《毎晩同じレディたちとのディナー、退屈な夜が続いています。沈黙が破られるのは慰めとなる電報が読まれるときと、その返事を伝えるときくらいのものです》と城内の雰囲気を伝えた。

バルモラル城での極度の退屈――無言のディナー、風雨に容赦なくさらされる無蓋馬車での外出、ブラウン家の人々の墓に花輪を手向けてまわる陰気な旅――にもかかわらず、マリーの女王への忠誠は揺るがなかった。ある夜遅く、女王は寝室で、即位六〇周年記念式典の際に歌われた賛美歌をいかに愛しているかをマリーに打ち明けた。《とても単純で、真実がこめられています》という言葉に対し、マリーが涙なくしては歌えないと言うと、女王は《わたしもです》と答えた。マリーは《この世でいちばん感動的な出来事でした》と会話を振り返り、《女王のなかでもっとも偉大な女王にして、神に仕える人々のなかでもっとも謙譲な女性と、こうした些細な事柄を話しあえるのは素晴らしいことです。かつてなく弱ってしまった陛下にお仕えできるのは、このうえない特権なのかもしれません》と記した。こうしたとっさに見せる羞恥や弱さ、ときおり顔をのぞかせる思いも寄らない良識――幼いヴィクター・マレットをウィンザーに招待する行為など――に、マリーは女王を愛おしく思った。

マリーはバルモラル城の使用人たちに嫌気が差していた。女王のディナーは《手ひどい失敗をしたピクニック》のようで、料理人たちは《不名誉》と言っていい腕前であり、従僕たちはウイスキーの匂いをさせていた。一一月初めに女王が戻ったウィンザー城でも状況は似たり寄ったりだった。ディナーにと頼んだ麵料理のひと皿でさえ忘れられたり（厨房担当の事務官は絞首刑に処せられてもいい程度の人物だとマリーは思っていた）、ディナーのあとで女王と廷臣たちが退出すると、使用人たちと楽団の人々が当然のようにテーブルに群がって残っているワインをがぶ飲みしたりするなど、手綱がゆるんでいるのを感じとった使用人たちは、かつてないほど尊大に振る舞いはじめた。

エドワード・ペラム・クリントン卿は五年前に家政事務官の地位について以来改革に励み、どうにかして地位に名前以上の意味を持たせ、悪質な飲酒癖や盗み、ギャンブルなどを減らそうと試みた（もっとも、彼が恐れていたとおりに、警察は使用人たちとのなれあいが常態化していて役に立ってくれなかった）。当時、ヘンリー・ポンソンビーがクリントンにやりすぎないよう気をつけたほうがいいと忠告したこともあった――《使用人たちが敵に回って、女王に訴えでることになる》というのがその理由だ。そして、実際にヘンリーが言ったとおりになり、クリントンの両手には縄がかけられたも同然の状態になった。そもそも、女王が《すべての権限》を与えてくれないかぎりは《悪行の追及》も不可能であり、女王にはその気がまったくなかった。家政事務官としての権限を行使しようというクリントンの試みはすでに認められている飲酒癖と不正行為に対する妨害であり、不満でしかなかった。

一週間の休暇のあと、ジェームズ・リードは一一月一〇日にウィンザー城へ戻った。少なくともウィンザー城では、リードとスーザンは自分たちの家を持つことができた。ルイーズ王女が女王に働きかけてくれたおかげで、スモールタワー（リードは《文字どおり小さいが、どうにかやっていける》と評した）のレディ・ビダルフの部屋の隣に住むところが用意されたのだ。女王はスーザンの妊娠を平然と受け止めたものの、リードは喜ぶ気になれなかった。女王の《様子が健康とはほど遠く見えた》ためだ。女王は《ろれつが回らず、食欲もなく、消化器官の具合も最悪でやつれていた。夜も眠れないほか、さまざまな悪い兆候が現れていた》という状態だった。リードはドーフル散を処方し、数日夜間に女王に付き添った。《女王は不安を覚えてふさいでいる》という記述が彼の日記に毎日登場するようになった。

一一月の終わりには女王の具合はいくらか回復し、カナダから南アフリカに派遣される軍の部隊を中庭で迎え、士官たちと昼食をともにできるまでになった。女王の家族は女王の健康状態の悪化に無関心か、あるいは意図的に目をつぶっていたが、リードはこの頃から皇太子に対して、女王の健康に関する報告を欠かさずにあげることにした。その報告でリードは、女王の食欲が戻って夜も眠れるようになったものの、彼の同僚で特別任用医のドクター・トマス・バーロウも女王の健康状態は引きつづき悪化していると見ており、つぎの春の休暇で外国に旅行するのは勧められないという報告をした。皇太子からの返事には、彼が母親の《強靭な生命力と勇気》に自信を持っていることがうかがえた。さらに皇太子は自分が個人的に診てもらっている医師のサー・フランシス・レイキングに母親を診察させることを希望していたが、リードはレイキングをさほど高く評価していなかった。

リードの意見をより親身に聞いてくれたのが、ランドール・デイヴィッドソンだった。デイヴィッドソンはウィンザー城を訪れ、女王の状態についてリードと長時間の話し合いを持った。彼は一時期、さらに高い地位につくのではないかと考えられていたこともあったが、このときまでウィンチェスターの主教職を五年間務めている。一八九六年、ベンソン大主教がハワーデン教会で朝の礼拝を行っているあいだにグラッドストンの目の前で倒れ、そのまま帰らぬ人となった（グラッドストンは彼の死を残念がり、自分の死であればよかったと思ったという）。ヴィクトリアはデイヴィッドソンが大主教の地位につくことを望んだが、またしてもソールズベリーの反対を受けた――その指名は女王の個人的なひいきにすぎず、デイヴィッドソンでは若すぎて健康にも不安があると彼は考えた。ソールズベリーはロンドンの主教のテンプルを次期大主教に推し、またしても彼の意見が勝利した。しかし、デイヴィッドソンがこの件に関して失望していたとしても（一時的なものにすぎないとあとで判明する）、彼の健康がウィンチェスターのはずれに位置し、大きな庭園もあるファーナム城で暮らし、ハンプシャーのきれいな空気をたくさん吸っているうちに大きく改善したのは事実だった。

一二月一八日、リードは女王のオズボーンハウス行きに同行した。この旅はヴィクトリアの体に大きな疲れを刻みこみ、《長期にわたる不安と落ちこみ》をもたらした。女王は毎日の外出は続けたものの、食堂でディナーをとることがなくなり、自室で病人のための食事をとるようになった――朝起きる前にエッグノッグ〔卵、ミルク、砂糖、香料を混ぜて、ラムやブランデーなどを加えた飲み物〕を飲み、続けてスープを飲んでからあたたかいミルクにベンジャーズフードを混ぜたものを食べた。クリスマスイヴには贈り物を配りにどうにかダーバールームまでやってきたが、いかにも体が弱って気分もすぐれない様子で、ろうそくの光が弱いと文句を言うほど視力も衰えていて贈り物の判別もできなかった。

クリスマス当日の朝早く、リードはレディ・チャーチルの部屋に呼ばれ、心臓発作でこの世を去った彼女の遺体と対面した。レディ・チャーチルはその前の晩ダーバールームにいて、つぎの日は早朝からの仕事だったため一一時に部屋にさがった。深夜にいつもと同じ少量のブランデーの水割りを飲み、女中が起こしに来るまでのあいだに亡くなった。リードがレディ・チャーチルの死を告げたところ、女王は動揺を見せたものの――レディ・チャーチルは一八五四年から寝室付きの女官を務めていた――比較的落ち着いていた。この四〇年というもの、女王は数多くの人々を失い、見送ってきた。そこにまたひとつ死が加わっただけの話だ。ヴィクトリアは二七日にヴィッキーに宛てて《一八六一年を除けば、このクリスマスはわたしの記憶のなかでもっとも悲しいものになりました》と手紙を書いた（というよりもベアトリス王女が女王の言葉を書きとった）。

《また新しい一年がはじまりました。体が弱り、具合もよくないとあっては、悲しい年明けと言わざるを得ません》女王の新年の日記にはそう記されている。一月五日、皇太子が個人的に診てもらっている医師のサー・フランシス・レイキングがオズボーンハウスに到着し、リードは少なくとも名目上は一週間の休暇が取れることになった。女王がレイキングと会うのをかたくなに拒絶し、サー・ジェームズがディナーのために家に戻るのでさえ我慢がならないという状況では、レイキングがいるからといって安心できようはずもない。一二日、リードは酔ったバグパイプ奏者と対決し、女王が《忘れっぽくなって子どもじみた振る舞いをするようになった》と記録した。その二日後、女王は結果的に最後の公務となったロバーツ卿との面会をどうにか果たした。ロバーツ卿は総司令官としてキッチナー卿とともにボーア戦争を指揮し、サー・レドヴァース・ブラーよりも戦果をあげて、最近帰国したばかりだった。

一月一六日、リードは大きな天蓋のついたベッドにヴィクトリアが横たわっている姿を初めて見た。女王のあまりの小ささ、弱々しさに衝撃を受け、心に不安がこみあげた。リードによると、女王は《混乱し、言葉を失い、意識がもうろうとしている》ように見えたうえ、《脳の異常》の兆候が見られた。その日はそのまま横になっていた女王は、夜になると起きだして服を着替え、車椅子で居間に向かった。リードはレイキングの診察も受けるよう女王に勧めた。女王を診察したレイキングは、反応などは《問題ない》とし、しっかり自分を保っているようだとの結論を下した。要するにレイキングは、彼が無能であるというリードの意見を証明してみせただけだった。リードはまずサー・ダグラス・パウエル（侍医）へ私信を送って、いつでも出発できるよう準備しておいてほしいと指示を出し、ベアトリス王女とクリスチャン公子妃――このとき、オズボーンハウスにいた女王の子どもたちはこのふたりだけだった――に、即刻彼を呼ぶ許しを願いでた。

一八九八年、リードは女王から病気や死の際の指示が書かれた二通の覚え書きを受けとっていた。どちらも一八七五年に作成したいささか古いもので、そのなかでヴィクトリアは、診察は自分の侍医たちのみから受け、看護も《四人の近しい女性たち》（着付け担当と女中）の手にのみゆだねたいとしていた。また、《力強さとやさしさ、手際のよさと世話をする能力でいつでも役に立ち、とりわけ病気のときには頼りになる》ジョン・ブラウンをそばにつけ、棺にも彼の手でおさめるよう指示していた。もちろん亡くなってずいぶんになるブラウンはどうにもならないとして、リードはそれ以外の点では女王の指示に忠実に従った。

一七日の夜、メイコテージにいたリードにミセス・タックが電話で連絡してきた。女王が、自分のことを《ただひとり》理解してくれているリードが《体を壊して倒れてしまうかもしれない》と心配し、手助けが必要だと案じているというのだ。たしかに手助けが得られるなら大歓迎だった——リードはひと晩たりともメイコテージでゆっくりできず、妊娠して数カ月になるスーザンとも会えずにいた——しかし、実際のところ、女王はリード以外の医師を望んでいなかった。ベアトリス王女がスーザンをオズボーンハウスに呼び、カウンシルルームの隣室に望むかぎり滞在させるべきだと《自発的に申してでてくれた》ことにリードは感激し、感謝した。もっとも、スーザンはあまり王室に近づきたがらず、夫と《自転車置き場》でたまの邂逅を果たすだけで満足した。

リードは、「王室行事日報」を通じて女王の健康について公の発表をすべきときだと感じており、ビッグとふたりで声明の草稿をつくった。しかし、全員が女王の春の旅行は中止する方向で一致したものの、声明については、女王が回復すると信じていた皇太子や王女たち、ハリエット・フィップスの反対で実現しなかった。ドクター・パウエルがオズボーンハウスに到着すると、女王を警戒させないため、パウエルはリードを訪ねてきたということにされた。初めて見知らぬ他人の診察を受けた女王は、《すっかり落ち着きを失って》取り乱した。パウエルはリードの診断に同意し、女王が《間違いなく脳に異常をきたしていて、絶望的ではないにしても危険な状態》にあると結論を下した。

一八日、リードは王女たちが反対すると知りつつ、独断で皇帝〔ヴィルヘルム二世。ヴィッキーの長男〕に電報を打った。《深刻な症状が進行中で、非常に心配な状況。私信にて、リード》というのがその内容だった。ランドール・デイヴィッドソンと同じく、リードもカウズでホーエンツォレルン号に乗る皇帝と会ったことがある。そして、ランドールと同じく、皇帝の人格に魅了された。そのときリードは皇帝に、《おばあさま》の健康状態についてはかならず知らせると約束したのだった。

この一月の暗い日々、すでに困難な仕事を抱えてリードにとって、家族間の緊張を緩和する仕事はたいしたことではないように思えた。ルイーズ王女はオズボーンハウスに到着するなり、《姉妹たちへの敵意》をむきだしにし、三人の王女たちは互いを罵りはじめた。ヘレナとベアトリスは皇太子夫妻のオズボーン来訪を阻止しようとしていたが、夫妻と仲のいいルイーズはこれに真っ向から異議を唱えた。皇帝を迎えるのに反対するというのは、全員の意見が一致していた。そして、女王の子どもたちは誰ひとりとして、女王が死に向かって歩みはじめている現実を直視しようとしなかった。

しかし、リードの優先順位は、彼がこれまで決して忘れたことがなかったとおり女王にあった。一九日、女王が《非常に衰弱し、意味不明の言動が見られる》状態となった。レイキングの報告書や盲信的なまでに《楽観的な》クリスチャン公子妃の見方とは反対に、リードは皇太子に使いをやってサンドリンガム行きを中止し、知らせがあり次第すぐにオズボーンへ来られる態勢を取ってほしいと要請した。皇太子はその日の午後にオズボーンハウスに到着し、リードとパウエルが最初に女王の病を公表することに同意した。《陛下は、激しい肉体疲労と同時に、いくつかの気がかりな症状に苦しんでいらっしゃる》王女たちが怒り狂うなか、皇帝もたまたまドイツを訪れていたコノート公爵とともにオズボーンハウスに向かっていた。いまとなっては、もはや皇帝を止めるすべはなかった。

その日の午後、女王の病状は落ち着きを見せ、意識がややはっきりして言葉もいくらか発することができるようになった。皇太子がすでに到着していることを知らないヴィクトリアは、リードに皇太子には病状を知らせておくべきだと伝えた。それからしばらくして、女王はミセス・タックに、《サー・ジェームズとふたりで話があります》と告げた。そして、リードの顔を見て、《わたしにはまだやり残したことがあるのです。いましばらく生きていたいと思います。たいがいのことはすませましたが、いくつか処理しなくてはならない問題があります。ですから、もう少し生きていたいのです》と訴えた。リードは《陛下は信頼に満ちたあわれを誘う言い方でわたしに懇願した。まるでわたしなら陛下を生かしておけると思っているかのようだった》と記録した。皇太子は明らかに必要もないのに呼ばれたと思っている様子で、やがて皇帝がオズボーンに来るのを阻止すると言ってロンドンへ戻っていった。

リードから女王の容態について《深刻ながらも絶望的ではない》と書いていた）こまめに報告を受けていたウィンチェスターの主教のランドール・デイヴィッドソンは、一九日の夜、フラム宮殿にロンドンの主教だったマンデル・クレイトンの未亡人を訪ねている最中にアーサー・ビッグから女王の病状が悪化したとの電報を受けた際も、心の準備はなかばできていた。この知らせを呼び出しだと受けとったデイヴィッドソンはすぐにオズボーンハウスに向けて出発し、どうにかカウズ行きの船の最終便に間に合った。船は多くの報道関係者たちと電報の配送人、そして《やたらと騒々しい》フットボールの選手たちで混雑していた。喧騒のなか、荒れた海を渡って午後一一時にカウズに到着し、その晩はセント・メアリーの牧師館に泊まった。翌朝、オズボーンハウスに到着したデイヴィッドソンは、女王の容態が少し持ち直したと知らされた。彼の見るところ、宮殿の紳士たちは電話や電報のやりとりで《疲れきって》おり、クリントンはオズボーンハウスにすでに到着した、あるいはこれから到着する大変な数の王族たち――女王の子どもや孫たちとその随行員――の移動や宿泊や食事の手配にかかりきりになっていた。デイヴィッドソンはウィッピンガム教区のクレメント・スミス牧師のもとに滞在するよう手配した。

ヴィクトリアは死を前にして子どもに戻ったようになり、ほとんどサー・ジェームズに頼りきりという状態になった。リードは夜通しベッドの脇に座り、女王の呼吸を楽にするために酸素を送りつづけた。スーザンへの手紙には、《わたしの声を聞くと陛下がお笑いになって、「あなたの言うとおりにします」とおっしゃるんだ。本当にせつなくて、わたしは思わず喉を詰まらせてしまう》とある。看護をよりしやすくするため――ベッドが大きすぎて、女王が迷子になってしまう――女王は小さなベッドに移されることになった。ついたてによって女王の姿は隠され、オズボーンハウスの作業主任のミスター・ウッドフォードと彼の部下の何人かが一日で、リードや女中たちが女王を動かせるように車輪のついたベッドを組みたてた。その二〇日の夜、女王はほぼ意識のない状態になった。リードは王女たちに、女王を心配させないよう気を配るのであればという条件で面会を認めた。しかし、女王はもはや王女たちに気づくこともなかった。

リードはドクター・バーロウに電報を送って翌朝までにオズボーンハウスへ来るよう依頼し、ロンドンに戻った皇太子に対しても、できるかぎり早く皇帝を連れてくるよう忠告した。その後、女王の病状がさらに悪化し、いよいよ夜を越せるかどうかも怪しい状況となった。真夜中にアーサー・ビッグの部屋で会議が開かれ、リード、パウエル、ビッグ、エドワーズ、クリントン、ポンソンビー、そしてウィッピンガムから呼ばれたランドール・デイヴィッドソンが参加した。皇太子をすぐに駆けつけるよう呼ぶべきだろうか？　全員が呼ぶべきだという意見で一致した。

デイヴィッドソンはベッドを見つけ、その《これまでに時間を過ごしたどの場所よりも厳粛な空間》でエディスへの手紙を書いた。実際のところ、彼にできることはもはやなく、これといった役割があるわけでも、女王に必要とされているわけでもなかった。しかし、城内を歩いていれば会話の機会が数多く訪れた。女王の孫のソーラ王女もそのひとりで、デイヴィッドソンはかなりの時間をかけて彼女と話し、女王が病と死についてどう感じていたのかを聞くことができた。女王は王女に、《わたしはこの世を去るとき、ほんの少しだけあなたのおじいさまと再会するのに不安を感じるでしょう。おじいさまがお許しにならないことをたくさんしてきたのですもの》と語っていた。また、主教はオズボーンハウスに来たのは正解だった感じていた。《わたしが必要とされているときに遠く離れた地にいたら、きっと自分を許せなかっただろう。今日の午後には陛下といい話もできたと思う》と語った。デイヴィッドソンは宮廷内で信頼される立場に身を置いている自分を常に誇りに思ってきたし、その〝終焉〟を見逃すつもりはなかった。

しかし、翌朝までに女王の容態はやや持ち直し、会話ができるようになるのと同時にいくらか楽に食べ物を口にできるようになった。ドクター・バーロウが到着して、リード、パウエルとともに女王を診察した。その後、ヴィクトリアは唐突にたまたま散歩に出ていた愛犬のトゥーリ（フィレンツェからやってきたスピッツ）に会いたいと所望し、やがてトゥーリが連れ戻されてベッドの上に置かれると、愛おしげに愛犬をなでてやった。午後になって皇太子、皇帝、コノート公爵、そしてヨーク公爵が到着し、リードの先導によってひとりずつ女王の寝室に入り、ベッドの足元に立って横たわる女王の小さな体を眺めた（女王の視力はさらに低下し、起きていてももはや彼らに気づくことはなかった）。リードは皇帝のたっての希望で、女王とふたりきりで会える機会が持てるよう全力を尽くすと約束した。夕方になると皇太子がふたたび母親と対面し、今度は言葉も交わした。

ディナーのあとで、主教と皇帝、そしてコノート公爵は話をし、もし《あとしばしのあいだ》女王が生き延びたらどうするかを話しあった（もっともデイヴィッドソンは、こんな状況下でならば、むしろ女王は生き延びないほうがいいのかもしれないと思わざるを得なかった）。皇帝は――彼は《人に言いたいことを言わせる驚くべき人物》という印象を与えていた――この日もよく話し、デイヴィッドソンも喜んで耳を傾けた。大げさにがなりたてることも多いが、ヴィルヘルムは無邪気なまでに率直で親切にもなれる人物だった。《虚飾の人生を送る人生の惨めさ》に満ちた彼は、《女王の人生がいかに素晴らしいものだったかを（雄

弁かつ、過剰なほど権威的に）吐露した》

デイヴィッドソンは眠る前にエディスに手紙を書き、皇帝が《この状況にあって誰にもまねができないほど理想的な振る舞いを見せており……今日ここにいるのは皇帝としてではなく、女王の孫のひとりとしているのだと繰り返し、みなの希望に添うように行動すると約束した》と書いた。驚いたことに、事実皇帝はいつになく抑制的で繊細に振る舞っていて、亡くなる前にもう一度女王に会いたいと主張していたが、いささか声が大きいものの、極力人目につかない形で、高圧的にならないように気を配りながら依頼した。死を身近に感じ、デイヴィッドソンの思考は愛に向かった。《わたしはきみを愛している。結婚して二三年経ったが、最初の頃よりも思いは強くなっている》彼はエディスにそう伝えた。

その夜、主教は女王に近いケントハウスに泊まることとなった。アーサー・ビッグとフリッツ・ポンソンビーは交代で夜通し付き添うことにした。まずはフリッツが寝ずの番につき、厳しい寒さと夜の静寂のなか、肘掛け椅子に腰をおろした。彼のほかには《何人かの警官》と、苦しげな呼吸をする女王を看病するリードと看護婦がひとり起きているだけで、フリッツは《オズボーンハウスに押し寄せた人々にとって陛下の死が何を意味するのか》に思いを馳せた。午前六時になると交代のビッグがやってきて、フリッツを解放した。

二二日の午前八時、デイヴィッドソンはケントハウスから呼びだされた。まさに女王が死に瀕しているかのような光景が女王の寝室で繰り広げられていた。女王の家族がベッドを取り囲んで立ち、なかには半分しか服を着ていない者たちもいた。リードが酸素を供給し、デイヴィッドソンが祈りを唱えるなか、王家の人々は互いの名を呼んだ（ただし、あからさまに全員が皇帝の名を呼ぶのは避けていた）。そして医師たちが驚いたことに、女王はまたしても持ち直し、リードがいったん家族たちをさがらせた。それからの数時間、ヴィクトリアは看護婦や女中たちが見守るなか、ほとんどの時間を眠って過ごした。リードが定期的に状態を確認し、ときおり紳士たちが様子をのぞきに姿を現した。午後になると、皇太子の許可を得たリードが皇帝を女王のもとへと案内し、五分間だけふたりきりにした。《皇帝陛下はやさしい人です》と女王はあとでつぶやいた。

午後三時、ヴィクトリアの意識がふたたび遠のき、リードは改めて家族を集めた（ヨーク公爵夫人、コノート公爵家の子どもたち、アーガイル公爵、バッテンベルク公爵家のルイス公子夫妻もこの日到着していた）。遅めの昼食の途中で呼びだされたランドール・デイヴィッドソンとクレメント・スミスが祈りを唱え、賛美歌を吟唱するなか、家族たちは順番に女王の寝室に通された。やがてリードが祈りと賛美歌が重圧となって《痛ましい》として、いよいよ女王が危ないというときまで祈りは控えてほしいと皇太子に要請し、デイヴィッドソンとスミスはアルバートの居間で待機することになった。デイヴィッドソンはそこで皇帝と言葉を交わした。皇帝はいつものように、《おばあさまに対する感動的なまでの忠誠心》を示し、《わたしがいまいるべき場所はここであって、ほかの場所など考えられない》と繰り返した。

《陛下がいよいよ危ない》という最後の知らせは午後四時に発せられた。最後を迎えるにあたり、リードと皇帝がベッドの両脇にひざまずいて女王の体を支えた。子どもたちと孫たちが室内で立ったりひざまずいたりしているなか、ヴィクトリアは何度も侍医に目をやって、《サー・ジェームズ》《とても苦しい》とつぶやいた。リードはそのたびに《陛下、すぐによくなります》と答えつづけた。午後六時、リードはいよいよ終わりが近づいたと察し、女王の家族が列をつくって別れの挨拶を開始した。六時二五分、パウエルがデイヴィッドソンを招き入れ、祈りがはじまった。六時三〇分、ヴィクトリア女王はリードと皇帝の腕のなかで息を引きとった。デイヴィッドソンは慎重に祈りの言葉を終え、王室の人々がリードにねぎらいの握手を求めるなか――皇帝も黙ったまま、リードの手をきつく握りしめた――侍従武官の部屋へと知らせを伝えに急いだ。

ディナーのあと、リードは女中たちと看護婦が女王の亡骸を整え、本来のベッドに戻すのを手伝った。二〇年間、侍医として仕えてきて女王の体を検分したのはこのときが初めてで、子宮脱と腹壁ヘルニアを患っていたことが判明した。その日の夜、一〇時一五分から、デイヴィッドソンは女王の寝室で追悼の礼拝を行った。白いレースに身を包んだヴィクトリアは、花で覆われたベッドに横たわり、手には小さな銀の十字架を握っていた。主教にとっては《痛ましく、同時にとても興味深い日》だった。

翌日、スーザン・リードは女王の遺体と対面しに行った。彼女は《お顔は愛くるしい大理石の像のようで、病気や加齢の痕跡はなく、ただ「女王陛下」に見えました。顔には結婚式のヴェールがかけられていて、ベッドの上に花がいくつか置かれていました。すべてが簡素で荘厳に感じられました。わたしはこの光景を一生忘れないでしょう！》と、書き残している。またスーザンは、アスコット競馬場の近くで新しい生活をはじめていたメアリー・ポンソンビーにも《わたしは打ち砕かれてしまった気がしています。心に埋めることができない大きな穴があいてしまったみたいです》と手紙を送った。また夫の話として、《女王の家族のなかで、もっとも人間らしい感情を見せたのは皇帝と皇太子だった》という夫の言葉を付け加えている。午後にはオズボーンの住人や使用人たちも、女王の部屋の前を通るのを許された。

女王の家族は女王の死を受け入れられずに苦しんだが、女王に仕えた人々もまた同様だった。ヘンリー・ジェームズが言ったとおり、女王は《変わらぬものの象徴》であり、女王のない人生など想像もできなかったのだった。急激に変わっていく世界のなか、ヴィクトリアは不動不変であり、信頼できた。メアリー・ポンソンビーはエセル・スマイスに《人生でもっとも悲しい出来事でしたが、その悲しみを別にして、すべてが変わってしまったことで、自分の人間性にもときおり疑問を感じてしまいます》と書き送っている。確固たる自己を持っているメアリーがこうした発言をすること自体、女王の他者を支配し、人生を決めてしまう力がいかに大きかったかを示していると言えよう。オズボーンハウスでも、リードが将来について考えをめぐらせていた。しかし、王室に仕える大半の者は、ただ混乱し、不安を覚えていただけだ。彼らは新しい王、エドワード七世に受け入れられて忠誠の証に手にキスをした（アレクサンドラは王妃《クイーン》と呼ばれるのも、手へのキスも、ヴィクトリアの葬儀が終わるまでは受けられないと拒絶した）。当面はこれまでどおりに義務を果たしていくようにと命じられたものの、自分たちの将来に何が待っているのか、わかったものではなかった。新しい国王は新しい王室をつくりあげる。残る者も何人かはいるだろう。しかし、多くの者にとってはそうもいかないはずだった。

もっと実用的な問題にまつわる混乱もあった。最後に王が亡くなってからあまりにも長い時間が経っていたために、公式な葬儀に関する決まりを誰も覚えていなかったのだ。王から葬儀を取り仕切る責任者に任命されたフリッツ・ポンソンビーは、ジョージ四世やウイリアム四世の崩御の記録を懸命に調べた。少なくとも、外棺はすでにある。リードが宮内長官のクラレンドン卿に手紙を送り、ロンドンのバンティング葬儀店に木製の〝内棺〟を注文し、三六時間以内にオズボーンハウスに届けさせるよう依頼した。

ところが二四日に現れたバンティング葬儀店からの使いの者は内棺を持っておらず、たんに遺体の大きさを測るために来ただけだった。リードは皇帝に相談し、バンティング葬儀店の内棺は待っていられず、地元のカウズでつくるしかないという結論で同意した。文句を言うバンティング葬儀店の使いを皇帝が断固として引きとらせ、リードと皇帝はともに必要な採寸をするために女王の寝室へ向かった。寝室ではランドール・デイヴィッドソンが待っていて、なぜかそれがリードをいらつかせた（そして皇帝を大いにいらだたせた――《もしわたしが死んで、牧師があんなふうに部屋に入ってきたら、その男は首根っこをつかんで引きずりだされ、そのまま中庭で銃殺される！》と皇帝はのちに言った）。リードの目にはデイヴィッドソンが《そこにいて、人に指示を与えることに自身の存在意義を見いだしていた》ように見えた。その日の午後、主教は多くの王族たちやリード、ハリエット・フィップス、そして着付け担当などを集めて女王の部屋で聖餐式を行った。そのあとリードはミセス・タックと看護婦を手伝い、女王に白いサテンのドレスを着せてガーター勲章をつけ、髪をひと房切りとった。

女王が生前、葬儀の手配に並々ならぬ熱意を持っていたことからして、みずからの葬儀に関しても細かな指示が数多く出されていても何の不思議もなかった（軍式で行う、遺体の公開はしない、色調は黒でなく紫と白を基調とするなど）。棺に入れるものに対しての指示も細かく、しかも《家族にも見せないこと》とされるものも含まれていた。二五日、カウズの葬儀屋であるミスター・マーヴィンが内棺を持参してきた。リードは熱を出していたヨーク公爵の診察をしたあと（のちにこの病は、はしかに発展した）、ミセス・タックとミス・スチュアートとともに女王への最後の奉仕を行った。

《着付け担当への指示。わたしとともにある者が常に携帯し、わたしの死後すぐに開封すること》と書かれた封筒のなかには、一八九七年一二月九日の日付でミセス・タックが作成し、ハリエット・フィップスが清書したリストが入っていた。そこには、女王の指にはめる指輪――結婚指輪、アルバートや子どもたちから贈られた指輪、かつてはジョン・ブラウンの母親のもので、彼の死後はずっと女王がつけている金の指輪――が書かれているほか、アルバートやシュトックマー、オーガスタ・スタンリーをはじめとする多くの人の髪をおさめたたくさんのロケット、アルバート、子どもたち、そしてジョン・ブラウンの写真（ブラウンの写真には彼の髪を添える）、《わたしの愛する夫の手》の石膏像、アルバートの外套、アリス王女の刺繍、アルバートのハンカチを一枚、ブラウンのハンカチを一枚、《忠実な衣装担当の女中だったアニー・マクドナルドの形見の品》（アニーはこのリストがつくられる少し前に亡くなっていたため、女王の念頭にあったと想像される）などが載っていた。女王の部屋は、死を意味するたくさんの物であふれていた。といっても、ただの物ではない。女王にとっては愛着のある、死者を記念する物たちであり、ひとつひとつが女王が愛した人々から受けた、そして彼女に仕えた人々から受けた貴重なお守りだった。

女王の棺に敷いた木炭の上に、リードは慎重に外套やハンカチ、手の像、写真、ロケット、ブレスレット、バルモラル城の庭の小枝などを並べていった。そして誰にも見られないように、そうしたものの上にクッションを置いた。それがすむと国王と皇帝、コノート公爵、そしてコノート家のアーサー王子が、ウッドフォードと部下たちを引き連れて入ってきた。女王の体の下に革帯を通し、リードと衣装担当たちも手伝って全員で遺体を持ちあげて棺に入れた（リードとミセス・タックは頭を支えた）。王族たちがいなくなると、リードと衣装担当たちが女王のドレスとヴェールとレースをふたたび整えた。リードが女王の体と棺のあいだの隙間を木炭で埋めていき、最後にようやく女王の希望の品を棺に入れた。ただし、遺族の感情を配慮し、リードはジョン・ブラウンの写真と頭髪をアニー・マクドナルドがつくった小さなケースに入れ、女王の左手に握らせて丁寧に薄紙を巻き、さらにアレクサンドラ王妃が贈った花で隠した。《これで二〇年に及んだわたしの陛下への奉仕が終わった！》とリードは書いている。

棺を閉じる前に、王室のレディたちが《最後の別れ》を告げにやってきて、そのあとにハリエット・フィップスや紳士たち――エドワーズ、ビッグ、キャリントン、ポンソンビー、クリントン――が続いた。最後に、女王が望んでいると理解していた国王は、人を遣わしてムンシーを呼びにやらせた。すべての人々の別れがすんだあと、国王と皇帝、コノート公爵、アーサー王子、コーブルク公爵、そしてリードが見守るなか、ウッドフォードと彼の部下たちが棺の蓋を閉じて固定した。白いサテンの布をかけた棺は、王室専用船の水兵たちによって階下へと運ばれ、一時的に礼拝堂として使用される食堂に安置された。

これがちょっとした問題となった。ランドール・デイヴィッドソンがこの食堂では宗教的に充分でないとし、家族の肖像画をはずすよう主張したが、これに対して王女たちが異議を唱えたのだ。妥協の産物として食堂の一画がカーテンで仕切られ、気になる肖像画はロンドンから急遽取り寄せた真紅の布で覆うことになった。隠した絵の上には邸内のほかの場所から移した宗教画がかけられ、さらに皇帝の発案で（後日、彼は故人の意思だと主張した）偉大なる英国国旗《ユニオンジャック》も一枚掲げられた。そして子どものものと同じくらい小さい棺の上には植民地の衣装が数多くかけられ、女王の頭の位置の上にはクッションを置き、そこに小さなダイヤモンドの王冠がのせられた。チュベローズとクチナシの香りが漂う重苦しい雰囲気の部屋を、近衛歩兵第一連隊の兵士が四人、常駐で警備した。

レディ・リットンは女王が死去した日から出仕する予定だったものの、そうしようにも対象がなくなってしまったために扱いが保留となっていた。三〇日にハリエット・フィップスからの呼び出し状が届いたとき、レディ・リットンは《みなに愛されていた陛下の最後の旅立ちを目の当たりにできるのは、とても名誉なことです》と返事を記した。ただし、ドレスに関する〝指示〟が《従うには困難すぎる》とこぼした。ハリエットは自分が《クレープの飾りがついたスカートとクレープのついたボディス、白の襟飾りと袖飾り、後方に地面につきそうなほど長いクレープのヴェールがついたクレープのボンネット、それともちろん顔にかかるヴェール》と黒いカシミアのドレスを用意したと書き、《これはたんにわたしがあなたにそう書いていると言うだけの話です》と最大級の厳格さと自信をこめて手紙を締めくくった。

女王の《最後の旅》は二月一日、嵐と暗がりが数日続いたあとの晴れ渡った日に出発した。午後一時半、棺を乗せた砲架がゆっくりとオズボーンからトリニティ埠頭へと向かう坂道を下っていき、そのうしろからデイヴィッドソン、リード（宮廷の正装に身を包んでいた）、ほかの王室の奉仕者たちが続いた。棺は王室専用船のなかでもっとも小さいアルバータ号の甲板に置かれ、エディス・リットンとハリエット・フィップスが同乗した。それ以外の王室の人々とそれに仕える者たちはヴィクトリア・アンド・アルバート号に乗り、皇帝だけはホーエンツォレルン号に乗りこんだ。船が連なっておだやかな海をポーツマスへ向けて前進していく様子は、生涯忘れ得ぬ光景として主教の胸に刻みこまれた。《静かな海をゆっくりと船が進んでいく。人工的な推進力などまったく必要とせずに進んでいるかのようだ。棺を甲板に乗せた小さなアルバータ号が先行し、両脇に軍艦が整列して乗員が敬礼するなかを移動していく。サウスシーコモンと砂浜は完璧に静まり返った黒い服を着た人々で埋めつくされていた。そして、日が暮れて薄い暗闇が広がっていくのと同時に、アルバータ号がクラレンスヤードに消えていった。こういった光景を涙なしに眺めていられる者を、わたしはうらやましいとは思わないだろう》とデイヴィッドソンは書いている。ジェームズ・リードもまた、目をうるませていた者のひとりだった。

翌朝、棺は列車でポーツマスからヴィクトリア駅へと運ばれた――エディス・リットンが窓の覆いの隙間から外をのぞくと、線路の脇で人々がひざまずいていた――それから、棺を乗せた砲架は八頭の白馬に引かれてパディントンに向かった。リードは砲架の脇を歩き――二時間ほどかかった――道を飾る紫のカシミアでつくられた花綱や、ランプの柱に蝶結びにされた白いサテンのリボンや月桂樹の花輪、そして静まり返った群衆のなかを抜けていった。聞こえる音といえば地面に車輪が触れる音と、馬の蹄が地面を蹴る音、そして兵士たちの剣が揺れる音くらいのものだった。ウィンザー駅では、馬の一頭が怯えてしまい、列を乱すというちょっとした事件も発生した。このときはフリッツ・ポンソンビーの提案により、水兵たちが馬と入れ替わり、セント・ジョージ礼拝堂までの最後の区間、砲架を引いていくことになった。ロングウォークを通過していくあいだ、女王が生きた年数と同じ八一発の礼砲が放たれ、女王を迎えた。葬儀のあいだ、リードは棺の横に立ちつづけた（生前の侍医に贈られた名誉だ）。《わたしのビップスとの最後の旅も終わった》リードはスーザンに伝えた。《わたしは悲しいと感じている》

完全に終わったわけではない。二月四日、リードは、ヴィクトリアがようやくアルバートとの再会を果たすという《芝居の最後のひと幕》に参加した。女王の棺を先頭に、王室の人々とそれに仕える人々は徒歩でアルバート記念礼拝堂からフロッグモアの霊廟へと向かった。ランドール・デイヴィッドソンの記憶によると、埋葬式は《言葉にできないほど感動的》なものだった。祝福の言葉のあと、王家の人々が墓穴のそばを通過してふたつの棺が並んでいるところを見られるよう取り計らわれた。《まずは陛下が最初に墓穴にひとりで近づいていった。ところが、陛下はただ通り過ぎたのではなく、墓穴の脇にひざまずかれた。そこへエドワード王子（のちのエドワード八世）の手を引いた王妃殿下が近づいていった。王妃殿下もその場にひざまずかれたが、王子は恐れて立ちつくしてしまった。すると、陛下がやさしく王子をみずからの隣に引き寄せてひざまずかせた。完璧な静けさのなか、お三方は完全に一体となってしばらくそうしていらっしゃった――決して忘れられない光景だ。やがて陛下たちがその場を離れると、つぎは皇帝が同じように墓穴の脇でひざまずかれた。そして、残りの王室の方々が続き、そのあとで王室に仕える者たちが……》とその後の様子もデイヴィッドソンは続けている。人々が霊廟から出てくると、外は雨まじりの雪が降っていた。主教がファーナム行きの列車に乗るためにバグショットに着いたとき、地面にはすでに雪が厚く降り積もっていた。

後記　ヴィクトリア後

新たな治世は新たな体制を生む。エドワード七世のもと、宮廷はそれまでとはまったく違う場所となった。効率化を図るという点では厳しくなり、喫煙が自由になるなど全体の雰囲気は明るく軽妙になって、余分なものがそぎ落とされたという点ではゆるやかになった。ヴィクトリア女王に仕えた者で地位にとどまりつづけた者たちもいた。アーサー・ビッグ（一九一一年にスタンフォーダム卿となった）やフリッツ・ポンソンビーはさらに二代の治世を経験した。ビッグはヴィクトリアの孫、ヨーク公爵の秘書官となり、皇太子時代からジョージ五世となるまで仕えつづけた。ポンソンビーはエドワード七世とジョージ五世に副秘書官と副王室出納長官として仕えた。レディ・リットンとレディ・アントリムは、アレクサンドラ王妃の女官となった。ハリエット・フィップスは宮廷を去り、マリー・マレットも家族のもとに帰ったが、マリーはときおりクリスチャン公子妃やベアトリス王女の臨時の女官を務めた。エドワード七世の命令によってヴィクトリアがムンシーに宛てた手紙は焼却処分にされ、ムンシーと同胞たちはインドに帰された。

ヴィクトリアの死後、ジェームズ・リードは一種の虚脱状態となり、宮廷との関係も薄れていった。とはいえ、完全に関係を断ったわけではない。エドワード七世は常に帯同する侍医を置かず、フランシス・レイキングを個人的な医師として登用しつづける一方、リードを一〇〇〇ポンドの年金で相談役的な立場の侍医の座にとどめ置きつづけた。父親になろうとしていたリードは家も金銭も必要だったのだ。一九〇一年四月にスーザンは三人の子のうち最初の子となる男子を出産し、王がこの子の名付け親を買ってでた。リード家はグローヴナーストリートに居を構え、スーザンの豊富な人脈を頼りに開業医の仕事もはじめたが、金銭面は苦しかった。一九〇三年にオズボーンハウスが療養所に変わったとき、リードは相談役となった。ときには医師の身分でバルモラル城に招かれ、王がフランスのビアリッツで春の休暇を過ごすときに同行することもあった。一九一〇年にはエドワードの崩御を看取り、ジョージ五世の侍医にも指名された。サー・ジェームズ・リードは一九二三年、心臓発作により七三歳でこの世を去った。

ヴィクトリア女王の死後間もなく、エドマンド・ゴスが『クオータリー・レヴュー』を発行している出版社ジョン・マレーの代理としてメアリー・ポンソンビーに接触してきた。ヴィクトリアについて本を書く気はないかという誘いだ。メアリーはこの誘いを断ったものの、本を書くなら協力はすると約束した。ゴスはメアリーの記述を引用して本を書きあげ、『ヴィクトリア女王の人格』という題名で一九〇一年四月に匿名で発表した。この本は女王を聖人化していないという理由で大きな批判を浴びることになった。だが、この本による女王の批評はまったくおだやかなものだった――実際の女王は頑固で人見知りが激しく、芸術面の判断力はなきに等しく、時間管理や個人的な問題の扱いに関してはきわめて独裁的だった。けれどもこの本では、《女王の独自性はつまるところ、独自性の欠如と奇抜さの不在から発生している》と説明している。女王は特に宗教となると極端さを嫌った。それがやわらげられたのは、意地の悪さと単純さ、そして同情心があったからだ。しかしながら、王はこの本を見て戸惑ったらしく、フリッツを通じてメアリーに作者かどうかを尋ねたが、彼女はきっぱりと否定した。これは厳密に言えば完全に正しい。メアリーがこの疑惑とごまかしを楽しんでいたという証言もある。メアリーはその後もアスコット競馬場の近くと、セント・ジェームズ宮殿内の住まいを行き来する生活を送りつづけた。ときおり金銭的な問題を抱えこんだが、みずからの生き方を貫き通し、一九一六年に亡くなった。

一九〇一年、ランドール・デイヴィッドソンは、ソールズベリー卿とテンプル大主教からロンドンの主教職につくよう説得された――マンデル・クレイトンが女王よりも一週間早くなくなったためだ――が、彼の主治医のサー・トマス・バーロウがそんな話を受ければ確実に健康に支障をきたすと主張したこともあって、ウィンチェスターにとどまった。だが、一九〇三年、テンプルの死去を受けてデイヴィッドソンの大望は成就し、彼はついにカンタベリー大主教となった。一九二八年、八〇歳になった年に不本意な辞任をし、その後も頑固に引退生活を拒絶していたものの、二年後に死去した。チェイニーウォークの家を最後に出たのは、アーサー・ビッグとディナーをともにするためだった。

訳者あとがき

本書は西暦一八三七年から一九〇一年まで、実に六四年間にわたって英国の女王だったヴィクトリアにまつわる話だ。即位一年ほどの時点からスタートし、亡くなるまでを綴っているので、ほぼ女王としての一代記と言っていいだろう。しかし、本書は《歴史》について書かれた本ではない。むろん、背景に歴史はちりばめられている。けれども、本書で描かれている本筋はあくまでも《人間》たちである。

著者のケイト・ハバードは、女王とその周辺の人物たちの手紙や日記を可能なかぎり集め、その内容を組みあげていくことによって、当時の王室の環境や、そこで暮らしていた人々の人物像を浮かびあがらせようとする。

この時代、英国は産業と資本主義が飛躍的に発達し、世界じゅうで植民地を拡大させていた。そのうえ、舞台が王室と宮廷とくれば派手な話を期待してしまうが、これがとんでもない。ヴィクトリア女王はあらゆる変化を嫌い、特に一八六一年に夫を失った衝撃は大きく、その後は悲しみから立ち直れずにひたすら内にこもる生活を続ける。

こうなると困るのは、当然周囲の人々である。むしろ政治面では自在に手腕をふるえる環境ができてありがたがる面もあり、現に議会政治がこの時期大いに発達したと言われている。しかし、国民のあいだでは姿を見せない女王への不満が高まるなどしたため、王室の人々と生活をともにする側近たちの苦労は大変なものがあったようだ。本書が焦点を当てているのは、女王自身とこうした人々の人間模様だ。

側近たちは、一年のうち決まった時間を家族から引き離され、極寒のなかでも女王の意向によって暖房禁止の憂き目に遭い、服装や時間を厳しく管理され、しかも先述したとおりに変化を嫌う女王が頂点にいるために新しいことが文字どおり《何もない》生活を送っていた。本文中では寄宿学校にもたとえられている。

そうしたなか、宮廷では鬱屈したエネルギーは互いへの嫉妬や猜疑心となって噴出し、不規則な労働時間なども重なって、いらだちを爆発させる者や心身の病に倒れるものが続出する。こうした問題は側近たちとて例外ではなく、むしろ高い責任を背負う側近たちだからこそ重圧や過労がかさんでいく。

そんな彼らの心情を映しだしているのが、数多くの手紙や日記だ。ときに愛する者へ弱音を吐き、ときに女王に対してさえもいらだちをあらわにするなど、現存する資料ならではの迫力と説得力が感じられる。書かれている内容も日常生活の些細な出来事から人生にかかわる重大事までさまざまで、つい引きこまれてしまう。

また、本書は女王を中心として、周囲に六人の主要人物を配しているが、これが野心家であったり、生真面目であったり、内向的であったり、積極的であったりと、個性があっておもしろい。誰しも共感できる人物を見つけられるのではないだろうか。歴史に関心がある方も、あるいはそれほどでもないという方も、それぞれ異なる楽しみを見いだしていただけると思われる。

著者のケイト・ハバードはオックスフォード大卒。研究職や教職を勤めながら二〇〇一年に最初の著作を刊行させ、その後は児童向けの伝記などを数冊世に出し、二〇一二年に本作で一般向けの伝記分野に進出した。現在はフリーランスで編集者の仕事をしている模様だ。なお、本作は同年、英国在住の作家に与えられる文学賞、コスタ賞の伝記部門で最終候補まで残った。

橋本　光彦

参考文献

引用について

本書の内容の大部分は、以下の所蔵元に現存する手紙と日記で構成されている。

リトルトン文書、ハグリーホール
カニング文書、ハーウッドハウス
ポンソンビー文書、シュールブリード修道院
リード文書、ラントンタワー
ヘンリー・ポンソンビーが妻のメアリーに宛てた手紙、およびヴィクトリア女王と側近との通信はウィンザーの王室文書館
ランドール・デイヴィッドソンの資料はランベス宮殿図書館
また、英国図書館（ＢＬ）からも一部資料を活用した。

Allen, Charles, *A Glimpse of the Burning Plain: Leaves from the Journal of Charlotte Canning*, Michael Joseph, 1986

Anon, *The Private Life of the Queen, by One of Her Majesty's Servants*, C. Arthur Pearson, 1898

Anson, Lady Clodagh, *Victorian Days*, Richards P, 1957

Ashdown, Dulcie M., *Ladies-in-Waiting*, Barker, 1976

Askwith, Betty, *The Lytteltons: A Family Chronicle of the Nineteenth Century*, Chatto & Windus, 1975

Bailey, John, (ed.), *The Diary of Lady Frederick Cavendish*, 2 vols., John Murray, 1927

Basu, Shrabani, *Victoria and Abdul: The True Story of the Queen's Closest Confidant*, The History Press, 2010

Bell, G. K. A., *Randall Davidson: Archbishop of Canterbury*, Oxford University Press, 1938

Benson, A. C., *Memories and Friends*, John Murray, 1924

Benson. A. C. and Viscount Esher (eds.), *The Letters of Queen Victoria: A Selection from Her Majesty's Correspondence between the Years 1837 and 1861*, 3 vols., John Murray, 1911

Bloomfield, Baroness Georgiana, *Reminiscences of Court and Diplomatic Life*, Paul K. Trench, 1883

Briggs, Asa, *A Social History of England*, Weidenfeld & Nicolson, 1983

Briggs, Asa, *Victorian Things*, B. T. Batsford, 1988

Cannadine, David, *The Pleasures of the Past*, Collins, 1989

Carter, Miranda, *The Three Emperors: Three Cousins, Three Empires and the Road to World War One*, Fig Tree, 2009

Cavendish, F. W. H., *Society, Politics and Diplomacy*, T. Fisher Unwin, 1913

Charlot, Monica, *Victoria: The Young Queen*, Basil Blackwell, 1991

Collis, Louise, *Impetuous Heart: The Story of Ethel Smyth*, William Kimber, 1984

Cullen, Tom, *The Empress Brown: The Story of a Royal Friendship*, Bodley Head, 1969

Dakers, Caroline, *The Holland Park Circle: Artists and Victorian Society*, Yale, 1999

David, Saul, *The Indian Mutiny*, Viking, 2002

Dennison, Matthew, *The Last Princess: The Devoted Life of Queen Victoria's Youngest Daughter*, Weidenfeld & Nicolson, 2007

Downer, Martyn, *The Queen's Knight: The extraordinary life of Queen Victoria's most trusted confidant*, Bantam Press, 2007

Duff, David, *Victoria in the Highlands*, Frederick Muller, 1968

Duff, David, *Victoria Travels: Journeys of Queen Victoria between 1830 and 1900*, Frederick Muller, 1970

Erskine, Steuart, Mrs (ed.), *Twenty Years at Court: From the Correspondence of the Hon. Eleanor Stanley, 1842–1862*, Nisbet & Co., 1916

Figes, Orlando, *Crimea: The Last Crusade*, Allen Lane, 2010

Flanders, Judith, *The Victorian House: Domestic Life from Childbirth to Deathbed*, HarperCollins, 2003

Fulford, Roger (ed.), *Dearest Child: Letters between Queen Victoria and the Princess Royal, 1858–1861*, Evans Brothers, 1964

Fulford, Roger (ed.), *Dearest Mama: Letters between Queen Victoria and the Crown Princess of Prussia, 1861–1864*, Evans Brothers, 1968

Fulford, Roger (ed.), *Your Dear Letter: Private Correspondence of Queen Victoria and the Crown Princess of Prussia, 1865–1871*,

Evans Brothers, 1971

Fulford, Roger (ed.), *Darling Child: Private Correspondence of Queen Victoria and the German Crown Princess, 1871–1878*, Evans Brothers, 1976

Fulford, Roger (ed.), *Beloved Mama: Private Correspondence of Queen Victoria and the German Crown Princess, 1878–1885*, Evans Brothers, 1981

Girouard, Mark, *Windsor: The Most Romantic Castle*, Hodder & Stoughton, 1993

Grey, Hon. Charles, *The Early Years of the Prince Consort*, Smith, Elder & Co., 1867

Hare, Augustus, *The Story of Two Noble Lives*, 3 vols., George Allen, 1893

Hare, Augustus (ed.), *The Life and Letters of Frances Baroness Bunsen*, Smith, Elder & Co., 1882

Helps, Arthur (ed.), *Leaves from the Journal of Our Life in the Highlands, 1848–1861*, 1868

Hemlow, Joyce (ed.), *Fanny Burney: Selected Letters and Journals*, Oxford University Press, 1987

Hibbert, Christopher, *The Court at Windsor: A Domestic History*, Longmans, 1964

Hibbert, Christopher, *Queen Victoria in her Letters and Journals*, John Murray, 1984

Hibbert, Christopher, *Queen Victoria: A Personal History*, HarperCollins, 2000

Hill, Rosemary, *God's Architect: Pugin and the Building of Romantic Britain*, Allen Lane, 2007

Hobhouse, Hermione, *Prince Albert, His Life and Work*, Hamish Hamilton, 1983

Ilchester, Earl of (ed.), *Elizabeth, Lady Holland to her Son 1821–1845*, John Murray, 1946

Jalland, Pat, *Death in the Victorian Family*, Oxford University Press, 1996

James, Robert Rhodes, *Albert, Prince Consort: A Biography*, Hamish Hamilton, 1983

Jenkins, Roy, *Gladstone*, Macmillan, 1995

Jerrold, Clare, *The Married Life of Queen Victoria*, Eveleigh Nash, 1913

Kelley, Philip and Ronald Hudson (eds.), *The Brownings' Correspondence*, Wedgestone Press, 1984–2010

Kennedy, A. L. (ed.), *My Dear Duchess: Social and Political Letters to the Duchess of Manchester, 1858–1869*, John Murray, 1956

Kuhn, William M., *Henry and Mary Ponsonby: Life at the Court of Queen Victoria*, Duckworth, 2002

Lennie, Campbell, *Landseer: The Victorian Paragon*, Hamish Hamilton, 1976

Lindsay, W. A., *The Royal Household*, Kegan Paul & Co., 1898

Longford, Elizabeth, *Queen Victoria RI*, Weidenfeld & Nicolson, 1964

Longford, Elizabeth (ed.), *Louisa, Lady-in-Waiting: The Personal Diaries and Albums of Louisa, Lady-in-Waiting to Queen Victoria and Queen Alexandra*, Jonathan Cape, 1970

Lutyens, Mary (ed.), *Lady Lytton's Court Diary, 1895–1899*, Rupert Hart- Davis, 1961

McKinstry, Leo, *Rosebery: Statesman in Turmoil*, John Murray, 2005

Mallet, Victor (ed.), *Life with Queen Victoria: Marie Mallet's Letters from Court, 1887–1901*, John Murray, 1968

Marie Louise, Princess, *My Memories of Six Reigns*, Evans Brothers, 1956

Matson, John, *Dear Osborne*, Hamish Hamilton, 1978

Millar, Delia, *Queen Victoria's Life in the Scottish Highlands, depicted by her watercolour artists*, P. Wilson Publishers, 1985

Millar, Oliver, *The Victorian Pictures in the Collection of Her Majesty the Queen*, Cambridge University Press, 1992

Mills, Mary, *Edith Davidson of Lambeth*, John Murray, 1938

Mitford, Nancy (ed.), *The Stanleys of Alderley*, Chapman & Hall, 1939

Nevill, Barry St John, *Life at the Court of Queen Victoria: Selections from the Journals of Queen Victoria*, Sutton, 1997

Pakula, Hannah, *An Uncommon Woman: The Empress Frederick, daughter of Queen Victoria*, Weidenfeld & Nicolson, 1996

Ponsonby, Arthur, *Henry Ponsonby: Queen Victoria's Private Secretary*, Macmillan, 1942

Ponsonby, Frederick, *Recollections of Three Reigns*, Eyre & Spottiswoode, 1951

Ponsonby, Magdalen (ed.), *Mary Ponsonby: A Memoir, Some Letters and a Journal*, John Murray, 1927

Pope-Hennessy, James, *Queen Mary, 1867–1953*, Allen & Unwin, 1959

Pope-Hennessy, James, (ed.), *Queen Victoria at Windsor and Balmoral: Letters from her grand-daughter Princess Victoria of Prussia, June 1889*, Allen & Unwin, 1959

Ramm, Agatha (ed.), *Beloved and Darling Child: Last Letters between Queen Victoria and her Eldest Daughter, 1886–1901*, Alan Sutton, 1990

Rappaport, Helen, *Magnificent Obsession: Victoria, Albert and the Death that Changed the Monarchy*, Hutchinson, 2011

Reid, Michaela, *Ask Sir James: The Life of Sir James Reid, Personal Physician to Queen Victoria*, Hodder & Stoughton, 1987

Rennell, Tony, *Last Days of Glory: The Death of Queen Victoria*, Viking, 2000

Reynolds, K. D., *Aristocratic Women and Political Society in Victorian Britain*, Clarendon Press, 1998

Roberts, Jane, *Royal Landscape: The Gardens and Parks of Windsor*, Yale University Press, 1997

St Aubyn, Giles, *Queen Victoria: A Portrait*, Sinclair Stevenson, 1991

Sanders, Charles Richard (ed.), *The Collected Letters of Thomas and Jane Welsh Carlyle*, Duke University Press, 1995

Smyth, Ethel, *As Time Went On*, Longmans, 1936

Smyth, Ethel, *What Happened Next*, Longmans, 1940

Stoney, Benita and, Heinrich C. Weltzein (eds.), *My Mistress the Queen: The Letters of Frieda Arnold, Dresser to Queen Victoria, 1854–59*, trans. Sheila de Bellaigue, Weidenfeld & Nicolson, 1994

Strachey, Lytton, *Queen Victoria*, Chatto & Windus, 1921

Strachey, Lytton and Roger Fulford (eds.), *The Greville Memoirs, 1814– 1860*, Macmillan, 1938

Surtees, Virginia *Charlotte Canning: Lady-in-Waiting to Queen Victoria and Wife of the first Viceroy of India, 1817–1861*, John Murray, 1975

Surtees, Virginia (ed.), *Sublime and Instructive: Letters from John Ruskin to Louisa, Marchioness of Waterford, Anna Blunden and Ellen Heaton*, Michael Joseph, 1972

Taylor, Lou, *Mourning Dress: A Costume and Social History*, Allen & Unwin, 1983

Tooley, Sarah A., *The Personal Life of Queen Victoria*, Hodder & Stoughton, 1896

Watson, Vera, *A Queen at Home: An Intimate Account of the Social and Domestic Life of Queen Victoria's Court*, W. H. Allen, 1952

Weintraub, Stanley, *Victoria: Biography of a Queen*, Unwin Hyman, 1987

Weintraub, Stanley, *Albert: Uncrowned King*, John Murray, 1997

Wilson, Andrew, *The Victorians*, Hutchinson, 2002

Wilson, John, *A Life of Sir Henry Campbell-Bannerman*, Constable, 1973

Windsor, Dean of and Hector Bolitho (eds.), *Letters of Lady Augusta Stanley: A Young Lady at Court, 1849–1863*, Gerald Howe, 1927

Windsor, Dean of and Hector Bolitho (eds.), *Later Letters of Lady Augusta Stanley, 1864–1876*, Jonathan Cape, 1929

Woodham-Smith, Cecil, *Queen Victoria: Her Life and Times, 1819–1861*, Hamish Hamilton, 1972

Wyndham, the Hon. Mrs Hugh (ed.), *Correspondence of Sarah Spencer Lady Lyttelton, 1787–1870*, John Murray, 1912

Zeepvat, Charlotte, *Prince Leopold: The Untold Story of Queen Victoria's Youngest Son*, Sutton, 1998

◆著者

ケイト・ハバード（Kate Hubbard）

ケンブリッジ大学卒業後、研究者、教師、書評家として活躍、フリーの編集者となる。著書に、シャーロット・ブロンテの伝記『シャーロット・ブロンテ 生涯を小説にえがいた少女（Charlotte Bronte: the Girl Who Turned Her Life into a Book）』や、ロマノフ王朝の末娘アナスタシアの日記をまとめた『雪の中のルビー（Rubies in the Snow）』など、女性を主人公とした伝記が数多くある。

◆訳者

橋本光彦（はしもと・みつひこ）

東洋大学文学部国文学科卒。翻訳学校フェロー・アカデミーで翻訳を学んだあと、現在は文芸、記事翻訳に従事している。

カバー画像提供　Art Archive/ PPS 通信社
Granger/ PPS 通信社

ヴィクトリア女王《じょおう》の王室《おうしつ》

側近《そっきん》と使用人《しようにん》が語《かた》る大英帝国《だいえいていこく》の象徴《しょうちょう》の真実《しんじつ》

●

2014年11月16日　第1刷

著者……………ケイト・ハバード
訳者……………橋本光彦《はしもとみつひこ》
装幀……………岡 孝治
発行者……………成瀬雅人
発行所……………株式会社原書房
〒160-0022 東京都新宿区新宿 1-25-13
電話・代表　03(3354)0685
http://www.harashobo.co.jp/
振替・00150-6-151594
印刷……………シナノ印刷株式会社
製本……………小高製本工業株式会社

ISBN 978-4-562-05113-7, printed in Japan